普通高等教育应用型本科规划教材

公路工程经济与管理

李忻忻 李 晶 主 编
李月华 曹丽娜 李进娟 副主编

人民交通出版社股份有限公司
北京

内 容 提 要

本书运用工程经济学和管理的基本原理,结合公路工程项目的特点,系统介绍了公路工程经济分析和项目管理的基本理论和方法,注重工程经济知识和项目管理在公路工程中的实际运用,体现了"应用型人才"的培养目标。

本书主要内容包括概述、现金流量、资金的时间价值与等值计算、公路工程经济要素、公路工程项目经济评价指标、公路工程项目方案比较与选择、公路工程项目不确定性分析、公路工程项目经济评价、价值工程、公路工程项目可行性研究、公路建设项目后评价、工程项目管理等内容。

本书习题和案例丰富、重点突出、通俗易懂,适宜用作高等院校经济管理专业及理工类专业教材,也可作为研究生、工程技术人员、工程咨询人员的参考书。

图书在版编目(CIP)数据

公路工程经济与管理 / 李忻忻,李晶主编. — 北京:人民交通出版社股份有限公司,2021.7
ISBN 978-7-114-17244-1

Ⅰ.①公… Ⅱ.①李… ②李… Ⅲ.①道路工程—工程经济—高等学校—教材 Ⅳ.①F540.3

中国版本图书馆 CIP 数据核字(2021)第 068748 号

书　　名:	公路工程经济与管理
著 作 者:	李忻忻　李晶
责任编辑:	崔　建
责任校对:	孙国靖　扈　婕
责任印制:	张　凯
出版发行:	人民交通出版社股份有限公司
地　　址:	(100011)北京市朝阳区安定门外外馆斜街 3 号
网　　址:	http://www.ccpcl.com.cn
销售电话:	(010)59757973
总 经 销:	人民交通出版社股份有限公司发行部
经　　销:	各地新华书店
印　　刷:	中国电影出版社印刷厂
开　　本:	787×1092　1/16
印　　张:	18.25
字　　数:	444 千
版　　次:	2021 年 7 月　第 1 版
印　　次:	2021 年 7 月　第 1 次印刷
书　　号:	ISBN 978-7-114-17244-1
定　　价:	39.00 元

(有印刷、装订质量问题的图书由本公司负责调换)

前言

公路工程项目具有投资额巨大、受外部环境因素的影响大、涉及利益相关群体多等特点。公路建设作为一个投资大、回收周期长、社会效益与经济效益并重的领域，其经济评价及建设管理的水平不仅直接影响建设项目的成败，还将影响相关领域的发展，甚至影响整个社会的经济发展环境。这就要求工程技术人员在精通专业技术的同时，必须掌握一定的经济知识和管理方法，并在其工作岗位上能正确应用工程经济学和项目管理的知识解决相关问题，以提高资源的利用效率，提高公路工程项目的经济效益和社会效益。

本书以工程经济学和项目管理的基本理论、方法为基础，以公路工程项目为研究对象，系统阐述了公路工程项目经济评价和项目管理的主要内容和基本方法，突出公路行业特点，结合最新相关规范，采用理论与工程实例结合的方法，是一本系统性较强的书籍，有助于培养公路工程技术与经济管理知识融合的高素质应用型人才。

本书由山东交通学院李忻忻、李晶主编，李忻忻统稿，李月华、曹丽娜、李进娟为副主编。第一章、第二章、第三章、第十一章由李忻忻编写，第四章、第七章、第八章、第九章由李晶编写，第十二章、第十三章由李月华编写，第五章由曹丽娜编写，第六章由曹丽娜、李忻忻编写，第十章由李忻忻、李进娟、李欣(济南市城乡规划编制研究中心)编写。

本书在编写过程中，参考了大量的教材、论著和资料等，在此向相关作者表示感谢！

由于水平有限，书中难免存在疏漏和不妥之处，敬请读者给予批评指正。

编　者
2021 年 1 月

目 录

第一章 概述 ... 1
- 第一节 工程经济学相关概念 ... 1
- 第二节 工程经济分析基本方法及原则 ... 6
- 第三节 工程经济分析的步骤 ... 9
- 本章小结 ... 11
- 复习思考题 ... 11

第二章 现金流量 ... 12
- 第一节 现金流量的概念 ... 12
- 第二节 现金流量的表示方法 ... 13
- 第三节 新建工程项目的现金流量 ... 17
- 本章小结 ... 17
- 复习思考题 ... 18

第三章 资金的时间价值与等值计算 ... 19
- 第一节 资金的时间价值 ... 19
- 第二节 资金等值计算 ... 24
- 第三节 资金时间价值的特殊情况 ... 33
- 第四节 资金时间价值的应用实例 ... 36
- 本章小结 ... 37
- 复习思考题 ... 37

第四章 公路工程经济要素 ... 40
- 第一节 投资及其估算 ... 40
- 第二节 成本及其估算 ... 48
- 第三节 营业收入、增值税金及附加和利润 ... 53
- 第四节 案例分析 ... 58
- 本章小结 ... 60
- 复习思考题 ... 60

第五章 公路工程项目经济评价指标 ... 62
- 第一节 经济评价指标体系 ... 62
- 第二节 静态评价指标 ... 63
- 第三节 动态评价指标 ... 67

  第四节 基准收益率 ··· 74
  第五节 案例分析 ·· 77
  本章小结 ·· 79
  复习思考题 ·· 79

第六章 公路工程项目方案比较与选择 81
  第一节 项目方案类型 ··· 81
  第二节 独立方案经济评价 ·· 83
  第三节 互斥方案经济评价 ·· 83
  第四节 相关方案经济评价 ·· 90
  本章小结 ·· 92
  复习思考题 ·· 92

第七章 公路工程项目不确定性分析 95
  第一节 不确定性分析概述 ·· 95
  第二节 盈亏平衡分析 ··· 95
  第三节 敏感性分析 ·· 99
  第四节 风险分析 ·· 104
  第五节 案例分析 ·· 120
  本章小结 ··· 122
  复习思考题 ·· 122

第八章 公路项目经济评价 124
  第一节 财务评价 ·· 124
  第二节 国民经济评价 ·· 134
  第三节 案例分析 ·· 151
  本章小结 ··· 154
  复习思考题 ·· 154

第九章 价值工程 155
  第一节 价值工程基本原理 ·· 155
  第二节 价值工程的实施步骤和方法 ·· 157
  第三节 价值工程在公路工程项目方案评选中的应用 ····························· 171
  本章小结 ··· 175
  复习思考题 ·· 176

第十章 公路工程项目可行性研究 177
  第一节 可行性研究概述 ··· 177
  第二节 公路建设项目基本建设程序 ·· 181
  第三节 公路工程可行性研究的主要内容 ·· 184
  第四节 交通量预测 ·· 188
  第五节 可行性研究案例分析 ·· 190
  本章小结 ··· 191
  复习思考题 ·· 191

第十一章　公路建设项目后评价 …… 192
第一节　项目后评价概述 …… 192
第二节　项目后评价的主要内容和方法 …… 196
本章小结 …… 200
复习思考题 …… 200

第十二章　工程项目管理的基本概念和基本原理 …… 201
第一节　工程项目管理的基本概念 …… 201
第二节　工程项目管理的组织理论 …… 207
第三节　工程目标控制的基本原理 …… 219
本章小结 …… 236
复习思考题 …… 236

第十三章　工程项目管理的目标控制 …… 238
第一节　工程项目投资控制 …… 238
第二节　工程项目进度控制 …… 250
第三节　工程项目质量控制 …… 262
本章小结 …… 278
复习思考题 …… 278

附录 …… 280

第一章 概 述

第一节 工程经济学相关概念

人类社会的进步和发展是与人类有目的、有组织的工程经济活动分不开的。为了弄清工程技术与经济的关系,先要了解工程技术与经济的概念。

一、工 程

工程是指土木建筑或其他生产、制造部门按一定的计划,用比较大而复杂的设备来进行的工作,其目的就是将自然资源转变为有益于人类的产品,它的任务是应用科学知识解决生产和生活中存在的问题,来满足人们的需要,如南水北调工程、长江三峡工程、西气东输工程、某市的道路改造工程、某单位办公楼建设等。

一项工程要为人们所接受,必须具备两个条件:一是技术上的可行性,二是经济上的合理性。在技术上无法实现的项目是不可能存在的,因为人们还没有掌握它的客观规律。但一项工程如果只讲技术上的可行性而忽略经济上的合理性,也同样是不能被接受的。人们发展技术、应用技术的根本目的,正是在于提高经济活动的合理性,这就是经济效益。技术的先进性与它的经济合理性是相一致的。凡是先进的技术,一般来说,总是具有较高的经济效益。因此,为了保证工程技术能更好地服务于经济,最大限度地满足社会需要,就必须研究、寻找技术与经济的最佳结合点,在具体目标和条件下,获得投入产出的最大效益。

二、技 术

人们通常将科学与技术视为一体,但科学和技术是有着根本区别的。科学是人们对客观规律的认识和总结;而技术则是人们改造自然的手段和方法,是人类在利用自然和改造自然的过程中积累起来并在生产劳动中体现出来的经验和知识,包括生产和生活领域中,运用各种科学所揭示的客观规律,进行各种生产和非生产活动所采用的技能、解决社会问题的方法、手段和知识等。科学家的作用是发现宇宙间各种现象的规律来丰富人类的知识宝库;而工程师的作用是把这些知识用于特定的系统中,为社会提供商品和劳务。科学是认识和发现,技术不同于科学,而是科学的应用,是创造和发明。技术是在产品(或结构、系统及过程)开发、设计和制造中所采用的方法、措施、技巧,运用劳动工具(包括机械设备等),正确有效地使用劳动对象和保护资源与环境,有目的地加工生产,更好地改造世界,为人类造福。技术一般包括自然技术和社会技术两方面。自然技术是根据生产实践和自然科学原理而发展形成的各种工艺操作方法、技能和相应的生产工具及其他物质装备,社会技术是指组织生产及流通等方面的技术。

人类在进行物质生产、交换活动中,工程技术和经济是始终并存且不可分割的两个方面,两者既相互促进又相互制约。

(1)对任何技术的采用或者进行工程建设都是为一定的经济目标服务的,经济的发展成为技术进步的动力和方向。

(2)经济的发展必须依靠一定的技术手段。技术进步是推动经济发展、提高经济效益的重要条件和手段。

(3)任何新技术的产生与应用都必须消耗人力、物力和资金等资源,这些都需要经济的支持,同时经济发展又将推动技术的更大进步。

(4)技术具有强烈的应用性和明显的经济目的性,技术生存的必要条件是其先进性和经济合理性的结合,没有应用价值和经济效益的技术是没有生命力的。

三、经　　济

现代汉语中所使用的"经济"一词,源于19世纪后半叶,由日本学者从英语单词"Economy"翻译而来。"经济"是一个多义同,通常有以下4个方面的含义:

(1)经济是指人类社会发展到一定阶段的社会经济制度,是生产关系的总和,是政治和思想意识等上层建筑建立的基础,如马克思的政治经济学所研究的经济的含义。

(2)经济是指一国国民经济的总称,或指国民经济的各部门,如工业经济、农业经济、运输经济等。

(3)经济是指社会生产和再生产,即指物质资料的生产、交换、分配、消费的现象和过程,如工业经济学研究的经济含义。

(4)经济是指节约或节省,相对资源的有效利用和节约,如工程经济学研究的经济含义。英语中的 Economy 来自古希腊语的 Oikonoma,最初意义是"家政管理",并由此引申为"节约"。

工程经济学研究的经济不仅是指可以用货币计量的经济效果,还包括不可用货币计量的经济效果;不仅包括工程所直接涉及的经济效果,还包括由此而引起的间接效果。

技术与经济的这种特性使得它们之间有着紧密而又不可分割的联系,它们之间的这种相互促进、相互制约的联系,使任何工程的实施和技术的应用都不仅是一个技术问题,同时又是一个经济问题。任何工程活动都包含技术与经济两个方面的问题,二者在具体的工程活动中应做到有机的高度统一。因此,工程技术人员不仅要精通专业技术,而且应具备较完备的经济知识。

四、工程经济所研究的主要问题

工程经济的研究对象是工程(项目)方案经济分析的基本方法和经济社会评价方法。即运用哪些经济学理论,采用何种分析工具,建立什么样的方法体系,才能正确地评价工程(项目)方案的有效性,找到工程技术方案与经济效益的最佳结合点;在有限资源的条件下,究竟应为哪些项目提供资金,也就是如何合理地配置资源;围绕多个提供资金的建议或筹资方案,应怎样选择最有利的资金来源或资金方案;为达到工程目标,对几个参加比较的方案,如路线方案、桥型方案、施工组织方案等,应该如何筛选,看哪个方案最佳;在多项可供选择的方案中,是选择可靠的方案,还是具有较大潜在收益,同时具有较高风险性的方案;从经济的角度出发评价和完善工程建设中的各项技术政策、技术措施和技术方案;从整个国民经济角度出发,分析和鉴定一个建设项目对整个国民经济体系的影响。具体来说,工程经济的研究对象主要有3个方面。

1. 研究工程技术方案的经济效果,寻找具有最佳经济效果的方案

经济效果是指实现技术方案的产出与投入比。产出是指技术方案实施后的一切效果;投入是指各种资源的消耗和占用。研究技术方案的经济效果往往是在技术方案实施前,通过对各种可能方案的分析、比较、完善,选择出经济上最佳的技术方案,保证决策的科学性,以减少失误,使有限资源得到最佳利用,提高国家和企业的竞争力。

2. 研究技术与经济相互促进与协调发展的问题

技术和经济相互联系、相互制约、相互促进,技术实践离不开经济背景,技术的发展受到经济条件的制约,技术进步促进经济的发展,经济的发展依赖先进技术的应用。人们在进行工程经济活动时,会遇到两方面的问题:一是科学技术方面的问题——利用先进技术创造新的商品或服务,或者利用更好的方法生产已经存在的商品或服务;二是经济分析方面的问题——由于资源的有限性,必须考虑经济效益和经济效率,即分析功能价格比,达到技术先进、经济合理。由于资源限制,工程学必须紧密同经济联系在一起,要保证技术与经济的协调发展,一方面技术选择要视经济实力而行,不能脱离实际;另一方面要创造条件去争取可能条件下的发展速度。处理技术与经济的协调发展的核心问题是技术选择问题。从企业的层面上要研究技术路线选择、设备选择、加工工艺选择、运输方式选择等,这些直接关系到企业的竞争力。

3. 研究技术创新,推动技术进步,促进经济增长

科学技术是第一生产力。技术创新是促进建筑业经济增长的根本动力,是转变经济增长方式的重要途径。技术创新的这种特殊地位决定了它是工程经济的重要研究对象。

创新是国家兴旺发达和建筑企业发展的不竭动力。我国把建立国家创新体系和技术创新机制作为建立社会主义市场经济体制的一个重要目标,把建立健全企业技术创新体系作为建立现代企业制度的重要内容。改革开放以来,我国建筑业发展迅速,主要得益于技术创新。

五、工程经济活动

工程经济活动就是把科学研究、生产实践、经验积累中所得到的科学技术有选择地、经济地、创造性地应用到最有效地利用自然资源、人力资源和其他资源的经济活动和社会活动中,以满足人们需要的过程。工程经济活动一般涉及4个要素:活动主体、活动目标、实施活动的环境及活动效果。

1. 活动主体

活动主体是指垫付活动资本、承担活动风险、享受活动收益的个人或组织。现代社会经济活动的主体可大致分为三大类:企业、政府及包括文化、教育、卫生、体育、科研等组织在内的事业单位或社会团体。

2. 活动目标

人类一切工程经济活动都有明确的目标,都是为了直接或间接地满足人类自身的需要,而且不同活动主体目标的性质和数量等存在着明显的差异。如政府一般是多目标系统,政府的目标包括社会经济的可持续发展、就业水平的提高、法制的建立健全、社会安定、环境保护、收入分配公平等;企业的目标以利润为主,包括利润最大化、市场占有率、应变能力和品牌效应等。

3. 实施活动的环境

工程经济活动常常面临彼此相关且至关重要的双重环境：一是自然环境；二是经济环境。自然环境为工程经济活动提供客观物质基础，经济环境显示工程经济活动成果的价值。工程经济活动必须要遵循自然环境中的各种规律并保护生态环境，只有这样才能赋予物品或服务使用价值。但是，在市场经济条件下，物品或服务的价值取决于其带给人们的边际效用。无论技术系统的设计多么精良，如果生产出的物品或提供的服务没有市场需求或不能使消费者满意，这样的工程经济活动就失去了价值。

4. 活动效果

所谓工程经济活动效果是指活动实施后对活动主体目标产生的影响。由于目标具有多样性，通常一项工程经济活动会同时表现出多方面的效果，甚至各种效果之间还是冲突和对立的。例如，对经济欠发达地区进行开发和建设，如果只进行低水平的资源消耗类生产，就有可能在提高当地人民收入水平的同时，造成严重的环境污染和生态平衡的破坏。

人类社会的一项基本任务，就是要根据对客观世界运动变化规律的认识，对自身的活动进行有效的规划、组织、协调和控制，最大限度提高工程经济活动的价值，降低或消除负面影响，这也正是工程经济学的主要任务。

六、工程经济学及发展

工程经济学是介于自然科学和社会科学之间的边缘科学，它是根据现代科学技术和社会经济发展的需要，在自然科学和社会科学的发展过程中，互相渗透，互相促进，逐渐形成和发展起来的。工程经济学在西方被称为"工程经济""经济性分析"，在日本被称为"经济工程学"。

工程经济学是工程与经济的交叉学科，是研究如何有效利用资源、提高经济效益的学科。工程经济学与各学科之间的关系如图1-1所示。

工程经济学的定义有很多种，归纳起来主要有以下几种观点：

（1）工程经济学是研究技术方案、技术政策、技术规划、技术措施等经济效果的学科，通过经济效益的计算以求找到最好的技术方案。

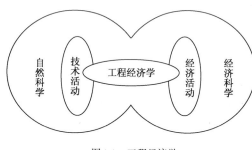

图1-1　工程经济学

（2）工程经济学是研究技术与经济的关系，以期达到技术与经济最佳结合的学科。

（3）工程经济学是研究生产、建设中各种技术经济问题的学科。

（4）工程经济学是研究技术因素与经济因素最佳结合的学科。

经济学的一个基本假定是资源具有稀缺性。资源的稀缺是相对的，指与我们所需要的东西相比，满足这些需要的东西是非常有限的。由于资源稀缺，就要对资源进行合理配置，因此，需要对各种资源配置方案进行评价。本学科的任务就在于通过一定的判据标准选择恰当的方案。

因此，工程经济学是以系统分析和定量分析为手段，辅之以定性分析，在工程活动中，综合运用工程技术和经济学原理，使投入工程项目的资金发挥最大经济效果。其目的是在揭示工程项目经济特征的基础上，作出正确的项目决策，最大限度地发挥资源的作用，确保资源得到合理的使用，取得满意的经济效果。其核心内容是一套工程经济分析的思想和方法。

在19世纪以前,随着生产工具的变革,科学技术推动着人类社会经济的发展和文明的进步。但由于技术十分落后,经济发展的速度极为缓慢,人们不能有意识地通过提高技术水平来促进经济的发展,也不可能从经济角度评价技术方案,只能是就技术论技术。19世纪以后,科学技术迅猛发展(蒸汽机、发电机、计算机等的兴起和普及),带来了经济繁荣。随着科学技术的高速发展,为了用有限的资源来满足人们的需要,在实际工程中可供选择的技术方案越来越多。如何以经济效果为标准对多个技术上可行的方案进行比较,作出评价,并从中优选出最佳方案的问题,就愈加突出,愈加复杂。于是,在这种背景下便产生了工程经济学这门科学。它是根据现代科学技术和社会经济发展的需要,在自然科学和社会科学的发展过程中,互相渗透,互相促进,逐渐形成和发展起来的。

最早在工程领域开展经济评价工作的是美国的惠灵顿(A. M. Wellington),他用资本化的成本分析方法来选择铁路的最佳长度或路线的曲率。他在《铁路布局的经济理论》(1887年)一书中,对工程经济下了第一个简明的定义:"一门少花钱多办事的艺术"。

20世纪20年代,戈尔德曼在(O. B. Goldman)《财务工程学》中指出:"这是一种奇怪而遗憾的现象,……在工程学书籍中,没用或很少考虑……分析成本以达到真正的经济性……"。正是他首先提出了复利计算方法。

20世纪30年代,经济学家们注意到了科学技术对经济的重大影响,针对工程经济的研究也随之展开,并逐渐形成一门独立的学科。1930年格兰特(E. L. Grant)编写的《工程经济原理》出版,他以复利为基础讨论了投资决策的理论和方法。这本书作为教材被广泛引用,他的贡献也得到了社会的承认,他本人被誉为"工程经济学之父"。

第二次世界大战后,各国都很重视技术进步对经济增长的促进作用。据测算,20世纪50—70年代,发达国家中技术进步对国民收入增长速度的贡献为50%~70%。在此之后,随着数学和计算技术的发展,特别是运筹学、概率论、数理统计等方法的应用,以及系统工程、计量经济学、最优化技术的飞跃发展,工程经济学得到了长足的发展。

1978年,布西(L. E. Bussey)编写的《工业投资项目的经济分析》出版,该书全面、系统地总结了工程项目的资金筹集、经济评价、优化决策以及项目的风险和不确定性分析等内容。

1982年,里格斯(J. L. Riggs)编写的《工程经济学》出版,该书系统阐明了货币的时间价值、货币管理、经济决策和风险与不确定性分析等内容。

我国对工程经济学的研究和应用起步于20世纪50年代,其发展过程大致分为4个阶段,见表1-1。

我国工程经济学的发展过程 表1-1

时 期	学科阶段	发 展 状 况
20世纪50年代初	雏形阶段	经济分析方法阶段。经济分析方法开始应用于工程技术中
20世纪60年代初至20世纪70年代初	第一阶段	经济效果学阶段。经济分析方法在工程建设和许多领域得到广泛应用
20世纪70年代	第二阶段	停滞、涣散阶段
20世纪80年代以后	第三阶段	蓬勃发展阶段。工程经济学的原理和方法在经济建设的项目评价中得到系统、广泛的应用;学科体系、理论与方法、性质与对象的研究不断深入,形成了较完整的学科体系

工程经济学作为一门独立的学科,从产生到现在,其研究内容在不断扩大和完善,在项目投资决策分析、项目评估和管理中,工程经济学的原理和方法已经被广泛应用。20世纪40年代至60年代初,研究内容从单纯的工程费用效益分析发展到市场供求和投资分配领域;进入20世纪60年代后,研究内容主要集中在风险投资、决策敏感性分析和市场不确定性分析3个方面。

近十几年来,西方工程经济学理论出现了宏观化研究的趋势,工程经济中的微观部门效果分析正逐渐同宏观的经济效益、环境效益、社会效益分析结合在一起,国家的经济制度和政策等宏观问题成为当代工程经济学研究的新内容。

第二节 工程经济分析基本方法及原则

一、工程经济分析的基本原则

1. 资金的时间价值原则

工程经济学中一个最基本的概念是资金具有时间价值。即今天的1元钱比未来的1元钱更值钱。投资项目的目标是增加财富,财富是在未来的一段时间获得的,能不能将不同时期获得的财富价值直接加和来表示方案的经济效果呢?显然不能。由于资金时间价值的存在,未来时期获得的财富价值从现在看来没有那么高,需要打一个折扣,以反映其现在时刻的价值。如果不考虑资金的时间价值,就无法合理地评价项目的未来收益和成本。

2. 现金流量原则

衡量投资收益用的是现金流量而不是会计利润。现金流量是项目发生的实际现金的净得,而利润是会计账面数字,按"权责发生制"核算,并非手头可用的现金。在进行经济分析时,应把项目所有的支出和收入以现金流量的形式表现,以便进行分析。

3. 增量分析原则

增量分析符合人们对不同事物进行选择的思维逻辑。对不同方案进行选择和比较时,应从增量角度进行分析,即考察增加投资的方案是否值得,将对两个方案的比较转化为对单个方案的评价问题,使问题得到简化,并容易处理。

4. 机会成本原则

资源的稀缺性和欲望需要的无限性,决定了人们必须抉择,即为了生产出某种产品就必须放弃生产其他产品。所谓机会成本,就是将一种资源用于某种特定用途而不得不放弃的用于另一最佳用途会生产出来的产品。在进行经济分析时,项目的成本要从机会成本的角度考量,才能使决策更明智。

与机会成本相对应的另一个概念是沉没成本。沉没成本是指过去已经发生的一种成本,它是已经花费的金钱或资源。沉没成本属于过去,是不可改变的。因此,在决策时不应考虑沉没成本。

5. 有无对比原则

"有无对比法"将有这个项目和没有这个项目时的现金流量情况进行对比;"前后对比法"

将某一项目实现以前和实现以后所出现的各种效益费用情况进行对比。由于资金具有时间价值,在进行工程经济分析时,不同时间点的资金不能进行比较,因此,必须遵守有无对比的分析原则。

6. 可比性原则

为了在对各种工程技术方案进行评价和优选时,能全面、准确地反映实际情况,必须使各方案的条件等同化,这就是所谓的"可比性问题"。由于各个方案涉及的因素是极其复杂且多样化的,所以不可能做到绝对的同等化,何况其中还包括一些目前还不能加以定量表达的所谓不可转化因素。因此,在实际工作中我们只能做到使受经济效果影响较大的主要方面达到可比性的要求。一般要求在各方案之间达到以下 4 个可比性要求。

(1) 满足需要的可比性。例如住宅和厂房分别是为满足居住与生产的需要而建设的,它们都需要投资,但由于它们满足需要的目标不同,所以在比较投资经济效益时,应将住宅与住宅、厂房与厂房进行比较。

(2) 相关费用的可比性。所谓相关费用,就是如何确定合理计算方案费用的范围。两个方案,如果计算费用的范围不合理,也没有可比性。例如钢模板与木模板的采用,不能单一考虑模板的购置费用,还应考虑其在使用过程中的相关费用,如模板的维护费用、使用的一次性摊销费用、拆模费用等。

(3) 时间因素的可比性。技术方案的经济效果,除了数量的概念以外,还具有时间概念。比如,有两个技术方案,它们的产品产量、投资、成本完全相同,但时间上有差别。其中一个投产较早,而另一个投产较晚;或者一个投资较早,另一个投资较晚;或者一个方案的使用寿命较长,另一个方案的使用寿命较短。在这种情况下,这两个方案的产出即使相同,也不能简单地进行比较,必须考虑时间因素的影响,计算资金的时间价值。不同的技术方案必须符合以下时间方案的可比条件:不同技术方案的经济比较应该采用相等的计算期作为比较基础,同时应该考虑它们由于人力、物力和资源的投入以及效益发挥不同时对国民经济产生的经济影响的大小。

(4) 价格的可比性。在经济分析中最常用的办法,是采用价格指标,几乎绝大部分效益和费用都是在价格的基础上计算得出的。因此,价格体系是否合理是方案比较中必须考虑的问题。我国现行的价格体系不尽合理,表现为工农业产品比价不合理、资源性产品与加工性产品比价不合理、公用事业比价不合理、质量与技术处于不同层次的产品比价不合理等。这些不合理因素,使不同技术方案间缺乏价格的可比性,若按现行价格进行评价,其结果往往带有片面性。因此在方案比较中,对产出物和投入物的价格应尽量采用可比价格。

可比性所涉及的问题远不止上述 4 种,还包括定额标准、安全系数等。分析人员认为必要时,可以自行斟酌决定。总之,满足可比条件是方案比较的前提,必须遵守。

7. 风险收益的权衡原则

投资任何项目都是存在风险的,因此必须考虑方案的风险和不确定性。不同项目的风险和收益是不同的,对风险和收益的权衡取决于人们对待风险的态度。但有一点是肯定的,选择高风险的项目,必须有较高的收益。

二、工程技术方案经济效果评价的基本方法

工程技术经济分析中最常用的方法是方案比较法,这是一项综合性很强的工作,必须用系

统分析的观点正确处理各方面的矛盾关系。工程技术方案经济效果评价的基本方法如下。

1. 动态分析与静态分析相结合,以动态分析为主

在方案评价时,如果不考虑资金的时间价值,就无法合理地评价项目的未来收益和成本。因此,要考虑投入-产出资金的时间价值,进行动态的价值判断,将项目建设和生产不同时间段上资金的流入、流出折算成同一时点的价值,变成可加性函数,从而为不同项目或方案的比较提供同等的基础。这对于提高决策的科学性和准确性具有重要的作用。

2. 定量分析与定性分析相结合,以定量分析为主

工程技术方案的经济分析,是通过项目建设和生产过程中的费用-效益计算,给出明确的数量概念,进行事实判断,而不是笼统地定性描述。凡可量化的经济要素都应做出量化的表述。这就是说,一切技术方案都应尽可能通过计算定量指标将隐含的经济价值揭示出来。

3. 满意度分析与最优化分析相结合,以满意度分析为主

传统决策理论是建立在绝对逻辑基础上的一种封闭式决策模型,它把人看作具有绝对理性的"理性人"或"经济人",在决策时,会本能地遵循最优化原则(即取影响目标的各种因素的最有利的值)来选择实施方案。而美国经济学家西蒙(Simon)首创的现代决策理论的核心是"令人满意"准则。他认为,由于人的头脑能够思考和解答问题的容量同问题本身规模相比非常渺小,因此在现实世界里,要采取客观的合理举动,哪怕接近客观合理性也是很困难的。因此,对决策人来说,最优化决策几乎是不可能的。西蒙提出了用"令人满意"准则来代替"最优化"准则。他认为决策人在决策时,可先对各种客观因素、执行人据以采取的可能行动,以及这些行动的可能后果加以综合研究,并确定一套切合实际的衡量标准。如某一可行方案符合这种衡量标准,并能达到预期的目标,则这一方案便是满意的方案,可以采纳;否则应对原衡量标准作出适当的修改,进行下一轮方案选择。

4. 增量分析与整体分析相结合,以增量分析为主

进行经济效果分析一般只考虑各技术方案的差异部分,不考虑其相同部分,因而可把方案之间的共同点省略。这样既可以减少工作量,又使各对比方案之间的差别一目了然。增量分析符合人们对不同事物进行选择的思维逻辑。对不同方案进行选择和比较时,应从增量角度进行分析,即考察增加投资的方案是否值得,将两个方案的比较转化为单个方案的评价问题,使问题得到简化,并容易进行。但在省略时,一定要保证舍弃的确实是方案之间的相同部分,因为哪怕是微小的差异也会使分析结果产生变化。

5. 价值量分析与实物量分析相结合,以价值量分析为主

不论是财务评价还是国民经济评价,都要设立若干实物指标和价值指标。在计划经济下,我国往往侧重考虑生产能力、实物消耗、产品产量等指标。在目前的市场经济条件下,应把投资、劳动力、信息、资源和时间等因素量化为用货币表示的价值因素,对任何项目或方案都用具备可比性的价值量去分析,以便进行项目或方案的取舍和判别。

6. 全过程效益分析与阶段效益分析相结合,以全过程效益分析为主

技术实践活动的经济效果,是在目标确定、方案提出、方案选优、方案实施以及生产经营活动的全过程中体现出来的,忽视哪一个环节都会前功尽弃。在全过程效益分析中,还必须重点突出。以前,我国普遍重视工程项目投产后的经济效益,对基本建设过程的经济效果重视不够;在基本建设工作中,普遍忽视工程建设项目前期工作阶段的经济分析,而把主要精力放在施工阶段。这样做尽管也有效果,但毕竟是亡羊补牢,事倍功半。所以,要有效地提高技术活动的经济效果,就要坚决把工作重点转到建设前期阶段上来,未雨绸缪,以取得事半功倍的效果。

7. 宏观效益分析与微观效益分析相结合,以宏观效益分析为主

对工程技术方案进行经济评价,不仅要看其本身获利多少,有无财务生存能力,还要考虑其需要国民经济付出多大代价及其对国家的贡献。如果项目自身的效益是以牺牲其他企业的利益为前提,或使整个国民经济付出了更大的代价,那么对全社会来说,这样的项目就是得不偿失的。我国现行经济效果评价方法规定,项目评价分为财务评价与国民经济评价两个层次。当两个层次的评价结论发生矛盾时,一般情况下,应以国民经济评价的结论为主来考虑项目或方案的取舍。

8. 预测分析与统计分析相结合,以预测分析为主

工程经济学所讨论的经济效果问题几乎都和"未来"有关,它的着眼点是"未来",也就是在技术政策、技术措施制定以后,或技术方案被采纳后,对将要带来的经济效果进行计算、分析与比较。工程经济学关心的不是某方案已经花费了多少代价,它不考虑"沉没成本"(过去发生的,而在今后的决策过程中,我们已经无法控制的、已经用去的那一部分费用)的多少,而只考虑从现在起为获得同样使用效果的各种机会(方案)的经济效果。

工程经济学讨论的是各方案"未来"的经济效果问题,那么就意味着它们含有对"不确定性因素"与"随机因素"的预测与估计,这将关系到技术效果评价计算的结果。因此,工程经济学是建立在预测基础上的科学。

第三节 工程经济分析的步骤

一、工程经济分析的一般过程

工程经济分析是为工程决策服务的。一个工程项目从提出意向到实现预想的目标,一般都需要经过多个工作阶段。工程经济分析是一个由粗到细、不断深入、不断反馈的动态规划过程。

工程项目前期论证包括若干阶段。从纵向看,前一阶段的工作成果是后一阶段工作的前提和基础,后一阶段是前一阶段工作的深入和细化;从横向看,每一个阶段又可分解成若干相互联系和区别的子系统,子系统的优化离不开整体的优化,整体的优化要靠子系统的优化来实现。

例如,工程建设项目前期工作阶段可划分为机会研究、初步可行性研究、详细可行性研究,其分析过程如图1-2所示。

图1-2 工程建设项目前期工作阶段

二、工程经济分析的基本步骤

工程经济分析大致可分为5个步骤:确定目标、寻找关键因素、穷举方案、评价方案、决策。工程项目进行经济分析的一般步骤如图1-3所示。

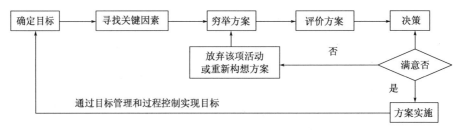

图1-3 工程经济分析的一般步骤

1. 确定目标

在确定目标时,要做到:①目标要具体、明确;②要有长远的观点;③要有总体观点;④要分清主次。事实证明,工程项目的成功与否,不但取决于系统本身效率的高低,而且与系统能否满足人们的需要密切相关。

2. 寻找关键因素

目标确定后,要对现实目标的需求进行调查研究,收集资料,分析是否具有实现目标所需的资源、技术、经济和信息等条件。如公路工程项目需要汇集、整理的基本数据包括建设项目总投资额,分年度的投资安排和资金筹措来源;公路营运期间每年的营运和养护成本(含原材料、人工、管理费、一般养护费和大修费等);公路营运期间各年的交通量和收费收入,汽车运输成本等;公路营运期间的效益分配和贷款偿还计划等。

3. 穷举方案

找到关键因素后,紧接着要制订各种备选方案。一般来说,每个项目都有几个备选方案,要从几个备选方案中选出较优的方案。

4. 评价方案

在方案选择时,必须满足可比性的原则,应满足需求上的可比、消耗费用上的可比、销售价格的可比、时间上的可比。因此,需要将备选方案可比化。从工程技术的角度提出的方案往往都是技术上可行的,但在效果一定时,只有费用及损失最低的方案才能成为最佳方案,这就需要对备选方案进行经济效果评价。可以根据项目特点和投资者的要求,找出目标函数,根据约束条件列出模型,再求出使目标函数达到最大的目标值。

5. 决策

决策即从若干行动方案中选择令人满意的实施方案,它对工程项目建设的效果有决定性的影响。决策时,工程技术人员、经济分析人员和决策人员应对其求解结果进行论证分析,应特别注重信息交流和沟通,减少由于信息的不对称所产生的分歧,使各方人员充分了解各方案的工程经济特点和各方面的效果,分析其是否能使利益相关者满意。若利益相关者均满意,可以组织实施该方案;若不能满意,则需考虑是否可重新构思其他方案或者是否应该放弃该项目。

本章小结

工程经济学是根据实际需要新发展起来的一门边缘学科,是技术与经济知识相结合的产物。为使读者增强对这门学科的第一认识,为学好后面的知识打下基础,本章开门见山地从该学科的研究内容、作用、特点等方面作了详细介绍。简言之,工程经济就是应用经济理论对工程进行经济分析,达到技术与经济的紧密结合,从而达到节约建设资金的目的。相关的经济理论包括静态经济分析方法、动态经济分析方法、不确定性分析、国民经济评价与财务评价等。在学习中应针对实际灵活应用所学知识。

复习思考题

1. 工程经济学的含义是什么?
2. 工程经济分析的基本原则有什么?
3. 工程经济分析的基本步骤有哪些?
4. ( )被誉为工程经济学之父。
   A. 格兰特　　　　B. 乔尔·迪安　　　C. 威灵顿　　　　D. 戈尔德曼
5. 某公司经营了一个电信网络,过去10年已累计投资120亿元建设整个网络系统。公司现在决定对整个网络的某一局部线路进行更新改造。该线路过去已经投资了2.5亿元,目前需要追加投资8000万元,以缓解该局部网络的瓶颈限制,提高系统的整体功能。在分析该电信项目的改扩建工程时,应考虑的投资为( )。
   A. 120亿元　　　B. 2.5亿元　　　　C. 123.3亿元　　　D. 8000万元
6. 以下关于工程经济分析说法,不正确的是( )。
   A. 工程经济分析的重点是科学地预见活动的结果
   B. 工程经济分析的目的是提高工程经济活动的经济效果
   C. 工程经济分析应遵循前后对比的原则
   D. 工程经济分析是一个不断深入、不断反馈的动态规划过程
7. 某业主利用自己所拥有的临街房开饭店,他投入的货币资本为5万元,而且饭店由该业主自己管理。如果将店面出租,每月最高可获得2000元的租金收入;业主可以从事其他工作,预期每月可以获得的最高工资收入为3000元;5万元货币资金如果存入银行,每年可得利息4000元,投资别处每年可得最高投资收益9000元。那么,从机会成本的角度来说,每年净收入不得少于( )。
   A. 6.9万元　　　B. 6.4万元　　　　C. 6.0万元　　　　D. 7.3万元

部分参考答案
4. A　5. D　6. C　7. A

第二章　现金流量

现金流量是建设项目投资决策中的一个信息载体。在现代企业发展过程中,决定企业兴衰存亡的是现金流,最能反映企业本质的也是现金流,在众多价值评价指标中基于现金流的评价也是最具有权威性的。用货币量化建设项目的投入和产出,正确预计建设项目的现金流量是建设项目投资决策的重要基础工作,同时也是保证投资决策有效性的重要前提。

第一节　现金流量的概念

在从事工程经济活动过程中,需要投入一定的资金、花费一定成本,也会获得一定的收入,这些均可看成是以货币形式体现的资金流出或资金流入。现金流量指考察对象在整个考察期间各时点 t 上实际发生的资金流出或资金流入,或者某一系统在一定时期内流入该系统和流出该系统的现金量。现金流量的内涵和构成因工程经济分析的范围和方法不同而异。在理解现金流量这个概念时,需要注意以下几个问题。

1. 考察对象

在进行工程经济分析时,需要将所考察的对象视为一个系统,这个系统可以是一个建设项目、一个企业,也可以是一个地区、一个国家。但考察对象不同,对应的现金流量也不同。例如,从建设项目或从企业的角度进行财务评价,可以不考虑外部效果(解决就业问题、污染环境等);但从国家和地区的角度,就需要进行国民经济评价和社会评价。

2. 考察(分析)期

考察期,或者称之为分析期,一般包括建设期和生产使用期。对于产品更新速度比较快的项目,可以产品的寿命周期为项目的考察期;有些项目可以根据(合作)合约规定的时间来确定考察期,如 PPP(Public-Private Partnership,政府和社会资本合作)、BOT(Build-operate-transfer,建设-经营-转让)项目。在进行方案比选时,可人为设定考察期。如进行设备选择时,若甲设备寿命为 2 年,乙设备寿命为 3 年,则可以 6 年为分析期,比较甲、乙设备的优劣。

考察期内实际发生的各种费用和收益,均要货币数量化为资金流入或资金流出。

3. 时点 t

将整个考察期按计息间隔期划分为若干时点,计息间隔期可以是月、季度、半年或 1 年。进行具体经济分析时,发生于计息间隔期内的现金流量,必须按"期末惯例"进行处理,资金流出或资金流入只能发生在某一个时点上。

4. 现金流出、现金流入和净现金流量

投入的资金、花费的成本和获取的收益,均可看成是以资金形式体现的该系统的资金流出或资金流入。这种在考察对象整个期间各时点 t 上实际发生的资金流出或资金流入称为现金流量。其中流出系统的资金称为现金流出,用符号 $(CO)_t$ 表示;流入系统的资金称为现金流入,用符号(CI)表示;现金流入与现金流出之差称之为净现金流量,用符号(CI-CO)表示。显而易见,发生在某个具体时点上的净现金流量可能是负的,也可能是正的。

第二节 现金流量的表示方法

对于一个经济系统,其现金流量的流向(流入或流出)、数额和发生时点都不尽相同。要正确、直观地表示现金流量,通常可以用现金流量图和现金流量表来表示。

一、现金流量图

1. 概念

现金流量图是表示项目在整个寿命期内各时点的现金流入和现金流出状况的一种图示。即把经济系统的现金流量绘入时间坐标图中,表示出各现金流出、流入和相应时间的对应关系。通常以横轴为时间轴,纵轴用箭线表示不同时间点的现金流入(一般表示在横轴的上方)和现金流出(一般表示在横轴的下方)。现金流量图(图2-1)能直观、形象地表达经济系统的现金流入、现金流出与相应时间的对应关系。现金支出可以认为是一项工程的"投入",现金收入就是该工程的"产出",也就是投资所产生的收益。在现金流量图中,收入一般冠以正号,支出冠以负号。一个完整的投资活动,可以视为一个独立的系统加以分析。应该说明,这里所说的"投入"与"产出",一般只是对某一投资系统而言,与系统外部无关。

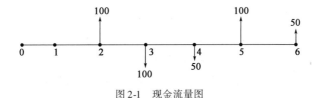

图2-1 现金流量图

2. 绘制方法

现金流量图的作图方法如下:

(1)现金流量图的时间坐标。以横轴为时间轴,向右延伸表示时间的延续,0表示时间序列的起点,横轴可以看成我们所考查的"系统"。在纸上画一水平直线,在线上分出相等的时间间隔,自0开始向右延伸,表示时间的历程。轴上每一格代表一个时间单位(年、月、日),第n格的终点和第$n+1$格的起点重合。

(2)现金流量图的箭头。相对于时间坐标的垂直箭线代表不同时间点的现金流量情况,垂直线的箭头表示现金流动的方向。箭头向上表示现金流入(现金流量为正),箭头向下表示现金流出(现金流量为负)。属于收入的现金一般画在水平线上方,冠以正号;而支出的现金画在水平线下方,冠以负号。

(3)现金流量图的箭线。在现金流量图中,垂直箭线的长短体现现金流量的金额差异,金额越大,相应垂直线的长度越长。一般来说,现金流量图上在各箭线上方(或下方)要注明每一笔现金流量的金额。

(4)现金流量图的立足点。现金流量的方向,即现金的流入与流出是相对特定的经济系统而言的。如贷款方的现金流入就是借款方的现金流出,贷款方的还本付息就是借款方的现金流入。通常,工程项目现金流量的方向是针对资金使用者的系统而言的。

(5)箭线与时间轴的交点。为了计算上的方便和统一,一般假定现金的支付都集中在每期的期末。这是工程经济分析中的基本假定之一——期末假定。每期的期末并不一定都是每年的年末,比如投资的时间发生在2018年5月1日,则期末也定在以后各年的5月1日。

总之,要正确绘制现金流量图,必须把握好现金流量的三要素,即:现金流量的大小(现金流量数额)、方向(现金流入或现金流出)和作用点(现金流量发生的时间点)。

[例2-1] 某项目的现金流量图如图2-2所示,请说明该图的含义。

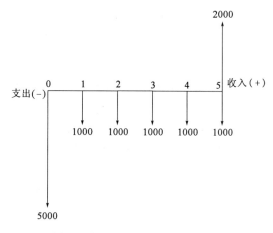

图2-2 某项目现金流量图(单位:元)

解:图2-2所示的投资活动,说明该系统在第0年一次投资5000元,以后每年再投入1000元,5年后得收益2000元。值得注意的是,在 $n=5$ 的时点上,同时有投入(1000元)又有产出(2000元)。现金收支分画在横线的两边可以避免发生混淆。现金流量图的时间从第0年开始,横线上的0代表第1年开始的第一天;同理,横线上的1即代表第1年结束的最后1天,或者第2年开始的第一天,其他类推。因此分析问题中的时间,与图解中水平线上某一点的时间关系,必须相互对应才不致发生混淆。还应指出,收入与支出总是针对某一具体对象而言,贷方的收入是借方的支出;反之,借方的收入也就是贷方的支出。

现金流量图是经济分析的有效工具,其重要性有如力学计算中的结构受力图,是正确进行经济计算与经济分析的基础。现金流量图能够帮助我们把握整个工程项目在其生命周期中各阶段的经济特征,将一个复杂的工程系统以简洁明了的方式表达出来。实质上,现金流量图是对工程项目全部工程活动的高度概括和抽象。

二、现金流量表

1. 概念

一个项目的实施要持续一定的时间。在项目的寿命期内,各种现金流量的发生时间和数额都不尽相同。为便于分析不同时间点上的现金流入和现金流出,计算其净现金流量,通常采用现金流量表的形式来表示特定项目在一定时间内发生的现金流量。现金流量表是能够直接、清楚地反映项目在整个计算期内各年的现金流入、现金流出和净现金流量情况的表格。现金流量表虽不如现金流量图直观,但由于具体工程项目每年现金流量的内容与数量各不相同,现金流量图不容易表达。因此,在进行具体工程项目经济分析时,常用现金流量表这种工具。

通常，利用现金流量表对整个项目进行现金流量分析，计算各项静态和动态评价指标，以评价项目投资方案经济效果。

2. 编制方法

现金流量表的纵列是现金流量的项目，其排列按现金流入、现金流出、净现金流量的顺序进行；表的横行是年份，按项目计算期的各个阶段来排列。现金流量表的具体制作方法是将各时刻发生的现金收支记入表格之中，现金流量表由资金流出、资金流入、净现金流量（流入－流出）构成，项目各年现金收支根据计算结果按发生的时间列入相应的年份。整个现金流量表中既包括项目寿命期内现金流量的基本数据，又包含了计算的结果；既可纵向看各年的现金流动情况，又可横向看各个项目的发展变化，直观方便，综合性强。

将现金流量表中各年净现金流量的数值逐年横向相加，就可以得到各年净现金流量的累计值，该值称为累计净现金流量。累计净现金流量表示从项目开始到某年为止的期间内所有现金流量的代数和，它从经济角度直观地表示了项目总体的进展和经营情况，也是评价项目经济效果的一个重要参数。

根据现金流量表的净现金流量和累计净现金流量，可以直接计算项目的净现值、投资回收期等重要的经济评价指标，进而对项目的经济性进行评价。这是实际经济评价常用的分析方法，现金流量表是经济评价常用的评价工具。

3. 现金流量表的类型

根据考察对象不同，现金流量表包括项目投资现金流量表、项目资本金现金流量表、项目投资各方现金流量表。

项目投资现金流量表不分投资资金来源，从整个项目的角度，将项目建设所需的总投资作为计算的基础，用于计算项目全部资金的经济评价指标，考察项目全部投资的盈利能力，是各种投资方案（不论其资金来源及利息多少）进行比较的共同基础。项目资本金现金流量表，从项目法人（或投资者整体）的角度，以项目资本金作为计算的基础，把借款本金偿还和利息支付作为现金流出，用于考察项目资本金的收益情况。项目投资各方现金流量表，分别从各个投资者的角度出发，以（某个具体）投资者的出资额作为计算的基础，考察各个不同投资者投入资源的收益情况。

三类基本现金流量表由于分析的角度不同，包括的主要内容也有所区别，其主要内容分别见表 2-1 ~ 表 2-3。

项目投资现金流量表　　　　表 2-1

序号	项　　目	计　算　期							合计
		1	2	3	4	5	6	……	n	
1	现金流入（CI）								
1.1	销售（营业）收入								
1.2	回收固定资产余值								
1.3	回收流动资金								
2	现金流出（CO）								
2.1	建设投资								
2.2	流动资金								

续上表

序号	项 目	计算期 1	2	3	4	5	6	……	n	合计
2.3	经营成本									
2.4	销售税金及附加									
2.5	增值税									
3	净现金流量(CI－CO)									
4	累计净现金流量									

项目资本金现金流量表　　　　　　　表2-2

序号	项 目	计算期 1	2	3	4	5	6	……	n	合计
1	现金流入(CI)									
1.1	销售(营业)收入									
1.2	回收固定资产余值									
1.3	回收流动资金									
2	现金流出(CO)									
2.1	项目资本金									
2.2	借款本金偿还									
2.3	借款利息支付									
2.4	经营成本									
2.5	销售税金及附加									
2.6	增值税									
2.7	所得税									
3	净现金流量(CI－CO)									
4	累计净现金流量									

项目投资各方现金流量表　　　　　　　表2-3

序号	项 目	计算期 1	2	3	4	5	6	……	n	合计
1	现金流入(CI)									
1.1	股利分配									
1.2	资产处置收益分配									
1.3	租赁费收入									
1.4	技术转让费收入									
1.5	其他现金收入									
2	现金流出(CO)									
2.1	股权投资									
2.2	租赁资产支出									
2.3	其他现金流出									
3	净现金流量(CI－CO)									

第三节　新建工程项目的现金流量

新建项目是指从无到有新开始建设的项目,是固定资产扩大再生产的一种重要形式。

一、新建项目现金流量基本内容

建设项目的现金流入一般包括产品销售收入、回收固定资产原值及回收流动资金等;现金流出包括建设投资、流动资金、经营成本和销售税金等。

二、新建项目现金流量图

根据新建项目各阶段现金流量的特点,可把一个项目现金流量分为四个区间:建设期、投产期、稳产期和回收处理期。项目建设期一般只有现金流出,没有现金流入,因此,净现金流量小于0。投产期开始进入生产经营期,有一定的现金流入,但项目一般会有一个磨合期,因此现金流入数值较小且不是很稳定,大多数项目在整个时期净现金流量开始大于0。稳产期已经过了磨合期,因此,此时现金流入数额相对较大且较稳定。回收处理期一般是指项目后期维修成本较多,净现金流量数额开始减少,但最后一个年份由于一般会回收固定资产和流动资金,会有一笔额外的现金流入。新建项目的净现金流量图如图2-3所示。

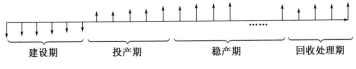

图2-3　新建项目的净现金流量图

[例2-2]　某项目第一、二、三年初分别投资100万元、70万元、50万元;以后每年末收益均为90万元,经营费用均为20万元,寿命期10年,期末残值40万元。请绘制该项目的现金流量图。

解:根据该题目的已知条件,绘制该项目的现金流量图如图2-4所示。

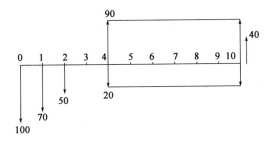

图2-4　[例2-2]中某项目现金流量图(单位:万元)

本 章 小 结

本章讲述了现金流量的概念、现金流量的表示方法及新建项目现金流量的特点。现金流量是工程经济分析的一个重要概念。现金流量图和现金流量表是描述现金流量的主要工具,也是保证工程经济分析准确性的重要工具,是工程经济学的基础和重点。

复习思考题

1. 某投资项目的设计生产能力为年产 10 万台某种设备,主要经济参数的估算值为:初始投资额为 1200 万元,预计产品价格为 40 元/台,年经营成本 170 万元,运营年限 10 年,运营期末残值为 100 万元。试绘制该项目的现金流量图。

2. 现金流量包括( )。
   A. 现金流入　　　　　　　　B. 流动资金量
   C. 现金流出　　　　　　　　D. 经营成本
   E. 净现金流量

3. 现金流量图可以全面、直观地反映经济系统的资金运动状态,其中现金流量的三大要素不包括( )。
   A. 大小　　　　B. 方向　　　　C. 回收点　　　　D. 时间点

4. 由现金流入、现金流出和净现金流量构成的表称为( )表。
   A. 资金流量　　　B. 资金流动　　　C. 现金流动　　　D. 现金流量

5. 在现金流量表中,作为现金流入的有( )。
   A. 流动资金　　　　　　　　B. 回收流动资金
   C. 销售税金及附加　　　　　D. 固定资产余值
   E. 产品销售收入

6. 流入系统的资金称为现金流入,流出系统的资金称为现金流出,( )之差称为该系统的净现金流量。
   A. 现金流入与现金流出　　　B. 现金流出与现金流入
   C. 现金流量与现金流动　　　D. 现金流动与现金流量

7. 以下关于现金流量图的说法中,正确的有( )。
   A. 表示项目在整个寿命期内各时点的现金流入和现金流出状况
   B. 现金流量图的时间坐标中第 n 格的终点和第 $n-1$ 格的起点是相重合的
   C. 现金流量图的箭头表示现金流动的方向,向下的箭头表示现金收入
   D. 现金流量图的分析与立足点有关
   E. 根据现金流量的特点,新建项目在整个寿命期内的现金流量大致可分为建设期、投产期、稳产期和回收处理期四个区间

8. 对于更新速度比较慢的产品,通常取产品的寿命周期作为项目的研究期。( )
   A. 正确　　　　　　　　　　B. 错误

9. 现金流量图能够反映( )。
   A. 经济系统资金运动状态　　B. 投资回收的时间
   C. 贴现率的大小　　　　　　D. 项目盈利的多少
   E. 系统现金流发生的时间

部分参考答案
2. ACE　3. C　4. D　5. BDE　6. A　7. ADE　8. B　9. AE

第三章 资金的时间价值与等值计算

第一节 资金的时间价值

人们无论从事何种经济活动,都必须花费一定的时间。而时间是有限的,既不能停止,也无法倒流。因此,在一定意义上讲,时间是一种最宝贵也是最有限的资源。但是,对时间内涵的理解常常因人而异。对学生,时间就是知识;对农民,时间就是粮食;而对于工程经济活动,时间就是经济效果。因为经济效果是在一定时间内创造的,不讲时间,也就谈不上效益。如100万元的利润,是一个月创造的,还是一年创造的,其效果是大不一样的。因此,重视对时间因素的研究,对工程经济分析有着重要的意义。

一、资金的时间价值概念

资金的时间价值是资金在流通过程中,随着时间的变化而产生的增值(其实质是劳动者在生产中创造的剩余价值),是同劳动相结合的资金在时间推移中的增值能力,它是社会劳动创造价值的能力的一种表现形式。从投资的角度来看,资金的增值特性使资金具有时间价值;从消费的角度来看,资金的时间价值体现为对放弃现期消费的损失所做的必要补偿。

资金的时间价值和通货膨胀引起的货币贬值不同。通货膨胀是指国家为了弥补财政赤字大量发行纸币,纸币的发行超过商品流通中的实际需要量所引起的货币贬值现象。而资金的时间价值是一个普遍的现象,只要商品生产存在,资金就具有时间价值。应该承认,资金具有随时间延长而增值的能力;但是一般的货币不会增值,只有同劳动相结合的资金才有时间价值。因为这种物化为劳动及其相应的生产资料的货币,已转化为生产要素,经过生产和流通过程,归流的货币比原来支付的货币量更大,这种增值是时间效应的产物,即资金的时间价值。因此,资金的时间价值是指资金随着时间的推移而形成的增值。

资金时间价值概念的建立和应用,不仅可以促进节约资金,而且能够促进更好地利用资金。劳动的节约、物化劳动消耗和占用的节约,体现在作为劳动和物化劳动的货币表现的资金节约上,它不仅要求缩短一切不必要的开支,而且要求最大限度地有效利用资金。评价投资方案,不仅要评价方案的投资是否节省,而且要评价方案投资后的经济效益是否良好。这对于提高经济评价工作的科学性、促进整个社会重视货币资金有效利用等都具有重要意义。

资金的时间价值可以从投资者和消费者两个角度来理解。站在投资者角度,将资金用作某项投资,由于资金作为生产要素,在技术创新、社会化大生产、资金流通和运动等过程中,可获得一定的收益或利润,即资金随着时间的变化而产生增值;从消费者角度,如果放弃资金的使用权力,应该得到一定的补偿,是放弃近期消费的补偿,或者提前消费就需要付出一定的代价。

由于资金时间价值的存在,使得不同时间点上发生的现金流量无法直接加以比较。因此,要通过一系列的换算,在同一时间点上进行比较,才能符合客观实际。这种考虑了资金时间价值的经济分析方法,使方案的评价和选择变得更现实和可靠,也是工程经济学重点要讨论的内容之一。

二、资金时间价值的衡量尺度

利润和利息是衡量资金时间价值的两种绝对尺度,它们都是社会资金增值的一部分,是社会剩余劳动在不同部门的再分配。利润由生产和经营部门产生,利息是以信贷为媒介的资金使用权的报酬,它们都是资金在时间推移中的增值。对于利润和利息的获得者来说,利润和利息都是一种收入,都是投资得到的报酬。利润是生产经营者的报酬,而利息则是贷款者的报酬。

利润率和利率是衡量资金时间价值的两种相对尺度。在经济分析中用以度量资金时间价值的"折现率",是指贷款人或企业经营者对其投资得到的利润率或利率,也是指企业使用贷款人的资金或自有资金来支付人力、物力耗费,用以经营企业所获得的收益率。

1. 利息和利润概念

利息是指资金所有者让渡资金使用权而获得的报酬,或资金使用者为取得资金使用权而付出的代价。在借贷的过程中,债务人支付给债权人超过原借贷金额的部分就是利息。利息有多种形式,如存款利息、贷款利息等,它们来自信贷。在利息基础上又形成了股息、债券利息等各种形态,它们来自间接投资。

与利息相对应的另一种形态——利润则来自直接投资,它是把货币资金投入生产经营而获得的增值,是在生产和经营过程中产生的,也就是资金使用者合理使用资金所得的报酬。利息与利润的主要区别在于:①来源不同,利息来源于借贷关系,利润来源于生产经营。②风险不同,利息的风险较小,一般在事前是明确的;而利润的风险较高,事前虽可预测,但取决于资金使用者经营管理的好坏。但是,从资金的时间价值来看,利息和利润是一致的。因此,在经济分析中对两者一般不予区分。

2. 利息的计算

利息的计算公式如下:

$$I = F - P \tag{3-1}$$

式中:I——Interest,利息;

F——Future Value,目前债务人应付(或债权人应收)总金额;

P——Present Value,原借贷金额,常称之为本金(Principal)。

3. 利率的概念

利率是指在一个计息周期内所得的利息额与本金或贷款金额的比值,即单位时间内所得利息额与原借贷金额之比,通常用百分数表示。

利率(或利润率)是一定时期的利息或利润与本金的百分比,它是计算利息(或利润)的尺度。一年的利息额与本金之比为年利率,半年或一月的利息额与本金之比为半年或月利率。其计算公式为:

$$i = \frac{I_t}{P} \times 100\% \tag{3-2}$$

式中:i——Interest rate,利率;

I_t——单位时间内所得利息额。

计算利息的时间单位称为计息周期;计息周期通常有年、半年、季、月、周或天,相应的利率分别称为年利率、半年利率、季利率、月利率等。

4. 影响利率的因素

利率是国民经济发展的主要晴雨表之一,利率的高低由以下因素决定:

(1)社会平均利润率。通常情况下,利息来源于利润,所以利率要受到社会平均利润率的制约,并随之变动;利率是社会平均利润率的最高界限。如果利率高于利润率,银行获得利息后,投资人无利可图,投资者便不会贷款,同时也丧失了投资的动力。

(2)借贷资本的供求状况。在平均利润率不变的情况下,利率可以看作是资本的价格,价格会随着供求关系上下波动。因此,利率的高低取决于金融市场上借贷资本的供求状况,当供过于求时,利率下降;供不应求时,利率上升。

(3)投资风险。任何投资都有风险,投资风险的大小影响利率的高低。投资项目风险大,贷款人便要承担较大的风险,风险越大,对借款人所要求的利率越高。

(4)借贷资本期限。贷款期限越长,不可预见因素越多,风险越大,利率越高;反之则越低。

(5)通货膨胀率。通货膨胀对利率的波动有直接的影响。通货膨胀率高,往往推动利率升高,以防资金贬值使实际利率成为负值。

三、利息的形式

按照计算先前周期中利息方法的不同,利息计算可分为单利法与复利法两种。

1. 单利法

单利法指仅仅以本金计算利息,不计入在先前利息周期中所积累增加的利息的方法。不论计息期数为多大,只有本金计息,而利息本身不再计息,即通常所说的"利不生利"的计息方法。单利计息时,总利息的计算公式为:

$$I_n = P \cdot n \cdot i_{单} \quad (3-3)$$

式中:I_n——总利息;

P——本金或现值;

n——计息期数(时间),通常以年为单位;

$i_{单}$——单利利率,利息与本金的比例,通常指年利率。

由式(3-3)可知,在以单利计息的情况下,总利息与本金、利率及计息周期数是成正比的线性关系。而第 n 期末单利本利和 F 等于本金就上利息,即:

$$F = P \cdot (1 + n \cdot i_{单}) \quad (3-4)$$

式中:F——期末本金与利息之和,即本利和,又称终值。

在利用式(3-4)计算本利和 F 时,要注意式中 n 和 $i_{单}$ 反映的周期要匹配。若 $i_{单}$ 为年利率,则 n 应为计息的年数;若 $i_{单}$ 为月利率,n 应为计息的月数。

[**例3-1**] 设有存款1000元,期限3年,年利率为10%。试用单利法计算第3年末的本息和。

解:已知 $P = 1000$ 元,$i = 10\%$,$n = 3$ 年,则三年末的本息和为:

$$F = P \cdot (1 + n \cdot i_{单}) = 1000 \times (1 + 3 \times 10\%) = 1300 \text{ 元}$$

2. 复利法

复利计息是指以本金与累计利息为基数计算利息。它与单利计算的区别在于经由累积的利息计算，不仅本金产生利息，而且先前的周期中的利息在后一周期中也产生利息。相比单利，它能更准确地反映资金的时间价值。

复利又分间断复利和连续复利。当复利计息以年利率、季利率、月利率等周期利率计息之所得，即为间断复利；当复利的计息周期数趋近于无穷大，按瞬时计息之所得，称为连续复利。在实际工作中，一般采用间断复利计息。其计算公式将在本章第三节中讲述。

复利法指用本金和前期累计利息总额之和为基数计算利息的方法，即将本期的利息转为下期的本金，下期将按本利和的总额计息，俗称"利滚利""驴打滚"。

复利计息时，应偿还的本息和为：

$$F = P \cdot (1+i)^n \tag{3-5}$$

式中：F——期末本金与利息之和，即本利和，又称终值；

P——本金或现值；

i——复利利率，通常指年利率；

n——计息期数（时间），通常以年为单位。

复利计息时，利息和的计算公式为：

$$I = P \cdot [(1+i)^n - 1] \tag{3-6}$$

式中：I——期末利息和。

由此可见，复利计息的利息大于单利计息，且其差额与 P、i、n 有关。复利计息更能准确地反映资金的时间价值，因此，今后计算时未作说明均按复利计息计算。

[**例 3-2**] 某项目投资 1000 元，年利率为 10%。试用复利法计算第 3 年末的本息和。

解：$F = P(1+i)^n$

$= 1000 \times (1+10\%)^3 = 1000 \times 1.331 = 1331$ 元

虽然利率的计算方式有单利和复利两种，但复利能更全面、更准确地反映资金的时间价值。因此，在经济分析中一律按复利计算和分析投资方案的各项经济指标。并且，现实生活中除了向银行存款按单利计息外，其余借贷关系都是按复利计算。复利分析中也就假定所有存款与借款均按复利计息。

复利分析的基本方法和所建立的基本公式是整个工程经济分析的基础和关键。复利分析就是对存款与贷款这种最简单的投资活动进行分析，直接分析这种简单投资中资金的时间价值，并在此基础上建立工程经济分析的基本思路。

四、名义利率与实际利率

1. 概念

在复利计息中，利率通常以年作为时间单位。但在实际应用中，计息利息的周期与复利率周期可能不完全相同，计算复利的次数有可能多余计息期数，即复利计算时，有时每年计息一次，有时可能每半年计息一次，或者每季度、每月计息一次。由于计息周期不同，同一笔资金在占用的总时间相等的情况下，其计算结果不同。即复利计息的频率不同，其结果亦不同。

[**例 3-3**] 设本金为 1000 元，年利率为 12%。求每年计算一次利息和每季度计算一次利息的本利和。

解:(1)每年计息一次,一年后本利和为:$F = 1000 \times (1 + 12\%) = 1120$ 元

(2)每季度计息一次,季利率3%,计息周期数为4,累积程序计算,一年后本利和为:$F = 1000 \times \left(1 + \dfrac{12\%}{4}\right)^4 = 1125.5$ 元

当利率的时间单位与计息周期不一致时,或者说,当计息周期小于1年时,就会出现年名义利率的概念。

1) 名义利率

不论实际的计息周期多长,习惯上银行的利率是以年利率来标明的,该利率称为名义利率。年名义利率指计算周期利率与每年(设定付息周期为一年)计息周期数的乘积,即:年名义利率=计息周期利率×年计息周期数。

也就是说,名义利率不考虑付息周期内的利息增值因素,付息周期内按单利计息。

例如,半年计算一次利息,半年利率为4%,1年的计息周期数为2,则年名义利率为4%×2=8%。通常称为"年利率为8%,按半年计息"。这里的8%是年名义利率。

2) 实际利率

实际利率又称有效利率,即当1年内计息多次时,反映实际利息额高低的年利率。若将付息周期内的利息增值因素考虑在内,付息周期内按复利计息,所计算出来的利率称为实际利率。在进行方案的经济比较时,若按复利计息,由于各方案在一年中计息次数不同,故难以比较各方案的经济效益。因此,需要将各方案的名义利率转化成实际利率,然后再进行比较。在工程经济比较时,一般都以实际利率为准。

2. 名义利率与实际利率之间的关系

如[例3-3]中,若年利率为12%,计息周期为年,利率的时间单位与计息周期相同,则实际利率与名义利率一致,都是12%;若年利率12%,计息周期由每年1次改为每季1次时,其到期的本利和由1120元增至1125.5元,这时,实际年利率为(1125.5-1000)/1000=12.55%,这0.55%的差额是由计息频率增加而增加的时间价值所产生。因此,利率的时间单位与计息周期不一致时,名义利率等于周期利率与年周期数的乘积,实际利率等于名义利率加上利息的时间价值,即名义利率按单利计算,而实际利率则按复利计算。

设投资一笔资金P,年计算周期数为m,计息周期利率为i,则名义年利率r为:
$$r = i \cdot m$$

一年末终值F为:
$$F = P \cdot (1+i)^m = P \cdot \left(1 + \dfrac{r}{m}\right)^m$$

由于利息=本利和-本金=$P \cdot \left(1 + \dfrac{r}{m}\right)^m - P$,所以,实际年利率为:

$$i_{\text{eff}} = \dfrac{\text{利息}}{\text{本金}} = \dfrac{P \cdot \left(1 + \dfrac{r}{m}\right)^m - P}{P}$$

$$= \left(1 + \dfrac{r}{m}\right)^m - 1$$

故名义利率与实际利率的关系式如下:

$$i_{\text{eff}} = \left(1 + \frac{r}{m}\right)^m - 1 \tag{3-7}$$

式中：i_{eff}——实际利率；

r——名义利率；

m——一年中计息周期数。

由式(3-7)可以看出，该函数是单调递增函数。当 $m=1$ 时，$i_{\text{eff}}=r$，即若 1 年中只计息 1 次，付息周期与计息周期相同，这时名义利率与实际利率相等。当 $m>1$ 时，$i_{\text{eff}}>r$。

3. 连续复利

由名义利率和实际利率之间的关系可知，在一定的年利率条件下，计息期越短，即 m 越大，其实际利率越大；当计息次数 m 趋于无穷大时，就是连续复利条件下的利率最大。当用连续复利时，即每时每刻均计息，则 $m \to +\infty$。此时有：

$$i_{\text{eff}} = \lim_{m \to +\infty}\left[\left(1 + \frac{r}{m}\right)^m - 1\right] = e^r - 1 \tag{3-8}$$

应该指出，在实际计算时，虽然很少采用连续复利的计息方法，但它作为一个概念却极为重要，特别是在理论研究时，采用连续复利便于进行一些数学处理。

当名义利率为 12% 时，不同计息周期的实际利率见表 3-1。

计息周期数于实际利率的影响（$r=12\%$） 表 3-1

计算复利的方式	一年中的计息期数	计息周期利率(%)	年实际利率(%)
按年	1	12	12
按半年	2	6	12.36
按季	4	3	12.55
按月	12	1	12.68
按日	365	0.033	12.7475
连续地	$+\infty$	0.000	12.7497

[**例 3-4**] 将 1000 元存入银行，年利率为 8%，计算不同条件下的本息和。

解：如果计息周期设定为半年，则存款在第 1 年年末的本息和是：

$$F = 1000 \times \left(1 + \frac{8\%}{2}\right)^2 = 1081.6 \text{ 元}$$

如果 1 年中计息 m 次，则本金 P 在第 n 年末终值（本息和）的计算公式为：

$$F = P \cdot \left(1 + \frac{r}{m}\right)^{mn}$$

永续复利：

$$F = P \cdot (1 + i_{\text{eff}})^n = Pe^{rn}$$

如果年名义利率为 8%，本金为 1000 元，则永续复利下第 3 年末的终值为：

$$F = 1000 \times e^{(0.08 \times 3)} = 1000 \times (2.71818)^{0.24} = 1271.2 \text{ 元}$$

第二节　资金等值计算

一、资金等值的概念

资金等值指在不同时点上数量不等的资金，从资金时间价值观点上看是相等的。等值的含义是:不同时间上的不同数额的货币可以具有相等的价值。等值的概念是由于资金存在时间价值而产生的,等值是工程经济分析中的基本出发点。项目不同方案所产生的现金流量是不同的。虽然我们可以做出各方案的现金流量图或现金流量表,但如果不能计算出各方案在某一指定时刻的可比等值,就无法对它们作出比较,也就无法决策。一般地,当进行现金流量计算时,对两笔不同时刻不同支付形式的资金,首先应等值变换到同一时刻同一支付形式,然后才能相加减。

两笔资金是否等值,除了要看各自的货币票面额以外,还取决于资金所处的时刻和利率两个因素。一笔资金可以按一定利率在不同时刻做等值变换。如果两笔资金等值,则用利息公式变换到任何时刻,任何支付形式都还是等值的。例如,今天的 100 元,在年利率为 10% 时,将等于明年今日的 110 元;若年利率改为 20%,则一年后的相应等值将变为 120 元。按照等价的概念,今日得到 100 元,与一年后得到 110 元(年利率为 10% 时),或一年后得到 120 元(年利率为 20% 时),在实际价值上是相同的。

要判断资金是否等值,需要明确各笔资金的金额大小、发生的时间点和利率的大小。因此,资金等值的要素是资金额、计息期数和利率。

二、等值计算中的典型现金流量

1. 现在值(当前值)P

货币在某个时刻上的数量称为货币的时值。若这里的"某个时刻"指的是对某个工程项目进行分析与评价的起点时刻,即现金流量图的零点时,则此时货币的时值就叫货币的现值。因此,现在值属于现在一次支付(或收入)性质的货币资金,简称现值。现值在利息计算中一般代表本金;在经济分析中一般代表现金流量图中位于零点的一笔投资,或者整个投资系统折算到零点的价值。现值的关键在于分析与评价的时刻,而这个时刻通常是在工程项目建设的开端,当然,也可视评价的需要而灵活选取。现在值(当前值)P 的现金流量图如图 3-1 所示。

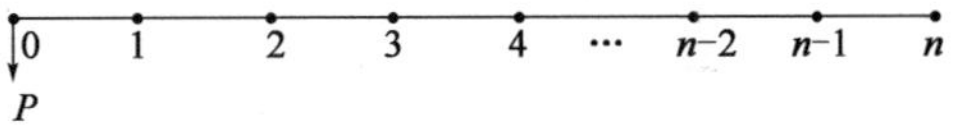

图 3-1 现在值(当前值)P 现金流量图

2. 将来值 F

将来值指站在现在时刻来看,发生在未来某时刻一次支付(或收入)的货币资金,简称终值。在利息计算中,终值一般指本金经过 n 期计息以后具有的价值,也称本利和,即本金与利息之和。在经济分析中,终值一般是指对于现值的任何以后的价值。终值也属于一次支付的情况,其现金流量图如图 3-2 所示。

3. 等年值 A

等年值指从现在时刻来看,以后分次等额支付的货币资金,简称年金。年金满足两个条件:各期支付(或收入)金额相等;支付期(或收入期)各期间隔相等。年金属于多次等额支付的情形,其现金流量图如图 3-3 所示。

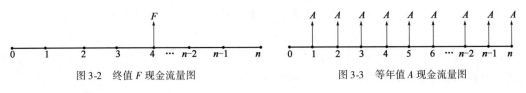

图 3-2 终值 F 现金流量图　　　　图 3-3 等年值 A 现金流量图

4. 小结

(1) 大部分现金流量可以归结为上述几种现金流量或者它们的组合。

(2) 三种价值测度 P、F、A 之间可以相互换算。

(3) 在等值计算中,把将来某一时点或一系列时点的现金流量按给定的利率换算为现在时点的等值现金流量称为"贴现"或"折现",把现在时点或一系列时点的现金流量按给定的利率计算所得的将来某时点的等值现金流量称为"将来值"或"终值"。折现(贴现)就是把货币的时值折算成现值,原来是银行的放款业务之一。票据持有者为了取得现金,以未到期的票据(包括期票或汇票)向银行融通资金,申请贴现。银行则按一定利率,扣取自贴现日至到期日的利息,然后将票余额以现金的形式支付给持票人。期票到期时,银行持票向最初发票的债务人兑取现款,这一过程叫作贴现。这一办法后来被广泛用于经济分析中,以处理发生于不同时刻上的现金换算。

折现时所引的利率称为"折现率",它是经济分析中的一个重要参数,是度量资金时间价值的尺度。

三、普通复利公式

1. 一次支付类型

一次支付又称整付,类似银行的整存整取,是指所分析系统的现金流量,无论是流入还是流出均在某一个时点上一次发生。因此,一次支付类型的现金流量图仅涉及两笔现金流量,即现值与终值。若现值发生在期初,终值发生在期末,在一次支付的情况下,i、n、P 及 F 四个参数一定要出现,其中 i 及 n 一般为已知;P 及 F 中有一个为已知,另一个为未知。一次支付的现金流量图如图 3-4 所示。

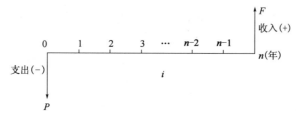

图 3-4 一次支付类型现金流量图

1) 一次支付终值公式(已知 P 求 F)

复利终值公式就是在已知 P、i、n 的情况下,求终值 F,即求本利和。也就是现在存入银行 P 元,在年利率为 i 的情况下,求解将来 n 年后所得的本利和。

假设有 P 元本金(或投资),在年利率 i 的情况下,经过 n 年以后,得到的本利和(即终值) F 为:

$$F = P \cdot (1+i)^n \tag{3-9}$$

式(3-9)中的 $(1+i)^n$ 称为"复利终值因子",它乘以本金即为 n 年后的终值。

实际上,常用一种规格化的代号来代表各种计算因子,这种规格化代号的一般形式为 $(X/Y, i, n)$。括号中的第一个字母 X 代表所求之未知数,第二个字母 Y 为已知数,i 为年利率,n 为计息的期数。故复利终值因子 $(1+i)^n$ 代号应为 $(F/P, i, n)$,即已知 P、i 及 n,求终值 F。因此,式(3-9)可改写为如下形式:

$$F = P(F/P, i, n)$$

[例 3-5] 某企业从银行贷款 10 万元,年利率为 8%,5 年后一次结算偿还,求其本利和。

解:这是一个已知现值求终值的问题,可利用式(3-9)直接求得。

$$F = P \cdot (1+i)^n = 10 \times (1+8\%)^5 = 14.693 \text{ 万元}$$

即 5 年后应偿还银行 14.693 万元。

2) 一次支付现值公式(已知 F 求 P)

复利现值公式即已知 F、i 及 n 求现值 P,即欲以 i 的利率,经 n 年后累计得 F 元,求解现在(第零年)的投资 P 应为多少。P 的计算公式很容易由复利终值式(3-9)导出,即:

$$P = F \frac{1}{(1+i)^n} \tag{3-10}$$

式(3-10)中 $\frac{1}{(1+i)^n}$,称为"复利现值因子",也称为贴现系数(或折现系数),其中 i 称为贴现率或折现率,其代号为 $(P/F, i, n)$。因此,式(3-10)可改写为:

$$P = F(P/F, i, n)$$

为了简化计算工作,可预先算出各种因子的数值,编成普通复利表(见附录),计算时可以查表计算。

[例 3-6] 如果要在第 3 年末得到资金 1191 元,按 6% 复利计算,现在必须存入多少元?

解:
$$P = F(P/F, 6\%, 3) = \frac{1191}{(1+6\%)^3} = 1191 \times 0.8396 = 1000 \text{ 元}$$

即现在应存入 1000 元。

2. 等额支付类型

等额多次支付,类似于银行中的零存整取,是指所分析的系统中现金流入与现金流出可在多个时间点上发生,而不是集中在一个时间点,即形成一个序列现金流量,并且这个序列现金流量额的大小是相等的。等额多次付款的情况下,i、n、A 三个参数一定要出现,再加 P 或 F,一共四个参数。因参数中有 A,故称等额多次支付。为便于分析,有如下约定:

(1) 等额支付现金流量 A(年金) 连续发生在每期期末;

(2) 现值 P 发生在第一个 A 的期初,即与第一个 A 相差一期;

(3) 未来值 F 与最后一个 A 同时发生。

1) 等额支付终值公式(已知 A 求 F)

等额支付终值公式按复利方式计算与 n 期内等额系列现金流量 A 等值的第 n 期末的本利和 F(利率或收益率 i 一定)。其含义是在一个时间序列中,在利率为 i 的情况下连续在每个计息期的期末支付一次等额的资金 A,求 n 年后由各年的本利和累积而成的总值 F。等额多次支付的现金流量图如图 3-5 所示。

若在每年末投资 A 元,则在第二年末累积的终值 F 显然等于各年投资之本利和。第一年的投资 A 可得 $n-1$ 年的利息,其本利和为 $A(1+i)^{n-1}$;第二年末的投资 A 可得 $n-2$ 年的利息,其本利和应为 $A(1+i)^{n-2}$,依此类推。直到第 n 年末的投资不得利息,本利和仍为 A,因此,各年投资之本利和总为:

$$F = A + A(1+i) + A(1+i)^2 + \cdots + A(1+i)^{n-2} + A(1+i)^{n-1} \tag{3-11}$$

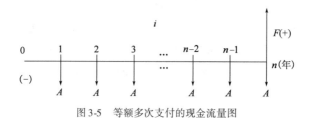

图3-5 等额多次支付的现金流量图

将式(3-11)左右两边同乘以$(1+i)$,则有:

$$F(1+i) = A(1+i) + A(1+i)^2 + \cdots + A(1+i)^{n-1} + A(1+i)^n \quad (3-12)$$

由式(3-12)减去式(3-11),得:

$$F \cdot i = A[(1+i)^n - 1]$$

即:

$$F = A\left[\frac{(1+i)^n - 1}{i}\right] \quad (i \neq 0) \quad (3-13)$$

式(3-13)中的$\frac{(1+i)^n - 1}{i}$称为"年金终值因子",用它乘以已知的等额年金A,就可得到年金数列的终值P(本利和)。值得说明的是,终值F与最后一项年金是发生在同一年末。

年金终值因子的代号为$(F/A, i, n)$,即已知A、i及n,求终值F。因此,式(3-13)可写为:

$$F = A(F/A, i, n) \quad (3-14)$$

[**例3-7**] 某公路工程项目,在5年内每年末均等额投资1000万元,年利率为6%,求该项目5年后累计的总投资。

解:这是一个已知年金求终值的问题,根据式(3-14)可得:

$$F = A(F/A, 6\%, 5) = 1000 \times \left[\frac{(1+6\%)^5 - 1}{6\%}\right] = 1000 \times 5.637 = 5637 \text{ 万元}$$

即5年后累计的总投资为5637万元。

2)等额支付偿债基金公式(已知F求A)

等额支付偿债基金公式按复利方式计算为了在未来偿还一笔债务,或为了筹措将来使用的一笔资金,每年应存储多少资金,类似于日常商业中的分期付款业务。

由式(3-13),可得:

$$A = F\left[\frac{i}{(1+i)^n - 1}\right] = F(A/F, i, n) \quad (3-15)$$

式中,$\frac{i}{(1+i)^n - 1}$用符号$(A/F, i, n)$表示,称为等额支付偿债基金系数。

[**例3-8**] 如果5年后有4000元的债务要还,年利率为7%,求解每年末应存资金数额。

解:这是一个已知终值求年金的问题,根据式(3-15)可得:

$$A = F(A/F, 7\%, 5) = 4000 \times \left[\frac{7\%}{(1+7\%)^5 - 1}\right] = 4000 \times 0.1739 = 695.6 \text{ 元}$$

即每年应存695.6元。

3) 等额支付现值公式(已知 A 求 P)

等额支付现值公式的含义是在 n 年内每年等额收支一笔资金 A,则在利率为 i 的情况下,求此等额年金收支的现值总额 P。等额支付现值现金流量图如图 3-6 所示。

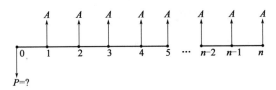

图 3-6　等额支付现值现金流量图

由式(3-15)得:

$$P(1+i)^n = A\left[\frac{(1+i)^n - 1}{i}\right]$$

经整理,得:

$$P = A\left[\frac{(1+i)^n - 1}{i(1+i)^n}\right] = A(P/A, i, n) \tag{3-16}$$

式(3-16)中,$\frac{(1+i)^n - 1}{i(1+i)^n}$ 用符号 $(P/A, i, n)$ 表示,称为等额支付现值系数。

[例 3-9]　如果计划今后 5 年每年末支取 2500 元,年利率为 6%,求解现在应存入数额。

解:这是一个已知年金求现值的问题,根据式(3-16)可得:

$$P = A(P/A, i, n) = 2500 \times \left[\frac{(1+6\%)^n - 1}{6\%(1+6\%)^n}\right] = 2500 \times 4.2123 = 10530 \text{ 元}$$

即现在应存入 10530 元。

4) 等额支付资金回收公式(已知 P 求 A)

等额支付资金回收公式的含义是期初一次投资金额为 P,欲在 n 年内将投资全部收回,则在利率为 i 的情况下,求每年应等额回收的资金 A。等额支付资金回收公式是等额支付现值公式的逆运算式。由式(3-16),可得:

$$A = P\frac{i(1+i)^n}{(1+i)^n - 1} = P(A/P, i, n) \tag{3-17}$$

式(3-17)中,$\frac{i(1+i)^n}{(1+i)^n - 1}$ 用符号 $(A/P, i, n)$ 表示,称为等额支付资金回收系数或等额支付资金还原系数,可从本书附录复利系数表查得。资金回收系数是一个重要的系数,它的含义是对应于工程项目的单位初始投资,在项目寿命期内每年至少应该回收的金额。在工程项目经济分析中,如果对应于单位初始投资的每年的实际回收金额小于相应的资金回收金额,就表示在给定的利率条件下,在项目的寿命期内不可能将全部投资回收。

[例 3-10]　某公路工程项目一次性投资 10 亿元,设利率为 10%,分 5 年每年末等额收回,问每年末应回收的金额是多少?

解:已知 P = 10 亿元,i = 10%,n = 5,求 A。
由资金回收因子及利息表得:

$$A = P(A/P, i, n) = 10(A/P, 10\%, 5) = 10 \times 0.2638 = 2.638 \text{ 亿元}$$

即每年年末收回 26380 万元,5 年即可将 10 亿元投资连本带利全部收回。

四、基本公式中各计算因子间的关系

(1) 复利终值因子与复利现值因子互为倒数：

$$(F/P,i,n) = \frac{1}{(P/F,i,n)}$$

(2) 年金终值因子与偿债基金因子互为倒数：

$$(F/A,i,n) = \frac{1}{(A/F,i,n)}$$

(3) 资金回收因子与年金现值因子互为倒数：

$$(P/A,i,n) = \frac{1}{(A/P,i,n)}$$

(4) 资金回收因子等于偿债基金因子与利率之和：

由于

$$(A/P,i,n) - (A/F,i,n) = \frac{i(1+i)^n}{(1+i)^n - 1} - \frac{i}{(1+i)^n - 1} = \frac{i(1+i)^n - i}{(1+i)^n - 1} = i$$

故有：

$$(A/P,i,n) = (A/F,i,n) + i$$

除了前面所介绍的六个基本公式外，根据支付情况的不同及其特点，还有其他一些复利公式。常见的有定差数列复利公式和几何数列复利公式。即如果每年现金流量的增加额或减少额都相等，便构成了定差数列关系，在前面六个公式的基础上即可建立起定差数列的复利公式。同样，如果现金流量是按照一个固定的百分比逐期增加或减少，构成几何数级数，则也可以建立起等比级数的复利公式。

[**例 3-11**] 某公路改建工程由银行贷款 10 万元，年利率为 8%，5 年后一次结算偿还，其本利和为多少？银行所得利息又是多少？

解: 已知 $P = 10$ 万元，$i = 8\%$，求 F 及 S（利息）。

做现金流量图如图 3-7 所示。

利用复利终值公式可求得：

$$F = P \cdot (1+i)^n = 10 \times (1+8\%)^5 = 14.693 \text{ 万元}$$
$$S = F - P = 14.693 - 10 = 4.693 \text{ 万元}$$

即 5 年后应偿还银行 14.693 万元，银行所得利息为 4.693 万元。

[**例 3-12**] 某人希望在 5 年后由银行取出 1 万元，在利率为 10% 的条件下，他现在需存入多少钱？

解: 已知 $P = 1$ 万元，$i = 10\%$，$n = 5$ 年，求 P。

做现金流量图如图 3-8 所示。

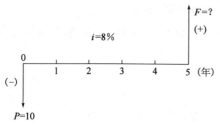

图 3-7 [例 3-11]现金流量图(单元:万元)

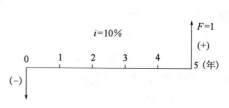

图 3-8 [例 3-12]现金流量图(单位:万元)

由复利现值公式得:
$$P = F\left[\frac{1}{(1+i)^n}\right] = 10000 \times \frac{1}{(1+0.1)^5} = 6209 \text{ 元}$$

即现在存入 6209 元,在利率 10% 的情况下,5 年后可由银行取回本利和 10000 元。

[**例 3-13**] 某公路工程总投资 10 亿元,5 年建成,每年末投资 2 亿元,年利率为 8%,求 5 年末的实际累计总投资。

解:已知 $A = 2$ 亿元,$n = 5$ 年,$i = 8\%$,求 P。

做现金流量图如图 3-9 所示。

由年金终值公式有:
$$F = A \cdot \frac{(1+i)^n - 1}{i} = 2 \times \frac{(1+8\%)^5 - 1}{8\%} = 11.7332 \text{ 亿元}$$

即实际累计总投资为 11.7332 亿元。

[**例 3-14**] 设利率为 6%,现存入银行多少钱可使今后 18 年的每 6 年末均可提取 2000 元?

解:此问题的现金流量图如图 3-10 所示。

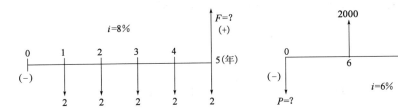

图 3-9 [例 3-13]现金流量图(单位:亿元)　　图 3-10 [例 3-14]现金流量图(单位:元)

$$P = 2000[(P/F,6\%,6) + (P/F,6\%,12) + (P/F,6\%,18)]$$
$$= 2000 \times (0.7050 + 0.4970 + 0.3503) = 3105 \text{ 元}$$

即现在存入银行 3105 元,即可满足要求。

下面通过实例说明求未知利率 i 及未知期数 n 的方法。我们知道利息公式是非线性的,所以求未知利率 i 及未知期数 n 最简捷的方法是在利息表中应用线性插入法求解。线性内插所产生的误差在一般计算中可以忽略不计。

[**例 3-15**] 15 年前投资 1 万元,今日收回本利和 2.2 万元,求此 1 万元投资的利润率为多少?

解:已知 $P = 1$ 万元,$F = 2.2$ 万元,$n = 15$ 年,求 i。
$$F = P(F/P,i,n)$$
$$22000 = 10000(F/P,i,15)$$
$$(F/P,i,15) = \frac{22000}{10000} = 2.2$$

查复利系数表,可得:
$$i = 5\% \text{ 时},(F/P,5\%,15) = 2.0789$$
$$i = 5.5\% \text{ 时},(F/P,5.5\%,15) = 2.2325$$

用线性插入法,求得当 $(F/P,i,15) = 2.2$ 时:
$$i = 5\% + \left(\frac{2.2 - 2.0789}{2.2325 - 2.0789}\right) \times 0.5\% = 5\% + 0.394\% = 5.394\%$$

如求精确解,则有:
$$(F/P,i,15) = (1+i)^{15} = 2.2$$
$$i = \sqrt[15]{2.2} - 1 = 5.397\% > 5.394\%$$

此误差在实用上可忽略不计。

[例3-16] 当利率为6%时,求多长时间可使本金加倍?

解:本题的现金流量图如图3-11所示。

图3-11 [例3-16]现金流量图

$$2P = P(F/P,6\%,n)$$

查询复利系数表,可得:

$$n = 11 \text{ 时}, (F/P,6\%,11) = 1.8983$$
$$n = 12 \text{ 时}, (F/P,6\%,12) = 2.0122$$

用线性插入法,得:

$$n = 11 + \left(\frac{2 - 1.8983}{2.0122 - 1.8983}\right) = 11.89 \text{ 年}$$

本题如求精确解,则有:

$$F = P(F/P,i,n) = P \cdot (1+i)^n = 2P$$

两边取对数,得:

$$n = \frac{\lg 2}{\lg(1+i)} = \frac{\lg 2}{\lg(1+0.06)} = 11.8957 \text{ 年}$$

[例3-17] 现有两种投资方案可供选择,甲方案每年可获利16%;乙方案每年可获利15%,按每月计复利一次。试比较两个方案的优劣。

解:甲方案 $i_甲 = 16\% = 0.16$

乙方案 $i_乙 = 15\% = 0.15, m = 2$

乙方案为名义利率,名义利率实际相当月利率 $0.15/12 = 1.25\%$,故乙方案应换算成实际利率后再与甲方案对比。

$$i_乙 = \left(1 + \frac{r}{m}\right)^m - 1 = \left(1 + \frac{0.15}{12}\right)^{12} - 1$$
$$= (1 + 1.25\%)^{12} - 1 = 16.07\%$$

即名义利率15%每月计息一次,大约相当于实际利率16.07%。从表面看,甲方案优于乙方案(16% > 15%),但按实际利率计算,乙方案优于甲方案(16.07% > 16%)。因此,在进行复利分析时,一定要注意所采用的周期利率所含周期的时间长度是否同实际计息的时间长度一致。

第三节 资金时间价值的特殊情况

一、应用普通复利公式需注意的事项

在运用普通复利公式时,需要注意以下几个问题:

(1)注意各笔现金流量发生的时间点:P 比第一个 A 早一期,F 与最后一个 A 同时发生。一般情况下,P 发生在第 0 期末,A 从第 1 期末开始发生,如果不是这样,需要处理。

(2)n 的取值:一次支付情况取 P 与 F 相差的期数;等额支付情况取 A 连续发生的期数。

(3)计息周期必须和收付周期一致,如果不一致需要转化。

二、计息周期小于资金收付周期的等值计算

当计息周期小于资金收付周期时,等值计算方法有如下 3 种:
(1)按收付周期实际利率计算。
(2)按计息周期利率,且把每一次收付看作一次支付来计算。
(3)按计息周期利率,且把每一次收付变为等值的计息周期末的等额年金来计算。

[例 3-18] 假设每半年存款 1000 元,年利率 8%,每季计息一次,复利计息。求 5 年末存款金额为多少?

解:(1)按收付周期实际利率计算。
半年期实际利率

$$i_{\text{eff}半} = (1 + 8\%/4)^2 - 1 = 4.04\%$$
$$F = 1000(F/A, 4.04\%, 2 \times 5) = 1000 \times 12.029 = 12029 \text{ 元}$$

(2)按计息周期利率,且把每一次收付看作一次支付来计算。
$$F = 1000 \times (1 + 8\%/4)^{18} + 1000 \times (1 + 8\%/4)^{16} + \cdots + 1000 = 12028.4 \text{ 元}$$

(3)按计息周期利率,且把每一次收付变为等值的计息周期末的等额年金来计算。
$$A = 1000(A/F, 2\%, 2) = 495 \text{ 元}$$
$$F = 495(F/A, 2\%, 20) = 12028.5 \text{ 元}$$

三、计息周期大于资金收付周期的等值计算

计息周期大于资金收付周期时,计息周期间的收付可能会遇到以下 3 种情况:
(1)不计算利息,即不足一个计息周期不计息。
(2)单利计息,即不足 1 个计息周期按单利计息,此时有 $I_m = P \cdot m \cdot i (m < 1)$。
(3)复利计息,即不足 1 个计息周期按复利计息,这样可以把计息周期利率转化成收付周期利率,此时有 $i_{\text{eff}} = \left(1 + \dfrac{r}{m}\right)^m - 1 (m < 1)$。

[例 3-19] 求每半年向银行借款 1400 元,连续借 10 年的等额支付系列的将来值。利息分别按:
(1)年利率为 12%,每半年计息一次。
(2)年利率为 12%,每季度计息一次。
(3)年利率为 12%。

解:(1)计息期等于支付期。

$$F = 1400 \times (F/A, 6\%, 20) = 1400 \times 36.7856 = 51500 \text{ 元}$$

(2)计息期短于支付期。

$$F = 1400 \times (A/F, 3\%, 2) \times (F/A, 3\%, 40) = 1400 \times 0.4926 \times 75.4013 = 52000 \text{ 元}$$

(3)计息期长于支付期。

①不计息:

$$F = 1400 \times 2 \times (F/A, 12\%, 10) = 1400 \times 2 \times 17.5487 = 49136 \text{ 元}$$

②单利计息:

$$\left(1400 \times 2 + 1400 \times \frac{1}{2} \times 12\%\right) \times (F/A, 12\%, 10) = 1400 \times 2 + 1400 \times \frac{1}{2} \times 12\% \times 17.5487$$
$$= 50610.45 \text{ 元}$$

③复利计息:

$$i_{\text{eff}半} = (1 + 12\%)^{1/2} - 1 = 5.83\%$$
$$F = 1400 \times (F/A, 5.83\%, 20) = 50568.51 \text{ 元}$$

四、预付年金的等值计算

预付年金的情况是指资金发生在年初,这样需要换算到前一年的年末,然后再运用普通复利公式进行计算。

[**例 3-20**] 某人每年初存入银行 5000 元,年利率为 10%,求 8 年后的本利和是多少?

解:由题意,现金流量图如图 3-12 所示。

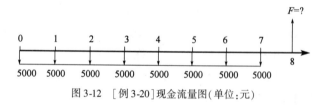

图 3-12 [例 3-20]现金流量图(单位:元)

则有:

$$F = 5000 \times (F/A, 10\%, 8) \times (F/P, 10\%, 1)$$
$$= 5000 \times \frac{(1 + 10\%)^8 - 1}{10\%} \times (1 + 10\%) = 62897.45 \text{ 元}$$

[**例 3-21**] 某人每年初从银行贷款 40000 元,连续贷款 4 年,4 年后一次性归还本和利。银行约定计算利息的方式有以下 3 种:

(1)年贷款利率为 6%,每年计息一次。

(2)年贷款利率为 5.8%,每半年计息一次。

(3)年贷款利率为 5.5%,每季度计息一次。

试计算 3 种还款方式 4 年后一次性还本付息额。

解:(1)实际利率为 6%,则有:

$$F = 40000 \times \frac{(1 + 6\%)^4 - 1}{6\%} \times (1 + 6\%) = 185483.72 \text{ 元}$$

(2)实际利率为 $i = \left(1 + \frac{5.8\%}{2}\right)^2 - 1 = 5.884\%$,则有:

$$F = 40000 \times \frac{(1+5.884\%)^4 - 1}{5.884\%} \times (1+5.884\%) = 184962.08 \text{ 元}$$

(3)实际利率为 $i = \left(1 + \frac{5.5\%}{4}\right)^4 - 1 = 5.614\%$,则有:

$$F = 40000 \frac{(1+5.614\%)^4 - 1}{5.614\%} \cdot (1+5.614\%) = 183752.46 \text{ 元}$$

五、延期年金的等值计算

延期年金指的是等年值不是从第 0 期末开始的,而是从以后若干年开始的,这样需要考虑年值、现值和终值之间的关系,可能需要运用两次复利公式。

[**例 3-22**] 设利率为 10%,计算需存入多少钱,才能正好从第 4 年到第 8 年的每年末等额提取 2 万元?

解:由题意,现金流量图如图 3-13 所示。

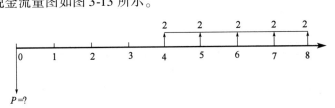

图 3-13 [例 3-22]现金流量图(单位:万元)

则有:

$$P = 2 \times (P/A, 10\%, 5) \times (P/F, 10\%, 3) = 5.7 \text{ 万元}$$

[**例 3-23**] 设年利率为 8%,为在 10 年中偿清 15000 元的贷款,每年需偿还多少元?若贷款已还了 6 次,问还欠多少贷款?

解:本题的现金流量图如图 3-14 所示。

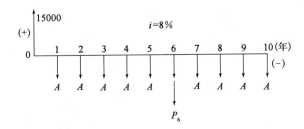

图 3-14 [例 3-23]现金流量图(单位:元)

$$A = 15000 \times (A/P, i, n) = 15000 \times (A/P, 8\%, 10) = 15000 \times 0.1490 = 2235 \text{ 元}$$

即每年需偿还 2235 元,才能在 10 年内偿清 15000 元贷款。

因已偿还了 6 次,即还有 4 次要还,故问题可视为后 4 年的每年支付款为 2235 元,求第 6 年末的现值。

$$P_6 = 2235 \times (P/A, i, n) = 2235 \times (P/A, 8\%, 4) = 2235 \times 3.3121 = 7403 \text{ 元}$$

第 6 年的现值为 7403 元。再换算为第 0 年的现值:

$$P_0 = 7403 \times (P/F, i, n) = 7403 \times (P/F, 8\%, 6) = 7403 \times 0.6302 = 4665 \text{ 元}$$

这说明前 6 年虽然共付出 6 × 2235 = 13410 元,但是只还清了 15000 − 4665 = 10335 元的本金,其余都是利息,仍然有 4665 元待还。

六、永续年金的等值计算

永续年金是无限期等额收付的特种年金,可视为普通年金的特殊形式,即期限趋于无穷的普通年金。由于是一系列没有终止时间的现金流,因此没有终值,只有现值。

[例 3-24] 某地方政府一次性投入 5000 万元建一条地方公路,年维护费为 150 万元,折现率为 10%,求现值。

解:该公路可按无限寿命考虑,年维护费为等额年金,可利用年金现值公式求当 $n \to +\infty$ 时的极限来解决。

由于

$$P = \lim_{n \to +\infty} A \cdot \left[\frac{(1+i)^n - 1}{i(1+i)^n} \right] = \frac{A}{i}$$

故该例题的现值为:

$$P = 5000 + \frac{150}{10\%} = 6500 \text{ 万元}$$

第四节 资金时间价值的应用实例

[例 3-25] 某工业厂房项目的业主经过多方了解,邀请了 A、B、C 三家技术实力和资信俱佳的承包商参加该项目的投标。在招标文件中规定:评标时采用最低综合报价中标的原则,但最低投标价低于次低投标价 10% 的报价将不予考虑。工期不得长于 18 个月,若投标人自报工期少于 18 个月,在评标时将考虑其给业主带来的收益,折算成综合报价后进行评标。若实际工期短于自报工期,每提前 1 天奖励 1 万元;若实际工期超过自报工期,每拖延 1 天罚款 2 万元。A、B、C 三家承包商投标书中与报价和工期有关的数据汇总见表 3-2。

报价与工期基本信息表 表 3-2

投标人	基础工程		上部结构工程		安装工程		上部结构工程与安装工程搭接时间(月)
	报价(万元)	工期(月)	报价(万元)	工期(月)	报价(万元)	工期(月)	
A	400	4	1000	10	1020	6	2
B	420	3	1080	9	960	6	2
C	420	3	1100	10	1000	5	3

假定贷款月利率为 1%,各分部工程每月完成的工作量相同,在评标时考虑工期提前给业主带来的收益为每月 40 万元。若考虑资金的时间价值,应选择哪家承包商作为中标人?

解:(1)计算承包商 A 综合报价的现值。

基础工程每月工程款 $A_{1A} = 400/4 = 100$ 万元

上部结构工程每月工程款 $A_{2A} = 1000/10 = 100$ 万元

安装工程每月工程款 $A_{3A} = 1020/6 = 170$ 万元

其中,第 13 和第 14 月的工程款为:$A_{2A} + A_{3A} = 100 + 170 = 270$ 万元

则承包商 A 的综合报价的现值为:

$$P_A = A_{1A}(P/A, 1\%, 4) + A_{2A}(P/A, 1\%, 8)(P/F, 1\%, 4) + (A_{2A} + A_{3A})(P/A, 1\%, 2)(P/F, 1\%, 12) + A_{3A}(P/A, 1\%, 4)(P/F, 1\%, 14)$$

$$= 100 \times 3.902 + 100 \times 7.625 \times 0.961 + 270 \times 1.970 \times 0.887 + 170 \times 3.902 \times 0.870$$

$$= 2171.86 \text{ 万元}$$

（2）计算承包商 B 综合报价的现值。

基础工程每月工程款 $A_{1B} = 420/3 = 140$ 万元

上部结构工程每月工程款 $A_{2B} = 1080/9 = 120$ 万元

安装工程每月工程款 $A_{3B} = 960/6 = 160$ 万元

工期提前每月收益 $A_{4B} = 40$ 万元

其中，第 11 和第 12 月的工程款为：$A_{2B} + A_{3B} = 120 + 160 = 280$ 万元

则承包商 B 的综合报价的现值为：

$$P_B = A_{1B}(P/A,1\%,3) + A_{2B}(P/A,1\%,7)(P/F,1\%,3) + (A_{2B} + A_{3B})(P/A,1\%,2)(P/F,1\%,10) + A_{3B}(P/A,1\%,4)(P/F,1\%,12) - A_{4B}(P/A,1\%,2)(P/F,1\%,16)$$

$$= 140 \times 2.941 + 120 \times 6.728 \times 0.971 + 280 \times 1.970 \times 0.905 + 160 \times 3.902 \times 0.887 - 40 \times 1.970 \times 0.853$$

$$= 2181.44 \text{ 万元}$$

（3）计算承包商 C 综合报价的现值。

基础工程每月工程款 $A_{1C} = 420/3 = 140$ 万元

上部结构工程每月工程款 $A_{2C} = 1100/10 = 110$ 万元

安装工程每月工程款 $A_{3C} = 1000/5 = 200$ 万元

工期提前每月收益 $A_{4C} = 40$ 万元

其中，第 11—13 月的工程款为：$A_{2C} + A_{3C} = 110 + 200 = 310$ 万元

则承包商 C 的综合报价的现值为：

$$P_{VC} = A_{1C}(P/A,1\%,3) + A_{2C}(P/A,1\%,7)(P/F,1\%,3) + (A_{2C} + A_{3C})(P/A,1\%,3)(P/F,1\%,10) + A_{3C}(P/A,1\%,2)(P/F,1\%,13) - A_{4C}(P/A,1\%,3)(P/F,1\%,15)$$

$$= 140 \times 2.941 + 110 \times 6.728 \times 0.971 + 310 \times 2.941 \times 0.905 + 200 \times 1.970 \times 0.879 - 40 \times 2.941 \times 0.861$$

$$= 2200.49 \text{ 万元}$$

因此，若考虑资金的时间价值，承包商 A 的综合报价最低，应选择其作为中标人。

本 章 小 结

本章主要讲述了资金时间价值的概念、衡量尺度及资金等值计算的方法。本章是工程经济学的基础，是对项目进行工程经济分析的前提。本章的重点是普通复利公式及其应用，要求学生能理解资金的时间价值的概念，并能熟练掌握普通复利公式的应用条件，会进行资金等值计算。

复习思考题

1. 已知年利率为 15%，按季度计息，则年实际利率为多少？
2. 已知名义利率额为 12%，年实际利率为 12.68%，则一年内实际计息次数为多少？
3. 如果实际的年利率为 12%，按每月计息一次，那么月利率为多少？年名义利率为多少？

4. 某夫妇估计10年后儿子上大学需要一笔大约5万元的资金,现需存入多少钱才能保证10年后儿子上学所需(年利率为3%)?

5. 某工程项目向银行贷款500万元,到还款期限还款总额共计为870万元。若贷款利率为6%,按复利计息,则贷款期限为多少年?

6. 某人向银行贷款,年利率为10%,按月计息,一年末应归还的本利和为1899.9万元,则该人当年贷款总额为多少?

7. 某公司计划5年后更新一台设备,预计那时新设备售价为8万元。若银行年利率为10%,则从现在开始企业每年应存入多少金额,可使5年后刚够买一台新设备?

8. 几个朋友合伙做生意,共投资了500万元。设年收益率为10%,则每年末等额收益多少才能保证第8年末正好把全部资金收回?

9. 某企业于第1年初和第2年初各向银行贷款30万元,年利率为10%。约定于第3年、第4年、第5年末等额偿还,则每年应偿还多少元?

10. 某项目第1年至第3年初分别投资1000万元、1500万元、2000万元。假定这些投资全部来自贷款,贷款从第4年末开始偿还,分10年等额还清,则每年应偿还多少万元($i=10\%$)?

11. 在( )情况下,实际利率等于名义利率。
    A. 单利 B. 复利
    C. 计息次数每年一次 D. 计息次数每年大于一次

12. 若名义利率一定,年有效利率与一年中计算周期数 m 的关系为( )。
    A. 计息周期增加,年有效利率不变 B. 计息周期增加,年有效利率减小
    C. 计息周期增加,年有效利率增加 C. 计息周期减小,年有效利率增加

13. 设年初有资金10万元,年名义利率为12%,一年计息两次,则年底一次支付终值为( )。
    A. 11.2万元 B. 11.236万元
    C. 12万元 D. 11.255万元

14. 不同时点上的两笔不等额资金( )。
    A. 一定不等值 B. 一定等值
    C. 可能等值 D. 无从判断

15. 下面关于资金时间价值的论述,正确的有( )。
    A. 时间价值是货币随着时间的推移而产生的一种增值,因而它是由时间创造的
    B. 资金投入生产经营才能产生增值,因此时间价值是在生产经营中产生的
    C. 货币没有时间价值,只有资金才有时间价值
    D. 一般而言,时间价值应按复利方式计算
    E. 资金时间价值要考虑商品货币经济中有风险和通货膨胀条件下的社会平均利润率

16. 以下关于利率的影响因素,说法正确的有( )。
    A. 利率的高低与社会平均利润率有关,社会平均利润率是利率的最高界限
    B. 利率的高低与社会平均利润率有关,社会平均利润率是利率的最低界限

C. 风险越大,贷款人对借款人要求的利率越高

D. 贷款期限越长,利率越高

E. 利率的高低与金融市场上借贷资本的供需状况有关

部分参考答案

1. 15.87% 2. 12 3. 11.4% 11. C 12. C 13. B 14. C 15. BCDE 16. ACDE

第四章 公路工程经济要素

在工程项目前期决策阶段,现金流量是工程经济分析人员进行项目经济评价和方案选优的基础,各种备选方案以及每个备选方案的产品方案、工艺方案、筹资方案、建设方案和经营方案等,都是通过预测或估算现金流量得到具体展示的。就工程项目而言,其现金流量主要表现为建设投资、经营成本、营业收入等经济变量,而现金流量与投资、成本、收入和利润密切相关。

第一节 投资及其估算

一、工程项目投资及构成

按照国家发布的《投资项目可行性研究指南》的规定,现行建设工程项目投资包括固定资产投资和流动资产投资。固定资产投资即工程造价。公路工程建设项目投资是一个涉及面广且复杂的活动,贯穿项目的决策、设计、施工和交付使用阶段。其中,前面三个阶段是投资的投入阶段,最后一个阶段是投资的回收阶段。

我国现行公路工程建设项目的造价包括五大部分费用,即建筑安装工程费、土地使用及拆迁补偿费、工程建设其他费用、预备费及建设期贷款利息,如图4-1所示。

1. 建筑安装工程费

建筑安装工程费包括直接费、设备购置费、措施费、企业管理费、规费、利润、税金及专项费用。其中,直接费包括人工费、材料费、施工机械使用费;措施费包括冬季施工增加费、雨季施工增加费、夜间施工增加费、特殊地区施工增加费、行车干扰施工增加费、施工辅助费、工地转移费;企业管理费包括基本费用、主副食运费补贴、职工探亲路费、职工取暖补贴、财务费用;规费包括养老保险费、失业保险费、医疗保险费、工伤保险费、住房公积金;专项费用包括施工场地建设费和安全生产费。

2. 土地使用及拆迁补偿费

土地使用及拆迁补偿费包含永久占地费、临时占地费、拆迁补偿费、水土保持补偿费和其他相关费用。

永久占地费包括土地补偿费、征用耕地安置补助费、耕地开垦费、森林植被恢复费、失地农民养老保险费;临时占地费包括临时征地使用费、复耕费;拆迁补偿费指被征用或占用土地地上、地下的房屋及附属构筑物、公用设施、文物等的拆除、发掘及迁建补偿费,拆迁管理费等;水土保持补偿费根据国家相关法律、法规规定缴纳。其他相关费用指国务院行政主管部门及省级人民政府规定的与征地拆迁相关的费用。

3. 工程建设其他费用

工程建设其他费用包括建设项目管理费、研究试验费、建设项目前期工作费、专项评价

(估)费、联合试运转费、生产准备费、工程保通管理费、工程保险费和其他相关费用。

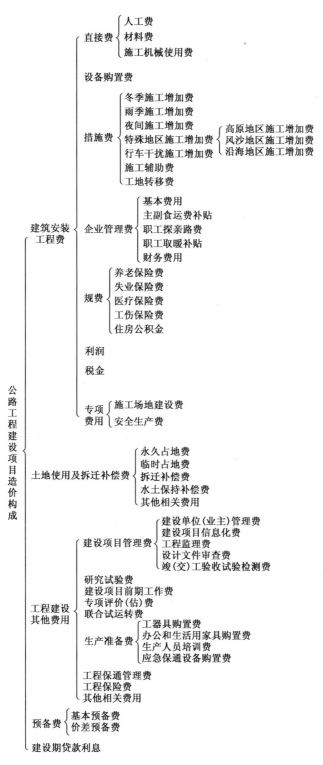

图 4-1 公路工程建设项目造价费用的构成

4. 预备费

预备费包括基本预备费和价差预备费。

1) 基本预备费

基本预备费是指在初步设计和概算、施工图设计和施工图预算中难以预料的工程费用。

基本预备费的内容包括:在进行技术设计、施工图设计和施工过程中,在批准的初步设计和概算范围内所增加的工程费用;在设备订货时,由于规格、型号改变的价差,材料货源变更、运输距离或方式的改变以及因规格不同而代换使用等原因发生的价差;在项目主管部门组织竣(交)工验收时,验收委员会(或小组)为鉴定工程质量必须开挖和修复隐蔽工程的费用。

2) 价差预备费

价差预备费是指设计文件编制年至工程交工年期间,建筑安装工程费用的人工费、材料费、设备费、施工机械使用费、措施费、企业管理费等由于政策、价格变化可能发生上浮而预留的费用,以及外资贷款汇率变动部分的费用。

5. 建设期贷款利息

建设期贷款利息是指项目在建设期内因使用债务资金而支付的利息。在项目投产后偿还债务资金时,建设期利息一般也作为本金,计算项目投入使用后各期的利息。建设投资借款的资金来源渠道不同,其建设期利息的计算方法也不同。

二、工程项目投资估算

投资估算是在对项目的建设规模、产品方案、工艺技术及设备方案、工程方案和项目实施进度等进行研究并基本确定的基础上,估算项目所需资金总额(包括建设投资、建设期利息和流动资金),测算建设期分年资金使用计划。投资估算是拟建项目编制项目建议书和可行性研究报告的重要组成部分,是项目经济评价的重要依据之一。

1. 建设投资概略估算方法

所谓概略估算是指根据实际经验和历史资料,对建设投资进行综合估算。这类方法虽然精确度不高,但在建设投资的毛估或初估阶段是十分必要的,所以在国外普遍采用。建设投资的典型概略估算方法有生产规模指数法、资金周转率法、分项比例估算法和单元指标估算法。

1) 生产规模指数法

生产规模指数法是利用已经建成项目的投资额或其设备投资额,估算同类而不同生产规模的项目投资或其设备投资的方法。其估算公式为:

$$C_2 = C_1 \cdot \left(\frac{X_2}{X_1}\right)^n \cdot C_F \tag{4-1}$$

式中: C_2——拟建项目的投资额;

C_1——已建同类型项目的投资额;

X_2——拟建项目的生产规模;

X_1——已建同类型项目的生产规模;

n——生产规模指数;

C_F——综合调整系数。

该法中,生产规模指数 n 是一个关键因素。不同行业、性质、工艺流程、建设水平、生产率水平的项目,应取不同的指数值。选取 n 值的原则是:靠增加设备、装置的数量,以及靠增大生产场所扩大生产规模时,n 取 $0.8 \sim 1.0$;靠提高设备、装置的功能和效率扩大生产规模时,n 取 $0.6 \sim 0.7$。另外,拟估投资项目生产能力与已建同类项目生产能力的比值应有一定的限制范围,一般这一比值不能超过50,且在10以内效果较好。

2) 资金周转率法

资金周转率法是一种在国际上普遍使用的方法,它是从资金周转的定义出发推算出建设投资的一种方法。

当资金周转率已知时,有:

$$C = \frac{QP}{T} \tag{4-2}$$

式中:C——拟建项目建设投资;

Q——产品年产量;

P——产品单价;

T——资金周转率,T = 年销售总额/建设投资。

该法简单明了,方便易行。但不同性质的工厂或生产不同产品的车间,资金周转率均不同。要提高投资估算的精确度,必须做好相关的基础工作。

3) 分项比例估算法

分项比例估算法是以拟建项目的设备费为基数,根据已建成的同类项目的建筑安装工程费、其他费用等占设备价值的百分比,求出相应的建筑安装工程费及其他有关费用,其总和即为拟建项目建设投资。其计算公式如下:

$$C = E(1 + f_1 P_1 + f_2 P_2 + f_3 P_3) + I \tag{4-3}$$

式中: C——拟建项目的建设投资;

E——根据设备清单按现行价格计算的设备费(包括运杂费)的总和;

$P_1、P_2、P_3$——已建成项目中的建筑、安装及其他工程费用分别占设备费的百分比;

$f_1、f_2、f_3$——由于时间因素引起的定额、价格、费用标准等变化的综合调整系数;

I——拟建项目的其他费用。

式中各个部分的系数及指数值都是通过对大量的统计数据进行处理得出的。

4) 单元指标估算法

(1) 工业建设项目单元指标估算法。

该方法下,项目建设投资额按下式计算:

$$项目建设投资额 = 单元指标 \times 生产能力 \times 物价浮动指数 \tag{4-4}$$

(2) 民用建设项目单元指标估算法。

该方法下,项目建设投资额按下式计算:

$$项目建设投资额 = 单元指标 \times 民用建筑规模 \times 物价浮动指数 \tag{4-5}$$

其中,单元指标指每个估算单位的建设投资额。例如,饭店单位客房投资指标、医院每个床位投资指标、钢铁厂每吨钢投资指标、民用建筑单位面积或单位体积投资指标等。

在使用单元指标估算法时,应注意以下几点:

(1) 指标是否包括管理费、试车费以及工程的其他各项费用。

(2)对于产量少、规模小的工程,指标可适当调增,反之指标可适当调减。

(3)当拟建项目的结构、建筑与指标局部不相符时,应对指标进行适当的修正。

2. 建设投资详细估算方法

1)建筑工程费估算

建筑工程投资估算一般采用以下方法。

(1)单位建筑工程投资估算法。

该种方法是以单位建筑工程量投资乘以建筑工程总量计算建筑工程投资。一般工业与民用建筑以单位建筑面积(m^2)的投资,工业窑炉砌筑以单位容积(m^2)的投资,水库以水坝单位长度(m)的投资,公路路基以单位长度(km)的投资,矿山掘进以单位长度(m)的投资,乘以相应的建筑工程总量计算建筑工程费。

(2)概算指标投资估算法。

对于没有上述估算指标且建筑工程费占总投资比例较大的项目,可采用概算指标估算法。采用这种估算法,应具有较为详细的基础数据和工程资料。

建筑工程费用估算一般应编制建筑工程费用估算表,见表4-1。

某小型水电工程拦河坝工程费用估算表　　表4-1

序号	工程或费用	单位	数量	单价(元)	总价(万元)
1	覆盖层开挖	m^3	1550	16.87	2.61
2	石方明挖	m^3	9469	38.61	36.56
3	灌浆平洞石方	m^3	684	203.32	13.91
4	土石回填	m^3	2500	24.24	6.06
5	混凝土	m^3	10595	341.18	361.48
6	倒垂孔	m	20	1509.92	3.02
7	帷幕灌浆	m	551	483.95	26.67
8	钢筋	t	104	5077.35	52.80
9	其他工程	m^3	10595	10.70	11.34
合计					514.45

2)安装工程费估算

安装工程费包括各种机电设备装配和安装工程费用;与设备相连的工作台、梯子及其装设工程费用;附属于被安装设备的管线敷设工程费用;安装设备的绝缘、保温、防腐等工程费用;单体试运转和联动无负荷试运转费用等。

安装工程费通常按行业或专业机构发布的安装工程定额、取费标准和指标估算投资,具体可按安装费率、每吨设备安装费或者每单位安装实物工程量的费用估算,即:

$$\left.\begin{array}{l}\text{安装工程费} = \text{设备原价} \times \text{安装费率} \\ \text{安装工程费} = \text{设备吨位} \times \text{每吨安装费} \\ \text{安装工程费} = \text{安装工程实物量} \times \text{安装费用标准}\end{array}\right\} \quad (4\text{-}6)$$

3)设备购置费(含工器具及生产家具购置费)估算

设备购置费估算应根据项目主要设备表及价格、费用资料编制。工器具及生产家具购置费一般按占设备费的一定比例计取。

对于价值高的设备应按单台(套)估算购置费;价值较小的设备可按类估算。国内设备和进口设备的设备购置费应分别估算。

国内设备购置费为设备出厂价加运杂费。设备运杂费主要包括运输费、装卸费和仓库保管费等,运杂费可按设备出厂价的一定百分比计算。

进口设备购置费由进口设备货价、进口从属费用及国内运杂费组成。进口设备货价按交货地点和方式的不同,分为离岸价(FOB)与到岸价(CIF)两种价格。如果采用 FOB 价格,进口从属费用包括国外运费、国外运输保险费、进口关税、进口环节消费税、增值税、外贸手续费、银行财务费和海关监管手续费。

进口设备离岸价与到岸价的关系如下：

$$进口设备到岸价(CIF) = 离岸价(FOB) + 国外运费 + 国外运输保险费 \quad (4\text{-}7)$$

$$国外运费 = 离岸价 \times 运费率 \text{ 或 } 国外运费 = 单位运价 \times 运量 \quad (4\text{-}8)$$

$$国外运输保险费 = (离岸价 + 国外运费) \times 国外运输保险费率 / (1 - 国外运输保险费率) \quad (4\text{-}9)$$

进口设备的其他几项从属费用通常按以下公式估算：

$$进口关税 = 进口设备到岸价 \times 人民币外汇牌价 \times 进口关税率 \quad (4\text{-}10)$$

$$消费税 = (到岸价 + 进口关税) \times 消费税率 / (1 - 消费税率) \quad (4\text{-}11)$$

$$进口环节增值税 = (进口设备到岸价 \times 人民币外汇牌价 + 进口关税 + 消费税) \times 增值税率 \quad (4\text{-}12)$$

$$外贸手续费 = 进口设备到岸价 \times 人民币外汇牌价 \times 外贸手续费率 \quad (4\text{-}13)$$

$$银行财务费 = 进口设备货价 \times 人民币外汇牌价 \times 银行财务费率 \quad (4\text{-}14)$$

$$海关监管手续费 = 进口设备到岸价 \times 人民币外汇牌价 \times 海关监管手续费率 \quad (4\text{-}15)$$

海关监管手续费是指海关对发生减免进口税或实行保税的进口设备,实施监管和提供服务收取的手续费。全额征收关税的设备,不收取海关监管手续费。

国内运杂费包括运输费、装卸费、运输保险费等。国内运杂费按运输方式,根据运量或者设备费金额估算。

估算设备购置费及安装工程费,一般应编制相应的表格,见表4-2。

某建设工程水轮机设备及安装工程费估算　　　　表4-2

序号	设备名称及规格	单位	数量	单价(元) 设备费	单价(元) 安装费	总价(万元) 设备费	总价(万元) 安装费
1	水轮机	台	3	2924000.00		877.20	
2	微机调速器	台	3	350000.00		105.00	
3	油压装置	台	3	85000.00		25.50	
4	自动化元件	套	3	85000.00		25.50	
5	透平油	t	57	7500.00		42.75	
6	运杂费(费率6.81%)					73.27	
7	安装费(费率10.52%)	台	3		362219.25		108.67
	合计					1149.22	108.67

4)工程建设其他费用估算

工程建设其他费用按各项费用科目的费率或者取费标准估算。其中费用内容可根据每个项目的情况进行取舍。

某水电工程建设其他费用估算见表 4-3。

某水电工程项目其他费用估算表　　　　　　　　　　　　表 4-3

序号	费用名称	费率或标准	计算依据(万元)	总价(万元)
1	土地费用			380.50
2	建设单位管理费	0.50%	28018.18	140.09
3	勘察设计费			384.26
4	研究试验费	0.50%	28018.18	140.09
5	建设单位临时设施费			154.00
6	工程建设监理费			350.00
7	工程保险费	0.50%	33569.00	167.85
8	施工机构迁移费	3.50%	28018.18	980.63
9	联合试运转费			3.62
10	生产职工培训费			335.47
11	办公及生活家具购置费			254.10
	合计			3290.61

5）土地使用及拆迁补偿费估算

（1）项目建议书投资估算。

土地使用费按现行《公路工程项目建设用地指标》中规定的数量乘以工程所在地的征地单价进行计算。拆迁补偿费按《公路工程建设项目投资估算编制办法》附录规定的费率，以定额建筑安装工程费为基数进行计算。

（2）工程可行性研究报告投资估算。

①土地使用及拆迁补偿费应根据工程可行性研究报告编制的建设工程用地和临时用地面积及其附着物的情况，以及实际发生的费用项目，按国家有关规定及工程所在地的省（自治区、直辖市）人民政府颁布的有关规定和标准计算。

②森林植被恢复费应根据审批单位批准的建设工程占用林地的类型及面积，按国家有关规定及工程所在地的省（自治区、直辖市）颁布的有关规定和标准计算。

③当与原有的电力电信设施、管线、水利工程、铁路及铁路设施互相干扰时，应与有关部门联系，商定合理的解决方案和补偿金额，也可由这些部门按规定编制费用以确定补偿金额。

④水土保持补偿费按各省（自治区、直辖市）制定的水土保持补偿费收费标准进行计算。

6）基本预备费估算

基本预备费以建筑安装工程费、土地使用及拆迁补偿费、工程建设其他费之和为基数，按下列费率计算：

（1）项目建议书投资估算按 11% 计列。

（2）工程可行性研究报告投资估算按 9% 计列。

7）价差预备费估算

价差预备费以建筑安装工程费用总额为基数，按设计文件编制年始至建设项目工程交工年终的年数和年工程造价增长率计算，计算公式如下：

$$价差预备费 = p \times [(1+i)^{n-1} - 1] \quad (4-16)$$

式中：p——建筑安装工程费总额，元；

i——年工程造价增长率,%;

n——设计文件编制年至建设项目开工年 + 建设项目建设期限,年。

年工程造价增长率按有关部门公布的工程投资价格指数计算。设计文件编制至工程交工在 1 年以内的工程,不列此项费用。

8) 建设期贷款利息计算

在项目的经济分析中,无论各种债务资金是按年计息,还是按季、月计息,均可简化为按年计息,即将名义利率折算为年实际利率。

在项目建设期,一般各种债务资金服从平均分布。在项目的经济分析中,可假定借款在年中支用,即当年借款支用额按半年计息,上年借款按全年计息。

当建设期用自有资金按期支付利息时,直接采用年名义利率按单利计算各年建设期利息,其计算公式为:

$$各年应计利息 = \left(年初借款本金累计 + \frac{本年借款额}{2}\right) \times 年名义利率 \quad (4\text{-}17)$$

当建设期未能付息时,建设期各年利息采用复利方式计息,其计算公式为:

$$各年应计利息 = \left(年初借款本金累计 + \frac{本年借款支用额}{2}\right) \times 年实际利率 \quad (4\text{-}18)$$

也可表示为:

$$I_j = \left(P_{j-1} + \frac{1}{2}A\right) \times i_{\text{eff}} \quad (4\text{-}19)$$

式中:I_j——第 j 年应计利息,元;

P_{j-1}——第 j 年初借款本金累计,元;

A——本年借款额,元;

i_{eff}——年实际利率,%。

对有多种借款资金来源,且每笔借款的年利率各不相同的项目,既可分别计算每笔借款的利息,也可先计算出各笔借款加权平均的年利率,并以加权平均利率计算全部借款的利息。

融资主体在贷款时会产生手续费、承诺费、管理费、信贷保险费等融资费用,原则上应按债权人的要求计算,并计入建设期利息。

对于分期建设的项目,应注意按各期投产时间,分别停止借款费用的资本化,即投产后继续发生的借款费用不作为建设期利息计入固定资产原值,而是作为运营利息计入总成本费用。

[例 4-1] 某新建项目,建设期为 3 年,在建设期第 1 年借款 300 万元,第 2 年借款 400 万元,第 3 年借款 300 万元,每年借款平均支用,年实际利率为 5.6%。用复利法计算建设期借款利息。

解:建设期各年利息计算如下:

$$P_0 = 0, A_1 = 300 \text{ 万元}, I_1 = 0.5 \times 300 \times 5.6\% = 8.4 \text{ 万元}$$
$$P_1 = 300 + 8.4 = 308.4 \text{ 万元}, A_2 = 400 \text{ 万元}$$
$$I_2 = (308.4 + 0.5 \times 400) \times 5.6\% = 28.47 \text{ 万元}$$
$$P_2 = 300 + 8.4 + 400 + 28.47 = 736.87 \text{ 万元}, A_3 = 300 \text{ 万元}$$
$$I_3 = (736.87 + 0.5 \times 300) \times 5.6\% = 49.66 \text{ 万元}$$

到建设期末累计借款本利为 736.87 + 300 + 49.66 = 1086.53 万元,其中建设期利息为 86.53 万元。

第二节 成本及其估算

工程项目投入使用后,即进入运营期。在运营期内,各年的成本费用由生产成本和期间费用两部分组成。

一、生产成本的构成

生产成本亦称制造成本,是指企业生产经营过程中实际消耗的直接材料费、直接工资、其他直接支出和制造费用。

1. 直接材料费

直接材料费包括企业生产经营过程中实际消耗的原材料、辅助材料、设备零配件、外购半成品、燃料、动力、包装物、低值易耗品以及其他直接材料费。

2. 直接工资

直接工资包括企业直接从事产品生产人员的工资、奖金、津贴和补贴等。

3. 其他直接支出

其他直接支出包括直接从事产品生产人员的职工福利费等。

4. 制造费用

制造费用是指企业各个生产单位(分厂、车间)为组织和管理生产所发生的各项费用,包括生产单位(分厂、车间)管理人员工资、职工福利费、折旧费、维持简单再生产的资金(以下简称"维简费")、修理费、物料消耗、低值易耗品摊销、劳动保护费、水电费、办公费、差旅费、运输费、保险费、租赁费(不含融资租赁费)、设计制图费、试验检验费、环境保护费以及其他制造费用。

二、期间费用的构成

期间费用是指在一定会计期间发生的与生产经营没有直接关系和关系不密切的管理费用、财务费用和营业费用。期间费用不计入产品的生产成本,直接体现为当期损益。

1. 管理费用

管理费用是指企业行政管理部门为管理和组织经营活动发生的各项费用,包括公司经费(工厂总部管理人员工资、职工福利费、差旅费、办公费、折旧费、修理费、物料消耗、低值易耗品摊销以及公司其他经费)、工会经费、职工教育经费、劳动保险费、董事会费、咨询费、顾问费、交际应酬费、税金(指企业按规定支付的房产税、车船使用税、土地使用税和印花税等)、土地使用费(或海域使用费)、技术转让费、无形资产摊销、开办费摊销、研究发展费以及其他管理费用。

2. 财务费用

财务费用是指企业为筹集资金而发生的各项费用,包括运营期间的利息净支出、汇兑净损失、调剂外汇手续费、金融机构手续费以及在筹资过程中发生的其他财务费用等。

3. 营业费用

营业费用是指企业在销售产品、自制半成品和提供劳务等过程中发生的各项费用以及专设销售机构的各项经费,包括应由企业负担的运输费、装卸费、包装费、保险费、委托代销费、广告费、展览费、租赁费(不包括融资租赁费)和销售服务费用、销售部门人员工资、职工福利费、差旅费、办公费、折旧费、修理费、物料消耗、低值易耗品摊销以及其他经费等。

三、工程经济中成本费用的计算

为便于后续计算,在工程经济中将工资及福利费、折旧费、修理费、摊销费、维简费、利息支出进行归并后分别列出,另设一项"其他费用",将制造费用、管理费用、财务费用和营业费用中扣除工资及福利费、折旧费、修理费、摊销费、维简费、利息支出后的费用列入其中。这样,各年成本费用的计算公式为:

$$年成本费用 = 外购原材料成本 + 外购燃料动力成本 + 工资及福利费 + 修理费 +$$
$$折旧费 + 维简费 + 摊销费 + 利息支出 + 其他费用 \qquad (4-20)$$

1. 外购原材料成本计算

原材料成本是成本的重要组成部分,其计算公式如下:

$$原材料成本 = 年产量 \times 单位产品原材料成本 \qquad (4-21)$$

式(4-21)中,年产量可根据测定的设计生产能力和投产期各年的生产负荷加以确定,单位产品原材料成本是依据原材料消耗定额和单价确定的。企业生产经营过程中所需要的原材料种类繁多,计算时可根据具体情况,选取耗用量较大的、主要的原材料为对象,依据有关规定、原则和经验数据进行估算。

2. 外购燃料动力成本计算

燃料动力成本计算公式为:

$$燃料动力成本 = 年产量 \times 单位产品燃料和动力成本 \qquad (4-22)$$

3. 工资及福利费计算

如前所述,工资及福利费包含在生产成本、管理费用、营业费用之中。为便于计算和进行经济分析,可将以上各项成本中的工资及福利费单独计算。

1)工资

工资的计算可以采取以下两种方法:

一是按整个企业的职工定员数和人均年工资额计算年工资总额,其计算公式为:

$$年工资成本 = 企业职工定员数 \times 人均年工资额 \qquad (4-23)$$

二是按照不同的工资级别对职工进行划分,分别估算同一级别职工的工资,然后再加以汇总。一般可分为五个级别,即高级管理人员、中级管理人员、一般管理人员、技术工人和一般工人等。若有国外的技术人员和管理人员,应单独列出。

2)福利费

福利费主要包括职工的保险费、医药费、医疗经费、职工生活困难补助以及按国家规定开支的其他职工福利支出,不包括职工福利设施的支出。一般可按职工工资总额的一定比例提取。

4. 折旧费计算

如前所述，折旧费包含在制造费用、管理费用、营业费用中。为便于计算和分析，可将以上各项成本费用中的折旧费单独计算。

折旧是指在固定资产的使用过程中，随着资产损耗而逐渐转移到产品成本费用中的那部分价值。将折旧费计入成本费用是企业回收固定资产投资的一种手段。按照国家规定，企业可把已发生的资本性支出转移到产品成本费用中去，然后通过产品的销售，逐步回收初始的投资费用。

根据我国财务会计制度的有关规定，计提折旧的固定资产范围包括：房屋、建筑物；在用的机器设备、仪器仪表、运输车辆、工具器具；季节性停用和在修理停用的设备；以经营租赁方式租出的固定资产；以融资租赁方式租入的固定资产。结合我国的企业管理水平，将固定资产分为三大部分，22类，按大类实行分类折旧。在进行工程项目的经济分析时，可分类计算折旧，也可综合计算折旧，要视项目的具体情况而定。我国现行的固定资产折旧方法，一般采用平均年限法、工作量法和加速折旧法。

1）平均年限法

平均年限法亦称直线法（Straight Line Method），即根据固定资产的原值、预计净残值率和折旧年限计算折旧。房屋、建筑物和经常使用的机械设备可采用平均年限法计算折旧。其计算公式为：

$$年折旧费 = \frac{固定资产原值 - 预计净残值}{折旧年限} = \frac{固定资产原值 \times (1 - 预计净残值率)}{折旧年限} \quad (4\text{-}24)$$

式(4-24)中各项参数的确定方法如下：

(1) 固定资产原值中除建筑安装工程费、设备工器具购置费外，还包括建设期利息、预备费用以及土地费用。

(2) 预计净残值。《中华人民共和国企业所得税法实施条例》第五十九条规定，企业应当根据固定资产的性质和使用情况，合理确定固定资产的预计净残值。固定资产的预计净残值一经确定，不得变更。

(3) 折旧年限。《中华人民共和国企业所得税法实施条例》第六十条规定，固定资产计算折旧的最低年限如下：房屋、建筑物为20年；飞机、火车、轮船、机器、机械和其他生产设备为10年；与生产经营活动有关的器具、工具、家具等为5年；飞机、火车、轮船以外的运输工具为4年；电子设备为3年。

2）工作量法

工作量法（France Workload Method）是指按实际工作量计提固定资产折旧额的一种方法。对于下列专用设备可采用工作量法计提折旧。

(1) 交通运输企业和其他企业专用车队的客货运汽车，按照行驶里程计算折旧费，其计算公式如下：

$$单位里程折旧费 = \frac{原值 \times (1 - 预让净残值率)}{规定的总行驶里程} \quad (4\text{-}25)$$

$$年折旧费 = 单位里程折旧费 \times 年实际行驶里程 \quad (4\text{-}26)$$

(2) 不经常使用的大型专用设备，可根据工作小时计算折旧费，其计算公式如下：

$$每小时折旧费 = \frac{原值 \times (1 - 预计净残值率)}{规定的总工作小时} \quad (4\text{-}27)$$

$$年折旧费 = 每工作小时折旧费 \times 年实际工作小时 \qquad (4-28)$$

3）加速折旧法

加速折旧法（Accelerated Depreciation Method），又称递减折旧法，是指在固定资产使用初期提取折旧较多，在后期提取较少，使固定资产价值在使用年限内尽早得到补偿的折旧计算方法。加速折旧的根据是效用递减原理，即固定资产的效用随着其使用寿命的缩短而逐渐降低。因此，当固定资产处于较旧状态时，效用低，产出也小，而维修费用较高，所取得的现金流量较小。这样，按照配比原则的要求，折旧费用应当呈现递减的趋势。加速折旧的方法很多，主要有双倍余额递减法和年数总和法。电子仪器、仪表以及配套的计算机可采用加速折旧法计算折旧。

（1）双倍余额递减法。双倍余额递减法（Double Declining Balance Method），是以平均年限法确定的折旧率的双倍乘以固定资产在每一会计期间的期初账面净值，从而确定当期应提折旧的方法。其计算公式为：

$$年折旧率 = \frac{2}{折旧年限} \times 100\% \qquad (4-29)$$

$$年折旧费 = 年初固定资产账面原值 \times 年折旧率 \qquad (4-30)$$

实行双倍余额递减法的固定资产，应当在其固定资产折旧年限到期前两年内，将固定资产净值扣除预计净残值后的净额平均摊销，即最后两年改用直线折旧法计算折旧。

（2）年数总和法。年数总和法（Sum of Years Digits Method），是以固定资产原值扣除预计净残值后的余额作为计提折旧的基础，按照逐年递减的折旧率计提折旧的一种方法。采用年数总和法的关键是每年都要确定一个不同的折旧率。其计算公式为：

$$年折旧率 = \frac{折旧年限 - 已使用年数}{折旧年限 \times (折旧年限 + 1) \div 2} \times 100\% \qquad (4-31)$$

$$年折旧费 = (固定资产原值 - 预计净残值) \times 年折旧率 \qquad (4-32)$$

在工程项目经济分析中，一般采用平均年限法，通过《固定资产折旧费估算表》计算折旧费。

5. 修理费计算

与折旧费相似，修理费也包含在制造费用、管理费用、营业费用之中。为便于计算和进行经济分析，可将以上各项成本中的修理费单独估算。修理费包括大修理费用和中小修理费用。

在估算修理费时，一般无法确定修理费具体发生的时间和金额，可按照折旧费的一定比例计算。该比例可参照同行业的经验数据确定。

6. 维简费计算

维简费是指采掘、采伐工业按生产产品数量（采矿按每吨原矿产量，林区按每立方米原木产量）提取的固定资产更新和技术改造资金。企业发生的维简费直接计入成本，其计算方法和折旧费相同。采掘、采伐企业不计提固定资产折旧。

7. 摊销费计算

摊销费是指无形资产和递延资产在一定期限内分期摊销的费用。

无形资产是指企业能长期使用而没有实物形态的资产，包括专利权、非专利技术、商标权、商誉权、著作权和土地使用权等。

递延资产是指应当在运营期内的前几年逐年摊销的各项费用,包括开办费和其他长期待摊费用(包括以经营租赁方式租入的固定资产改良工程支出等)。在工程项目的经济分析中,将工程建设其他费用中的生产职工培训费、样品样机购置费等计入递延资产价值。

开办费是指企业在筹建期间所发生的各种费用,主要包括注册登记和筹建期间起草文件、谈判、考察等发生的各项支出,销售网的建立和广告费用以及筹建期间人员工资、办公费、培训费、差旅费、印刷费、律师费、注册登记费以及不计入固定资产和无形资产购建成本的汇兑损益和利息等支出。

无形资产和递延资产的原始价值要在规定的年限内,按年度或产量转移到产品的成本之中,这一部分被转移的无形资产和递延资产的原始价值,称为摊销。企业通过计提摊销费,回收无形资产及递延资产的资本支出。计算摊销费采用直线法,并且不留残值。计算无形资产摊销费的关键是确定摊销期限。无形资产应按规定期限分期摊销,法律、合同或协议规定有法定有效期和受益年限的,按照法定有效期或合同、协议规定的受益年限孰短的原则确定;没有规定期限的,按不少于10年的期限分期摊销。

《中华人民共和国企业所得税暂行条例实施细则》第三十四条规定,企业在筹建期发生的开办费,应当从开始生产、经营月份的次月起,在不短于5年的期限内分期扣除。其他长期待摊费用在受益期内平均摊销,其中,预付经营租入固定资产的租金,按租赁合同规定的期限平均摊销。

若各种无形资产摊销年限相同,可根据全部无形资产的原值和摊销年限计算出各年的摊销费。若各种无形资产摊销年限不同,则要根据《无形资产和其他资产摊销估算表》计算各项无形资产的摊销费,然后将其相加,即可得到运营期各年的无形资产摊销费。

8. 运营期利息计算

利息支出是筹集债务资金而发生的费用,包括运营期间发生的利息净支出,即在运营期所发生的建设投资借款利息和流动资金借款利息之和。建设投资借款在运营期产生利息的计算公式为:

$$每年支付利息 = 年初本金累计额 \times 年利率 \tag{4-33}$$

为简化计算,还款当年按年末偿还,全年计息。

流动资金的借款属于短期借款,利率较长期借款利率低,且利率一般为季利率,3个月计息一次。在工程经济分析中,为简化计算,一般采用年利率,每年计息一次。

流动资金借款利息计算公式为:

$$流动资金利息 = 流动资金借款累计金额 \times 年利率 \tag{4-34}$$

需要注意的是,运营期利息是可以进入成本的,因而每年计算的利息不再参与以下各年利息的计算。

9. 其他费用计算

如前所述,其他费用是指在制造费用、管理费用、财务费用和营业费用中扣除工资及福利费、折旧费、修理费、摊销费和利息支出后的费用。

在工程项目经济分析中,其他费用一般可根据成本中的原材料成本、燃料和动力成本、工资及福利费、折旧费、修理费、维简费及摊销费之和的一定百分比计算,并按照同类企业的经验数据加以确定。将上述各项合计,即可得出运营期各年的总成本。

10. 经营成本计算

经营成本是指项目从总成本中扣除折旧费、维简费、摊销费和利息支出以后的成本,即:

$$经营成本 = 总成本费用 - 折旧费 - 维简费 - 摊销费 - 利息支出 \qquad (4-35)$$

经营成本是工程经济学特有的概念,它涉及产品生产及销售、企业管理过程中的物料、人力和能源的投入费用,反映企业的生产和管理水平。在工程项目的经济分析中,经营成本被应用于现金流量的分析。

计算经营成本之所以要从总成本中剔除折旧费、维简费、摊销费和利息支出,主要原因有如下两点:

(1)现金流量表反映项目在计算期内逐年发生的现金流入和流出。与常规会计方法不同,现金收支何时发生,就在何时计算,不做分摊。由于固定资产投资已按其发生的时间作为一次性支出被计入现金流出,所以不能再以折旧费、维简费和摊销费的方式计为现金流出,否则会发生重复计算。因此,作为经常性支出的经营成本中不包括折旧费和摊销费,同理也不包括维简费。

(2)因为全部投资现金流量表以全部投资作为计算基础,不分投资资金来源,利息支出不作为现金流出,而自有资金现金流量表中已将利息支出单列,因此经营成本中也不包括利息支出。

11. 固定成本与变动成本计算

从理论上讲,年成本费用可分为固定成本、变动成本和混合成本三大类。

(1)固定成本是指在一定的产量范围内,不随产量变化而变动的成本,如按直线法计提的固定资产折旧费、计时工资及修理费等。

(2)变动成本是指随着产量的变化而变动的成本,如原材料费用、燃料和动力费用等。

(3)混合成本是指介于固定成本和变动成本之间,既随产量变化又不成正比例变化的成本,也被称为半固定和半变动成本,即同时具有固定成本和变动成本的特征。在进行线性盈亏平衡分析时,要求对混合成本进行分解,以区分出其中的固定成本和变动成本,并分别计入固定成本和变动成本总额之中。在工程项目的经济分析中,为便于计算和分析,可将总成本费用中的原材料费用及燃料和动力费用视为变动成本,其余各项均视为固定成本。之所以做这样的划分,主要目的就是为盈亏平衡分析提供前提条件。

第三节 营业收入、增值税金及附加和利润

一、营 业 收 入

1. 营业收入

工程项目的营业收入,是项目投入使用后运营期内各年销售产品或提供劳务等所取得的收入。

营业收入是项目建成投产后收回投资、补偿成本、上缴税金、偿还债务、保证企业再生产正常进行的前提,它是估算利润总额、营业税金及附加和增值税的基础数据。营业收入的计算公式如下:

$$\text{年营业收入} = \text{产品销售单价} \times \text{产品年销售量} \tag{4-36}$$

在工程项目经济分析中,产品年销售量应根据市场行情,采用科学的预测方法确定。产品销售单价一般采用出厂价格,也可根据需要选用送达用户的价格。

2. 销售价格的选择

估算营业收入,产品销售价格是一个很重要的因素。一般来讲,工程项目的经济效益对销售价格的变化是最敏感的,一定要谨慎选择。一般可在以下三种价格中进行选择。

1) 口岸价格

如果项目产品是出口产品,或者是替代进口产品,或者是间接出口产品,可以口岸价格为基础确定销售价格。出口产品和间接出口产品可选择离岸价格(FOB),替代进口产品可选择到岸价格(CIF)。

2) 市场价格

如果同类产品或类似产品已在市场上销售,并且这种产品既与外贸无关,也不是计划控制的范围,则可选择现行市场价格作为项目产品的销售价格。当然,也可以现行市场价格为基础,根据市场供求关系上下浮动作为项目产品的销售价格。

3) 根据预计成本、利润和税金确定价格

如果拟建项目的产品属于新产品,则可根据下列公式估算其出厂价格:

$$\text{出厂价格} = \text{产品计划成本} + \text{产品计划利润} + \text{产品计划税金} \tag{4-37}$$

其中:

$$\text{产品计划利润} = \text{产品计划成本} \times \text{产品成本利润率} \tag{4-38}$$

$$\text{产品计划税金} = \frac{(\text{产品计划成本} + \text{产品计划利润})}{1 - \text{税率}} \times \text{税率} \tag{4-39}$$

当难以确定采用哪一种价格时,可考虑以可供选择方案中价格最低的一种作为项目产品的销售价格。

3. 产品年销售量的确定

在工程经济分析中,应首先根据市场需求预测确定项目产品的市场份额,进而合理确定企业的生产规模,再根据企业的设计生产能力确定年产量。在现实经济生活中,产品年销售量不一定等于年产量,这主要是由于因市场波动而存在库存变化引起的产量与销售量的差别。但在工程项目经济分析中,难以准确地估算出由于市场波动引起的库存量变化。因此在估算营业收入时,通常不考虑项目的库存情况,假设当年生产出来的产品当年全部售出,这样,就可以根据项目投产后各年的生产负荷确定各年的销售量。如果项目的产品比较单一,用产品单价乘以产量即可得到每年的营业收入;如果项目的产品种类比较多,要根据营业收入和营业税金及附加估算表进行估算,即应首先计算每一种产品的年营业收入,然后汇总,求出项目运营期各年的营业收入;如果产品部分销往国外,还应计算外汇收入,并按外汇牌价折算成人民币,然后再计入项目的年营业收入总额中。

二、增值税金及附加

增值税金是根据商品或劳务的流转额征收的税金,属于流转税的范畴。增值税金包括增值税、消费税、城市维护建设税、资源税、土地增值税。附加是指教育费附加和地方教育费附加,其征收的环节和计费的依据类似城市维护建设税。所以,在工程项目的经济分析中,一般将教育费附加并入增值税金项内,视同增值税金处理。营业税金及附加是现金流出项。

1. 增值税

增值税是对我国境内销售货物、进口货物以及提供加工、修理修配劳务的单位和个人,就其取得货物的销售额、进口货物金额、应税劳务收入额计算税款,并实行税款抵扣制的一种流转税。

在工程经济分析中,增值税可作为价外税不出现在现金流量表中,也可作为价内税出现在现金流量表中。当现金流量表中不包括增值税时,产出物的价格不含有增值税中的销项税,投入物的价格中也不含有增值税中的进项税。

增值税是按增值额计税的,可按下列公式计算:

$$增值税应纳税额 = 销项税额 - 进项税额 \tag{4-40}$$

式(4-40)中,销项税额是指纳税人销售货物或提供应税劳务,按照销售额和增值税率计算并向购买方收取的增值税额,其计算公式为:

$$销项税额 = 销售额 \times 增值税率 = 营业收入(含税销售额) \div (1 + 增值税率) \times 增值税率 \tag{4-41}$$

进项税额是指纳税人购进货物或接受应税劳务所支付或者负担的增值税额,其计算公式为:

$$进项税额 = 外购原材料、燃料及动力费 \div (1 + 增值税率) \times 增值税率 \tag{4-42}$$

2. 消费税

消费税是对工业企业生产、委托加工和进口的部分应税消费品按差别税率或税额征收的一种税。消费税是在普遍征收增值税的基础上,根据消费政策、产业政策的要求,有选择地对部分消费品征收的一种特殊的税种。目前,我国的消费税共设 11 个税目,13 个子目。消费税的税率有从价定率和从量定额两种,其中,黄酒、啤酒、汽油、柴油产品采用从量定额计征的方法;其他消费品均为从价定率计税,税率从 3% ~ 45% 不等。

消费税采用从价定率和从量定额两种计税方法计算应纳税额,一般以应税消费品的生产者为纳税人,于销售时纳税。

实行从价定率办法计算的应纳税额为:

$$应纳税额 = 应税消费品销售额 \times 适用税率 = \frac{销售收入(含增值税)}{1 + 增值税率} \times 消费税率$$

$$= 组成计税价格 \times 消费税率 \tag{4-43}$$

实行从量定额方法计算的应纳税额为:

$$应纳税额 = 应税消费品销售数量 \times 单位税额 \tag{4-44}$$

应税消费品的销售额是指纳税人销售应税消费品向买方收取的全部价款和价外费用,不包括向买方收取的增值税税款。销售数量是指应税消费品数量。

3. 城市维护建设税

城市维护建设税是以纳税人实际缴纳的流转税额为计税依据征收的一种税。城市维护建设税按纳税人所在地区实行差别税率:项目所在地为市区的,税率为 7%;项目所在地为县城、镇的,税率为 5%;项目所在地为乡村的,税率为 1%。

城市维护建设税以纳税人实际缴纳的增值税、消费税为计税依据,并分别与上述 3 种税同时缴纳。其应纳税额计算公式为：

$$应纳税额 = (增值税 + 消费税)的实纳税额 \times 适用税率 \tag{4-45}$$

4. 教育费附加

教育费附加是为了加快地方教育事业的发展，扩大地方教育经费的资金来源而征收的一种附加费。根据有关规定，凡缴纳消费税、增值税的单位和个人，都是教育费附加的缴纳人。教育费附加随消费税和增值税同时缴纳。教育费附加的计征依据是各缴纳人实际缴纳的消费税和增值税的税额，征收率为3%。其计算公式为：

$$应纳教育费附加额 = (消费税 + 增值税)的实纳税额 \times 3\% \tag{4-46}$$

5. 地方教育费附加

地方教育费附加是为增加地方教育的资金投入，促进地方教育事业发展开征的一项政府基金。地方教育费附加征收标准统一为单位和个人实际缴纳的增值税和消费税税额的2%。其计算公式为：

$$地方教育费附加 = (增值税 + 消费税)的实纳税额 \times 2\% \tag{4-47}$$

6. 资源税

资源税是国家对在我国境内开采应税矿产品或者生产盐的单位和个人征收的一种税。实质上，它是对因资源生成和开发条件的差异而客观形成的级差收入征收的。资源税的征收范围包括矿产品和盐，其中，矿产品包括原油、天然气、煤炭、金属矿产品和其他非金属矿产品；盐包括固体盐和液体盐。

资源税的应纳税额，按照应税产品的课税数量和规定的单位税额计算。应纳税额的计算公式为：

$$应纳税额 = 应税产品课税数量 \times 单位税额 \tag{4-48}$$

其中，课税数量是指：纳税人开采或者生产应税产品用于销售的，以销售数量为课税数量；纳税人开采或者生产应税产品自用的，以自用数量为课税数量。

三、利　　润

1. 利润总额计算

利润总额是企业在一定时期内生产经营活动的最终财务成果，它集中反映了企业生产经营各方面的效益。

现行会计制度规定，利润总额等于营业利润加上投资净收益、补贴收入和营业外收支净额的代数和。其中，营业利润等于主营业务收入减去主营业务成本和主营业务税金及附加，加上其他业务利润，再减去营业费用、管理费用和财务费用后的净额。在对工程项目进行经济分析时，为简化计算，在估算利润总额时，假定不发生其他业务利润，也不考虑投资净收益、补贴收入和营业外收支净额，本期发生的总成本等于主营业务成本、营业费用、管理费用和财务费用之和，并且视项目的主营业务收入为本期的销售（营业）收入，主营业务税金及附加为本期的营业税金及附加。则利润总额的估算公式为：

$$利润总额 = 产品销售（营业）收入 - 增值税金及附加 - 总成本费用 \tag{4-49}$$

根据利润总额可计算所得税和净利润，在此基础上可进行净利润的分配。在工程项目经济分析中，利润总额是计算一些静态指标的基础数据。

2. 所得税计算及净利润的分配

1) 所得税计算

根据税法的规定，企业取得利润后，先向国家缴纳所得税，即凡在我国境内实行独立经营核算的各类企业或者组织者，其来源于我国境内、境外的生产、经营所得和其他所得，均应依法缴纳企业所得税。所得税是现金流出项。

企业所得税以应纳税所得额为计税依据。纳税人每一纳税年度的收入总额减去准予扣除项目的余额，为应纳税所得额。纳税人发生年度亏损的，可用下一纳税年度的所得弥补；下一纳税年度的所得不足弥补的，可以逐年延续弥补，但是延续弥补期最长不得超过5年。

企业所得税的应纳税额计算公式如下：

$$\text{所得税应纳税额} = \text{应纳税所得额} \times 25\% \qquad (4\text{-}50)$$

在工程项目的经济分析中，一般是按照利润总额作为企业所得，乘以25%税率计算所得税，即：

$$\text{所得税应纳税额} = \text{利润总额} \times 25\% \qquad (4\text{-}51)$$

2) 净利润的分配

净利润是指利润总额扣除所得税后的差额，其计算公式为：

$$\text{净利润} = \text{利润总额} - \text{所得税} \qquad (4\text{-}52)$$

在工程项目的经济分析中，一般视净利润为可供分配的净利润，并按照下列顺序分配：

(1) 提取盈余公积金。一般企业提取的盈余公积金分为两种，一是法定盈余公积金，在其金额累计达到注册资本的50%以前，按照可供分配的净利润的10%提取，达到注册资本的50%，可以不再提取；二是法定公益金，按可供分配的净利润的5%提取。

(2) 向投资者分配利润（应付利润）。企业以前年度未分配利润，可以并入本年度向投资者分配。

(3) 未分配利润，即未分配的净利润，可供分配利润减去盈余公积金和应付利润后的余额，即为未分配利润。

营业收入、总成本费用、税金和利润的关系如图4-2所示。

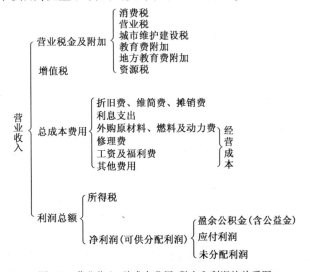

图4-2 营业收入、总成本费用、税金和利润的关系图

第四节 案例分析

1. 项目概况

某西部城市污水处理厂项目设计日处理污水 10 万吨。项目计算期定为 22 年,其中建设期为 2 年,运营期为 20 年。运营期第 1 年负荷为 70%,第 2 年为 85%,第 3 年起为满负荷运转。

2. 投资估算

项目总投资由固定资产投资和铺底流动资金组成,其中:固定资产投资总额为 18933.3 万元,铺底流动资金为 500 万元,共计 19433.3 万元。项目资本金为 8290 万元,其中流动资金 100 万元,其余为银行贷款。项目于建设期第 2 年取得建设投资贷款 10380 万元,年利率为 7%;分别于运营期第 1 年和第 2 年取得流动资金贷款 120 万元和 280 万元,年利率为 6%。固定资产投资估算情况见表 4-4。

固定资产投资估算表　　　　　　　　　　表 4-4

序号	内容	百分比(%)	估算合价(万元)
1	建筑安装工程投资	36.13	6840
2	设备及工器具投资	35.60	6740
3	工程建设其他费用	25.93	4910
4	预备费	0.42	80
5	建设期利息	1.92	363.3
	合计	1000.00	18933.3

3. 成本费用估算

1)原材料、燃料、动力费

正常年份为 768.7 万元,该项目各年的原材料、燃料、动力费情况见表 4-5。

项目原材料、燃料、动力费表(单位:万元)　　　　表 4-5

项目	合计	时点(年)								
		3	4	5	6	7	8	9	10	11~22
原材料、燃料、动力费	15028.09	538.09	653.40	768.70	768.70	768.70	768.70	768.70	768.70	768.70

2)工资及福利费估算

根据项目的规模,项目定员为 150 人,运营期每年的人均工资及福利为 30000 元,每年工资及福利费用总计 450 万元。

3)折旧计算

折旧费采用直线法计提。本项目无土地费用,固定资产原值由建筑安装工程费、设备及工器具购置费、建设期利息和预备费组成,总计为 14023.3 万元。固定资产预计净残值率为

10%,折旧年限为20年,则每年固定资产折旧费为631.05万元。

4)修理费

修理费按照年折旧费的30%计提,每年修理费为189.32万元。

5)摊销费

该工程用地为划拨土地,无土地费用,工程建设其他投资均形成无形资产和递延资产。其中,无形资产为3910万元,采用平均年限法,按8年摊销,第3~10年每年无形资产摊销费为488.75万元;递延资产为1000万元,按5年摊销,第3~7年每年递延资产摊销费为200万元。该项目第3~7年每年摊销费为688.75万元,第8~10年每年摊销费为488.75万元。

6)运营期利息计算

该项目各年现金流量均发生在每年末。各年的资金投入情况见表4-6。

某污水处理厂资金投入表(单位:万元)　　　　　表4-6

序号	项目		合计	时点(年)				
				1	2	3	4	5~22
1	建设投资	自有资金	8190	7428	762			
		贷款	10380		10380			
2	流动资金	自有资金	100			100		
		贷款	400			120	280	

建设投资贷款在项目运营期前8年(第3~10年)按等额本金法偿还,即每年偿还等额的本金,并支付当年利息,流动资金贷款每年付息。

(1)建设投资借款在生产期利息的计算。

建设期贷款利息 = 10380 × 0.5 × 7% = 363.3 万元

第3~10年每年应还本金 = (363.3 + 10380) ÷ 8 = 1342.91 万元

项目建设投资贷款还本付息情况见表4-7。

项目建设投资贷款还本付息表(单位:万元)　　　　　表4-7

项目	合计	年度							
		2	3	4	5	6	7	8	9	10
年初累计借款			10743.30	9400.39	8057.48	6714.57	5371.66	4028.75	2685.84	1342.93
本年新增借款	10380	10380								
本年应计利息	3747.45	363.30	752.03	658.03	564.02	470.02	376.02	282.01	188.01	94.01
本年应还本金	10743.3		1342.91	1342.91	1342.91	1342.91	1342.91	1342.91	1342.91	1342.93
本年应还利息	3384.15		752.03	658.03	564.02	470.02	376.02	282.01	188.01	94.01

(2)流动资金借款利息的计算。

流动资金贷款年利率为6%,第3年利息为7.2万元,第4~22年为24万元。

7)其他费用

其他费用按照上述各项费用之和的3%计取。

4. 项目总成本费用

项目总成本费用估算结果见表4-8。

项目总成本费用估算结果(单位:万元)　　　　　表 4-8

项 目	合计	时点(年)								
		3	4	5	6	7	8	9	10	11~22
原材料、燃料、动力费	15028.09	538.09	653.40	768.70	768.70	768.70	768.70	768.70	768.70	768.70
工资及福利	9000.00	450.00	450.00	450.00	450.00	450.00	450.00	450.00	450.00	450.00
折旧费	12621.00	631.05	631.05	631.05	631.05	631.05	631.05	631.05	631.05	631.05
修理费	3786.40	189.32	189.32	189.32	189.32	189.32	189.32	189.32	189.32	189.32
摊销费	4910.00	688.75	688.75	688.75	688.75	688.75	488.75	488.75	488.75	
运营期利息	3847.35	759.23	682.03	588.02	494.02	400.02	306.01	212.01	118.01	24.00
长期借款利息	3384.15	752.03	658.03	564.02	470.02	376.02	282.01	188.01	94.01	
流动资金借款利息	463.20	7.20	24.00	24.00	24.00	24.00	24.00	24.00	24.00	24.00
其他费用	1475.79	97.69	98.84	99.48	96.66	93.84	85.01	82.19	79.37	61.89
总成本费用	50668.63	3354.13	3393.39	3415.32	3318.50	3221.68	2918.84	2822.02	2725.20	2124.96
固定成本	35177.34	2808.84	2715.99	2622.62	2525.80	2428.98	2126.14	2029.32	1932.50	1332.26
可变成本	15491.29	545.29	677.40	792.70	792.70	792.70	792.70	792.70	792.70	792.70
经营成本	29290.28	1275.10	1391.56	1507.50	1504.68	1501.86	1493.03	1490.21	1487.39	1469.91

本 章 小 结

本章主要介绍了工程项目投资构成;总成本费用的计算;营业税金及附加的内容、含义及计算;利润总额、所得税的计算及净利润的分配顺序等,为工程项目经济评价及现金流量分析提供基础数据。

复习思考题

1. 试述我国工程项目投资的构成。
2. 工程建设其他投资由哪些项目组成?
3. 什么是成本费用?什么是经营成本?
4. 固定资产折旧的计算方法有哪些?工作量法的适用范围是什么?
5. 试述利润总额、净利润及未分配利润的关系。
6. 某设备原值为60000元,使用年限为8年,残值为2000元。试用双倍余额递减法计算各年的折旧额。
7. 某公司以5000万元建造一栋商业大楼,其中90%形成固定资产。假定这座建筑的折旧期为40年(残值为0)。试分别采取以下方法计算第10年的折旧费及第10年末该固定资产的账面价值:(1)年数总和法;(2)双倍余额递减法。
8. 某一工厂建设项目,取得专利权及商标权花费180万元,该项目在建设期间的开办费为50万元。假定无形资产摊销期限为10年,递延资产摊销期限为5年。试求运营期第3年和第9年这两项的摊销费。

9. 某新建项目,建设期3年。建设期贷款分年度均衡发放,且只计息不还款,第1年贷款500万元,第2年贷款1000万元,第3年贷款800万元,年利率为8%,按季度计息。求到建设期末该项目的建设期利息为多少?

第五章 公路工程项目经济评价指标

在工程经济研究中,经济评价是在拟订的工程项目方案、投资估算和融资方案的基础上,对工程项目方案计算期内各种有关技术经济因素以及方案投入与产出的有关财务、经济资料数据进行调查、分析、预测,对工程项目方案的经济效果进行计算、评价。

经济评价是工程经济分析的核心内容。其目的在于确保决策的正确性和科学性,避免或最大限度地减少工程项目投资的风险,明确建设方案投资的经济效果水平,最大限度地提高工程项目投资的综合经济效益。

第一节 经济评价指标体系

工程项目方案经济效果评价的准确与否,一方面取决于基础数据的完整性和可靠性,另一方面则取决于所选取的评价指标体系的合理性。只有选取合理的经济评价指标体系,经济效果评价的结果能与实际情况相吻合,才具有实际意义。

按是否考虑资金的时间价值,经济评价指标可分为静态评价指标和动态评价指标,如图 5-1 所示。静态评价指标不考虑资金的时间价值,计算简便,适用于项目方案的初选阶段或者短期投资项目以及逐年收益大致相等的项目评价。动态评价指标,考虑了资金的时间价值,对项目整个寿命周期内各个时间点的收入与支出进行了等值计算,相对静态评价指标能更全面、科学地反映投资方案整个寿命期的经济效果。

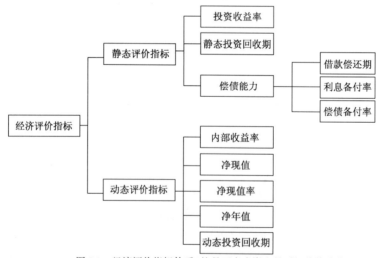

图 5-1 经济评价指标体系(按是否考虑资金的时间价值分类)

按评价指标的性质,经济评价指标可分为盈利能力分析指标、清偿能力分析指标和财务生存能力分析指标,如图 5-2 所示。

在工程项目方案经济评价时,应根据评价深度要求、可获得资料的多少以及工程项目方案本身所处的条件,选用多个指标,从不同侧面反映工程项目的经济效果。

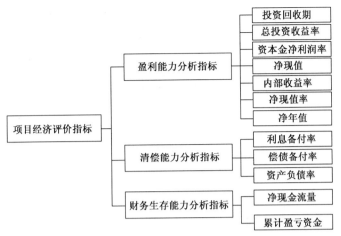

图 5-2 经济评价指标体系(按评价指标的性质分类)

第二节 静态评价指标

一、静态投资回收期(P_t)

静态投资回收期(Static Payback Period),又称投资返本期,是指在不考虑资金时间价值的条件下,用项目各年的净收益(年收入减年支出)来回收全部投资所需要的期限。需要注意的是,静态投资回收期可以从项目投建之日开始算起,也可以从开始有正的收益开始算起,应予注明。从项目投建之日开始算起时,静态投资回收期 P_t 的计算公式如下:

$$\sum_{t=0}^{P_t}(CI-CO)_t = 0 \quad (5-1)$$

式中: P_t——静态投资回收期;
CI_t——第 t 年的现金流入量;
CO_t——第 t 年的现金流出量;
$(CI-CO)_t$——第 t 年的净现金流量。

静态投资回收期可根据项目现金流量表计算,其具体计算分以下两种情况。

(1)当项目投资为一次性初期投资,建成投产后各年的净收益均相同时,静态投资回收期的表达式为:

$$P_t = \frac{I}{A} \quad (5-2)$$

式中:I——项目投入的全部资金;
A——每年的净现金流量,即 $A=(CI-CO)_t$。

[例 5-1] 某建设项目估计总投资 2800 万元,项目建成后各年净收益为 320 万元,求该项目的静态投资回收期。

解:该项目的静态投资回收期为:

$$P_t = \frac{I}{A} = \frac{2800}{320} = 8.75 \text{ 年}$$

(2)项目建成投产后各年的净现金流量不相同时,投资回收期可用现金流量表累计净现金流量计算求得(图 5-3)。其计算公式为:

$$P_t = (累计净现金流量开始出现正值的年份数 - 1) + \frac{上年累计净现金流量的绝对值(U_{t-1})}{出现正值年的净现金流量(V_t)}$$
(5-3)

或

$$P_t = (T-1) + \frac{\left|\sum_{t=1}^{T-1}(CI-CO)_t\right|}{(CI-CO)_t}$$
(5-4)

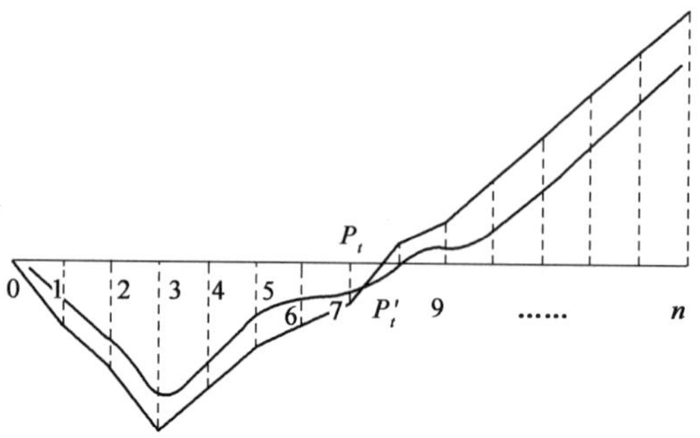

式中：T——各年累计净现金流量首次出现正值或零的年份数。

假设行业的基准投资回收期为 P_c，以静态投资回收期 P_t 指标作为项目可行或择优的依据时，其判别的准则为：将计算出的静态投资回收期 P_t 与行业的基准投资回收期 P_c 进行比较，若 $P_t \leqslant P_c$，表明项目可在低于基准投资回收期的时间内收回投资，项目方案在经济上可行；若 $P_t > P_c$，项目方案在经济上不可行。

图 5-3 静态投资回收期示意图

[例 5-2] 某项投资方案各年份净现金流量见表 5-1。

[例 5-2] 投资方案各年份净现金流量表（单位：万元）　　表 5-1

年度	0	1	2	3	4	5	6
净现金流量	-1000	500	400	200	200	200	200
累计净现金流量	-1000	-500	-100	100	300	500	700

如果基准回收期 $P_c = 3.5$ 年，试用静态投资回收期指标评价该项目是否可行。

解：依题意，有：

$$\sum_{t=0}^{P_t}(CI-CO)_t = -1000 + 500 + 400 + 100 = 0$$

可知：$2 < P_t < 3$

计算项目的静态投资回收期：

$$P_t = T - 1 + \frac{U_{t-1}}{V_t} = 3 - 1 + \frac{|-100|}{200} = 2.5$$

由于 $P_t < P_c$，故方案可以接受。

静态投资回收期指标计算比较简单，使用方便，在一定程度上显示了资本的周转速度，能为决策者提供未收回投资以前承担风险的时间，反映项目风险的大小。但静态投资回收期也存在不足之处，该指标未考虑资金的时间价值，没有考虑项目投资回收期后发生的现金流量，因而无法准确反映项目在整个寿命期内的经济效果。因此，静态投资回收期指标通常是作为项目经济评价的辅助指标，与其他评价指标结合应用。

二、投资收益率(R)

投资收益率又称投资效果系数，是衡量投资方案获利水平的评价指标，它是投资方案建成投产达到设计生产能力后一个正常生产年份的年净收益额与方案投资额的比率。

投资收益率的计算公式为：

$$R = \frac{A}{I} \times 100\% \tag{5-5}$$

式中：R——投资收益率；

A——达到设计生产能力后一个正常生产年份的年净收益额；

I——方案总投资额。

用投资收益率指标判断方案是否可行时，应将计算出的投资收益率（R）与确定的基准投资收益率（R_c）进行比较：若 $R \geq R_c$，则方案可以考虑接受；若 $R < R_c$，则方案不可行。

根据分析角度的不同，投资收益率又具体可分为总投资收益率和资本金净利润率。

1. 总投资收益率

总投资收益率（ROI）是指项目达到设计生产能力后在正常生产年度的年息税前利润（EBIT）或运营期内年平均息税前利润与项目投资总额的比率。其计算公式如下：

$$\text{ROI} = \frac{\text{EBIT}}{\text{TI}} \times 100\% \tag{5-6}$$

式中：ROI——总投资收益率；

EBIT——项目达到设计生产能力后在正常生产年份的年息税前利润或运营期内年平均息税前利润；

TI——总投资额。

其中，年息税前利润＝年营业收入－年增值税金及附加－年总成本费用＋利息支出；年增值税金及附加＝年增值税＋年消费税＋年资源税＋年城市维护建设税＋教育费附加＋地方教育费附加；项目总投资＝建设投资＋建设期利息＋流动资金。

假设 ROI_c 为标准投资收益率，将计算出的总投资收益率 ROI 与标准投资收益率 ROI_c 进行比较，若 $\text{ROI} \geq \text{ROI}_c$，表明项目总投资收益高于行业投资收益率参考值，则项目盈利能力满足要求，项目可行；若 $\text{ROI} < \text{ROI}_c$，项目盈利能力达不到行业投资收益率参考值，项目不可行。多方案进行比较时，ROI 最大者为优。

[例5-3] 某项目总投资 50 万元，预计正常生产年份年收入 15 万元，年支出为 6 万元。若标准投资利润率为 $\text{ROI}_c = 15\%$，试用总投资收益率指标评价该项目是否可行。

解：
$$\text{ROI} = \frac{15-6}{50} \times 100\% = 18\% \geq \text{ROI}_c$$

故该项目可接受。

2. 资本金净利润率

资本金净利润率（ROE）表示项目资本金的盈利水平，是指项目达到设计生产能力后在正常生产年份的年净利润或运营期内年平均净利润与项目资本金的比率。其计算公式为：

$$\text{ROE} = \frac{\text{NP}}{\text{EC}} \times 100\% \tag{5-7}$$

式中：ROE——项目资本金净利润率；

NP——项目达到设计能力后正常年份的年净利润或运营期内年平均净利润；

EC——项目资本金。

假设 ROE_c 为标准资本金净利润率，将计算出的项目资本金净利润率 ROE 与标准资本金净利润率 ROE_c 进行比较，若 $\text{ROE} \geq \text{ROE}_c$，表明项目资本金净利润率高于行业资本金净利润率参考值，项目盈利满足要求，项目可行；若 $\text{ROE} < \text{ROE}_c$，项目资本金净利润率达不到行业资

本金净利润率参考值,项目不可行。

总投资收益率和资本金净利润率指标常用于项目融资后盈利能力分析。指标的经济意义明确、直观,计算简便,在一定程度上反映了投资效果的优劣,可适用于各种投资规模。但投资收益率指标没有考虑投资收益的时间因素,计算时正常生产年份的选择比较困难,其确定带有一定的不确定性和人为因素。

三、清偿能力分析指标

建设工程方案偿债能力,是指项目实施企业偿还到期债务的能力。偿债能力指标主要有利息备付率、偿债备付率、资产负债率、流动比率、速动比率与借款偿还期。

1. 利息备付率(ICR)

利息备付率,也称已获利息倍数,是指项目在借款偿还期内各年可用于支付利息的资金(息税前利润)与当期应付利息费用的比值。其计算公式为:

$$ICR = \frac{EBIT}{PI} \tag{5-8}$$

式中:ICR——利息备付率;

EBIT——息税前利润;

PI——当期应付利息,指计入总成本费用的全部利息。

其中,息税前利润 = 利润总额 + 计入总成本费用的利息费用。

利息备付率可以按整个借款期计算,也可以分年计算。分年计算的利息备付率更能反映偿债能力。

利息备付率从付息资金来源的充裕性角度反映项目偿付债务利息的能力,它表示使用项目税息前利润偿付利息的保证倍数。利息备付率越高,利息偿付的保障程度越高。参考国际经验和国内行业的具体情况,根据我国企业历史数据统计分析,利息备付率应大于2,并满足债权人的要求。当利息备付率小于1时,表示项目的付息能力保障程度不足,偿债风险很大。

2. 偿债备付率(DSCR)

偿债备付率是指项目在借款偿还期内,各年可用于还本付息的资金与当期应还本付息金额的比值。其计算公式为:

$$DSCR = \frac{EBITDA - T_{AX}}{PD} \tag{5-9}$$

式中: DSCR——偿债备付率;

EBITDA——息税前利润加折旧和摊销;

T_{AX}——企业所得税;

$EBITDA - T_{AX}$——可用于还本付息的资金;

PD——应还本付息金额。

可用于还本付息的资金($EBITDA - T_{AX}$),包括可用于还款的折旧和摊销、成本中列支的利息费用、可用于还款的所得税后利润等;当期应还本付息的金额,包括当期应还贷款本金金额及计入成本费用的利息。

偿债备付率表示可用于还本付息的资金偿还借款本息的保证倍数,可以按项目的整个借款期计算,也可以分年计算,分年计算的偿债备付率更能反映偿债能力。正常情况下偿债备付率应当大于1,其值越大代表偿还债务的能力越强。如果指标值小于1,说明当年资金来源不足以偿付当期债务,需要通过短期借款偿付已到期债务。

3. 资产负债率(LOAR)

资产负债率指各期末负债总额同资产总额的比率。其计算公式为：

$$LOAR = \frac{TL}{TA} \times 100\% \quad (5-10)$$

式中:LOAR——资产负债率；
　　　TL——期末负债总额；
　　　TA——期末资产总额。

适度的资产负债率,表明企业经营安全、稳健,具有较强的筹资能力,也表明企业和债权人的风险较小。对该指标的分析,应结合国家宏观经济状况、行业发展趋势、企业所处竞争环境等具体条件判定。项目财务分析中,在长期债务还清后,可不再计算资产负债率。

第三节 动态评价指标

动态评价指标,考虑了资金的时间价值,对项目整个寿命周期内各个时间点的收入与支出进行了等值计算,相对静态评价指标能更全面、科学地反映投资方案整个寿命期的经济效果。

一、动态投资回收期

动态投资回收期(Dynamic Payback Period),在计算回收期时考虑了资金的时间价值。如果投入与产出的现金流量均服从年末惯例,自建设开始年算起,动态投资回收期的表达式为：

$$\sum_{t=0}^{P'_t} [(CI-CO)_t (1+i_c)^{-t}] = 0 \quad (5-11)$$

式中:P'_t——动态投资回收期；
　　　i_c——基准收益率。

在实际计算时,可用下式求动态投资回收期：

$$P'_t = (累计折现值开始出现正值的年份数 - 1) + \frac{上年累计折现值的绝对值}{出现正值年的折现值} \quad (5-12)$$

或

$$P'_t = (T'-1) + \frac{\left|\sum_{t=1}^{T'-1}(CI-CO)_t(1+i_c)^{-t}\right|}{(CI-CO)_{T'}(1+i_c)^{-T'}} \quad (5-13)$$

式中:T'——各年累计净现金流量折现值首次为正值或零的年数。

判别准则为:假设项目寿命期为n,若$P'_t \leq n$,项目可以被接受；否则,项目不被接受。

[例5-4] 某项投资方案各时间点现金流量见表5-2。

净现金流量表(单位:万元)　　　　　　表5-2

年度	0	1	2	3	4	5	6
净现金流量	-1000	500	400	200	200	200	200

如果$i_c = 10\%$,试用动态投资回收期指标评价该项目是否可行。

解: 由题意列出动态投资回收期计算表,见表5-3。

动态投资回收期计算表(单位:万元)　　　　　　　表5-3

年度	0	1	2	3	4	5	6
净现金流量	-1000	500	400	200	200	200	200
折现因子	1.000	0.9091	0.8264	0.7513	0.6830	0.6209	0.5645
净现金流量折现值	-1000	454.6	330.6	150.3	136.6	124.2	112.9
累计净现金流量折现值	-1000	-545.4	-214.8	-64.5	72.1	196.3	309.2

可知：

$$P'_t = 4 - 1 + \frac{|-64.5|}{136.6} = 3.47 \text{ 年} < n$$

故该方案可行。

二、净 现 值

净现值(Net Present Value)是反映投资方案在计算期内获利能力的动态评价指标。投资方案的净现值是指用一个预定的基准收益率，分别把整个计算期间内各时点所发生的净现金流量都折现到建设期初的现值之和。如果期初投入服从年初习惯法，经营期现金流量服从年末习惯法，则净现值 NPV 的计算公式为：

$$NPV = \sum_{t=0}^{n} (CI - CO)_t (1 + i_c)^{-t} \tag{5-14}$$

式中：NPV——净现值；

$(CI - CO)_t$——第 t 年的净现金流量；

n——方案的寿命期；

i_c——基准收益率。

净现值的经济含义是项目在寿命期的获利能力。净现值的数值有三种可能的情况：

(1) NPV>0，表明项目的收益率不仅可以达到基准收益率的水平，而且还能进一步得到超额的现值收益，项目可行；

(2) NPV=0，表明项目的投资收益率正好与基准收益率持平，项目可行；

(3) NPV<0，表明项目的投资收益率达不到基准收益率的水平，难以达到期望水平，项目不可行。

因此，对单方案，如 NPV≥0，则项目可行；进行多方案比选时，NPV 值越大的方案相对越优。

[**例5-5**] 某厂拟投资一项目，该项目各年的现金流量表见表5-4。若期望收益率为10%，试用净现值指标判断该项目经济上是否可行。

[例5-5]现金流量表(单位:万元)　　　　　　　表5-4

年　度	投 资 额	收　入	支　出
0	-300	0	0
1	0	250	150
2	0	250	150
3	0	250	150
4	0	250	150
5	0	250	150

解:计算数据见表 5-5。

[例 5-5]计算结果(单位:万元)　　　　表 5-5

年　度	投资额	收　入	支　出	净现值流量	折现因子	折现值
0	-300	0	0	-300	1.000	-300
1	0	250	150	100	0.9091	90.9
2	0	250	150	100	0.8264	82.6
3	0	250	150	100	0.7513	75.1
4	0	250	150	100	0.6830	68.3
5	0	250	150	100	0.6209	62.1
NPV						79.0

也可由公式算出:

$$\text{NPV}(10\%) = -300 + 100(P/A, 10\%, 5) \approx 79(万元) > 0$$

即该项目在整个寿命期内除保证获得 10% 收益率外,还可获得 79 万元(零年现值)的额外收入,故该项目可行。

对于[例 5-5]中计算净现值时出现的特殊情况,如果除了 $t=0$ 时,$(CI-CO)_t$ 在所有 $t \in [1, N]$ 期中保持不变(假设为 A),则有:

$$\text{NPV} = -I + A\sum_{t=0}^{N}(P/F, i, t)$$
$$= -I + A(P/A, i, N) \tag{5-15}$$

净现值指标的优点是:考虑了资金的时间价值,并全面考虑了项目在整个计算期内的经济状况;经济意义明确,能够直接以货币额表示项目的盈利水平;评价标准容易确定,判断直观。净现值适用于项目融资前整体盈利能力分析。

净现值指标的不足之处是必须慎重考虑项目互斥方案的寿命。如果互斥方案寿命不等,则必须构造一个相同的研究期,才能进行项目各个方案之间的比选。此外,净现值不能反映项目投资中单位投资的使用效率,不能直接说明项目运营期间各年的经营成果。

对具有常规现金流量(即在计算期内开始时有支出而后才有收益,且方案的净现金流量序列 A 的符号只改变一次的现金流量)的项目投资方案,其净现值的大小与基准收益率的高低直接相关。净现值与基准收益率的关系如下:

$$\text{NPV}(i) = \sum_{t=0}^{n}(CI - CO)_t(1+i_c)^{-t} \tag{5-16}$$

i_c 为基准收益率,工程经济中常规投资项目的净现值函数曲线在 $-1 < i_c < +\infty$ 内(对大多数工程经济实际问题来说是 $0 \le i_c < +\infty$)。设 A_t 表示第 t 年的净现金流量,考虑常规投资项目的简单情形为 $A_0 < 0$ 且其他 $A_t > 0$,则当 $-1 < i_c < +\infty$ 时,有:

$$\text{NPV}(i) = A_0 + \frac{A_1}{(1+i)} + \frac{A_2}{(1+i)^2} + \cdots + \frac{A_n}{(1+i)^n}$$

若 i 在 $(-1, +\infty)$ 内是连续的,则 $\text{NPV}(i)$ 是 i 的连续函数,可以求导。$\text{NPV}(i)$ 的一阶导数与二阶导数分别为:

$$\frac{d[\text{NPV}(i)]}{di} = -\left[\frac{A_1}{(1+i)^2} + \frac{2A_2}{(1+i)^3} + \cdots + \frac{nA_n}{(1+i)^{n+1}}\right] \le 0$$

$$\frac{d^2[\text{NPV}(i)]}{di^2} = \left[\frac{2A_1}{(1+i)^3} + \frac{2 \times 3A_2}{(1+i)^4} + \cdots + \frac{n(n+1)A_n}{(1+i)^{n+2}}\right] \ge 0$$

因此可知,这个简单的常规投资项目的净现值函数曲线是单调下降的,且递减率逐渐减小。即随着基准收益率的逐渐增大,净现值将由大变小,由正变负。NPV 与 i_c 之间的关系一般如图 5-4 所示。

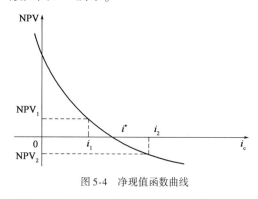

图 5-4 净现值函数曲线

图 5-4 所示的 NPV(i) 曲线是在 $A_0 < 0$ 且其他 $A_t > 0$ 的条件下得出的,是净现值函数的典型图形。实际上,NPV(i) 并不总是关于 i_c 的单调递减函数,而是要根据 A_t 的大小和符号及项目寿命 n 来确定。不过,对常规投资项目而言,NPV(i_c) 的总趋势是随着 i_c 的增大而减小。

按照净现值的评价准则,只要 NPV(i) ≥ 0,则项目方案可接受。但由于 NPV(i) 是关于 i 的单调递减函数,故基准收益率定得越高,方案被接受的可能性越小。很明显,i 可以大到使 NPV(i) = 0。这时 NPV(i) 曲线与横轴相交,i 达到了其临界值 i^*。可以说,i^* 是净现值评价准则的一个分水岭,故 i^* 又称为内部收益率。由此可见,基准收益率确定得合理与否,对投资方案经济效果的评价结论有直接的影响,基准收益率定得过高或过低都会导致投资决策的失误。

净现值函数的特点主要体现在以下两点:

(1)对某一特定项目的现金流量来说,净现值随基准贴现率 i_c 的增大而减小。基准贴现率越高,可接受的方案越少。

(2)存在一个临界基准贴现率 i^*,此时 NPV = 0。当选定 $i_c < i^*$ 时,项目产生的 NPV > 0;当选定的 $i_c > i^*$ 时,项目产生的 NPV < 0。

三、内部收益率(IRR)

内部收益率(Internal Rate of Return,IRR)是使投资方案在计算期内各年净现金流量的现值累计等于 0 时的折现率。也就是说,在此折现率下,项目的现金流入的现值和等于其现金流出的现值和。

对常规投资项目,内部收益率就是净现值为零时的收益率。其数学表达式为:

$$\sum_{t=0}^{n}(CI-CO)_t(1+IRR)^{-t}=0 \tag{5-17}$$

1)IRR 的经济含义

内部收益率指标反映了所评价项目实际所能达到的经济效率,是指项目在各年净现金流量的现值之和等于 0 时的折现率。在项目整个计算期内,如果按利率 i = IRR 计算,则始终存在未回收投资,且仅在计算期终时,投资才恰被完全收回,那么 i^* 便是项目的内部收益率。这样,内部收益率的经济含义就是使未回收投资余额及其利息恰好在项目计算期末完全收回的一种利率。

2)判别准则

如图 5-5 所示,当内部收益率 IRR 大于基准收益率时,净现值大于 0;当内部收益率 IRR 小于基准收益率时,净现值小于 0;当内部收益率等于基准收益率时,净现值等于 0。

所以,当计算所得内部收益率 IRR 大于等于基准收益率时,投资方案是可行的。

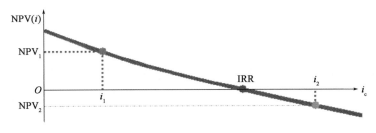

图 5-5 内部收益率示意图

3) IRR 的计算步骤

内部收益率是一个未知的折现率,由内部收益率表达式可知,求方程式中的折现率需解高次方程,不易求解。在实际工作中,一般是用试算法确定内部收益率 IRR(也可通过计算机直接计算)。试算法的基本原理如下。

首先,试用 i_1 计算 NPV_1(实际工作中 i_1 的确定,往往是根据给出的基准收益率 i_c 作为第一步试算依据)。若得 $NPV_1 > 0$,再试用 $i_2(i_2 > i_1)$ 计算 NPV_2;如果 $NPV_2 > 0$,再用 i_3 来计算,依此类推,直到 $NPV < 0$ 时为止。若 $NPV_2 < 0$,则 $NPV = 0$ 时的 IRR 一定在 (i_1, i_2) 区间内,如图 5-6 所示。此时,即可用线性内插公式求出 IRR 的近似值。

$$IRR = i_1 + \frac{NPV_1}{NPV_1 + |NPV_2|} \times (i_2 - i_1) \quad (5\text{-}18)$$

式中:NPV_1——折现率 i_1 时的净现值(正);

NPV_2——折现率 i_2 时的净现值(负)。

采用线性内插法计算 IRR 时,其计算精度与 $(i_2 - i_1)$ 的大小有关,因为折现率与净现值不是线性关系。如图 5-6 所示,i_2 与 i_1 的差值越小,则计算结果就越精确;反之,结果误差就越大。故为保证 IRR 的精度,i_2 与 i_1 的差值一般以不超过 2% 为宜,最大不宜超过 5%。

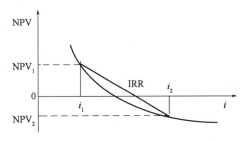

图 5-6 内部收益率线性内插法示意图

采用线性内插法计算 IRR 只适用于具有常规现金流量的投资方案。而对于具有非常规现金流量的方案,由于其内部收益率的存在可能不是唯一的,因此线性内插法就不太适用。为了解决这个问题,需要对投资项目按投资的净现金流量分布特点进行分类。

(1) 常规投资项目:指计算期内净现金流量的正负号只变化一次,即所有负现金流量都出现在正现金流量之前,且现金流量系列 $\{A_t | t = 0, 1, 2, \cdots, n\}$ 满足下式的投资项目:

$$\left. \begin{array}{ll} A_t(i^*) < 0 & (t = 0, 1, 2, 3, \cdots, k) \\ A_t(i^*) > 0 & (t = k+1, k+2, \cdots, n) \end{array} \right\} \quad (5\text{-}19)$$

(2) 非常规投资项目:指项目在计算期内,带负号的净现金流量不仅发生在建设期(或生产初期),而且分散在带正号的净现金流量之中,即在计算期内净现金流量 A_t 变更多次正负号。在此情况下,式(5-17)的解 i^* 是否就是内部收益率?弄清这些问题对于正确运用内部收益率是非常重要的。

内部收益率的定义可严格地表述为:当 $i = i^*$ 满足式(5-20)时,则 $i^* = IRR$,即 i^* 是项目的内部收益率。

$$F_t(i^*) \leq 0 \quad (t=0,1,2,3,\cdots,n-1) \\ F_t(i^*) = 0 \quad (t=n) \Bigg\} \quad (5\text{-}20)$$

式中：F_t——第 t 期尚未回收的投资余额。

$F_t(i^*) \leq 0$ 只是使 $i^* = $ IRR 的必要条件，还不充分，也就是说，仅仅使净现值为 0 的利率不一定是内部收益率，只有加上 $F_t(i^*) = 0$ 的条件，才能保证 i^* 一定是内部收益率。

一般把具有满足式(5-20)的内部收益率的投资项目称为纯投资项目；把仅满足 $F_t(i^*) = 0$ 的内部收益率的项目称为混合投资项目，即在项目计算期内，有可能某一年或某几年出现 $F_t(\text{IRR}) > 0$，这时项目投资不仅全部回收，而且还有余额。

仅满足 $F_t(i^*) = 0$ 而不满足 $F_t(i^*) \leq 0$，意味着计算期内有 $F_t(i^*) > 0$ 的情形，它表示项目不仅在 $t < n$ 的某时点回收完投资支出，而且有盈余。因此，即使有 $i = i^*$ 为 $F_t(i^*) = 0$ 的解，i^* 也不是项目的内部收益率。换言之，混合投资项目不能使用内部收益率指标考察其经济效果，即内部收益率法失效。

通过分析不难得出，常规投资项目都是纯投资项目，式(5-17)有唯一的正数解 i^*，且 $i^* = $ IRR；而对于非常规投资项目，式(5-17)的解可能不止一个，如果其中有解 i^* 满足式(5-20)，则该解是内部收益率，否则该项目无内部收益率。所以，非常规投资项目既可能是纯投资项目，也可能是混合投资项目。常规投资项目与非常规投资项目之间的关系如图 5-7 所示。

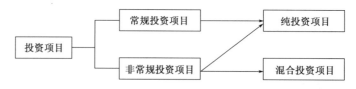

图 5-7　常规投资项目与非常规投资项目之间的关系

计算出内部收益率后，要与基准收益率进行比较。其评价判据是：若 IRR $> i_c$，则项目或方案在经济上可以接受；若 IRR $= i_c$，项目或方案在经济上勉强可行；若 IRR $< i_c$，则项目或方案在经济上应予拒绝。但需注意，项目投资财务内部收益率、项目资本金财务内部收益率、投资各方财务内部收益率和经济内部收益率有不同的判别基准。

[例 5-6]　某项目净现金流量表见表 5-6。当基准收益率 $i_c = 12\%$ 时，试用内部收益率判断该项目在经济效果上是否可行。

[例 5-6]项目净现金流量表(单位：万元)　　　　表 5-6

年度	0	1	2	3	4	5	6
净现金流量	−200	40	50	40	50	60	70

解：(1)估算一个适当的试算收益率。本题以 12% 试算。

(2)试算。

由净现值的计算公式可知：

$\text{NPV}_1 = -200 + 40(P/F, 12\%, 1) + 50(P/F, 12\%, 2) + 40(P/F, 12\%, 3) + 50(P/F, 12\%, 4) + 60(P/F, 12\%, 5) + 70(P/F, 12\%, 6)$

$= -200 + 40 \times 0.8929 + 50 \times 0.7972 + 40 \times 0.7118 + 50 \times 0.6355 + 60 \times 0.5674 + 70 \times 0.5066$

$= 5.329$ 万元

$$NPV_2 = -200 + 40(P/F,14\%,1) + 50(P/F,14\%,2) + 40(P/F,14\%,3) + 50(P/F,14\%,4) + 60(P/F,14\%,5) + 70(P/F,14\%,6)$$

$$= -200 + 40 \times 0.8772 + 50 \times 0.7695 + 40 \times 0.6750 + 50 \times 0.5921 + 60 \times 0.5194 + 70 \times 0.4556$$

$$= -6.776 \text{ 万元}$$

$$IRR = i_1 + \frac{NPV_1}{NPV_1 + |NPV_2|} \times (i_2 - i_1) = 0.12 + \frac{5.329 \times 0.02}{5.329 + 6.776} = 0.1288 = 12.88\%$$

由于 IRR = 12.88% > 12%，故此方案是可以接受的。

4）内部收益率的优缺点

内部收益率指标的优点是，考虑了资金的时间价值以及项目在整个计算期内的经济状况，而且内部收益率值取决于项目的净现金流量系列的分布情况。这种项目内部决定性，使它在应用中具有一个显著的优点，即避免了净现值指标需事先确定基准收益率这个难题，而只需要知道基准收益率的大致范围即可。当要对一个项目进行开发，而未来的情况和未来的折现率都带有高度的不确定性时，采用内部收益率对项目进行评价，往往能取得满意的效果。

内部收益率的不足是计算比较麻烦；对于非常规现金流量的项目来讲，内部收益率可能无解。

四、净 现 值 率

净现值率(Net Present Value Rate, NPVR)是在 NPV 的基础上发展起来的，可作为 NPV 的一种补充。净现值率是项目净现值与项目总投资现值之比，其经济含义是单位投资现值所能带来的净现值，是一个考察项目单位投资盈利能力的指标。由于净现值不直接考察项目投资额的大小，故为考察投资的利用效率，常用净现值率作为净现值的辅助评价指标。净现值率的计算公式为：

$$NPVR = \frac{NPV}{I_P} \tag{5-21}$$

$$I_P = \sum_{t=0}^{k} I_t(P/F, i_c, t) \tag{5-22}$$

式中：I_P——项目全部投资的现值和；

I_t——t 时间点的投资支出；

k——建设期年数。

应用 NPVR 评价方案时，应使 NPVR ≥ 0，项目方案才能被接受。而且在评价时应注意以下两点：

(1) 投资现值与净现值的研究期应一致，即净现值的研究期是 n 期，则投资现值也是研究期为 n 期的投资。

(2) 计算投资现值与净现值的折现率应一致。

五、净 年 值

净年值(Net Annual Value, NAV)，又称等额年值、等额年金，是在考虑资金时间价值的前提下，根据项目在其整个寿命期内的现金流量，按一定的贴现率等值分摊到各年所得的等额年值。它与净现值(NPV)的相同之处是，两者都要在给出的基准收益率的基础上进行计算；不

同之处是,净现值把投资过程的现金流量折算为基准期的现值,而净年值则是把该现金流量折算为等额年值。净年值的计算公式为:

$$\text{NAV} = \left[\sum_{t=0}^{n}(CI-CO)_t(1+i_c)^{-t}\right](A/P,i_c,n) \tag{5-23}$$

或

$$\text{NAV} = \text{NPV}(A/P,i_c,n) \tag{5-24}$$

式中:$(A/P,i_c,n)$——资本回收系数。

由于净现值是项目在计算期内获得的超过基准收益率水平的收益现值,而净年值则是项目在计算期内每期的等额超额收益;净年值与净现值仅差一个资本回收系数,而且$(A/P,i_c,n)>0$,故 NAV 与 NPV 总是同为正或负,即 NAV 与 NPV 在评价同一个项目时的结论总是一致的。其评价准则是:若 NAV≥0,则项目在经济上可以接受;若 NAV<0,则项目在经济上应予拒绝。

[例 5-7] 某工厂欲引进一条新的生产线,需投资 100 万元,寿命期 8 年,8 年末尚有残值 2 万元,预计每年收入 30 万元,年成本 10 万元,该厂的期望收益率为 10%。试用净年值指标判断该项目是否可行。

解:
$$\begin{aligned}
\text{NAV} &= 30-10-100(A/P,10\%,8)+2(A/F,10\%,8)\\
&= 20-100\times0.18744+2\times0.08744\\
&= 1.43 \text{ 万元} > 0
\end{aligned}$$

故项目可行。

对于[例 5-7]中出现的特殊情况,净年值可以用下式进行计算:

$$\text{NAV} = R - C - K(A/P,i_c,n) + SV(A/F,i_c,n) \tag{5-25}$$

式中:R——每年收入;
  C——每年支出;
  K——期初投资额;
  SV——期末回收残值。

第四节 基准收益率

一、基准收益率的影响因素

基准收益率(Minimum Attractive Rate of Return),是企业或行业或投资者确定的投资项目最低标准收益水平。它表明投资决策者对项目资金时间价值的估价,是投资应当获得的最低盈利率水平,是评价和判断项目在经济上是否可行的依据,是一个重要的经济参数。对于竞争性项目,财务评价时基准收益率的确定一般以行业的平均收益率为基础,同时综合考虑资金成本、投资风险、通货膨胀以及资金限制等影响因素。对于国家投资项目,进行经济评价时使用的基准收益率是由国家组织测定并发布的社会基准收益率;非国家投资项目,由投资者自行确定,但应考虑以下因素。

1. 资金成本或机会成本(i_1)

资金成本(Capital Cost),是为取得资金使用权所支付的费用。项目投资后所获利润额必须能够补偿资金成本,然后才能有利可言。因此,基准收益率最低限度不应小于资金成本,则便无利可图。

机会成本(Opportunity Cost),是指投资者将有限的资金用于除拟建项目以外的其他投资机会所能获得的最好收益。换言之,由于资金有限,当把资金投入拟建项目时,将失去从其他最好的投资项目中获得收益的机会。显然,基准收益率应不低于单位资金成本和单位投资的机会成本中的最大值,这样才能使资金得到最有效的利用。这一要求可用下式表达:

$$i_c \geq i_1 = \max\{\text{单位资金成本}, \text{单位投资机会成本}\} \quad (5-26)$$

如工程项目完全由企业自有资金投资建设,可参考行业基准收益率确定项目基准收益率,这时可将机会成本等同于行业基准收益率;假如投资项目资金来源包括自有资金和贷款,最低收益率不应低于行业基准收益率与贷款利率的加权平均收益率。有好几种贷款时,贷款利率应为加权平均贷款利率。

2. 风险贴补率(i_2)

在整个项目计算期内,存在着发生不利于项目的环境变化的可能性,这种变化难以预料,即投资者要冒着一定风险作决策。所以,在确定基准收益率时,仅考虑资金成本、机会成本因素是不够的,还应考虑风险因素。通常,以一个适当的风险贴补率 i_2 来提高 i_c 值。就是说,以一个收益水平增量补偿投资者所承担的风险,风险越大,贴补率越高。为此,投资者自然就要求获得较高的利润,否则他是不愿去冒风险的。为了限制对风险大、盈利低的项目进行投资,可以采取提高基准收益率的办法来进行项目经济评价。

一般说来,从客观上看,资金密集项目的风险高于劳动密集的;资产专用性强的高于资产通用性强的;以降低生产成本为目的的低于以扩大产量、扩大市场份额为目的的。从主观上看,资金雄厚的投资主体的风险低于资金拮据者。

3. 通货膨胀率(i_3)

通货膨胀(Inflation),指因货币供给大于货币实际需求,导致货币贬值,而引起的一段时间内物价持续而普遍上涨的现象。为反映和评价拟建项目在未来的真实经济效果,在确定基准收益率时,应以一个收益水平增量 i_3 补偿投资者所承担的通货膨胀风险。

通货膨胀率主要表现为物价指数的变化,即通货膨胀率 i_3 约等于物价指数变化率。由于通货膨胀年年存在,因此,通货膨胀的影响具有复利性质。一般每年的通货膨胀率是不同的,但为了便于研究,常取一段时间的平均通货膨胀率,即在所研究的计算期内,通货膨胀率可以视为固定的。

4. 资金限制

资金越少,越需要精打细算,使之利用得更加有效。为此,在资金短缺时,应通过提高基准收益率的办法进行项目经济评价,以便筛选掉盈利能力较低的项目。

5. 环境影响程度

项目对生态环境破坏程度越大,越应该提高基准收益率,增高项目准入门槛。

二、基准收益率的确定方法

基准收益率的测定可采用代数和法、资本资产定价模型法、加权平均资金成本法、典型项目模拟法、德尔菲专家调查法等方法,也可同时采用多种方法进行测算,将不同方法测算的结果互相验证,经协调后确定。

1. 代数和法

若项目现金流量是按当年价格预测估算的,则应以年通货膨胀率 i_3 修正 i_c 值,基准收益率可近似用单位投资机会成本、风险贴补率、通货膨胀率之代数和表示,即:

$$i_c = (1+i_1) \cdot (1+i_2) \cdot (1+i_3) - 1 \approx i_1 + i_2 + i_3 \tag{5-27}$$

若项目的现金流量是按基年不变价格预测估算的,预测结果已排除通货膨胀因素的影响,就不再重复考虑通货膨胀的影响,即:

$$i_c = (1+i_1) \cdot (1+i_2) - 1 \approx i_1 + i_2 \tag{5-28}$$

上述近似计算的前提条件是 i_2、i_3 的值较小。

2. 资本资产定价模型法

采用资本资产定价模型法(Capital Asset Pricing Model,CAPM)测算行业财务基准收益率的公式为:

$$k = K_f + \beta \times (K_m - K_f) \tag{5-29}$$

式中:k——权益资金成本;

K_f——市场无风险收益率;

β——风险系数;

K_m——市场平均风险投资收益率。

式(5-29)中的风险系数,是反映行业特点与风险的重要数值,也是测算工作的重点和基础。应在行业内抽取有代表性的企业样本,以若干年企业财务报表数据为基础测算。

式(5-29)中的市场无风险收益率,一般可采用政府发行的相应期限的国债利率。市场平均风险投资收益率可依据国家有关统计数据测定。

由式(5-29)测算出的权益资金成本,可作为确定财务基准收益率的下限,再综合比对采用其他方法测算得出的行业财务基准收益率后,确定基准收益率的取值。

3. 加权平均资金成本法

采用加权平均资金成本法(Weighted Average Cost of Capital,WACC)测算基准收益率的公式为:

$$\text{WACC} = K_e \cdot \frac{E}{E+D} + K_d \cdot \frac{D}{E+D} \tag{5-30}$$

式中:WACC——加权平均资金成本;

K_e——权益资金成本;

K_d——债务资金成本;

E——股东权益;

D——企业负债。

根据式(5-30)测算出的行业加权平均资金成本,可作为全部投资行业财务基准收益率的下限,再综合考虑其他方法得出的基准收益率进行调整后,确定全部投资行业财务基准收益率的取值。

4. 典型项目模拟法

采用典型项目模拟法测算基准收益率,应在合理时间区段内,选择一定数量的具有行业代表性的已进入正常生产运营状态的典型项目,采集实际数据,计算项目的财务内部收益率,对结果进行必要的分析,并综合各种因素后确定基准收益率。

5. 德尔菲专家调查法

采用德尔菲(Delphi)专家调查法测算行业财务基准收益率,应统一设计调查问卷,征求一定数量熟悉本行业情况的专家,依据系统的程序,采用匿名发表意见的方式,通过多轮次调查专家对本行业建设项目财务基准收益率取值的意见,逐步形成专家的集中意见,对调查结果进行必要的分析,并综合各种因素后确定基准收益率。

第五节 案例分析

[例 5-8] 已知某项目的资本金现金流量表见表 5-7。若基准收益率 $i_c=8\%$,基准投资回收期 $P_c=7.5$ 年。请从投资者的角度计算该项目的静态、动态投资回收期和净现值,并分析项目的可行性。

[例 5-8]项目资本金现金流量表(单位:万元)   表 5-7

序号	项目	年度							
		1	2	3	4	5	6	7	8
1	现金流入			2280.00	4560.00	4560.00	4560.00	4560.00	6657.44
1.1	营业收入			2280.00	4560.00	4560.00	4560.00	4560.00	4560.00
1.2	回收固定资产余值								1297.44
1.3	回收流动资金								800.00
2	现金流出	1200	340	2630.16	4434.28	4295.38	4274.67	3738.97	4238.97
2.1	项目资本金	1200	340	300.00					
2.2	经营成本			1682.00	3230.00	3230.00	3230.00	3230.00	3230.00
2.3	偿还借款			511.36	764.19	596.80	565.90	20.00	520.00
2.3.1	建设借款本金偿还			383.76	646.24	515.00	515.00		
2.3.2	建设借款利息偿还			123.60	97.95	61.80	30.90	0.00	0.00
2.3.3	流动资金本金偿还								500.00
2.3.4	流动资金利息偿还			4.00	20.00	20.00	20.00	20.00	20.00
2.4	增值税金及附加			136.80	273.60	273.60	273.60	273.60	273.60
2.5	所得税			0	166.49	194.98	205.17	215.37	215.37

解:根据项目已知条件,可计算得项目各年的净现金流量、累计净现金流量、折现后的净现金流量和累计折现后的净现金流量,其计算过程见表 5-8。

[例 5-8]计算过程表   表 5-8

序号	项目	年度							
		1	2	3	4	5	6	7	8
1	现金流入			2280.00	4560.00	4560.00	4560.00	4560.00	6657.44
1.1	营业收入			2280.00	4560.00	4560.00	4560.00	4560.00	4560.00
1.2	回收固定资产余值								1297.44
1.3	回收流动资金								800.00

续上表

序号	项目	年度							
		1	2	3	4	5	6	7	8
2	现金流出	1200	340	2630.16	4434.28	4295.38	4274.67	3738.97	4238.97
2.1	项目资本金	1200	340	300.00					
2.2	经营成本			1682.00	3230.00	3230.00	3230.00	3230.00	3230.00
2.3	偿还借款			511.36	764.19	596.80	565.90	20.00	520.00
2.3.1	建设借款本金偿还			383.76	646.24	515.00	515.00		
2.3.2	建设借款利息偿还			123.60	97.95	61.80	30.90	0.00	0.00
2.3.3	流动资金本金偿还								500.00
2.3.4	流动资金利息偿还			4.00	20.00	20.00	20.00	20.00	20.00
2.4	营业税金及附加			136.80	273.60	273.60	273.60	273.60	273.60
2.5	所得税			0	166.49	194.98	205.17	215.37	215.37
3	净现金流量	-1200	-340	-350.16	125.72	264.62	285.33	821.03	2418.47
4	累计净现金流量	-1200	-1540	-1890.16	-1764.44	-1499.82	-1214.49	-393.46	2025.01
5	折现系数 $i_c=8\%$	0.9259	0.8573	0.7938	0.7350	0.6806	0.6302	0.5835	0.5403
6	折现净现金流量	-1111.08	-291.48	-277.96	92.40	180.10	179.82	479.07	1306.70
7	累计折现净现金流量	-1111.08	-1402.56	-1680.52	-1588.12	-1408.02	-1228.20	-749.13	557.57

静态投资回收期 $P_t = 8 - 1 + 393.46/2418.47 = 7.16$ 年 $< P_c = 7.5$ 年

动态投资回收期 $= 8 - 1 + 749.13/1306.70 = 7.57$ 年 < 8 年

净现值 NPV $= 557.57$ 万元 > 0

由此可见,各项目均能满足评价准则,表明该项目的盈利能力大于行业平均水平。该项目可行。

[**例5-9**] 某工程项目建设期两年,固定资产投资为5000万元,其中自有资金为3000万元,流动资金投资为400万元,全部为自有资金,所得税率为25%。项目运营期基础数据见表5-9。

项目运营期基础数据表(单位:万元) 表5-9

序号	名称	年度				
		3	4	5	6	7
1	营业收入	3500	4500	5000	5000	5000
2	增值税金及附加	210	270	300	300	300
3	经营成本	2500	3200	3500	3500	3500
4	折旧费	360	360	360	360	360
5	摊销费	60	60	60	60	60
6	借款利息	210	170	120	60	20
7	当年应还本金	500	500	500	500	400

请计算该项目第四年的利息备付率和偿债备付率,并判断该项目第四年的偿债能力。

解: 第四年的总成本费用 $= 3200 + 360 + 60 + 170 = 3790$ 万元

第四年的利润总额 $= 4500 - 270 - 3790 = 440$ 万元

$$EBIT_4 = 440 + 170 = 610 \text{ 万元}$$
$$ICR_4 = 610/170 = 3.59$$
$$\text{第四年的所得税} = 440 \times 25\% = 110 \text{ 万元}$$
$$\text{第四年的净利润} = 440 - 110 = 330 \text{ 万元}$$
$$EBITDA - Tax = 330 + 360 + 60 + 170 = 920 \text{ 万元}$$
$$\text{第四年应还的本息和} = 500 + 170 = 670 \text{ 万元}$$
$$DSCR_4 = 920/670 = 1.37$$

由于该项目第四年的利息备付率大于2,偿债备付率大于1.3,可知该项目第四年的偿债能力可以接受。

本 章 小 结

本章主要讲述了工程项目经济评价指标的分类及各种经济评价指标的概念、评价准则和计算方法。要求学生理解静态、动态经济效果评价指标的含义、特点,熟练掌握投资回收期、投资收益率、利息备付率、偿债备付率、净现值、内部收益率、净年值等经济评价指标的计算方法和评价准则。

复习思考题

1. 下列说法中正确的是(　　)。
   A. 利息备付率 = 息税前利润/当期应付利息
   B. 利息备付率与"已获利息倍数"含义相同
   C. 息税前利润 = 利润总额 + 当期应付利息
   D. 对于正常经营的企业,利息备付率应大于等于0
   E. 利息备付率高表明偿债风险小,利息备付率低于1,表示无足够的资金支付利息

2. 进行项目偿债备付率分析时,可用于还本付息的资金包括(　　)。
   A. 折旧费　　　　　　　　　B. 福利费
   C. 摊销费　　　　　　　　　D. 未付工资
   E. 费用中列支的利息

3. 公司项目估计投资总金额为1600万元,建成后年净收益320万元,则该项目静态投资回收期为(　　)年;若年利率为10%,则动态投资回收期应(　　)静态投资回收期。
   A. 5,大于　　　　　　　　　B. 5,小于
   C. 6,小于　　　　　　　　　D. 6,大于

4. 某常规投资项目,当基准收益率取20%时,NPV = -20万元。则该项目的内部收益率值应(　　)。
   A. 大于20%　　　　　　　　B. 小于20%
   C. 等于20%　　　　　　　　D. 无从判断

5. 某常规投资方案基准收益率为15%。若该方案的内部收益率为18%,则该方案(　　)。

A. 净现值大于零 B. 净现值小于零
C. 可行 D. 不可行
E. 无法判定是否可行

6. 若某项目的动态投资回收期刚好等于项目计算期,则必然有( )。
   A. 动态投资回收期大于基准投资回收期
   B. 动态投资回收期小于基准投资回收期
   C. 内部收益率等于基准收益率
   D. 内部收益率大于基准收益率

7. 某建设项目,当折现率为10%时,净现值NPV=22万元;当折现率为15%时,净现值NPV=-11万元。用内插法计算其内部收益率大约为( )。
   A. 11% B. 12% C. 13% D. 14%

8. 某建设项目的现金流量为常规现金流量,当基准收益率为8%时,净现值为800万元。若基准收益率变为10%,该项目的净现值将( )。
   A. 大于800万元 B. 小于800万元
   C. 等于800万元 D. 不确定

9. 对于一个特定的投资方案,若基准收益率变大,则( )。
   A. 净现值与内部收益率均减小
   B. 净现值与内部收益率均增大
   C. 净现值减小,内部收益率不变
   D. 净现值增大,内部收益率减小

参考答案

1. ABCE 2. ACE 3. A 4. B 5. AC 6. C 7. C 8. B 9. C

第六章 公路工程项目方案比较与选择

公路工程项目方案比较与选择是指对同一目标的多种可比方案,分析比较各个方案的经济效益,从中选择最优方案。

第一节 项目方案类型

在实践中,无论企业或部门,经常会遇到多方案(单独方案可视为无方案与有方案组成的多方案)的选择问题,而且往往是在资源有限的条件下进行的。此时,总是要应用某种尺度和标准进行优劣判断,以便选择最有利的方案。

首先用一个最简单的例子说明可否利用利润额和利润率进行方案选择。

某企业现有余款,欲在一年内进行投资。一年后确可收回投资的方案有 A 和 B 两种。A 方案现在支出 2 万元,一年后可收回 2.6 万元;B 方案现在支出 3 万元,一年后可收回 3.75 万元。此时哪个方案更有利呢？如果以利润额为尺度判断哪个方案为好,因 A 方案的利润额为 6000 元,B 方案的利润额为 7500 元,B 方案较 A 方案多 1500 元。因而判定的结果是利润额大的 B 方案有利。这种判断正确吗？事实上是不正确的。利用利润率计算出上述 A 和 B 两个方案的利润率分别为 30% 和 25%。因 A 方案较 B 方案利润率大,则认为 A 方案有利。这种判断是正确的吗？假设该企业投资 30 万元,收益为 36 万元,其利润率为 20%,因 20% 小于 A、B 两方案的利润率,是否可以说该方案较 A、B 两方案都不利呢？的确,该方案的效率较低,但利润的金额较 A、B 两方案都大。因而,我们会觉察到仅以利润率为尺度加以判定,存在着某种危险。

通过上例可以看出,为了能正确判定方案的优劣,仅仅使用利润额或利润率是不行的。

实际上,上述问题的前提条件并不完备。至少不给定以下条件就无法得出正确的结论:

(1)不知道全部投资方案是否只有 A 和 B 两个方案;B 方案的投资额较 A 方案多出的 1500 元是否还有其他应用途径。

(2)A、B 两方案只能取其中一个,还是两个方案都可以取？相互关系不清。

(3)企业用作本金使用的资金来源(自有资金还是贷款)与限额是多少？限制条件不清。

本例之所以不能应用利润额或利润率作为判定优劣的理由之一,就是缺乏 A、B 两方案之外是否尚有其他方案,即投资机会这个条件。假如甲采用了 A、B 两方案中的某一个方案,很可能就失去了比这两个方案有更高收益的机会。当然大多数情况下将全部方案都找出来是不可能的。但是总要有个标准,以便以次判定方案的优劣,这个标准就是基准收益率(亦称基准贴现率)。该值描述了通常投资机会的可能收益比率。

方案之间的关系不同,其选择的方法和结论就不同。下面举一个简单的例子予以说明。

现在研究甲、乙两企业分别以不同的条件贷款给其他企业的问题。

甲企业面对的是借给一家企业多少钱合适的问题。贷款的方法有三种,皆为一年后收回本利和,贷款金额和获得的利息见表 6-1。甲企业现有余款 30 万元,因此每个方案都是可能实施的。另外,为了简化问题,假定甲企业若不出借则钱只好放在企业里。

甲企业贷款方案(单位:万元)　　　　　　　　　　　　　　　　表6-1

方　案	贷款金额	贷款利率	利　息　额
A_1	10	10%	1
A_2	20	8%	1.6
A_3	30	6%	1.8

乙企业面对的问题是在众多的借款者中选择借给谁合适的问题。借款者有三家企业——A、B、C,借款的条件见表6-2。乙企业有余款30万元,也假定如不出借则只好放在企业里。

乙企业借给三家企业的方案(单位:万元)　　　　　　　　　　　表6-2

方　案	贷款金额	贷款利率	利　息　额
A	10	10%	1
B	20	8%	1.6
C	30	6%	1.8

由此可见,虽然甲、乙可供选择的方案利率都相同,但对于甲最有利的方案是 A_3,对于乙最有利的方案是 A 和 B。

甲企业和乙企业面对的方案有本质上的区别:甲企业是从三个方案中仅能选择一个的问题;乙企业是可从三个方案中任意选择的,直到自有资金得到充分运用为止。方案间的关系不同,选择的结果就不同。那么,方案的类型有几种呢?

在进行投资方案的比较和选择时,首先应明确投资方案之间的相互关系,然后才能考虑用适宜的评价指标和方法进行方案的比较。备选方案之间的关系不同,决定了所采用的评价方法也会有所不同。按照方案相互之间的经济关系和约束条件不同,方案可分为以下几类(资金约束条件主要体现在独立方案中)。

(1)独立型方案。独立型方案是指方案间互不干扰、在经济上互不相关的方案。选择或放弃其中一个方案,并不影响其他方案的选择。

(2)互斥型方案。互斥型方案又称排他型方案,即各方案间是相互排斥的,采纳某一方案就不能再采纳其他方案。也就是说,选择其中任何一个方案,则其他方案必然被排斥。

(3)互补型方案。互补型方案是指在方案之间存在技术经济互补关系的一组方案。某一方案的接受有助于其他方案的接受。根据互补方案之间相互依存的关系,互补方案可能是对称的(必需的),如建设一个大型非港口电站,必须同时建设铁路、电厂,它们无论在建成时间、建设规模上都要彼此适应,缺少其中任何一个项目,其他项目就不能正常运行。因此,它们之间是互补型方案,也是对称的。此外,还存在着大量非对称(不是必需的)的经济互补关系,如建造一座建筑物 A 和增加一个空调系统 B,建筑物 A 本身是有用的,增加空调系统 B 后使建筑物 A 更有用,但采用方案 A 并不一定要采用方案 B。

(4)现金流量相关型方案。现金流量相关型方案是指方案之间不完全互斥,也不完全相互依存,但任一方案的取舍会导致其他方案现金流量的变化。例如,某跨江项目考虑两个建设方案,一个是建桥方案 A,另一个是轮渡方案 B,两个方案都是收费的。此时,任一方案的实施或放弃都会影响另一方案的现金流量。

(5)组合-互斥型方案。组合-互斥型方案是指在若干可采用的独立方案中,如果有资源约束条件(如受资金、劳动力、材料、设备及其他资源拥有量限制),只能从中选择一部分方案实施时,可以将它们组合为互斥型方案。例如,现有独立方案 A、B、C、D,它们所需的投资分别为 1 亿元、6000 万元、4000 万元、3000 万元。当资金总额限量为 1 亿元时,除方案 A 具有完全的排他性外,其他方案由于所需金额不大,可以互相组合。这样,可能选择的方案共有:A、B、C、D、B+C、B+D、C+D 七种组合方案。因此,当受某种资源约束时,独立方案可以组成各种组合方案,这些组合方案之间是互斥或排他的。

(6)混合相关型方案。在某些情况下,方案之间的关系更为复杂。在待决策的各方案中,如果出现以上各种相关关系的组合,或出现相关关系和不相关关系的组合,我们就称之为混合相关型方案。

各方案的分类归纳如图 6-1 所示。

图 6-1　方案的分类

第二节　独立方案经济评价

某些比选方案之间存在着独立关系。独立方案的采纳与否,只取决于方案自身的经济效果。独立方案评价的实质是在"做"与"不做"之间进行选择。只要资金充裕,凡是能通过计算方案的经济效果指标,按照指标的判别准则加以检验即可。这种对方案自身经济性的检验叫作"绝对经济效果检验"。对独立方案而言,只要方案通过了绝对经济效果检验,即认为这些方案都可采纳。例如,若方案的 NPV≥0 或 IRR≥i_c 等,则这些方案就可行,就可以采纳。因此,单一方案可以看作是独立方案的特例,独立方案的评价与单一方案的评价方法相同,其评价方法在第五章已详细介绍,这里不再赘述。

第三节　互斥方案经济评价

一、互斥方案经济评价的基本思路

方案的互斥性使得在若干方案中最多只能选取一个最优的方案。为使资金能发挥最大的效益,选出的方案应是若干备选方案中经济性最优的。为此,就需要进行方案间相对经济效果评价,也就是任一方案都必须与其他方案一一比较。但仅此还不充分,因为某方案相对最优并不证明该方案在经济上一定可行,即不能排除"矮中拔高"的情况(即从若干都不可行的方案中选较优者)。因此,在对完全互斥方案进行评价决策时,其经济效果评价包括以下两类:

(1)绝对效果检验。考察备选方案中各方案自身的经济效果是否满足评价准则的要求。

(2)相对效果检验。考察备选方案中哪个方案相对最优。

这两种检验的目的和作用不同,通常缺一不可。在对互斥方案经济效果评价时,通常的评价的基本思路有以下两种:

(1)先对各方案进行绝对经济效果检验,判断各方案的可行性;然后再进行相对经济效果检验,选出相对最优的方案。

(2)仅进行相对经济效果检验,但必须增加一个 0 方案,然后两两比较,选出相对最优的方案。

绝对效果检验方法与单方案比较方法相同,在第五章中已介绍。相对经济效果检验的方法有两种:

(1)直接比较法。指标 NPV、NAV 可用,而指标 IRR 不可用。

(2)增量分析法。按投资额由小到大的顺序排列,比较多投资的资金与多获得的效益的大小。所有的评价指标都可以采用增量分析法进行评价。

另外,在进行互斥方案的比较时,必须使各方案具有可比性。为了遵循可比性原则,下面分方案寿命期相等、方案寿命期不等两种情况讨论互斥方案的经济效果评价。按服务寿命长短不同,投资方案可分为:相同服务寿命的方案,即参与对比或评价方案的服务寿命均相同;不同服务寿命的方案,即参与对比或评价方案的服务寿命不完全相同。

二、寿命周期相等的方案比选

(一)互斥方案的经济效果静态评价

互斥方案通常用增量静态投资回收期、增量投资收益率、年折算费用、综合总费用等评价方法进行相对经济效果的静态评价。

1. 增量投资回收期

增量投资回收期是指在项目正常的生产年度中,用生产成本或经营费用的节约额来补偿或回收追加投资所需要的期限。其计算公式为:

$$P_a = \frac{K_1 - K_2}{C_2 - C_1} \tag{6-1}$$

式中:K_1——方案1投资额;

K_2——方案2投资额;

C_1——方案1生产成本或经营费用;

C_2——方案2生产成本或经营费用。

增量投资回收期法的具体操作步骤如下:

(1)将方案按投资额由小到大排序。

(2)进行绝对效果评价:计算各方案的 P_t',淘汰 $P_t' \leqslant P_c'$ 的方案,保留通过绝对效果检验的方案。

(3)进行相对效果评价:依次计算第(2)步保留方案间的 $\Delta P_t'$。若 $\Delta P_t' < P_c'$,则保留投资额大的方案;反之,则保留投资额小的方案。直到最后一个被保留的方案即为最优方案。

[例6-1] 一工厂拟建一机械加工车间,有两个方案可供选择,甲方案采用中等水平工艺设备,投资 2400 万元,年生产成本为 1400 万元;乙方案采用自动线,投资 3900 万元,年生产成本为 900 万元。该部门的基准追加投资回收期为 5 年,则应采用哪种方案较为合理?

解:
$$P_a = \frac{K_1 - K_2}{C_2 - C_1} = \frac{3900 - 2400}{1400 - 900} = 3 \text{ 年} < P_c = 5 \text{ 年}$$

所以应采用乙方案。

进行多方案评价时,可采用环比法求解。

2. 增量投资收益率

增量投资收益率也叫相对投资效果系数,其经济含义是单位差额投资所能获得的年盈利额。其计算公式如下：

$$\Delta E = \frac{R_1 - R_2}{K_1 - K_2} \tag{6-2}$$

式中：E——增量投资收益率；

K_1、K_2——两方案的投资额；

R_1、R_2——两方案产生的年净收益。

若 $\Delta E > E_c$（E_c 为部门标准投资效果系数），表明追加投资的经济效果好，投资大的方案为优。

[**例 6-2**]　某厂需采购一台大型设备，有 A、B、C 三种型号可供选择（分别对应 A、B、C 方案），其投资与净收益见表 6-3。若 $E_c = 0.15$，试进行方案评价决策。

三种方案基本信息表（单位：万元）　　　　表 6-3

方案	A	B	C
投资额	10	8	12
年净收益	1.8	1.6	2.4

解：(1) 绝对经济效果检验。

$$E_A = \frac{1.8}{10} = 0.18 > E_c$$

$$E_B = \frac{1.6}{8} = 0.2 > E_c$$

$$E_C = \frac{2.4}{12} = 0.2 > E_c$$

可见，三种设备均可行。

(2) 相对经济效果检验。

$$E_{BA} = \frac{1.8 - 1.6}{10 - 8} = 0.1 < E_c$$

故 A 方案与 B 方案相比，选择 B 方案更优。

$$E_{BC} = \frac{2.4 - 1.6}{12 - 8} = 0.2 > E_c$$

故 B 方案与 C 方案相比，选择 C 方案更优。故应选择购买 C 设备。

(二) 互斥方案的经济效果动态评价

动态评价是通过等值计算，将不同时点的净现金流量，折算到同一时点，从而消除方案时间价值上的不可比。常用的互斥方案动态评价方法有净现值法与净年值法等。

1. 净现值法与净年值法

(1) 绝对效果检验：分别计算各方案的 NPV 或 NAV，并加以检验，剔除 NPV < 0 或 NAV < 0 的方案。

(2)相对效果检验:比较所有 NPV≥0 或 NAV≥0 的方案中,NPV 或 NAV 的大小。

(3)遴选最优方案:若 $NPV_i \geq 0$,则 $\max(NPV_i)$ 所对应的方案为最优方案;若 $NAV_i \geq 0$,则 $\max(NAV_i)$ 所对应的方案为最优方案。

净现值法是评价互斥方案最常用的方法。

2. 费用现值法与费用年值法

实际工作中,在进行多方案比较时,有时会遇到各方案产生的效益相同(或基本相同)或效益很难甚至用货币计量的情况。在此情况下,为简便起见,可省略收入,只计算支出。这就出现了经常使用的两个指标:费用现值和费用年值。以这两个指标代替净现值或净年值进行评价,以费用现值或费用年值较低的方案为优。

1)费用现值法

费用现值法的计算公式为:

$$PC = \sum_{t=0}^{n} CO_t (1+i_c)^{-t} + S(1+i_c)^{-n} \quad (6\text{-}3)$$

式中:CO_t——第 t 年的费用支出,取正值;

S——期末(第 n 年末)回收的残值,取负值。

2)费用年值法

费用年值法的计算公式为:

$$AC = PC \cdot (A/P, i_c, n) \quad (6\text{-}4)$$

计算结果中,$\min(PC_i)$ 和 $\min(AC_i)$ 所对应的方案为最优方案。

[**例 6-3**] 有两种设备可供选择,其基本信息见表 6-4。设折现率为 10%,则应选哪种设备?

设备基本信息表 表 6-4

设备型号	初始投资(万元)	年运营费(万元)	残值(万元)	寿命(年)
A	20	2	3	5
B	30	1	5	5

解: $PC_A = 20 + 2(P/A, 10\%, 5) - 3(P/F, 10\%, 5) = 25.72$ 万元

$PC_B = 30 + 1(P/A, 10\%, 5) - 5(P/F, 10\%, 5) = 30.69$ 万元

由于 $PC_A < PC_B$,故应选用 A 设备。

3. 增量分析法

1)增量净现值或增量净年值

用净现值法比较时,也可以采用增量净现值法,即计算已经通过绝对效果检验的两方案的 ΔNPV 或 ΔNAV。采用增量分析法时,相对效果检验最后保留的方案为最优方案。

很容易证明,净现值和净年值的直接比较法和增量分析法的结论是一致的。

设 A、B 为投资额不等的互斥方案,A 方案比 B 方案投资大,两方案的差额净现值可由下式求出:

$$\Delta NPV_{BA} = \sum_{t=0}^{n}\left[(CA_A - CO_A)_t - (CI_B - CO_B)_t\right]\times(1+i_0)^{-t}$$

$$= \sum_{t=0}^{n}(CI_A - CO_A)_t\times(1+i_0)^{-t} - \sum_{t=0}^{n}(CI_B - CO_B)_t\times(1+i_0)^{-t}$$

$$= NPV_A - NPV_B \tag{6-5}$$

若 $\Delta NPV_{BA} \geq 0$，表明增量投资有满意的增量效益，投资(现值)大的方案被接受；若 $\Delta NPV < 0$，表明增量投资无满意的增量效益，投资(现值)小的方案被接受。由此可见，增量分析法和直接比较法的结论是一致的。选择 NAV 作为评价指标会得到同样的结论，但直接比较法比增量分析法更为方便。

2) 增量内部收益率法

在进行互斥方案比选时，能否应用内部收益率(IRR)直接按互斥方案内部收益率(IRR $\geq i_c$)的高低来选择方案呢？答案是否定的。因为内部收益率不是项目初始投资的收益率，而且内部收益率受现金流量分布的影响很大，对于净现值相同的两个分布状态不同的现金流量，会得到不同的内部收益率。因此，直接按各互斥方案内部收益率的高低来选择方案不一定能选出净现值(基准收益率下)最大的方案。如图6-2所示，$IRR_2 \geq IRR_1 \geq i_c$，但并不意味着一定有 $\Delta IRR \geq i_c$。

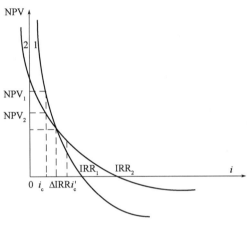

图6-2　增量内部收益率示意图

由图6-2可知，互斥方案的比选不能直接用内部收益率来对比，必须采用增量内部收益率进行比较，同时进行绝对效果评价和相对效果评价。由增量内部收益率的含义可得其计算公式为：

$$\sum_{t=0}^{n}\left[(CI_A - CO_A)_t - (CI_B - CO_B)_t\right](1+\Delta IRR)^{-t} = 0 \tag{6-6}$$

将式(6-6)变形后，可得增量内部收益率即为使两方案净现值(净年值)相等时的折现率。即：

$$\sum_{t=0}^{n}\left[(CI_A - CO_A)_t\times(1+\Delta IRR)^{-t}\right] = \sum_{t=0}^{n}\left[(CI_B - CO_B)_t\times(1+\Delta IRR)^{-t}\right] \tag{6-7}$$

其评价准则为：若 $\Delta IRR \geq i_c$，则投资(现值)大的方案被接受；若 $\Delta IRR < i_c$，则投资(现值)小的方案被接受。

增量内部收益率法的具体操作步骤如下：

(1) 将方案按投资额由小到大排序。

(2) 进行绝对效果评价：计算各方案的 IRR(或 NPV 或 NAV)，淘汰 IRR $< i_c$(或 NPV < 0 或 NAV < 0)的方案，保留通过绝对效果检验的方案；

(3) 进行相对效果评价：依次计算第(2)步保留方案间的 ΔIRR。若 $\Delta IRR > i_c$，则保留投资额大的方案；反之，则保留投资额小的方案。最后一个被保留的方案即为最优方案。

[例6-4]　有投资额不等的三个互斥方案 A、B、C，其现金流量见表6-5。试问应该选哪个方案？(假定 $i_c = 10\%$)

三种方案基本信息表（单位：万元） 表6-5

方案	0	1	2	3	4	5
A	-1000	300	300	300	300	300
B	-1500	400	400	400	400	400
C	-2000	600	600	600	600	600

解：(1)用直接比较法进行择优。

$$NPV_A = -1000 + 300(P/A, 10\%, 5) = 137.24 \text{ 万元} > 0$$
$$NPV_B = -1500 + 400(P/A, 10\%, 5) = 16.32 \text{ 万元} > 0$$
$$NPV_C = -2000 + 600(P/A, 10\%, 5) = 274.48 \text{ 万元} > 0$$

故各方案均可行。由于 $NPV_C > NPV_A > NPV_B$，故 C 方案最优。

(2)用增量净现值来进行择优。

由 $NPV_A > 0$、$NPV_B > 0$、$NPV_C > 0$ 可知，三方案均可行。

又因为

$$NPV_{AB} = -1500 - (-1000) + (400 - 300)(P/A, 10\%, 5)$$
$$= -120.92 \text{ 万元} < 0$$

可见，B 方案相对于 A 方案的追加投资未取得好效果，故 A 方案更优。

同理，有：

$$NPV_{AC} = -2000 - (-1000) + (600 - 300)(P/A, 10\%, 5)$$
$$= 137.24 \text{ 万元} > 0$$

由此可见，C 方案最优。这与用直接比较法得出的结论一致。

三、寿命不等的互斥方案评价决策

对寿命不等的互斥方案，可以用净现值、净年值等各种评价指标进行比选。

1. 净现值法

对于互斥方案来讲，若各个备选方案的寿命周期不同，则不能通过直接计算各个方案的现值指标来判断方案的优劣，因为现值法反映的是方案在整个寿命周期内整体的经济效果；若各个备选方案的寿命周期不同，则现金流在时间上就不具备相同的比较条件，故应将各方案的分析期统一，再按净现值最大或费用现值最小的原则进行比较，才能得出合理的结论。统一分析期通常有两种方法。

1）最小公倍数法

这种方法是取两个（或几个）方案服务寿命的最小公倍数作为一个共同的分析研究期，并假定每一个方案在这一期间内可以反复实施，即各备选方案在其计算期结束后，均可按与其方案计算期内完全相同的现金流量系列周而复始地循环下去，直到共同的计算期。在此基础上，计算出各个方案的净现值，以净现值最大的方案为最佳方案。

最小公倍数法解决了寿命不同的方案之间净现值的可比性问题。但这种方案所依赖的方案可重复实施的假定不是在任何情况下都适用的。对于某些不可再生资源开发型项目，或者寿命原本较长的项目，在进行计算期不等的互斥方案比选时，方案可重复实施的假定不再成立，这种情况下就不能用最小公倍数法确定计算期。另外，由于实际技术的不断进步，同一方案反复实施的可能性不大，因此这种比较方法带有夸大两个方案之间区别的倾向。

2) 研究期法

针对最小公倍数法的不足,对计算期不相等的互斥方案,可采用另一种确定共同计算期的方法——研究期法。研究期法是对寿命周期不相等的互斥方案直接选取一个适当的共同的分析期,通过比较各个方案在该研究期内的净现值来对方案进行比选,以净现值最大的方案为最佳方案。分析期的确定要综合考虑各种因素,在实际应用中,为简便起见,通常取寿命期最短方案的寿命为研究期。

研究期法仅限于考虑比较方案在某一研究期内的效果,对于计算期比共同研究期长的方案,要对其在研究期以后的现金流量余值进行估算,并回收余值。该项余值估算的合理性及准确性,对方案比选结论有重要影响。因此,应先计算出其在寿命周期内均等的净年值,再用净年值计算共同分析期内的净现值,然后进行比较选优。

[例 6-5] 某公司欲购设备一台,现有两种购买方案,其经济指标见表 6-6。设折现率为 6%,试用现值法进行方案选择。

两种方案基本信息表(单位:万元)   表 6-6

设 备	购 置 费	年 收 益	使用年限(年)	残 值
A	100	35	5	10
B	300	55	10	30

解:(1)最小公倍数法。

两方案设备使用年限的最小公倍数为 10 年,这意味着选择 A 设备的方案在使用 5 年之后还必须再购买一台同样的设备。这样,设备 A、B 的现金流量如图 6-3 所示。

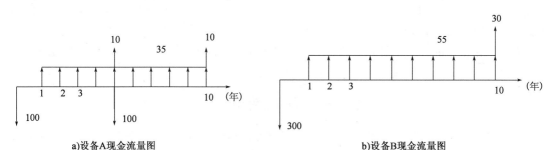

a)设备A现金流量图   b)设备B现金流量图

图 6-3 [例 6-5]两种方案现金流量图(单位:万元)

$$\text{NPV}_A = 35 \times (P/A, 6\%, 10) + 10 \times (P/F, 6\%, 10) + 10 \times (P/F, 6\%, 5) - 100 - 100 \times (P/F, 6\%, 5)$$

$$= 95.93 \text{ 万元}$$

$$\text{NPV}_B = 55 \times P/A, 6\%, 10 + 30 \times P/F, 6\%, 10 - 300$$

$$= 121.55 \text{ 万元}$$

由于 $\text{NPV}_B > \text{NPV}_A > 0$,故 B 方案最优且可行,应选择 B 方案。

(2)研究期法。

根据本题特点,可选两方案中较短的寿命期为共同的研究期,即共同研究期取 5 年,则可得各方案的净现值如下:

$$\text{NPV}_A = 35 \times (P/A, 6\%, 5) + 10 \times (P/F, 6\%, 5) - 100$$

$$= 54.91 \text{ 万元}$$

$$NPV_B = 55 \times (P/A,6\%,5) + 30 \times (A/F,6\%,10) \times (P/A,6\%,5) - 100 \times (A/P,6\%,10) \times$$
$$(P/A,6\%,5)$$
$$= 69.93 \text{ 万元}$$

由于 $NPV_B > NPV_A > 0$,故 B 方案最优且可行,应选择 B 方案。

2. 年值法

年值法即用净年值或费用年值对方案进行比选。

年值法的决策准则是:净年值最大或费用年值最小的方案为最优方案。

[例 6-6] 方案基本信息同[例 6-5],试用年值法进行方案选择。

解:计算两方案的净年值:

$$NAV_A = -100 \times (A/P,6\%,5) + 35 + 10 \times (A/F,6\%,5) = 13.03 \text{ 万元} > 0$$

$$NAV_B = -300 \times (A/P,6\%,10) + 55 + 30 \times (A/F,6\%,10) = 16.52 \text{ 万元} > 0$$

故两方案均可行。由于 $NAV_B > NAV_A$,故选择 B 方案。

第四节 相关方案经济评价

企业不能按某一固定的资金成本无限制地增加其资金,而存在着某个资金总额(C 为临界点),在这点外,企业要付出的资金费用越来越高。选择这种现象的原因可能是贷款人觉得进一步增大对企业的贷款会冒较大的风险。对于这类问题,比选的目标没有变化,仍然是要达到收益最大化,即取得最佳的经济效益,在有资金约束的情况下选择项目组合,使总体收益最大化。常用的在资金约束条件下独立方案的比选方法有两种,即互斥组合法和净现值率排序法。

一、互斥组合法

互斥组合法是工程经济分析的传统方法,它是指在有资金约束的条件下,将相互独立的方案组合成总投资额不超过投资限额的组合方案,这样各个组合方案之间的关系就变成了互斥的关系,利用前述互斥方案的比较方法,就可以选择出最优的组合方案。

该方法的具体实现步骤如下:

(1)找出所有各种可能的互斥方案组合,把所有的项目组合全部列举出来,每个组合都代表一个满足约束条件的相互排斥的项目组合中的一个方案;

(2)按各方案组合的投资从小到大排列起来;

(3)在总的初始投资小于投资限额的方案组合中,按互斥方案的比选原则选择最优的方案组合。

本章之前所介绍的各种投资经济效益评价方法都适用于直接对互斥项目进行评选。所以,当若干项目之间存在非互斥关系时,有时需要把它们转换为一系列互斥的组合项目,以便利用前述各种方法对项目进行评价。

[例 6-7] 某企业有三种独立的投资方案 A、B、C,其净现金流量情况见表 6-7。已知总投资限额为 7000 万元,$i_c = 10\%$,试作出最佳投资决策。

A、B、C 三方案的净现金流量表（单位：万元） 表 6-7

方　案	投　资	年净收益	寿命（年）	净　现　值
A	2000	460	8	454.05
B	3000	600	8	200.94
C	5000	980	8	228.20

解：首先计算 A、B、C 三个方案的净现值，计算结果见表 6-8。由表 6-8 可知，A、B、C 三个方案的净现值均大于 0，从单方案检验的角度看，A、B、C 三种方案均可行。但已知投资限额为 7000 万元，A、B、C 三个方案同时实施的总投资为 1 亿元，超过了投资限额，故在这里采用独立方案的互斥组合法来进行决策。

组合方案投资、年净收益及净现值（单位：万元） 表 6-8

组　合　号	方案组合	投资总额	年净收益	净　现　值
1	0	0	0	0
2	A	2000	460	454.05
3	B	3000	600	200.94
4	C	5000	980	228.20
5	AB	5000	1060	654.99
6	AC	7000	1440	682.25
7	BC	8000	1580	429.14
8	ABC	10000	2040	883.19

因为每个方案都有两种可能——接受或拒绝，故 n 个独立项目可以构成 2^n 个互斥型方案，本例中 A、B、C 三个方案共有 $2^3=8$ 个互斥的方案组合，各组合方案的投资、年净收益及净现值见表 6-7。

根据表 6-8 中的数据，方案组合 7、8 的投资总额超出投资限额，故不予考虑。对于满足投资限额条件的 6 个方案组合，方案组合 AC 的净现值最大，故方案 A 与方案 C 的组合为最佳投资组合，也即投资决策为投资方案 A 与 C。

当参选项目个数较少时，这种方法简便实用，但当项目个数增加时，其组合方案数将指数式增加，用这种方案就显得相当麻烦。不过，这种方法可以保证能够得到已知条件下最优的方案组合。

二、净现值率排序法

净现值率是净现值与总投资现值的比率，反映单位投资所带来的净收益，净现值率越大，说明资金的使用效率越高。因此在资金紧张的情况下，对于若干个独立方案，应优先选用净现值率大的方案。净现值率排序法是在一定资金限制下，根据各方案的净现值率的大小确定各方案的优先次序并分配资金，直到资金限额分配完为止的一种方案选择方法。

该方法的具体做法如下：

（1）首先计算各项目的净现值率（NPVR）；
（2）按净现值率由大到小排序；
（3）按净现值率排序选择项目至资金约束条件为止。

[例 6-8] 6 个独立投资项目，其净现金流量表见表 6-9。设 $i_c=14\%$，投资限额为 36000

元,试按净现值率排序法进行最佳项目组合的选择。

独立项目净现金流量表（单位：元） 表6-9

项 目	投 资	寿命（年）	净 收 益
A	10000	6	2870
B	15000	9	2930
C	8000	5	2680
D	21000	3	9500
E	13000	10	2600
F	6000	4	2540

解：（1）计算出各项目的 NPVR 并排序，可得表6-10。

[例6-8] NPVR 排序 表6-10

项 目	投资（元）	NPVR	累计投资额（元）
F	6000	0.42	6000
C	8000	0.23	14000
A	10000	0.12	24000
D	21000	0.11	—
E	13000	0.04	—
B	15000	-0.03	—

（2）根据排序和资金约束条件，方案的选择顺序为 F—C—A。由于资金限额为36000元，故最佳投资决策为方案 F—C—A 的组合。但这一选择比按 NPV 排序的选择 F—C—D 的组合少819元，用这种方法评选独立方案，一般能得到投资经济效果较大的方案组合，但不一定是最优的方案组合。

净现值率排序法的优点是计算简便，选择方法简明扼要；缺点是由于投资方案的不可分性，导致经常会出现资金没有被充分利用的情况，因而不一定能保证获得最佳组合方案。

本 章 小 结

本章主要讲述了多方案的比较和选择的方法。通常工程项目有多种实施方案，如何选择方案是投资者必须考虑的问题。本章主要介绍对互斥方案和相关方案应如何进行比较和选择，重点是互斥方案的比较和选择，要求学生能熟练掌握寿命周期相同和寿命周期不等的互斥方案的比选方法。

复习思考题

1. 简述方案的类型。
2. 某投资项目有两个互斥的备选方案 A、B，其现金流量表见表6-11。设 $i_c = 12\%$，试用差额内部收益率指标进行方案选优。

各方案现金流量(单位:万元)　　　　　　　　　　表6-11

年末	0	1	2~10
方案A的净现金流量	−280	45	55
方案B的净现金流量	−180	25	35
方案A、B的差额净现金流量(A−B)	−100	20	20

3. 若租用某仓库,目前年租金为2.3万元;若将该仓库买下来,需一次支付20万元,但10年后估计仍可以2万元的价格售出。按基准贴现率10%计算,该仓库是租用合算,还是买下合算?

4. 某投资项目有两种方案可供选择:方案A的初始投资为1000万元,在第6年末的残值为400万元,前三年的运行费用为500万元,后三年的运行费用为600万元。方案B的初始投资为800万元,第6年末的残值为300万元,前三年的运行费用为每年550万元,后三年的运行费用为650万元。若基准投资收益率为10%,试用费用现值法和年值法进行方案选择。

5. 有三个互斥方案A、B、C,经济参数见表6-12。设$i_c=10\%$,请用年值法对方案进行比较选优。

三种方案基本信息表(单位:万元)　　　　　　　　　　表6-12

方　案	投资K	寿命(n)(年)	年　收　入	年　支　出	残　值
A	10	8	2.6	0.8	0
B	6	7	2	0.6	0.3
C	12	10	3.9	1.8	0.5

6. 增量投资回收期若小于标准投资期,则(　　)。
　　A. 投资大的方案为优　　　　B. 方案均不可行
　　C. 投资小的方案为优　　　　D. 无法判断

7. 甲、乙两方案,其寿命期相同,其中甲方案的净现值大于乙方案,则两个方案(　　)。
　　A. 甲更优　　　　　　　　　B. 乙更优
　　C. 一样　　　　　　　　　　D. 无法判断

8. 在评价投资方案经济效果时,如果A、B两个方案中缺少任何一个,另一个就不能正常运行,则A、B两方案为(　　)方案。
　　A. 组合型　　　　　　　　　B. 互补型
　　C. 混合型　　　　　　　　　D. 独立型

9. 在进行设备购买与设备租赁方案经济比较时,应将这两个方案视为(　　)。
　　A. 独立型方案　　　　　　　B. 互斥型方案
　　C. 从属型方案　　　　　　　D. 组合型方案

10. 对寿命期相同的互斥方案,比选方法正确的是(　　)。
　　A. 各备选方案的净现值大于等于0,并且净现值越大,方案越优
　　B. 各备选方案的净年值大于等于0,并且净年值越大,方案越优

C.各备选方案的内部收益率大于等于基准收益率,并且内部收益率越大,方案越优

D.各备选方案产生的效果相同或基本相同,可用最小费用法比选,费用越小,方案越优

E.各备选方案的净现值率大于等于1,则净现值率越大,方案越优

11.在对多个寿命期不等的互斥方案进行比选时,(　　)是最为简便的方法。

  A.净现值法　　　　　　　　　B.最小公倍数法

  C.研究期法　　　　　　　　　D.净年值法

12.按照增量内部收益率的判断准则,若 ΔIRR 小于 i_c,则(　　)。

  A.投资大的方案为优　　　　　B.方案均不可行

  C.投资小的方案为优　　　　　D.无法判断

部分参考答案

2.方案A可行且最优　3.租用更经济　4.方案A更好　5.方案A不可行,方案B、C均可行;方案B最好　6.A　7.A　8.B　9.B　10.ABD　11.D　12.C

第七章 公路工程项目不确定性分析

第一节 不确定性分析概述

在前面对投资项目进行经济评价时,所采用的各种基础数据,如投资成本、产量、工期、价格等经济要素的取值,都来自预测和估计,尽管可以使用各种有效的方法进行预测或估计,但不可能与未来实际情况完全吻合,因而这些基础数据具有不确定性。

造成不确定性的主要因素,一是由于科学技术的进步和经济、政治形势的变化使各种经济要素(如价格、销售量)发生变化;二是由于预测或估算时缺乏足够的准确信息或预测方法的误差,使预测结果(如交通量、投资)与实际不符。

基础数据的不确定性,可使得投资项目经济评价的指标值和作出的决策都带有不确定性。如果基础数据的变化很大,则可能导致项目投资的失败和工程决策的失误。为了提高经济评价的可靠性和经济决策的科学性,就需要在确定性评价的基础上,进一步进行不确定性分析。

不确定性分析,就是通过对拟建项目具有较大影响的不确定性因素进行分析,计算基础数据的增减变化引起项目财务或经济效益指标的变化,找出最敏感的因素及其临界点,预测项目可能承担的风险,使项目的投资决策建立在较为稳妥的基础上。

第二节 盈亏平衡分析

盈亏平衡分析是在完全竞争或垄断竞争的市场条件下,研究工程项目特别是制造业项目产品成本费用、产销量与盈利的平衡关系的方法。对于一个工程项目而言,随着产销量的变化,盈利与亏损之间一般至少有一个转折点,这种转折点称为盈亏平衡点(Break Even Point,BEP)。在这个点上,营业收入与成本费用相等,既不亏损也不盈利。盈亏平衡分析就是要找出项目方案的盈亏平衡点。一般说来,对工程项目具有市场前景的生产能力而言,盈亏平衡点越低,项目盈利的可能性就越大,对不确定因素变化所带来的风险的承受能力就越强。盈亏平衡分析只适用于财务评价。

盈亏平衡分析的基本方法是建立成本与产量、营业收入与产量之间的函数关系,通过对这两个函数及其图形的分析,找出盈亏平衡点。

一、线性盈亏平衡分析

线性盈亏平衡分析的基本公式如下。
年营业收入方程:
$$R = P \cdot Q \tag{7-1}$$
式中:R——年总营业收入;
P——单位产品销售价格;

Q——项目设计生产能力或年产量。

年总成本费用方程：
$$C = F + V \cdot Q + T \cdot Q \quad (7-2)$$

式中：C——年总成本费用；
F——年总成本中的固定成本；
V——单位产品变动成本；
T——单位产品增值税金及附加。

年利润方程：
$$B = R - C = (P - V - T)Q - F \quad (7-3)$$

式中：B——年总利润。

当盈亏平衡时，$B = 0$，
则年产量的盈亏平衡点为：
$$\text{BEP}_Q = \frac{F}{P - V - T} \quad (7-4)$$

当采用含增值税价格时，式(7-4)中分母还应扣除增值税。

营业收入的盈亏平衡点为：
$$\text{BEP}_R = P\left(\frac{F}{P - V - T}\right) \quad (7-5)$$

盈亏平衡点的生产能力利用率为：
$$\text{BEP}_Y = \frac{\text{BEP}_Q}{Q} = \frac{F}{(P - V - T)Q} \quad (7-6)$$

经营安全率为：
$$\text{BEP}_s = 1 - \text{BEP}_Y \quad (7-7)$$

盈亏平衡点的生产能力利用率一般不应大于75%；经营安全率一般不应小于25%。

产品销售价格的盈亏平衡点为：
$$\text{BEP}_P = \frac{F}{Q} + V + T \quad (7-8)$$

单位产品变动成本的盈亏平衡点为：
$$\text{BEP}_V = P - T - \frac{F}{Q} \quad (7-9)$$

线性盈亏平衡分析图如图 7-1 所示。

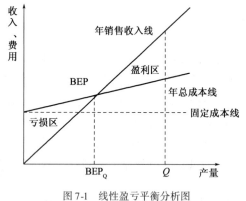

图 7-1 线性盈亏平衡分析图

[**例 7-1**] 某制造业项目设计方案年产量为 12 万 t，已知每吨产品的销售价格为 675 元，每吨产品缴付的增值税金及附加为 165 元，单位可变成本为 250 元，年总固定成本费用为 1500 万元。试求用产量表示的盈亏平衡点、盈亏平衡点的生产能力利用率、盈亏平衡点的售价。

解：
$$R = 675 \times Q$$
$$C = 1500 + (250 + 165) \times Q$$
$$\text{BEP}_Q = 1500 \div (675 - 250 - 165) = 5.77 \text{ 万吨}$$
$$\text{BEP}_Y = 5.77 \div 12 \times 100\% = 48.08\%$$
$$\text{BEP}_P = 1500 \div 12 + 250 + 165 = 540 \text{ 元/吨}$$

二、非线性盈亏平衡分析

在垄断竞争条件下,随着项目产品销量的增加,市场上该产品的售价就要下降,因而营业收入与产销量之间是非线性关系;同时,企业增加产量时原材料价格可能上涨,同时要多支付一些加班费、奖金以及设备维修费,使产品的单位可变成本增加,从而总成本与产销量之间也成非线性关系。这类情况下,盈亏平衡点可能不止一个。非线性盈亏平衡分析图如图 7-2 所示,其中 $C(Q)$ 为年总成本费用线,$R(Q)$ 为年销售收入线。

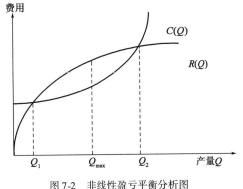

图 7-2 非线性盈亏平衡分析图

[**例 7-2**] 某项目投产以后,年固定成本为 66000 元,单位产品变动成本为 28 元。由于原材料整批购买,每多生产一件产品,单位变动成本可降低 0.001 元。售价为 55 元,销量每增加一件产品,售价下降 0.0035 元。试求盈亏平衡点及最大利润时的产量。

解:产品的售价为 $55 - 0.0035Q$,单位产品的变动成本为 $28 - 0.001Q$。

(1) 求盈亏平衡点的产量 Q_1 和 Q_2。

$$C(Q) = 66000 + (28 - 0.001Q)Q = 66000 + 28Q - 0.001Q$$
$$R(Q) = 55Q - 0.0035Q^2$$

根据盈亏平衡原理,有:

$$C(Q) = R(Q)$$

由于:

$$66000 + 28Q - 0.001Q = 55Q - 0.0035Q^2$$

故:

$$0.0025Q^2 - 27Q + 66000 = 0$$

可解得:

$$Q_1 = \frac{27 - \sqrt{27^2 - 4 \times 0.0025 \times 66000}}{2 \times 0.0025} = 3470 \text{ 件}$$

$$Q_2 = \frac{27 + \sqrt{27^2 - 4 \times 0.0025 \times 66000}}{2 \times 0.0025} = 7060 \text{ 件}$$

(2) 求最大利润时的产量 Q_{max}。

由 $B = R - C$,得:

$$B = -0.0025Q^2 + 27Q - 66000$$

令 $B'(Q) = 0$,得:

$$-0.005Q + 27 = 0$$

即:

$$Q_{max} = \frac{27}{0.005} = 5400 \text{ 件}$$

如果一个企业生产多种产品,可换算成单一产品,或选择其中一种不确定性最大的产品进行分析。

运用盈亏平衡分析,在方案选择时应优先选择盈亏平衡点较低者,盈亏平衡点越低意味着项目的抗风险能力越强,越能承受意外的变化。

三、互斥方案的盈亏平衡分析

在需要对若干个互斥方案进行比选的情况下,如果有某一个共有的不确定因素影响这些方案的取舍,可以先求出两方案的盈亏平衡点,再根据盈亏平衡点进行方案取舍。

[**例7-3**] 某产品有两种生产方案,方案 A 初始投资为 70 万元,预期年净现金流量为 15 万元;方案 B 初始投资 170 万元,预期年净现金流量为 35 万元。该项目产品的市场寿命具有较大的不确定性,如果给定基准收益率为 15%,不考虑期末资产残值,试就项目寿命期分析两方案的临界点。

解:设项目寿命期为 n,有:

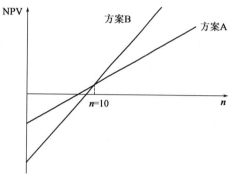

图 7-3 [例 7-3]盈亏平衡分析图

$$NPV_A = -70 + 15(P/A, 15\%, n)$$
$$NPV_B = -170 + 35(P/A, 15\%, n)$$

当 $NPV_A = NPV_B$ 时,有:

$$-70 + 15(P/A, 15\%, n) = -170 + 35(P/A, 15\%, n)$$

可得

$$(P/A, 15\%, n) = 5$$

查复利系数表,得两方案寿命期的临界点 $n \approx$ 10 年,如图 7-3 所示。

10 年是以项目寿命期为共有变量时方案 A 与方案 B 的盈亏平衡点。由于方案 B 年净现金流量较高,项目寿命期延长对方案 B 有利。故可知:如果根据市场预测,项目寿命期小于 10 年,应采用方案 A;如果寿命期在 10 年以上,则应采用方案 B;当项目实际寿命期为 10 年时,A 方案与 B 方案无差异。

[**例7-4**] 拟建某工程项目,有三种技术方案可供采纳,每一方案的产品成本见表 7-1,试比较三个方案。

[例 7-4]产品成本数据表   表 7-1

方案	A	B	C
产品可变成本(元/件)	50	20	10
产品固定成本(元)	1500	4500	16500

解:设 Q 为预计产量,各方案的成本费用方程为:

$$C = V + F$$
$$C_A = 50Q + 1500$$
$$C_B = 20Q + 4500$$
$$C_C = 10Q + 16500$$

令 $C_A = C_B$,求得 $Q_{AB} = 100$ 件;
令 $C_B = C_C$,求得 $Q_{BC} = 1200$ 件;
令 $C_A = C_C$,求得 $Q_{AC} = 375$ 件。

现以横轴表示产量、纵轴表示成本,绘出盈亏平衡图,如图 7-4 所示。

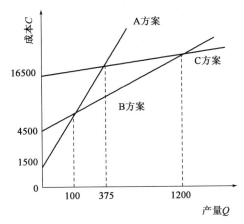

图 7-4 盈亏平衡分析图

从图 7-4 中可以看出,当产量小于 100 件时,A 方案为优;当产量为 100~1200 件时,B 方案为优;当产量大于 1200 件时,C 方案为优。决策时可结合市场预测结果及投资条件进行方案取舍。

第三节 敏感性分析

敏感性分析是通过研究建设项目主要不确定因素发生变化时,项目经济效果指标发生的相应变化,找出项目的敏感因素,确定其敏感程度,并分析该因素达到临界值时项目的承受能力。敏感性分析可同时用于财务评价和国民经济评价。

一、敏感性分析的目的和步骤

1. 敏感性分析的目的

敏感性分析的目的主要有以下三个:

(1)把握不确定性因素在什么范围内变化方案的经济效果最好,在什么范围内变化效果最差,以便对不确定性因素实施控制。

(2)区分敏感性大的方案和敏感性小的方案,以便选出敏感性小的——即风险小的方案。

(3)找出敏感性大的因素,向决策者提出是否需要进一步搜集资料,进行研究,以提高经济分析的可靠性。

2. 敏感性分析的步骤

一般地,敏感性分析可按以下步骤进行。

(1)选定需要分析的不确定因素。这些因素主要有产品产量(生产负荷)、产品售价、主要资源价格(原材料、燃料或动力等)、可变成本、固定资产投资、建设期贷款利率及外汇汇率等。

(2)确定进行敏感性分析的经济评价指标。衡量建设项目经济效果的指标较多,敏感性分析一般只对几个重要的指标进行分析,如净现值、内部收益率、投资回收期等。由于敏感性分析是在确定性经济评价的基础上进行的,故选为敏感性分析的指标应与经济评价所采用的指标相一致。

(3)计算因不确定因素变动引起的评价指标的变动值。一般就所选定的不确定因素,设若干级变动幅度(通常用变化率表示)。然后计算与每级变动相应的经济评价指标值,建立一一对应的数量关系,并用敏感性分析图或敏感性分析表的形式表示。

(4)计算敏感度系数并对敏感因素进行排序。所谓敏感因素是指该不确定因素的数值有较小的变动就能使项目经济评价指标出现较显著改变的因素。敏感度系数的计算公式为:

$$\beta = \Delta A / \Delta F \tag{7-10}$$

式中:β——评价指标 A 对于不确定因素 F 的敏感度系数;

ΔA——不确定因素 F 发生 ΔF 变化率时,评价指标 A 的相应变化率,%;

ΔF——不确定因素 F 的变化率,%。

(5)计算变动因素的临界点。临界点是指项目允许不确定因素向不利方向变化的极限值。超过极限,项目的效益指标将不可行。例如,当建设投资上升到某值时,内部收益率将刚好等于基准收益率,此点称为建设投资上升的临界点。临界点可用临界点百分比或者临界值分别表示,其含义是某一变量的变化达到一定的百分比或者一定数值时,项目的评价指标将从可行转变为不可行。临界点可用专用软件计算,也可由敏感性分析图直接求得近似值。

根据项目经济目标,如经济净现值或经济内部收益率等所作的敏感性分析叫作经济敏感性分析;而根据项目财务目标所作的敏感性分析叫作财务敏感性分析。

依据每次所考虑变动因素的数目不同,敏感性分析又分单因素敏感性分析和多因素敏感性分析。

二、单因素敏感性分析

每次只考虑一个因素的变动,而假设其他因素保持不变时所进行的敏感性分析,叫作单因素敏感性分析。

[例 7-5] 某项目基本方案的基本数据估算值见表 7-2,现金流量服从年末习惯法。试对该项目进行敏感性分析(基准收益率 $i_c = 8\%$)。

基本方案的基本数据估算表　　表 7-2

因素	建设投资 I (万元)	年营业收入 R (万元)	年经营成本 C (万元)	期末残值 L (万元)	寿命 n (年)
估算值	1500	600	250	200	6

解:(1)以年营业收入 R、年经营成本 C 和建设投资 I 为拟分析的不确定因素。

(2)选择项目的内部收益率为评价指标。

(3)本方案的现金流量表见表 7-3。

[例 7-5] 基本方案的现金流量表(单位:万元)　　表 7-3

年度	1	2	3	4	5	6
1 现金流入		600	600	600	600	800
1.1 年营业收入		600	600	600	600	600
1.2 期末残值回收						200
2 现金流出	1500	250	250	250	250	250
2.1 建设投资	1500					
2.2 年经营成本		250	250	250	250	250
3 净现金流量	−1500	350	350	350	350	550

则方案的内部收益率 IRR 由下式确定：

$$-I(1+\text{IRR})^{-1} + (R-C)\sum_{t=2}^{5}(1+\text{IRR})^{-t} + (R+L-C)(1+\text{IRR})^{-6} = 0$$

即：

$$-1500(1+\text{IRR})^{-1} + 350\sum_{t=2}^{5}(1+\text{IRR})^{-t} + 550(1+\text{IRR})^{-6} = 0$$

采用试算法，可得：

$$\text{NPV}(i=8\%) = 31.08 \text{ 万元} > 0$$
$$\text{NPV}(i=9\%) = -7.92 \text{ 万元} < 0$$

采用线性内插法可求得：

$$\text{IRR} = 8\% + \frac{31.08}{31.08+7.92}(9\%-8\%) = 8.79\%$$

(4) 计算营业收入、经营成本和建设投资变化对内部收益率的影响，结果见表 7-4。

因素变化对内部收益率的影响　　　　　表 7-4

不确定因素	变化率				
	-10%	-5%	0	+5%	+10%
营业收入	3.01	5.94	8.79	11.58	14.30
经营成本	11.12	9.96	8.79	7.61	6.42
建设投资	12.70	10.67	8.79	7.06	5.45

注：表中数据代表内部收益率(%)。

内部收益率的敏感性分析图如图 7-5 所示。

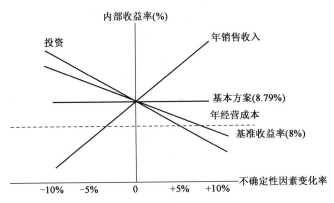

图 7-5　单因素敏感性分析图

(5) 计算方案对各因素的敏感度。平均敏感度的计算公式如下：

$$\beta = \frac{\text{评价指标变化的幅度}(\%)}{\text{不确定性因素变化的幅度}(\%)} \tag{7-11}$$

对于 [例 7-5] 的方案而言：

$$\text{年营业收入平均敏感度} = \frac{(14.30-3.01) \div 8.79 \times 100\%}{20\%} = 9.846$$

$$\text{年经营成本平均敏感度} = \frac{|6.42-11.12| \div 8.79 \times 100\%}{20\%} = 2.67$$

$$\text{建设投资平均敏感度} = \frac{|5.45-12.70| \div 8.79 \times 100\%}{20\%} = 4.12$$

显然,内部收益率对年营业收入变化的反应最为敏感。

三、多因素敏感性分析

单因素敏感性分析的方法简单,但其不足之处在于忽略了因素之间的相关性。实际上,一个因素的变动往往也伴随着其他因素的变动,多因素敏感性分析考虑了这种相关性,因而能反映几个因素同时变动对项目产生的综合影响。多因素敏感性分析弥补了单因素分析的局限性,更全面地揭示了事物的本质。因此,在对一些有特殊要求的项目进行敏感性分析时,除进行单因素敏感性分析外,还应进行多因素敏感性分析。

[例7-6] 某项目有关数据见表7-5。如果可变因素为初始投资与年营业收入,并考虑它们同时发生变化,试通过净年值指标对该项目进行敏感性分析。

[例7-6]项目有关数据表　　　　　　　表7-5

指　标	初始投资(元)	寿命(年)	年营业收入(元)	年支出(元)	残值(元)	折现率(%)
估计值	10000	5	5000	2200	2000	8

解:令 x、y 分别代表初始投资及年营业收入变化的百分数,则项目必须满足下式才能成为可行:

$$NAV = -10000(1+x)(A/P,8\%,5) + 5000(1+y) - 2200 + 2000(A/F,8\%,5) \geq 0$$

即:

$$636.32 - 2504x + 5000y \geq 0$$

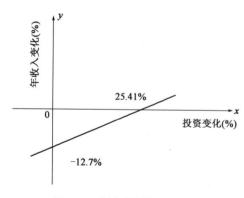

图7-6 双因素变化敏感性分析图

这是一个直线方程。将其在坐标图上表示出来(图7-6),图中直线即为 $NAV>0$ 的临界线。在临界线上,$NAV=0$;在临界线左上方的区域,$NAV>0$;在临界线右下方的区域,$NAV<0$。

在这个例子中,如果方案的寿命也是关键参数,则需分析三个参数同时发生变化的敏感性。

由于很难处理三维以上敏感性的表达式,为了简化起见,可以按不同寿命期($n=2,3,4,5,6$)研究三个参数同时发生变化时净年值的相应变化。令 $NAV(n)$ 代表寿命为 n 的净年值,则方案必须满足下列不等式才可行。

$$NAV(n) = -10000(1+x)(A/P,8\%,n) + 5000(1+y) - 2200 + 2000(A/F,8\%,n) \geq 0$$
$$NAV(2) = -1846.62 - 5607.70x + 5000y \geq 0$$

即:
$$y \geq 0.369 + 1.12x$$
$$NAV(3) = -464.24 - 3880.30x + 500y \geq 0$$

即:
$$y \geq 0.092848 + 0.776x$$
$$NAV(4) = -224.64 - 3019.2x + 5000y \geq 0$$

即:
$$y \geq -0.044928 + 0.60384x$$

$$\mathrm{NAV}(5) = 636.32 - 3504.6x + 5000y \geq 0$$

即：

$$y \geq -0.12726 + 0.50092x$$

$$\mathrm{NAV}(6) = 909.44 - 2163.20x + 5000y \geq 0$$

即：

$$y \geq -0.18188 + 0.4326x$$

根据上面的不等式，可绘出一组损益平衡线（图7-7）。只要 $n \geq 4$，方案就具有一定的抗风险能力。但是 $n = 4$ 时，投资及年营业收入发生估计误差的允许范围就很小了。比如当投资增加10%时，年营业收入至少要增加1.55%才能使净现值大于零。

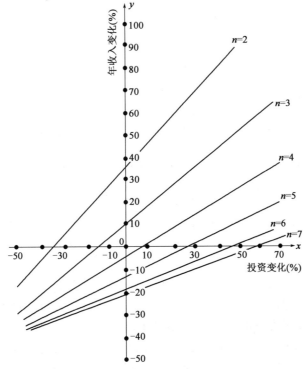

图7-7 多因素年值敏感性分析图

注：每条线代表一个方案寿命，线的上方 NAV>0；线的下方 NAV<0。

四、三项预测值敏感性分析

多因素敏感性分析要考虑可能发生的多种因素不同变动幅度的多种组合，计算起来要比单因素敏感性分析复杂得多。当分析的不确定因素不超过三个，且指标计算比较简单时，可以采用三项预测值敏感性分析。

三项预测值的基本思路是，对技术方案的各种参数分别给出三个预测值（估计值），即乐观的预测值 O、最可能的预测值 M 和悲观的预测值 P。根据这三种预测值即可对技术方案进行敏感性分析并作出评价。

[**例7-7**] 某企业准备购置新设备，投资、寿命等数据见表7-6。假定 $i_c = 8\%$，试就使用寿命、年支出和年营业收入三项因素按最有利、很可能和最不利三种情况，进行净现值敏感性分析。

[例 7-7] 数据表（单位：万元） 表 7-6

因素变化	因素			
	总投资	使用寿命	年营业收入	年支出
最有利(O)	15	18	11	2
最可能(M)	15	10	7	4.3
最不利(P)	15	8	5	5.7

解：计算过程见表 7-7。

三项预测值敏感性分析（单位：万元） 表 7-7

年销售收入	年支出								
	O			M			P		
	寿命								
	O	M	P	O	M	P	O	M	P
O	69.35	45.39	36.72	47.79	29.89	23.50	34.67	20.56	15.46
P	31.86	18.55	13.74	10.3	3.12	0.52	-2.82	-6.28	-7.53
M	13.12	5.13	2.13	8.44	-10.30	-10.98	-21.56	-19.70	-19.00

注：表中数据代表净现值。

在表 7-7 中，最大的 NPV 为 69.35 万元，即寿命、营业收入、年支出均处于最有利状态时：

$$NPV = (11-2)(P/A, 8\%, 18) - 15 = 9 \times 9.372 - 15 = 69.35 \text{ 万元}$$

在表 7-7 中，最小的 NPV 为 -21.56 万元，即寿命在 O 状态、营业收入和年支出在 P 状态时：

$$NPV = (5-5.7) \times (P/A, 8\%, 18) - 15 = -0.7 \times 9.372 - 15 = -21.56 \text{ 万元}$$

敏感性分析在一定程度上就各种不确定因素的变动对方案经济效果的影响作了定量描述。这有助于决策者了解方案的风险情况，有助于确定在决策过程中及各方案实施过程中需要重点研究与控制的因素。但是，敏感性分析没有考虑各种不确定因素在未来发生变化的概率，这可能会影响分析结论的准确性。实际上，各种不确定因素在未来发生某一幅度变动的概率一般是有所不同的。可能有这样的情况，通过敏感性分析找出的某一敏感因素未来发生不利变动的概率很小，因而实际上所带来的风险并不大，以至于可以忽略不计；而另一不太敏感的因素未来发生不利变动的概率却很大，实际上所带来的风险比那个敏感因素更大。这种问题是敏感性分析所无法解决的，必须借助于风险分析方法。

第四节 风险分析

一、风 险

1. 风险的概念

风险，是相对于预期目标而言，经济主体遭受损失的不确定性。理解风险的概念应该把握以下三要素。

1) 不确定性是风险存在的必要条件

风险和不确定性是两个不完全相同但又密切相关的概念。如果某种损失必定要发生或必定不会发生,人们可以通过提前计划或成本费用的方式予以明确,这样,风险是不存在的。只有当人们对行为产生的未来结果无法事先准确预料时,风险才有可能存在。

2) 潜在损失是风险存在的充分条件

不确定性的存在并不一定意味着风险,因为风险是与潜在损失联系在一起的,即实际结果与目标发生的负偏离,包括没有达到预期目标的损失。例如,如果投资者的目标是基准收益率15%,而实际的内部收益率在20%~30%,虽然具体数值无法确定,但最低的收益率都高于目标收益率,绝无风险可言。如果这项投资的内部收益率估计可能为12%~18%,则它是一个有风险的投资,因为实际收益率有比目标水平15%小的可能性。

3) 经济主体是风险成立的基础

风险成立的基础是存在承担行为后果的经济主体(个人或组织),即风险行为人必须是行为后果的实际承担人。如果有某位投资者对其投资后果不承担任何责任,或者只负盈不负亏,那么投资风险对他就没有任何意义,他也不可能花费精力进行风险管理。

2. 风险的分类

按照风险与不确定性的关系、风险与时间的关系和风险与行为人的关系,可以对风险进行以下分类。

1) 纯风险和理论风险

这是根据风险与不确定性的关系进行分类的一种方法。纯风险是指不确定性中仅存在损失的可能性,即纯风险没有任何收益的可能,只有损失的可能。例如,由于火灾或洪水造成对财产的破坏,以及由于事故或疾病造成的意外伤亡。理论风险是指不确定性中既存在收益的不确定性也存在损失的不确定性。高新技术开发活动和证券投资活动往往包含理论风险。

2) 静态风险和动态风险

这是根据风险与时间的关系划分风险类型的一种方法。静态风险,是指社会经济处于稳定状态时的风险。例如,由于诸如飓风、暴雨、地震等随机事件而造成的不确定性。动态风险则是由于社会经济随时间的变化而产生的风险。例如,经济体制的改革、城市规划的改变、日新月异的科技创新、人们思想观念的转变等带来的风险。

静态风险和动态风险并不是各自独立的,较大的动态风险可能会提高某些类型的静态风险。例如,与天气状况有关的损失导致的不确定性,这种风险通常被认为是静态的。然而,越来越多的证据显示,日益加速的工业化造成的环境污染,可能正在影响全球的天气状况,从而提高了静态风险发生的可能性。

3) 主观风险和客观风险

按照风险与行为人的关系不同,可以将风险划分为主观风险和客观风险。主观风险本质上是心理上的不确定性,这种不确定性来源于行为人的思维状态和对行为后果的看法。客观风险与主观风险的最大区别在于,它可通过统计规律被更精确地观察和测量。

主观风险提供了一种方法去解释人们面临相同的客观风险却得出不同结论的这一行为。因此,仅知道客观风险的程度是远远不够的,还必须了解一个人对风险的态度。

各类风险的关系如图7-8所示。

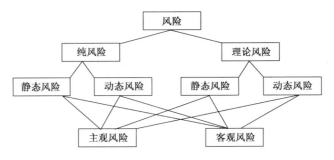

图 7-8 各类风险的关系

3. 工程项目风险的主要来源

1) 市场风险

市场风险指由于市场供求和价格的不确定性导致损失的可能性。具体讲,就是由于市场需求量、需求偏好以及市场竞争格局、政治经济、法规政策等方面的变化导致市场行情可能发生不利的变化而使工程项目经济效果或企业发展目标达不到预期的水平,比如营业收入、利润或市场占有率等低于期望水平。对于大多数工程项目,市场风险是最直接也最主要的风险。

2) 技术风险

技术风险指高新技术的应用和技术进步使建设项目目标发生损失的可能性。在项目建设和运营阶段一般都涉及各种高新技术的应用。由于种种原因,实际的应用效果可能达不到原先预期的水平,从而也就可能使项目的目标无法实现,形成高新技术应用风险。此外,建设项目以外的技术进步会使项目的相对技术水平降低,从而影响项目的竞争力和经济效果。这就构成了技术进步风险。

3) 财产风险

财产风险指与项目建设有关的企业和个人所拥有、租赁或使用财产,面临可能被破坏、损毁以及盗窃的风险。财产风险的来源包括项目建设和运营过程中火灾、闪电、洪水、地震、飓风、暴雨、偷窃、爆炸、暴乱、冲突等。此外,与财产损失相关的可能损失还包括停产停业的损失、采取补救措施的费用和不能履行合同对他人造成的损失。

4) 责任风险

责任风险指承担法律责任后对受损一方进行补偿而使自己蒙受损失的可能性。随着法律的建立健全和执法力度的加强,工程建设过程中,个人和组织越来越多地通过诉诸法律的方式补偿自己受到的损失。司法裁决可能对受害一方进行经济补偿,同时惩罚与责任有关的个人或组织。即使被告最终免除了责任,辩护一个案子花费的费用也是必不可少的。因此,经济主体必须谨慎识别那些可能对自己造成影响的责任风险。

5) 信用风险

信用风险是指由于有关行为主体不能做到重合同、守信用而导致目标损失的可能性。在工程项目的建设和运营过程中,合同行为作为市场经济运行的基本单元具有普遍性和经常性,如工程承发包合同、分包合同、设备材料采购合同、贷款合同、租赁合同、销售合同等。这些合同规范了诸多合作方的行为,是使工程顺利进行的基础。但如果有行为主体钻合同的空子损害另一方当事人的利益或者单方面无故违反承诺,则毫无疑问,建设项目将受到损失,这就是信用风险。

4. 风险分析及其步骤

风险分析,是一种通过识别和测算风险、设计和选择方案来控制风险的有组织的手段。风险分析的步骤包括风险识别、风险估计、风险评价、风险决策和风险应对。风险分析可同时用于财务评价和国民经济评价。

二、风险识别

风险识别,是指采用系统论的观点对项目实行全面考察,找出潜在的各种风险因素,并对各种风险进行比较、分类,确定各因素间的相关性与独立性,判断其发生的可能性及对项目的影响程度,按其重要性进行排队,或赋予权重。风险识别是风险分析和管理的一项基础性工作,其主要任务是明确风险存在的可能性,为风险估计、风险评价和风险应对奠定基础。敏感性分析是初步识别风险因素的重要手段。

风险识别是一项极富艺术性的工作,要求风险分析人员拥有较强的洞察能力、分析能力以及丰富的实际经验。

风险识别的一般步骤如下:

(1)明确所要实现的目标。

(2)找出影响目标值的全部因素。

(3)分析各因素对目标的相对影响程度。

(4)根据各因素向不利方向变化的可能性进行分析、判断,并确定主要风险因素。

例如,某工程项目经济评价指标为内部收益率(IRR),则识别项目风险的基本过程如下:

(1)找出可能影响 IRR 的各种因素,如图 7-9 所示。

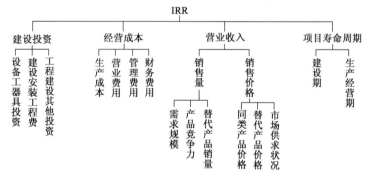

图 7-9 工程项目风险识别图

(2)对各种因素逐层分解,直至可直接判断其变动可能性为止。

(3)根据分析的知识和经验,判断可能发生不利变化的主要因素及其可能性。

一些工程项目投资规模大、建设周期长、涉及因素多,这类工程项目可以按项目的不同阶段进行风险识别,而且随着建设项目寿命周期的推移,一种风险的重要性会下降,而另一种风险的重要性则会上升,如图 7-10 所示。这样,可以从不同的角度对项目风险产生更深入的认识。

三、风险估计

估计风险大小不仅要考虑损失或负偏离发生的大小范围,更要综合考虑各种损失或负偏离发生的可能性大小,即概率。工程建设项目的风险可用项目某一经济效益指标负偏离(如

NPV≤0,IRR≤i)发生的概率来度量。

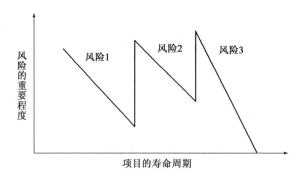

图 7-10　不同阶段项目不同风险的重要程度变化图

风险估计,是指采用主观概率和客观概率分析方法,确定风险因素的概率分布,运用数理统计分析方法,计算项目评价指标相应的概率分布或累计概率、期望值、标准差。概率分为客观概率和主观概率。客观概率是指用科学的数理统计方法,推断、计算随机事件发生的可能性大小,是对大量历史先例进行统计分析得到的。主观概率是当某些事件缺乏历史统计资料时,由决策人自己或借助于咨询机构或专家凭经验进行估计得出的。实际上,主观概率也是人们在长期实践基础上得出的,并非纯主观的随意猜想。

1. 离散概率分布

当变量可能数值为有限个时,这种随机变量称为离散随机变量,其概率密度为间断函数。在此分布下指标的期望值为:

$$\bar{x} = \sum_{i=1}^{n} p_i \cdot x_i \tag{7-12}$$

式中:$\bar{x}$——指标的期望值;

p_i——第 i 种状态发生的概率;

x_i——第 i 种状态下的指标值;

n——可能的状态数。

指标的方差 D 为:

$$D = \sum_{i=1}^{n} p_i (x_i - \bar{x})^2 \tag{7-13}$$

指标的均方差(或标准差)σ 为:

$$\sigma = \sqrt{D} \tag{7-14}$$

[**例 7-8**]　某工程项目的净现值为随机变量,并服从表 7-8 所列的离散型概率分布,求净现值的期望值和方差。

[例 7-8]工程项目净现值分布(单位:万元)　　　　表 7-8

净现值的可能状态	1000	1500	2000	2500
概率分布 p	0.1	0.5	0.25	0.15

解:净现值的期望值 = 0.1×1000 + 0.5×1500 + 0.25×2000 + 0.15×2500
　　　　　　　　= 1725 万元

净现值的方差 = 0.1(1000 − 1725) + 0.5(1500 − 1725)² + 0.25(2000 − 1725)2 +
　　　　　　　0.15(2500 − 1725)
　　　　　　= 1868.75 万元

净现值的均方差 = 432.29 万元

2. 连续概率分布

当一个变量的取值范围为一个区间时,这种变量称为连续变量,其概率密度分布为连续函数。常用的连续概率分布有如下 5 种。

1)正态分布

正态分布是一种最常用的概率分布,特点是密度函数以均值为中心对称分布。正态分布的曲线概率密度如图 7-11 所示。正态分布适用于描述一般经济变量的概率分布,如销售量、售价、产品成本等。

设变量为 x,x 的正态分布概率密度函数为 $p(x)$,则 x 的期望值 $\bar{x}$ 和方差 D 的计算公式如下:

$$\bar{x} = \int x p(x) \mathrm{d}x \tag{7-15}$$

$$D = \int_{-\infty}^{+\infty} (x - \bar{x})^2 p(x) \mathrm{d}x \tag{7-16}$$

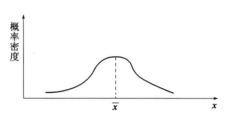

图 7-11 正态分布概率密度曲线

当 $\bar{x} = 0$,$\sqrt{D} = 1$ 时,称这种分布为标准正态分布,用 $N(0,1)$ 表示。

2)三角分布

三角分布的特点是密度函数由悲观值(P)、最可能值(M)和乐观值(O)构成对称的或不对称的三角形。它适用于描述工期、投资等不对称分布的输入变量,也可用于描述产量、成本等对称分布的输入变量。三角分布概率密度曲线如图 7-12 所示。

3)梯形分布

梯形分布是三角分布的特例,在确定变量的乐观值(O)和悲观值(P)后,对最可能值(M)却难以判定,只能确定一个最可能值的范围,这时可用梯形分布描述。梯形分布概率密度曲线如图 7-13 所示。

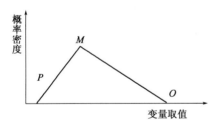

图 7-12 三角分布概率密度曲线

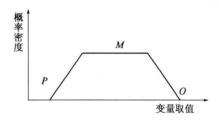

图 7-13 梯形分布概率密度曲线

4)β 分布

如果某变量服从 β 分布,则其概率密度在均值两边呈不对称分布,如图 7-14 所示。β 分布适用于描述工期等不对称分布的变量。通常可以对变量作出三种估计值,即悲观值(P)、乐观值(O)、最可能值(M)。其期望值及方差近似为:

$$\bar{x} = \frac{P + 4M + O}{6} \tag{7-17}$$

$$D = \left(\frac{O - P}{6}\right)^2 \tag{7-18}$$

5) 均匀分布

如果指标值服从均匀分布,其期望值和方差如下:

$$\bar{x} = \frac{(a+b)}{2} \tag{7-19}$$

$$D = \frac{(b-a)^2}{12} \tag{7-20}$$

式中:a、b——指标值的最小值和最大值。

均匀分布的概率密度曲线如图 7-15 所示。

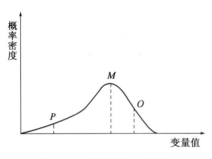

图 7-14 β 分布概率密度曲线

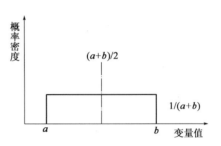

图 7-15 均匀分布概率密度曲线

3. 概率树分析

概率树分析的一般步骤如下:

(1)列出要考虑的各种风险因素,如投资、经营成本、销售价格等。

(2)设想各种风险因素可能发生的状态,即确定其数值发生变化个数。

(3)分别确定各种状态可能出现的概率,并使可能发生状态概率之和等 1。

(4)分别求出各种风险因素发生变化时,方案净现金流量各状态发生的概率和相应状态下的净现值 $\text{NPV}^{(j)}$。

(5)求方案净现值的期望值(均值)$E(\text{NPV})$,计算公式如下:

$$E(\text{NPV}) = \sum_{j=1}^{k} \text{NPV}^{(j)} \times p_j \tag{7-21}$$

式中:p_j——第 j 种状态出现的概率;
k——可能出现的状态数。

(6)求出方案净现值非负的累计概率。

(7)对概率分析结果作出说明。

[**例 7-9**] 某项目的技术方案在其寿命期内可能出现的五种状态的净现金流量及其发生的概率见表 7-9。假定各年份净现金流量之间互不相关,基准折现率为 10%,求:(1)方案净现值的期望值、方差、均方差;(2)方案净现值不小于 0 的概率;(3)方案净现值不小于 1750 万元的概率。

解:(1)对于状态 S_1,净现值计算结果如下:

$$\text{NPV}^{(1)} = -22.5 + 2.45(P/A,10\%,9)(P/F,10\%,1) + 5.45(P/F,10\%,11)$$

$$= -22.5 + 2.45 \times 5.759 \times 0.9091 + 5.45 \times 0.3505 = -7.76 \text{ 百万元}$$

用相同的方法,可求得其他 4 种状态的净现值结果,见表 7-9。

不同状态的发生概率及净现金流量(单位:百万元)　　　表 7-9

年　末	状态	S_1	S_2	S_3	S_4	S_5
	概率	$P_1=0.1$	$P_1=0.2$	$P_1=0.41$	$P_1=0.2$	$P_1=0.1$
0		-2.25	-2.25	-2.25	-24.75	-27
1		0	0	0	0	0
2~10		2.45	3.93	6.90	7.59	7.79
11		5.45	6.93	9.90	10.59	10.94
NPV		-7.76	0.51	17.10	18.70	17.62

则方案净现值的期望值、方差、均方差如下：

$$E(\text{NPV}) = \sum_{j=1}^{k} \text{NPV}^{(j)} \times p_j = 0.1 \times (-7.76) + 0.2 \times 0.51 + 0.4 \times 17.1 + 0.2 \times 18.7 + 0.1 \times 17.62$$
$$= 11.67 \text{ 百万元}$$

$$D(\text{NPV}) = \sum_{j=1}^{k} [\text{NPV}^{(j)} - E(\text{NPV})]^2 \times p_j$$
$$= [(-7.76) - 11.67]^2 \times 0.1 + (0.51 - 11.67)^2 \times 0.2 + (17.1 - 11.67)^2 \times 0.4 + (18.7 - 11.67)^2 \times 0.2 + (17.62 - 11.67)^2 \times 0.1 = 87.87$$

$$\sigma(\text{NPV}) = \sqrt{D(\text{NPV})} = 9.37 \text{ 百万元}$$

(2)方案净现值的概率树图如图 7-16 所示。从图 7-16 中可知，方案净现值不小于 0 的概率为：

$$p(\text{NPV} \geq 0) = 0.2 + 0.4 + 0.2 + 0.1 = 0.9$$

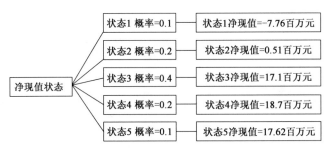

图 7-16　方案净现值的概率树图

(3)方案净现值不小于 1750 万元的概率为：

$$p(\text{NPV} \geq 17.5 \text{ 百万元}) = 0.2 + 0.1 = 0.3$$

[**例 7-10**]　假定在[例 7-9]中方案净现值服从均值为 11.67 百万元、均方差为 9.37 百万元的正态分布，试求：(1)方案净现值不小于 0 的概率；(2)方案净现值大于 1750 万元的概率。

解：根据概率论的有关知识，若连续型随机变量 x 服从参数为 μ(均值)、σ(均方差)的正态分布，则 x 小于 x_0 的概率为：

$$p(x < x_0) = \phi\left(\frac{x_0 - \mu}{\sigma}\right)$$

ϕ 值可由本书附录的标准正态分布表中查出。

在本例中，已知 $\mu = E(\text{NPV}) = 11.67$ 百万元，$\sigma = \sigma(\text{NPV}) = 9.37$ 百万元，则有：

(1)方案净现值不小于 0 的概率为：

$$p(\text{NPV} \geq 0) = 1 - p(\text{NPV} < 0) = 1 - \phi\left(\frac{0 - 11.67}{9.37}\right) = 1 - [1 - \phi(1.25)] = 0.8944$$

(2) 方案净现值不小于1750万元的概率为：

$$p(\text{NPV} \geq 17.5) = 1 - p(\text{NPV} < 17.5) = 1 - 1 - \phi\left(\frac{17.5 - 11.67}{9.37}\right) = 1 - [1 - \phi(0.62)] = 0.2676$$

[**例 7-11**] 某商品住宅小区开发项目现金流量的估计值服从年末习惯法，见表7-10。根据经验推断，营业收入和开发成本为离散型随机变量，其值在估计值的基础上可能发生的变化及其概率见表7-11。假定基准收益率 $i_c = 12\%$，试确定该项目净现值不小于0及不小于3000万元的概率。

基本方案的参数估计（单位：万元）　　　　　表 7-10

年　　度	1	2	3
营业收入	857	7143	8800
开发成本	5888	4873	6600
其他税费	56	464	1196
净现金流量	-5087	1806	9350

不确定性因素的变化范围（单位：万元）　　　　　表 7-11

因　　素	变　　幅		
	-20%	0	20%
营业收入	0.2	0.6	0.2
开发成本	0.1	0.3	0.6

注：表中数据代表概率。

解：(1) 项目净现金流量未来可能发生的9种状态，如图7-17所示。

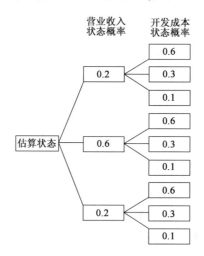

图 7-17　[例7-11]概率树图

(2) 分别计算项目净现金流量各种状态的概率 $p_j, (j=1, 2, \cdots, 9)$：

$$p_1 = 0.2 \times 0.6 = 0.12$$

$$p_2 = 0.2 \times 0.3 = 0.06$$

$$p_3 = 0.2 \times 0.1 = 0.02$$

其余类推。各种状态下项目净现金流量计算结果见表 7-12。

各种状态下项目净现金流量计算结果 表 7-12

可能状态(j)	状态概率(p_j)	NPV$^{(j)}$	$p_j \cdot$ NPV$^{(j)}$
1	0.12	3123.2	374.8
2	0.06	5690.4	341.4
3	0.02	8257.6	165.2
4	0.36	−141.3	−50.9
5	0.18	2425.9	436.7
6	0.06	4993.0	299.6
7	0.12	−1767.0	−212.0
8	0.06	−838.7	−50.3
9	0.02	1728.5	34.6
合计	1.00	23471.6	1339.1

（3）分别计算项目各状态下的净现值 NPV$^{(j)}$（$j=1,2,\cdots,9$）：

$$\text{NPV}^{(1)} = \sum_{t=1}^{3} (\text{CI}-\text{CO})_t^{(1)}(1+12\%)^{-t} = 3123.2 \text{ 万元}$$

其余类推，计算结果见表 7-12。

（4）计算项目净现值的期望值：

净现值的期望值 = 0.12 × 3123.2 + 0.06 × 5690.4 + 0.02 × 8257.6 + 0.36 × (−141.3) + 0.18 × 2425.9 + 0.06 × 4993 + 0.12 × (−1767) + 0.06 × (−838.7) + 0.02 × 1728.5 = 1339.1 万元

（5）计算净现值不小于 0 的概率：

$$p(\text{NPV} \geq 0) = 1 - 0.36 - 0.12 - 0.06 = 0.46$$

（6）计算净现值不小于 3000 万元的概率：

$$p(\text{NPV} \geq 3000) = 0.12 + 0.06 + 0.02 + 0.06 = 0.26$$

由此可知，该项目净现值的期望值大于 0，故项目是可行的。但净现值大于 0 的概率不够大，说明项目存在一定的风险。

4. 蒙特卡洛模拟法

在风险估计中，概率树法多用于解决比较简单的问题，比如只有一个或两个参数是随机变量，且随机变量的概率分布是离散型的问题等。但若遇到随机变量较多且概率分布是连续型的，采用概率树法将变得十分复杂，而蒙特卡洛模拟法却能较方便地解决此类问题。

蒙特卡洛模拟法，是用随机抽样的方法抽取一组输入变量的概率分布特征的数值，输入这组变量计算项目评价指标，通过多次抽样计算可获得评价指标的概率分布及累计概率分布、期望值、方差、标准差，计算项目可行或不可行的概率，从而估计项目投资所承担的风险。

蒙特卡洛模拟法的实施步骤一般如下：

（1）通过敏感性分析，确定风险随机变量。

（2）确定风险随机变量的概率分布。

（3）通过随机数表或计算机求出随机数，根据风险随机变量的概率分布模拟输入变量。

(4)选取经济评价指标,如净现值、内部收益率等。

(5)根据基础数据计算评价指标值。

(6)整理模拟结果所得评价指标的期望值、方差、标准差和它的概率分布及累计概率,绘制累计概率图,计算项目可行或不可行的概率。

1)离散型随机变量的蒙特卡洛模拟

假如根据专家调查获得的某种产品的年营业收入服从表 7-13 所列的离散型概率分布,则根据表 7-13 绘制的累计概率曲线,如图 7-18 所示。

离散型随机变量的概率分布表　　　　　　　　　　　　　　表 7-13

年营业收入(万元)	1000	1200	1500	2000
概率	0.1	0.5	0.25	0.15
累计概率	0.1	0.6	0.85	1.00

若抽取的随机数为 48867,从累计概率图纵坐标上找到累计概率为 0.48867,画一水平线与累计概率折线相交的交点的横坐标值为 1200 万元/年,即是年营业收入的抽样值。

随机数、累计概率与抽样结果的关系见表 7-14。

随机数、累计概率与抽样结果的关系表　　　　　　　　　　表 7-14

年营业收入(万元)	1000	1200	1500	2000
随机数	00000~09999	10000~59999	60000~84999	85000~99999
累计概率	0.1	0.6	0.85	1.00

2)正态分布随机变量的蒙特卡洛模拟

根据正态分布概率密度分布函数可以绘出它的累计概率分布曲线,如图 7-19 所示。

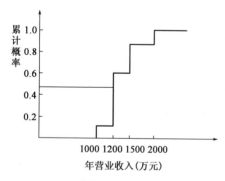

图 7-18　年营业收入累计概率曲线

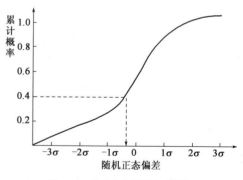

图 7-19　正态分布累计概率曲线

用随机数作为累计概率的随机值,每个随机数都可在图 7-19 中对应一个随机正态偏差。对应的随机变量的抽样结果可通过下式求得:

抽样结果 = 均值 + 随机正态偏差(RND)× 均方差

3)均匀分布随机变量的蒙特卡洛模拟

具有最小值 a 和最大值 b 的连续均匀分布随机变量,其累计概率分布如图 7-20 所示。令 RN 表示随机数,RN_m 表示最大随机数,根据相似三角形对应成比例的原理,有:

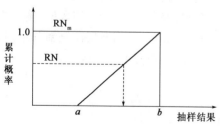

图 7-20　均匀分布累计概率图

$$\text{抽样结果} = a + \frac{RN}{RN_m} \times (b-a) = \frac{a+b}{2} - \frac{b-a}{2} + \frac{RN}{RN_m}(b-a) \qquad (7\text{-}22)$$

如果某均匀分布随机变量的均值为8,变化范围为6,则其抽样结果 $= \left(8 - \frac{6}{2}\right) + \frac{RN}{RN_m} \times 6$。

[**例 7-12**] 某工程项目,采用类似项目比较法能较准确地估算出初始投资为150万元,投资当年即可获得正常收益。通过敏感性分析推断项目寿命期和年净收益为风险随机变量。项目寿命期估计为 12~16 年,呈均匀分布。年净收益估计呈正态分布,年净收益的均值为 25 万元,标准差为 3 万元。(1) 试用蒙特卡洛模拟法描述该项目内部收益率的概率分布;(2) 设基准收益率为 12%,计算项目内部收益率大于 12% 的概率。

解:(1) 本例中,需要模拟的随机变量有项目寿命期和年净收益,且两个随机变量相互独立。根据已知条件,项目寿命期的模拟结果为 $12 + \frac{RN}{RN_m} \times 4$;项目年净收益的模拟结果为 $25 + RND \times 3$。表 7-15 是 25 个随机样本数据及相应的内部收益率计算结果,其中,$RN_m = 999$。

随机样本数据和 IRR 的计算结果   表 7-15

序号	项目寿命随机数	项目寿命（年）	年净收益随机数	年净收益随机正态偏差	年净收益（万元）	内部收益率（%）
1	303	13	623	0.325	25.98	14.3
2	87J	16	046	−1.685	19.95	10.7
3	274	13	318	−0.475	23.58	12.2
4	752	15	318	−0.475	23.58	13.2
5	346	13	980	2.055	31.15	18.5
6	365	13	413	−0.220	24.34	12.9
7	466	14	740	0.640	27.22	15.8
8	021	12	502	0.005	25.02	12.7
9	524	14	069	−1.485	20.55	10.2
10	748	15	221	−0.770	22.69	12.6
11	439	14	106	−1.245	21.27	10.8
12	984	16	636	0.345	26.04	15.7
13	234	13	394	−0.270	24.19	12.7
14	531	15	235	−0.725	22.83	12.7
15	149	12	427	−0.185	24.45	12.2
16	225	13	190	−0.880	22.36	11.1
17	873	16	085	−1.370	20.89	11.5
18	135	12	826	−1.145	21.57	9.6
19	961	16	106	−1.245	21.27	11.8
20	381	13	780	0.770	27.31	15.4
21	439	14	450	−0.125	24.63	13.7
22	289	13	651	0.39	26.17	14.4
23	245	13	654	0.395	26.19	14.4
24	069	12	599	0.25	25.75	13.4
25	040	12	942	1.57	29.71	16.7

（2）蒙特卡洛模拟法累计概率计算表见表 7-16。通过表 7-15 的累计概率计算，可得该项目内部收益率大于 12% 的概率为 72%。

蒙特卡洛模拟法累计概率计算表　　　　表 7-16

模拟顺序	模拟结果（内部收益率%）	概率*	累计概率
18	9.6	4%	4%
9	10.2	4%	8%
2	10.7	4%	12%
11	10.8	4%	16%
16	11.1	4%	20%
17	11.5	4%	24%
19	11.8	4%	28%
3	12.2	4%	32%
15	12.2	4%	36%
10	12.6	4%	40%
8	12.7	4%	44%
13	12.7	4%	48%
14	12.7	4%	52%
6	12.9	4%	56%
4	13.2	4%	60%
24	13.4	4%	64%
21	13.7	4%	68%
1	14.3	4%	72%
22	14.4	4%	76%
23	14.4	4%	80%
20	15.4	4%	84%
12	15.7	4%	88%
7	15.8	4%	92%
25	16.7	4%	96%
5	18.5	4%	100%

注：* 表示每次模拟结果的概率＝1/模拟次数。

四、风险评价

风险评价，是指根据风险识别和风险估计的结果，依据项目风险判别标准，找出影响项目成败的关键风险因素。项目风险大小的评价标准应根据风险因素发生的可能性及其造成的损失来确定，一般采用评价指标的概率分布或累计概率、期望值、标准差作为判别标准，也可采用综合风险等级作为判别标准。

1. 以评价指标作为判别标准

（1）财务（经济）部收益率不小于基准收益率（社会折现率）的累计概率值越大，风险越小；标准差越小，风险越小。

（2）财务（经济）净现值不小于零的累计概率值越大，风险越小；标准差越小，风险越小。

2. 以综合风险等级作为判别标准

根据风险因素发生的可能性及其造成损失的程度，建立综合风险等级的矩阵，将综合风险分为风险很高的 K(Kill)级、风险高的 M(Modify)级、风险较高的 T(Trigger)级、风险适度的 R(Review and Reconsider)级和风险低的 I(Ignore)级。综合风险等级分类表见表 7-17。

综合风险等级分类表 表 7-17

综合风险等级		风险影响的程度			
		严重	较大	适度	低
风险的可能性	高	K	M	R	R
	较高	M	M	R	R
	适度	T	T	R	I
	低	T	T	R	I

注:本表来源为《建设项目经济评价方法与参数(第 3 版)》。

落在表 7-16 左上角的风险,会产生严重的后果;落在表 7-16 右下角的风险,可忽略不计。

五、风险决策

1. 风险态度与风险决策准则

人是决策的主体,在风险条件下,决策行为取决于决策者的风险态度。对同一风险决策问题,对风险态度不同的人决策的结果通常有较大差异。典型的风险态度有三种表现形式:风险厌恶、风险中性和风险偏爱。与风险态度相对应,风险决策人可有以下决策准则:满意度准则、期望值准则、最小方差准则和期望值方差准则。

2. 风险决策方法

1) 满意度准则

在工程实践中,由于决策人的理性有限性和时空的限制,既不能找到一切方案,也不能比较一切方案,并非人们不喜欢"最优",而是"最优"的代价太高。因此,最优准则只存在于纯粹的逻辑推理中。在实践中遵循满意度准则,就可以进行决策。

满意度既可以是决策人想要达到的收益水平,也可以是决策人想要避免的损失水平,因此,满意度准则对风险厌恶和风险偏爱决策人都适用。

当选择最优方案花费过高或在没有得到其他方案的有关资料之前就必须决策的情况下,应采用满意度准则决策。

[例 7-13] 设有表 7-18 所列决策问题。表中的数据除各种自然状态的概率外,还有指标的损益值,正的为收益,负的为损失。在满意度准则如下的情况下,试选择最佳方案:

(1) 可能收益有机会至少等于 5;

(2) 可能损失不大于 -1。

满意度准则风险决策 表 7-18

方案	自然状态 S_j			
	S_1	S_2	S_3	S_4
	状态概率 $P(S_j)$			
	(0.5)	(0.1)	(0.1)	(0.3)
Ⅰ	3	-1	1	1
Ⅱ	4	0	-4	6
Ⅲ	5	-2	0	2

注:表中数据代表损益值。

解:按准则(1)选择方案时,方案Ⅱ和方案Ⅲ有不小于5的可能收益,但方案Ⅲ取得收益5的概率更大一些,应选择方案Ⅲ。

按准则(2)选择方案时,只有方案Ⅰ的损失不超过-1,所以应选择方案Ⅰ。

2) 期望值准则

期望值准则是根据各备选方案指标损益值的期望值大小进行决策,如果指标为越大越好的损益值,则应选择期望值最大的方案;如果指标为越小越好的损益值,则选择期望值最小的方案。由于不考虑方案的风险,实际上隐含了风险中性的假设。因此,只有当决策者风险态度为中性时,此原则才能适用。

如对[例7-13]的决策问题,用期望值准则决策的结果,见表7-19。

期望值准则风险决策　　　　　　　　　　　　　　　　表7-19

方　案	各方案期望值
Ⅰ	$3 \times 0.5 - 1 \times 0.1 + 1 \times 0.1 + 1 \times 0.3 = 1.8$
Ⅱ	$4 \times 0.5 + 0 - 4 \times 0.1 + 6 \times 0.3 = 3.4$
Ⅲ	$5 \times 0.5 - 2 \times 0.1 + 0 + 2 \times 0.3 = 2.9$

则应选择期望值最大的方案Ⅱ。

3) 最小方差准则

一般而言,方案指标值的方差越大,方案的风险就越大。所以,风险厌恶型的决策人有时倾向于用这一原则选择风险较小的方案。这是一种避免最大损失而不是追求最大收益的准则,具有过于保守的特点。

方差计算式(7-13)更为方便的表达形式如下:

$$D = \sum_{i=1}^{n} x_i^2 p_i - (\bar{x})^2 \qquad (7\text{-}23)$$

例如,对[例7-13]的决策问题,用最小方差准则决策的结果见表7-20。此时,则应选择方差最小的方案Ⅰ。

最小方差准则风险决策　　　　　　　　　　　　　　　　表7-20

方　案	各方案方差
Ⅰ	$3^2 \times 0.5 + (-1)^2 \times 0.1 + 1^2 \times 0.1 + 1^2 \times 0.3 - (1.8)^2 = 1.76$
Ⅱ	$4^2 \times 0.5 + (0)^2 \times 0.1 + (-4)^2 \times 0.1 + 6^2 \times 0.3 - (3.4)^2 = 8.84$
Ⅲ	$5^2 \times 0.5 + (-2)^2 \times 0.1 + 0^2 \times 0.1 + 2^2 \times 0.3 - (2.9)^2 = 5.69$

4) 期望值方差准则

期望值方差准则是将期望值和方差通过风险厌恶系数A化为一个标准Q来决策的准则。

$$Q = \bar{x} - A\sqrt{D} \qquad (7\text{-}24)$$

其中,风险厌恶系数A的取值范围为0~1,越厌恶风险,取值越大。通过对A取值范围的调整,可以使Q值适合于任何风险偏好的决策者。

例如,对[例7-13]的决策问题,用期望值准则决策的结果见表7-21。风险厌恶系数A为0.7。

表 7-21 期望值方差准则风险决策

方　案	各方案的 Q 值
Ⅰ	$1.8 - 0.7 \times (1.76)^{0.5} = 0.87$
Ⅱ	$3.4 - 0.7 \times (8.84)^{0.5} = 1.32$
Ⅲ	$2.9 - 0.7 \times (5.69)^{0.5} = 1.23$

此时,应选择 Q 值最大的方案Ⅱ。

可见,对同一个决策问题,采用不同的决策准则,代表了决策人的不同风险偏好,决策结果是不一样的。这正是风险决策的最显著特点。

六、风　险　应　对

风险应对,是指根据风险决策的结果,研究规避、控制与防范风险的措施,为项目全过程风险管理提供依据。

风险应对的四种基本方法是:风险回避、损失控制、风险转移和风险保留。

1. 风险规避

风险规避是指投资主体有意识地放弃风险行为,完全避免特定的损失风险。在这个意义上,风险规避也可以说是投资主体将损失机会降低到 0。例如,在货物采购合同中业主可以推迟承担货物的责任,即让供货商承担货物进入业主仓库之前的所有损失风险。这样,在货物运输时业主可避免货物入库前的损失风险。

简单的风险规避是一种最消极的风险处理办法,因为投资者在放弃风险行为的同时,往往也放弃了潜在的目标收益。所以一般只有在以下情况下才会采用这种方法:

(1) 当出现 K 级很强风险时;
(2) 投资主体对风险极端厌恶;
(3) 存在可实现同样目标的其他方案,其风险更低;
(4) 投资主体无能力消除或转移风险;
(5) 投资主体无能力承担该风险,或承担风险得不到足够的补偿。

2. 损失控制

当特定的风险不能规避时,可以采取行动降低与风险有关的损失,这种处理风险的方法就是损失控制。显然,损失控制不是放弃风险行为,而是制订计划和采取措施降低损失的可能性或者是减少实际损失。如当存在 M 级强风险,就应修正拟议中的方案,改变设计或采取补偿措施等。当存在 T 级较强风险时,可设定某些指标的临界值,指标一旦达到临界值,就要变更设计或对负面影响采取补偿措施。

损失控制在安全生产过程中很常用,包括事前、事中和事后控制三个阶段。事前控制的目的主要是降低损失的概率,事中和事后的控制主要是为了减少实际发生的损失。为了减少管理的费用,在每个阶段又应把握控制重点,如事故高发区和安全隐患集中的区域。

3. 风险转移

风险转移,是指通过契约,将让渡人的风险转移给受让人承担的行为。当存在 R 级适度风险时,通过风险转移过程有时可大大降低经济主体的风险程度,因为风险转移可使更多的人共同承担风险,或者受让人预测和控制损失的能力比风险让渡人大得多。风险转移的主要形式是合同转移和保险转移。

(1)合同转移。通过签订合同,经济主体可以将一部分或全部风险转移给一个或多个其他参与者。例如,在建设工程发包阶段,业主可以与设计、采购、施工联合体签订交钥匙工程合同,并在合同中规定相应的违约条款,从而将一部分风险转移给设计、采购和施工承包商。

(2)保险转移。保险是使用最为广泛的风险转移方式,凡是属于保险公司可保的险种,都可以通过投保把风险全部或部分转移给保险公司。

4. 风险保留

风险管理的第四种方法是风险保留,即风险承担。也就是说,如果损失发生,经济主体将以当时可利用的任何资金进行支付。当存在 R 级适度风险或 I 级弱风险时,项目业主可进行风险保留。风险保留包括无计划保留和有计划自我保险。

(1)无计划保留。无计划保留指风险损失发生后从收入中支付,即不是在损失前作出资金安排。当经济主体没有意识到风险并认为损失不会发生时,或将意识到的与风险有关的最大可能损失显著低估时,就会采用无计划保留方式承担风险。一般来说,无计划保留应当谨慎使用,因为如果实际总损失远远大于预计损失,将引起资金周转困难。

(2)有计划自我保险。有计划自我保险指在可能的损失发生前,通过作出各种资金安排以确保损失出现后能及时获得资金以补偿损失。有计划自我保险主要通过建立风险预留基金的方式来实现。

第五节 案 例 分 析

某新建煤化工企业,计划投资3000万元,建设期3年,计算期15年,项目报废时,残值与清理费正好抵消。基准收益率为12%,每年的建设投资发生在年初,营业收入和经营成本均发生在年末。该建设项目各年的现金流量情况见表7-22。

建设项目现金流量表(单位:万元)　　　　　　　表7-22

项　目	合计	年　度						
		0	1	2	3	4	5	6~15
建设投资	3000	500	1500	1000				
营业收入	72100				100	4000	5000	6300
经营成本	61970				70	3600	4300	5400
净现金流量		-500	-1500	-1000	30	400	700	900

按照12%的基准收益率可得该煤化工企业建设项目的净现值 NPV = 921.76 万元,内部收益率 IRR = 16.69%。从计算结果可以看出,该项目正常情况下的净现值为正值,且数值较大;内部收益率也高于投资者的期望收益率,具有较大的吸引力。对此类项目成本效益影响较大的因素是投资成本、建设周期、生产成本和价格波动。因此,应分别对这些因素进行敏感性分析。

1. 进行建设投资增加的敏感性分析

假定该项目由于建筑材料涨价,导致建设投资上升20%,即原来3000万元的投资额增加为3600万元。进行敏感性分析时,首先在基本情况表中对建设投资一栏加以调整,见表7-23。

建设投资增加后现金流量表(单位:万元)　　　　　　　表7-23

项目	合计	年度						
		0	1	2	3	4	5	6~15
建设投资	3600	600	1800	1200				
营业收入	72100				100	4000	5000	6300
经营成本	61970				70	3600	4300	5400
净现金流量		-500	-1500	-1000	30	400	700	900

根据表7-23,建设投资增加后的净现值 NPV = 394.46 万元,内部收益率 IRR = 13.79%。在其他条件不变、建设投资上升20%的情况下,该项目的效益虽然下降,但仍高于投资者的期望,项目仍可实施。

2. 进行项目建设周期延长的敏感性分析

假定该项目施工过程中,由于天气原因,造成部分工程返工停工,建设周期延长1年,并由此导致投资增加100万元,试生产和产品销售顺延1年。预测数据及计算结果见表7-24。

建设周期延长后现金流量表(单位:万元)　　　　　　　表7-24

项目	合计	年度						
		0	1	2	3	4	5	6~15
建设投资	3100	500	1400	900	300			
营业收入	68100					100	5000	6300
经营成本	58370					70	4300	5400
净现金流量		-500	-1400	-900	-300	30	700	900

此时,净现值 NPV = 620.74 万元,内部收益率 IRR = 15.10%。计算结果表明,该项目对工期延长1年的敏感度不高,内部收益率在12%以上,项目可以进行。

3. 进行经营成本增加的敏感性分析

假定由于原材料和燃料调价,使该项目投产后经营成本上升5%,其他条件不变,将表7-22中的经营成本提高5%,净现金流量和净现值相应调整后计算净现值和内部收益率。此时,净现值 NPV = -182.77 万元,内部收益率 IRR = 10.95%。计算结果表明,经营成本上升对项目效益影响较大,经营成本上升5%,导致该项目净现值小于0,内部收益率低于基准收益率。所以,在经营成本提高5%的情况下,此方案不可行。计算数字清晰地警告投资者,该项目对经营成本这一因素非常敏感,必须采取有效措施降低经营成本,否则无法实现投资者的期望收益率。假如通过努力,仍不能控制经营成本提高的幅度,则此项目不可行。

4. 进行价格下降的敏感性分析

在市场经济条件下,产品价格若呈上升趋势,当然对项目效益有利,但也不能排除价格下降的可能性。假定经过市场预测后得知,项目投产以后前两年按计划价格销售,自第三年开始,由于市场需求减少,产品价格下降3%,才能薄利多销,保证生产的产品全部售出。在其他条件不变的情况下,销售收入也随之下降3%,此时基本情况表将作相应调整。据此计算出的净现值 NPV = 152.30 万元,内部收益率 IRR = 12.85%。这显示,该项目对销售价格较为敏感,当销售价格下降3%时,虽然内部收益率下降了近4%,但是净现值仍大于0,内部收益率仍高于基准收益率,若能保证产品销售价格不继续下降,则该项目是可行的。

5. 综合分析

对该项目的敏感性分析进行汇总、对比分析,结果见表7-25。

敏感性综合分析表　　　　　　　　　　　　　表7-25

序号	敏感因素	净现值（万元）	与基本情况差异（万元）	内部收益率（%）	与基本情况差异（%）
1	基本情况	921.76	0	16.69	0
2	投资成本上升20%	394.46	-527.3	13.79	-2.9
3	建设周期延长1年	620.74	-301.02	15.10	-1.59
4	经营成本增加5%	-182.77	-1104.53	10.95	-5.74
5	销售价格下降3%	152.30	-769.46	12.85	-3.84

从表7-25可以看出,该煤化工企业新建项目对分析的四类影响因素的敏感程度由大到小为:经营成本增加5%、销售价格下降3%、投资成本增加20%、建设周期延长1年。后三个因素发生时净现值仍为正值,仍能实现投资者期望收益率。当经营成本增加5%时,净现值降为负值,不能满足投资者需要,在财务评价和社会经济评价时,必须提出切实措施,以确保方案有较好的抗风险能力,否则须另行设计方案。

本 章 小 结

在介绍本章之前的内容时,我们有一个重要的假设前提,即不存在不确定因素,方案评价时能得到完全信息。但是,未来实际发生的情况与事先的估算、预测很可能有相当大的出入。为了提高经济评价的准确度和可信度,尽量避免和减少投资决策的失误,有必要对投资方案作不确定性分析,为投资决策提供客观、科学的依据。本章内容重点为盈亏平衡分析和敏感性分析。

复习思考题

1. 线性盈亏平衡分析的前提假设是什么?盈亏平衡点的生产能力利用率说明什么问题?敏感性分析的目的是什么?要经过哪些步骤?敏感性分析有什么不足之处?

2. 风险分析和不确定性分析有何区别和联系?风险估计的基本方法有哪些?风险决策的最显著特征是什么?风险应对的基本方法有哪些?

3. 某企业生产某种产品,设计年产量为6000件,每件产品的出厂价格估算为50元,企业每年固定性开支为66000元,每件产品成本为28元。求企业的最大可能盈利、企业不盈不亏时的最低产量,以及企业年利润为5万元时的产量。

4. 某投资项目其主要经济参数的估计值为:初始投资15000元,寿命10年,残值为0,年收入3500元,年支出1000元,投资收益率15%。(1)当年收入变化时,试对内部收益率的影响进行敏感性分析;(2)试分析初始投资、年收入与寿命三个参数同时变化时对净现值的敏感性。

5. 某方案需投资 25000 元，预期寿命为 5 年，残值为 0，每年净现金流量为随机变量，其可能发生的三种状态的概率及变量值如下：5000 元($P=0.3$)；100 元($P=0.5$)；12000 元($P=0.2$)。若利率为 12%，试计算净现值的期望值与标准差。

第八章 公路项目经济评价

第一节 财务评价

一、财务评价概念与作用

1. 概念

公路建设项目的财务评价是在交通量预测研究和工程技术研究的基础上，根据国家现行财税制度、市场价格和经济评价的有关规定，从项目的财务角度，分析、计算与项目直接相关的财务效益和费用，编制财务报表，计算财务评价指标和各项财务比率，分析项目的盈利能力和清偿能力，考察项目在财务上的可行性，为投资者的决策提供科学的依据。

公路建设项目的财务评价既是一种投资者的赢利分析，也是一种建设项目的行业经济分析，具有以下特点：

(1) 将投资项目置于本行业进行研究，在考虑资金的时间价值时，以本行业的投资机会成本来确定其基准贴现率。

(2) 在分析项目的收入和支出时，以项目本身为研究对象，以投资者在本项目上的收益和支出为计算范围，而不考虑给第三者或项目使用者所带来的费用或效益。

(3) 重点进行收费分析和贷款偿还分析。

2. 作用

公路建设项目进行财务评价的前提条件是项目的全部或部分投资须通过收取一定的使用费予以偿还。公路建设项目财务评价是可行性研究的组成部分，是经济评价的重要环节。它在衡量项目财务盈利能力及筹措资金方面有着特殊作用和意义，是判别公路建设项目在经济上是否可行的基本依据之一，是项目决策的重要依据之一。对于公路建设项目，除了要进行财务评价外，还须进行国民经济评价，此时，财务评价是国民经济评价的重要基础。由于公路建设的资金回收期长，见效相对缓慢，因此加强公路建设项目财务评价有着非常重要的意义。其主要作用如下：

(1) 有利于改善公路投资结构，多渠道筹集资金，刺激社会资金在公路建设上的投入，加强公路建设资金的综合利用，加快公路建设事业的发展，加速公路建设资金市场的形成。

(2) 有利于合理利用公路建设资金，将有限的公路建设资金投入财务效果最好的公路建设项目中，加速公路建设资金的周转，提高公路建设资金的使用效益。

(3) 有利于加强收费管理和监督，防止各地滥收费用的现象出现。

随着我国建设管理体制改革的深入，我国的公路建设管理体制正在进行稳妥而有步骤的改革，建设项目拨款改贷款制度的推行，建设项目法人制的建立，公路收费制度的产生以及股份制融资方式、BOT筹资方式、收费经营方式的探索，为如何在进行公路建设项目国民经济评价的同时,进一步加强和完善公路建设项目的财务评价,特别是贷款偿还能力分析提出了客观的要求。作为一个公路建设项目,其经济效果的好坏除了要考察公路建设项目的宏观经济效果外,还应考察其微观经济效果,做到宏观经济效果与微观经济效果相统一。当一个项目的国民经济评价结果可行而财务分析结果很差、贷款偿还能力很低,工程建设资金难以回收时,则应该对该项目所拟订的方案进行调整,或者需要国家采用某些经济手段予以调节(比如对此类工程项目进行财政补贴或减免税收等),使项目在财务上有生存能力,然后重新进行国民经济评价和财务评价,使国民经济评价结果和财务评价结果都能符合要求。

二、公路建设项目财务评价的内容与步骤

公路建设项目财务评价内容应根据公路建设项目的性质和目标确定。对于经营性项目,财务评价应计算财务指标,分析项目的盈利能力、偿债能力和财务生存能力,判别项目的财务可行性,明确项目对财务主体及投资者的价值贡献,为项目决策提供依据;对于非经营性项目,财务评价主要分析项目的财务生存能力。

公路建设项目财务评价的主要内容与步骤如下。

1. 财务评价前的准备工作

通过实地调研,熟悉拟建项目的基本情况,熟悉拟建项目的建设目的、意义、要求、建设条件和投资环境以及主要技术方案等,收集整理相关信息。

2. 选取财务评价基础数据与参数

根据项目的特点及融资方式,选取必要的财务基础数据和参数,主要包括投入物和产出物的财务价格及未来价格走势,税率、利率、汇率、计算期、固定资产折旧率及基准收益率等基础数据与参数。

3. 预测财务效益与费用

预测的财务效益与费用主要包括固定资产投资估算、流动资金投资及其他投资估算、营业收入、成本费用估算和相关税金估算等,这些数据大部分都是预测数据,因此其可靠性和准确度是决定财务评价成败的关键。

4. 编制财务评价报表,计算相应评价指标

财务评价报表主要包括项目投资现金流量表、利润与利润分配表,有借款偿还的项目,还需要编制项目资本现金流量表、资金来源与运用表、资产负债表、借款还本付息等基本报表,以及建设投资估算表、总成本费用估算表等财务评价辅助报表。通过财务评价报表计算相应的评价指标。财务盈利能力分析指标主要包括财务净现值、财务内部收益率、财务动态投资回收期。财务清偿能力分析指标主要有借款偿还期、利息备付率、偿债备付率等。

5. 进行财务分析

工程项目的财务分析主要包括项目盈利能力分析和项目清偿能力分析两个方面。

收费公路项目分为收费还贷型和收费经营型两种。收费还贷型公路项目通过编制财务报表,计算评价指标,主要考察项目的清偿能力;收费经营型公路项目则在考虑项目清偿能力的基础上,注重考察项目的盈利能力。

根据不同的决策需要,工程项目财务分析又分为融资前财务分所和融资后财务分析。

融资前财务分析(融资前盈利能力分析)是指不考虑债务资金的筹集、使用和还本付息等融资问题对项目建设和运营效益的影响,以考察项目自身的财务可行性。

融资后财务分析是指在确定的融资方案基础上进行的财务分析,分析时要考虑财务资金的筹集、使用和还本付息等融资问题对项目建设和运营效益的影响,以考察项目对投资者的财务贡献,包括融资后盈利能力分析和融资后清偿能力分析。

工程项目的财务分析一般先进行融资前分析,在融资前分析结论满足要求的情况下,再确定融资方案,之后进行融资后财务分析。具体分析内容、方法见第四章。

6. 进行不确定分析

公路建设项目经济评价所采用的数据,大部分来自预测和估算。为了分析不确定因素对公路建设项目评价指标的影响,需进行敏感性分析,以估计项目可能承担的经济或财务风险。

进行国民经济评价时,原则上应选取建设投资交通量等可能发生变化的因素,重点测算这些因素变化对内部收益率的影响。

进行财务评价时,可选取建设投资、交通量、收费标准、物价总水平上涨率等因素,重点测算这些因素变化对财务内部收益率的影响,必要时还要分析其对借款偿还期的影响。

公路项目的经济抗风险能力可分为很强、较强、一般、较弱四个等级。敏感性分析结果能抵御费用(支出)和效益(收入)双向20%的不利变化时,表明项目经济(财务)抗风险能力很强;抵御双向10%的不利变化时,抗风险能力较强;抵御单向10%的不利变化时,抗风险能力一般;不能抵御单向10%的不利变化时,抗风险能力较弱。

7. 编写工程项目财务评价报告

将工程项目财务评价的步骤、所采用的方法、得出的相关数据和分析的结果写成报告,并最终从财务角度提出工程项目是否可行的结论,作为工程决策的重要依据之一。

三、公路建设项目财务评价基本报表

建设项目财务评价所需的报表包括投资现金流量表、利润与利润分配表。有借款偿还的项目,还需要编制资本金现金流量表、借款还本付息表、敏感性分析表等。

(1)投资现金流量表:反映项目计算期内各年的现金收支(现金流入和流出),用以计算各项动态评价指标,考察项目的盈利能力。

(2)利润与利润分配表:反映项目计算期内的利润(亏损)的实现情况。

(3)资本金现金流量表:反映投资者权益投资的获利能力,用以计算资本金内部收益率。

(4)借款还本付息表:反映项目计算期内各年借款的使用、还本付息,以及偿债资金来源,计算借款偿还期或偿债备付率、利息备付率等指标,以考察项目的借款偿还能力。

(5)敏感性分析表:可选取建设投资、交通量收费标准、物价总水平上涨率等因素,重点测算这些因素变化对财务内部收益率的影响,必要时还要分析其对贷款偿还期的影响。

财务评价基本报表的基本形式详见本章第三节。

四、公路建设项目财务评价参数与指标

1. 公路建设项目财务评价参数

公路建设项目财务评价中使用的参数按其作用不同可分为两类:一类是在财务效益和财

务费用中计算用的基础数据和参数,如财务价格、借款利率等;另一类是用于反映、判断和比较项目财务水平的各种评价指标的参数或基准参数,如财务基准收益率、基准投资回收期等参数,这类基准参数决定着对项目效益的判断,是项目取舍的依据。财务评价参数宜根据行业的一般规定或投资方的通常要求确定,并应保证其合法及合理性。

1)财务价格

公路建设项目财务分析使用财务价格。财务价格是采用以市场价格体系为基础的预测价格。在建设期内,一般考虑投入的相对价格变动和价格总水平变动。在运营期内,若能合理判断未来市场价格变动趋势,投入与产出可采用相对变动价格;若难以确定投入与产出的价格变动,一般可采用运营期初的价格,有要求时也可考虑价格总水平的变动。

对于价格的变动因素,在进行项目财务评价盈利能力和清偿能力分析时,宜做不同处理。进行财务盈利能力分析时,计算期各年均采用基年价格,只考虑相对价格的变化,不考虑物价总水平上涨因素;进行清偿能力分析时,计算期各年采用的预测价格,除考虑相对价格的变化外,还要考虑物价总水平上涨因素,物价总水平上涨因素一般只考虑到建设期末。

2)借款利率

借款利率是项目财务评价的重要基础数据,用来计算借款利息。如项目采用固定借款利率,财务评价就直接采用约定的利率计算利息;如采用浮动利率的借款项目,应对借款期内的平均利率进行预测,采用预测的平均利率计算利息。

3)汇率

财务评价采用的汇率,一般是国家外汇管理部门公布的当期外汇牌价的卖出、买入的中间价。

4)项目计算期

公路建设项目财务评价的计算期包括建设期和运营期。建设期按照项目建设的合理工期或项目的施工组织进度计划确定,运营期应根据项目特点参照项目的合理经济寿命确定。一般计算公路项目现金流的单位采用"年",计算期一般以建设期加上20年的使用期来确定。

5)行业财务基准收益率

财务基准收益率是项目内部收益率指标的判据和基准,是项目在财务上是否可行的最低要求,也是计算财务净现值的折现率。财务基准收益率的取定有两个途径:如果有行业发布的本行业基准收益率,即可以其作为项目的基准收益率;如果没有行业发布的本行业基准收益率,则由项目评价人员设定。设定方法可以是参考本行业一定时期的平均收益水平并考虑项目的风险因素确定,也可以按项目占用的资金成本加一定的风险系数确定。在设定财务基准收益率时,应与财务评价采用的价格相一致;如果财务评价采用变动价格,基准收益率的设定则应考虑通货膨胀因素。

融资前分析的项目财务基准折现率按照发布的行业基准折现率取值,融资后分析的项目财务基准折现率采用加权平均资金成本率。

在行业财务基准折现率发布之前,以国家规定的公路行业最低资本金比例确定的资金结构及国内银行长期贷款利率计算的加权平均资金成本率代替。目前公路工程项目最低资本金比例为25%。

2. 公路项目财务评价模型及评价指标

1)财务评价基本模型

财务评价基本模型是按照费用与效益的范围对应一致的原则建立起来的。由于公路建设项目的投资主体是一个包括国家、政府以及业主在内的多元投资群体,而财务评价是一种投资者的赢利分析,因此,财务评价基本模型应建立在建设项目的全部财务支出和建设项目能给所有投资主体所带来的全部收入的基础上。

公路建设项目财务评价的模型可用图 8-1 表示。

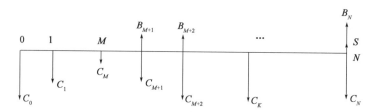

图 8-1　公路建设项目财务评价现金流量图

图中各符号的含义及内容分别如下:

(1)年度投资。年度投资分别用符号 $C_0,C_1,\cdots,C_M$ 表示。它是指公路建设项目在建设过程中的各种财务支出,包括固定资产投资、相关税金和建设期借款利息。全部建设投资可按《公路工程建设项目投资估算编制办法》(JTG 3820—2018)的规定计算。

(2)年度运营费用。年度运营费用分别用符号 $C_{M+1},C_{M+2},\cdots,C_N$ 表示。它是指公路运营中的财务支出,主要包括经营成本(运营管理费、养护费和大中修费等)、运营期利息支出和税金。其费用是以市场(不变)价格为基础估算出来的,估算方法可采用类比法。

(3)年度收入。年度收入分别用符号 $B_{M+1},B_{M+2},\cdots,B_N$ 表示。收费公路项目的收入一般是指对公路使用者收取的车辆通行费,即收费收入。收费收入以项目交通量、收费标准和收费里程为基础计算得到。

(4)大修理费用。大修理费用用符号 C_K 表示,按市场(不变)价格进行大修理费投资估算。

(5)项目评价年限。项目评价年限用符号 N 表示,一般按项目竣工投入使用后 20 年考虑。

(6)项目建设期。项目建设期用符号 M 表示,其建设时间需在公路工程可行性研究工作中确定。

(7)项目评价期末的残值。项目评价期末的残值用符号 S 表示,按项目建设投资的 50%考虑。

根据财务分析基本模型得出的计算指标,性质上类似于工业建设项目的投资利税率指标。

2)财务评价指标

(1)盈利能力分析指标。公路项目盈利能力分析应采用财务内部收益率、财务净现值、财务投资回收期等主要评价指标。对于改扩建项目,原则上应采用增量法来计算财务内部收益率、财务净现值,并注意准确识别"有项目"和"无项目"的收入和支出;对于增量收入和支出难以准确甄别的改扩建项目,也可以采用存量法。

所谓"存量法"是指对于增量收入和支出难以准确甄别的改扩建项目,可以用包括原有投资和新增投资的总投资作为费用,以包括原有使用者和新增使用者的所有使用者的总效益作为效益,来计算相应的指标和评价。

(2)清偿能力分析指标。公路项目清偿能力分析主要考察计算期内各年的财务状况及偿债能力。主要采用借款偿还期指标进行评价,也可以用利息备付率或偿债备付率指标来考察。

五、财务评价效益计算

1. 财务效益的概念

项目的财务效益与项目目标有直接关系,项目目标不同,财务效益包含的内容也不同。市场化运作的经营性项目,项目目标是通过销售产品或提供服务实现赢利,其财务效益主要是指所获取的营业收入。对于以提供公共产品服务于社会或以保护环境等为目标的非经营性项目,通常没有直接的营业收入,也就没有直接的财务效益,需要政府提供补贴才能维持正常运转,应将补贴作为项目的财务收益。对于为社会提供准公共产品或服务,且运营维护采用经营方式的项目,如市政公用设施项目、交通、电力项目等,其产出价格往往受到政府管制,营业收入可能基本满足或不能满足补偿成本的要求,有些需要在政府补贴的情况下才具有财务生存能力。因此,这类项目的财务效益包括营业收入和补贴收入。

2. 公路建设项目财务效益的测算

公路项目财务效益一般是指公路使用者收取的车辆通行费,即收费收入。收费公路的财务收费必须分车型计算。收费收入以项目交通量、收费标准和收费里程为基础计算得到,因而收入的多少主要取决于两个因素:交通量与收费标准。收费年收入的测算公式如下:

$$R = \sum_{v=1}^{n}(T_v \times TR_v \times L) \times 365 \qquad (8-1)$$

式中:R——收费年收入,元;

T_v——车型 v 的年平均日交通量,自然数,辆/日;

TR_v——车型 v 的收费标准,元/(车·km);

L——拟建项目里程,km。

当拟建项目有相关联的配套服务开发等商业性设施时,应计入其建设投资、经营成本和税金等各项支出,同时也应计入其产品销售(营业)收入。

3. 公路建设项目收费分析

1)收费公路的概念与作用

公路收费是指公路经营管理者向公路使用者收取车辆通行费的行为。公路收费包括还贷型收费、经营型收费和交通拥挤收费。还贷型收费是为偿还公路建设投资贷款进行的收费行为,主要考察项目的清偿能力;经营性收费是公路经营者为偿还公路建设投资贷款并获取适当回报进行的收费行为;交通拥挤收费是公路管理者为缓解交通拥挤现象,调整交通量在公路网的分配或调整高峰小时交通量而进行的收费行为。

广义的公路收费还包括国家或政府征收的税收和各种规费,主要内容见表8-1。

表8-1
广义公路收费情况一览表

公路收费内容	收费对象	收费目的
车辆通行费	出入车辆	偿还投资贷款或缓解交通拥挤
燃油税	车辆拥有者	公路养护及改善(建)
车辆购置税	车辆购置者	积累公路建设资金
客运附加费	乘客	积累公路建设资金
车辆使用税	车辆拥有者	国家财政收入
高等级公路还贷基金	车辆拥有者	积累高等级公路建设资金

我国的公路收费制度是一项取之于车(民)、用之于公路、服务于人民、专款专用的收费管理制度。公路收费具有如下积极作用：

(1)弥补公路建设资金的不足,加速公路建设的投资和公路建设事业的发展,缓解公路交通对国民经济发展的瓶颈制约。

(2)确保经营性公路的财务投资效果和投资者的合理利润,保证贷款修建的高等级公路的投资回收和贷款偿还,调动社会各界筑路修桥的积极性。

(3)使公路使用者的税费负担更为公平合理,真正体现谁受益、谁付费的公平原则。

(4)交通拥挤收费可以缓解交通拥挤现象,调整交通量在路网上的分配或高峰小时交通量,促进交通出行的畅通。

(5)超载收费可以减少超载现象对路面的破坏以及交通事故的发生,起到加强交通管理的作用。

2)公路收费的法律、法规与政策

为加速公路建设投资事业的发展,保护公路建设投资者的合法利益,规范收费行为,我国相继颁发了《中华人民共和国公路法》(以下简称《公路法》)《贷款修建高等级公路和大型公路桥梁、隧道收取车辆通行费的规定》《关于在公路上设置通行费收费站(点)的规定》(以下简称《规定》)等法律、法规与政策。具体包括如下内容：

(1)公路收费范围。《公路法》规定,符合国务院交通运输主管部门规定的技术等级和规模的下列公路,可以依法收取车辆通行费：

①由县级以上地方人民政府交通运输主管部门利用贷款或向企业、个人集资建成的公路。

②由国内外经济组织依法受让公路收费权之前的公路。

③由国内外经济组织依法投资建成的公路。

其中,对贷款修建的公路,《规定》中要求在符合下列条件时方可收费：

①封闭(包括部分封闭)型的汽车专用公路;平原微丘区超过40km和山岭重丘区超过20km的一般二级公路。

②长度超过300m的公路桥梁,改渡为桥的,可适当放宽到桥长超过200m;长度超过500m的公路隧道。

(2)收费标准制定。贷款修建的收费公路以收费还贷作为收费标准的制定原则。收费公路收取车辆通行费的收费标准,由公路收费单位提出方案,报省、自治区、直辖市人民政府主管部门会同同级物价行政主管部门审查批准。

(3)收费期限。贷款或集资建成的收费公路,其收费期限按照偿还贷款集资款的原则,由省、自治区、直辖市人民政府依照国务院交通运输主管部门的规定确定;有偿转让的收费公路,其收费权转让期限由受让双方约定并报上级主管机关审批但最长不超过国务院规定的年限;国内外经济组织投资建设的公路,其收费经营期限按照收回投资并有合理回报的原则,由交通运输主管部门与投资者约定并按照国家有关规定办理审批手续,但最长不得超过国务院规定的年限。

3)收费公路的成本分析

公路收费以后,其投资成本和运营成本都会有所增长,其增长的幅度因收费系统的设计不同而有所不同。另外,公路的等级也将影响收费成本占原始成本的比例。

(1)收费公路的投资成本。

公路在收费以后增加的投资成本如下：

①收费站投资成本。收费站投资成本包括收费口、收费站、收费站路基路面、收费站匝道、收费站发电机组、收费站外接电源架线、收费站水源、收费站围墙等设施的费用。

②收费系统投资成本。收费系统投资成本包括收费系统和传输线路等设施的费用。

(2) 收费公路的运营成本。

公路在收费以后增加的运营成本如下：

①收费人员的工资和福利。

②收费站的水电费和收费设施维修费。

③收费工作的管理费。

收费公路在运营的开始阶段，由于交通量较小，因此，收费经营日常成本占收费收入的比例较高；但随着交通量的增加，其比例会逐步减小。

4) 收费公路的国民经济效益分析

新建或改建公路的国民经济效益主要表现在如下5个方面：

(1) 由于公路新建或改建(提高公路等级)获得的客货运输成本降低的效益。这种效益与新建或改建公路的交通量有关，在交通量未饱和之前，交通量越大，效益越高。

(2) 由于公路新建或改建使原有并行公路减少拥挤的客货运输效益。原有公路的客货运输成本取决于原有并行公路的交通拥挤状况，交通量大时，交通拥挤，则这种效益将相应下降。

(3) 公路新建或改建后，因缩短里程而降低运输成本的效益。这种效益的大小与新建或改建公路的交通量有关，交通量越大，效益越高。

(4) 公路新建或改建后客货运输节省在途时间的效益。这种效益与新建或改建公路的交通量有关，交通量越大，效益越高。

(5) 公路新建或改建后因交通事故和货损减少产生的效益。

实践证明，当新建或改建的公路收费后，由于交通量的变化(向并行公路的转移)，上述5个方面的效益都会有不同程度的下降。

新建或改建公路收费后的效益变化除了因交通量变化而导致上述5个方面的效益下降外，还表现在如下2个方面：

(1) 收费过程中，车辆因交费而导致额外的资源消耗(如油料消耗增加等)。

(2) 收费过程中，车辆因交费而导致额外的时间消耗。

4. 公路收费标准的确定

1) 公路收费标准的确定原则

由于收费公路是一种具有自然垄断性与社会公益性的特殊商品，其国民经济效益的发挥程度和财务收益的大小取决于收费标准的大小，因此，收费标准的确定原则如下：

(1) 促进收费公路的国民经济效益的发挥，提高收费公路的利用率。收费标准越高，行驶在收费公路上的交通量越小，相应地收费公路的国民经济效益减少。因此，应限制收费标准，确保国民经济效益。

(2) 促进收费经营企业内部效率的提高。由于公路具有自然垄断性，特别是在没有并行公路时，公路收费后交通需求的价格弹性较小，收费企业因能通过收费标准获取垄断利润而不注重加强内部的经营管理，降低运营成本。因此，需要对收费价格进行限制，以促进收费经营企业内部效率的提高。

(3) 保护消费者权益。垄断性收费价格会侵害消费者(公路使用者)的合法权益，因此，需要对收费标准的制定进行审查,以确保收费公正。

(4)保证收费企业财务的稳定。即确保收费公路的财务投资效果,提高投资者公路投资的积极性。

2)公路收费标准的确定方法

确定车辆通行费收费标准应考虑的主要因素有公路使用者所获得的效益、其他运输方式的收费标准和其他公路的收费标准、公路使用者对公路收费的负担能力和接受能力、投资者期望的投资收益率、不同车型车辆(使用者)所获得效益的大小及对公路的损坏程度等。

在项目财务评价的计算期内,项目通行费收费标准一般会作适当的调整,调整的时间间隔、幅度等可以参照拟建项目所在地区的类似项目确定。

公路收费标准的具体确定方法如下:

(1)根据公路使用者受益价值的大小确定收费标准。主要依据有此项目与无此项目之间形成的车辆行驶费用的节约额,考虑不同车型或汽车的载重吨位确定收费标准(一般收费标准取节约成本的60%),具体应取多少作为收费标准才能偿还贷款需要测算。

(2)考虑了公路建设项目的总投资费用、项目评价期内交通量增长率项目的投资利率等因素,建立式(8-2)计算平均收费标准:

$$P = N \cdot L \cdot K \cdot \frac{(1+t)^{n-1}}{(1+r)(t+r)} \tag{8-2}$$

式中:P——总投资现值;

N——交通量;

L——里程;

K——各车型平均收费标准;

r——投资利率;

t——交通量增长率;

n——评价计算期。

(3)参照日本道路公团高速公路的收费方法,按收费负担度测算。收费的负担度是指人们在一定的收入水平下对公路收费的承受能力。收费的负担度可按式(8-3)计算:

$$\text{收费的负担度} = \frac{\text{小客车的收费标准额}}{\text{人均国民生产总值或人均国内生产总值}} \tag{8-3}$$

采用该公式计算的收费标准为小客车的收费标准,其他车型的收费标准,均以此为基础,利用一定的换算系数求得。

(4)类比法。即参照国内现有高速公路的收费标准,结合具体项目所在地区的经济发展状况测算项目的收费标准。

以上几种收费方法,从计算方法讲各有利弊,是否均为合理,或者哪一种更为合理,这有待于在今后的实践中不断总结经验,不断摸索。在应用中应结合具体情况,并收集相关项目的收费标准的资料,综合对比,测算出科学合理的收费标准。

六、财务评价费用计算

1. 财务费用的概念

财务费用是指项目在计算期内所支出的费用,主要包括项目的建设投资、流动资金、成本费用和税金。

2. 公路建设项目财务费用构成及计算

公路项目的财务支出(费用)分为建设期财务支出和运营期财务支出。其中,建设期财务支出主要包括固定资产投资、相关税金和建设期借款利息;运营期财务支出主要包括经营成本(运营管理费、养护费和大中修费等)、运营利息支出和税金。

当拟建项目有相关联的配套服务、开发等商业性设施时,应计入其建设投资、经营成本和税金等各项支出。

1) 建设期财务支出

建设期财务支出主要包括固定资产投资相关税金和建设期借款利息。固定资产投资包括建筑安装工程费、设备工器具购置费以及工程建设其他费用和预备费、建设期贷款利息等,对收费公路而言,还应包括收费系统和各种收费设施的建设费。全部建设投资可按《公路工程建设项目投资估算编制办法》(JTG 3820—2018)的规定来进行计算,但应剔除或部分剔除投资估算中的"价差预备费",因为财务分析中的所有价格都不考虑通货膨胀因素。投资总估算内容见表8-2。

投 资 总 估 算 表   表8-2

工程或费用名称		单 位	估算金额(元)
第一部分　建筑安装工程费			
1	临时工程		
2	路基工程		
3	路面工程		
4	桥梁涵洞工程		
5	交叉工程		
6	隧道工程		
7	公路设施及预埋管线工程		
8	绿化及环境保护工程		
9	管理、养护及服务房屋		
10	计划利润		
11	税金		
第二部分　设备、工具、器具购置费			
1	设备购置费		
2	工具、器具购置费		
3	办公及生活用家具购置费		
第三部分　工程建设其他费用			
1	土地征用及拆迁补偿费		
2	建设项目管理费		
3	研究试验费		
4	建设项目前期工作费		
5	专项评估费		
6	施工机构迁移费		

续上表

	工程或费用名称	单 位	估算金额(元)
7	供电贴费		
8	联合试运转费		
9	生产人员培训费		
10	固定资产投资方向调节税		
11	建设期贷款利息		
第一、二、三部分费用合计			
预备费			
1	价差预备费		
2	基本预备费		
投资估算总金额			
路线长度			
平均每公里造价			

2）运营期财务支出

运营期财务支出主要包括经营成本（运营管理费、养护费和大中修费等）、运营利息支出和税金。其中公路养护费、大中修费及运营管理费用，按交通运输部中交公路规划设计院有限公司编写的《公路技术经济指标(第二次修订本)》中的方法进行计算，并参考各项目的情况综合分析确定。

运营利息支出和税金计算见第四章。

第二节 国民经济评价

一、国民经济评价的概念与作用

1. 概念

国民经济评价是公路建设项目经济评价的核心内容。公路建设项目国民经济评价是在合理配置国家资源的前提下，从国家整体利益出发，应用国民经济评价的基础理论，采用影子价格、社会折现率等国民经济评价参数，计算项目耗费的社会资源和对国民经济的贡献，分析项目的经济效率、效果，以判别项目在宏观经济上的合理性。

2. 作用

公路建设项目国民经济评价的目的在于以较省的投资、较快的时间、较少的投入获得最大的产出效益。即如何更有效地合理利用国家有限资源，最大限度地促进国民经济的增长和人民物质文化水平地提高。国民经济评价的作用具体体现在以下3个方面：

（1）有利于为公路建设项目提供科学合理地决策依据。通过对不同项目进行经济性的比较，合理安排公路建设项目的建设序列，安排建设资金，最大限度地提高资金的利用率。

（2）有利于实现公路建设项目自身的可持续发展。公路建设项目的一个重要特点就是项目涉及面广、影响大，费用、效益的识别复杂，因而评价目标具有复杂性和宏观性，更注重国民经济评价和社会评价。应当采用合理的方法辨别各种费用和效益,使公路建设的投资能最大限度地发挥、推动经济发展的作用,同时实现公路建设项目自身的可持续发展。

(3)有利于确定新建公路的管理模式。对新建公路进行客观、科学的经济评价,有利于根据新建公路的投资及对区域经济的贡献,制定合理的运营及养护政策。对于不同经济性的公路建设项目,可根据其特点选择如特许经营、收费还贷等运营管理模式,使公路能够有效地为经济发展服务,并且实现公路使用上的相对公平。

由此可见,进行公路建设项目国民经济评价,有利于调整局部利益和国家利益的关系,处理好近期利益与长远利益的关系,确保国家有限资源的最佳利用,促进国民经济的协调和均衡发展。

二、财务评价与国民经济评价的关系

国民经济评价与财务评价是公路建设项目经济评价的两个层次,二者既相互联系又有区别。国民经济评价可在财务评价的基础上进行,也可单独进行。

1. 共同点

1)评价目的相同

国民经济评价与财务评价都是要寻求以最小的投入获得最大的产出。

2)评价基础相同

国民经济评价与财务评价都是在完成了交通流量预测、工程技术方案论证、融资方案选择等可行性研究基础上进行的评价。

3)评价方法相同

国民经济评价与财务评价都是以公路建设项目收入与支出的现金流量为基础,运用动态和(或)静态分析方法对项目的经济效益进行评价。

2. 不同点

1)评价的角度不同

财务评价是站在项目角度,对公路建设项目的财务生存能力进行分析,主要考察项目盈利能力和清偿能力,以判断其财务可行性。国民经济评价是从国家整体角度考察公路建设项目耗费的社会资源和对国民经济的贡献度,以确定其经济合理性。

2)费用、效益构成不同

财务评价费用效益包括根据公路建设项目直接发生的实际收支确定项目的效益和费用,以及与项目有关的服务、开发等经营性设施所发生的间接收益和间接费用。凡是货币支出均视为费用。而国民经济评价着眼于项目所消耗的社会资源和国民经济的贡献,税金、国内贷款利息、财政补贴等转移支付,并不列入项目费用。

3)计算期可能不同

公路建设项目经济评价期为建设期加运营期。一般情况下,运营期按20年计算。但在财务评价中,也可根据《收费公路管理条例》确定,对于收费经营型项目,运营期可为25~30年。

4)采用价格不同

公路建设项目国民经济评价使用影子价格,且为基期不变价。财务评价盈利能力分析采用基年财务价格,考虑相对价格变化;财务评价清偿能力分析采用财务预测价格,除考虑相对价格变化外,还需考虑建设期物价上涨因素。

5) 主要参数不同

公路建设项目财务评价参数是根据行业的一般规定或投资方的通常要求确定,并具有合法和合理性。社会折现率、影子汇率、影子工资、贸易费率等通用参数由国家统一测定,国民经济评价中采用国家最新发布值。

6) 适用性不同

公路建设项目应进行国民经济评价,凡全部或部分建设资金为借贷资金的收费公路应同时进行财务评价。

7) 地位不同

国民经济评价在公路建设项目经济评价中占主导地位。国民经济评价与财务评价结论均可行的项目,从经济角度看予以通过,反之予以否定。国民经济评价结论不可行的项目,一般予以否定。对某些具有重大政治、经济、国防、交通意义的公路项目,若国民经济评价结论可行,但财务评价不可行,可重新考虑方案,或提出相应优惠措施的建议,使项目在财务上具有生存能力,必要时进一步说明建设的必要性,不再考虑财务评价结果。

三、公路建设项目国民经济评价参数与指标

1. 公路建设项目国民经济评价参数

公路建设项目国民经济评价中使用的参数由两部分构成,一部分是项目的经济效益与经济费用计算过程中使用的各类基础数据,如各类价格指数(影子价格/影子价格换算系数)、各类费率利率(影子汇率、贸易费用率)等;另一部分是用于反映、判断和比较项目国民经济效益水平的各种评价指标的基准值和参考值,如社会折现率等。这些参数由国家统一测定,在评价工作中不得随意修改和调整,有时被称作通用参数。使用时须注意选用国家最新发布的参数值。

1) 影子价格

(1) 基本概念。

影子价格理论是工程项目国民经济评价的基本理论和方法之一,是对项目各类经济数据调整计算的根本参数。影子价格是相对于市场交换的一种计算价格,并非现行的市场价格或计划价格,是能够反映项目投入物和产出物真实经济价值的计算价格。影子价格通常采用线性规划的方法,以政府发展政策确定的社会目标为依据,计算在资源有限的条件下取得最大效益,资源对社会目标的边际贡献得来。

国民经济评价中使用的影子价格,是国家有关部门统一测算后颁布的或项目评价人员具体测定的、独立于实际价格以外的、能反映项目投入与产出真实社会价值的价格。影子价格通常以直接或换算系数两种形式给出,即把货物的财务价格换为影子价格时,可直接选取某一适宜的价格,也可以用财务价格乘以某一适宜的价格换算系数。

(2) 测算方法。

影子价格的测算方法参照国家最新颁布方法,目前为2006年国家发展和改革委员会、建设部发布的《建设项目经济评价方法与参数(第三版)》(以下简称《方法与参数》)。

①具有市场价格的货物或服务。

a. 该货物或服务处于竞争性市场环境中,市场价格能够反映支付意愿或机会成本,应采用市场价格作为计算项目投入物或产出物影子价格的依据。

b. 若项目投入物或产出物规模很大,项目实施将足以影响其市场价格,导致"有""无"项目两种情况下市场价格不一致,在项目评价实践中,取二者的平均值作为测算影子价格的依据。

c. 可外贸货物,项目投入物与产出物影子价格根据口岸价格进行计算。具体见式(8-4)、式(8-5)。

$$出口产出的影子价格(出厂价) = 离岸价(FOB) \times 影子汇率 - 出口费用 \quad (8-4)$$

$$进口投入的影子价格(到厂价) = 到岸价(CIF) \times 影子汇率 + 进口费用 \quad (8-5)$$

其中,影子汇率是单位外汇的经济价值,区分于外汇的财务价格和市场价格,可视为外汇的真实经济价值。影子汇率由国家统一测定发布,并定期调整。

进口费用指国内运杂费及贸易费用;计算公式如下:

$$进口费用 = 国内运杂费 + 贸易费用 = 国内运输费 + 到岸价 * 贸易费率 \quad (8-6)$$

式(8-6)中,贸易费用是指外经贸机构,包括物资系统外贸公司和各级商业批发站等部门,花费在货物流通过程中以影子价格计算的流通费用,包括货物的储运、再包装、短途运输、装卸、保险、检验等环节的费用支出。此外,还包括资金占用的机会成本,但不包括长途运输费用。贸易费用一般用货物的口岸价(离岸价或到岸价)乘以贸易费用率计算。

贸易费用率是反映贸易费用相对于货物影子价格的一个综合比率,一般取6%,也可由项目评价人员根据项目所在地区流通领域的特点和项目的实际情况测定。

②不具有市场价格的货物或服务。

a. 按照消费者支付意愿的原则,通过其他相关市场价格信号,按照"显示偏好"的方法,寻找揭示这些影响的隐含价值,对其效果进行间接估算。

b. 根据意愿调查评估法,按照"陈述偏好"的原则进行间接估算。一般通过对被评估者的直接调查,直接评价调查对象的支付意愿或接受补偿的意愿,从中推断出项目造成的有关外部影响的影子价格。

(3) 特殊投入物影子价格。

①影子工资。

影子工资是指公路建设项目使用劳动力、耗费劳动资源而使社会付出的代价,在国民经济评价中以影子工资计算劳动力费用。

由于国际劳务市场是一种非完全竞争市场,劳务输出要受到各种限制。因此,人工费不能根据国际劳务市场价格来计算,而只能由其机会成本来确定。按机会成本计算出来的劳务价格即所谓的影子工资。影子工资的大小与国家的社会经济状况、项目的技术含量以及项目所在地劳动力的充裕程度有关,在计算中可在投资估算的基础上乘以适当的换算系数求得。

根据《方法与参数》,对于技术劳动力,影子工资等于财务工资,即影子工资换算系数等于1;对于非技术劳动力,推荐一般情况下采取财务工资的0.25~0.8倍作为影子工资,即影子工资换算系数等于0.25~0.8。考虑到我国各地经济发展不平衡,劳动力供求关系有一定差别,规定应当按照当地非技术劳动力供给富余程度调整影子工资换算系数。

②土地影子价格测算方法。

作为一种重要的、有限的经济资源,国家对建设项目使用的土地实行政府管制,土地使用价格受到土地管制的影响,可能不能反映土地的真实价值。因此,在进行国民经济评价时,需要根据土地用途的机会成本原则或消费者支付意愿原则计算其影子价格,以正确反映土地资源的价值。土地影子价格计算公式如下:

土地影子价格 = 土地机会成本 + 新增资源消耗 (8-7)

a. 土地机会成本。

土地机会成本需要根据项目计算其内未来土地用途的可能变化,合理预测。按照《方法与参数》,对土地机会成本的计算应符合以下要求:

a)通过政府公开招标取得的国有土地出让使用权,以及通过市场交易取得的已出让国有土地使用权,按市场交易价格计算其影子价格。

b)未通过正常市场交易取得的土地使用权,应分析价格优惠或扭曲情况,参照当地正常情况下的交易价格,调整或类比计算其影子价格。

c)当无法通过正常交易价格类比确定时,应采用收益现值法或土地开发成本价开发投资应得收益计算确定。

d)由于土地开发规划许可的取得,会对土地市场价格产生影响,土地价值的估算应反映实际的或潜在的规划批准情况,应分析规划得到批准的可能性及其对地价的影响。

b. 新增资源消耗。

新增资源消耗按照"有项目情况"下土地的征用造成原有地上附属物财产的损失及其他资源耗费来计算。土地平整等开发成本应计入工程建设成本中,在土地经济成本估算中不再重复计算。

2)影子汇率

影子汇率是单位外汇的经济价值,区分于外汇的财务价格和市场价格,可视为外汇的真实经济价值。影子汇率是公路建设项目经济评价中的重要参数,对项目决策有着重要的影响。

影子汇率取值较高,反映外汇的影子价格较高,表明项目使用外汇时的社会成本较高。影子汇率由国家统一测定发布,并定期调整。影子汇率的发布一般有两种形式,一种是直接发布影子汇率;另一种是将影子汇率与国家外汇牌价挂钩,发布影子汇率换算系数。根据目前我国外汇收支与外汇供求状况、主要进出口商品的国内价格与国外价格的比较、出口换汇成本以及进出口关税,进出口增值税、出口退税补贴等因素综合分析,《方法与参数》规定影子汇率取值为1.08。

3)社会折现率

社会折现率是用来衡量资金时间价值的重要参数,在公路建设项目国民经济评价中具有双重职能:其一,作为计算项目费用、效益不同时间价值等值换算的折现率;其二,作为衡量项目经济效益要求的最低经济内部收益率,是经济可行性的判别依据。

社会折现率可根据国民经济发展多种因素综合测定。各类投资项目的国民经济评价都应采用有关专门机构统一发布的社会折现率作为经济评价的基本参数。

根据《方法与参数》,社会折现率是以资本的社会机会成本(9%~11%)和费用效益的时间偏好率(4.5%~6%)为基础测算的,取值为8%。

2. 项目投资经济费用效益流量表及评价指标

1)费用-效益分析法

(1)方法与模型描述。

公路建设项目国民经济评价是以工程经济分析理论为指导,采用费用-效益分析法,在"有"项目与"无"项目两种不同条件下,识别项目的国民经济费用与效益,采用影子价格等评价参数,量化计算效益、费用值,进而通过国民经济评价指标分析国民经济效益,判断公路建设项目的国民经济可行性。

公路建设项目国民经济评价费用-效益分析模型可用现金流量图(图8-2)表示。

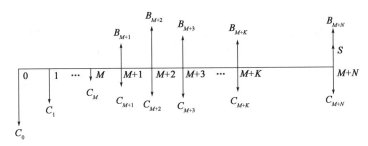

图8-2 公路建设项目国民经济评价费用-效益分析现金流量示意图

图8-2中,M为建设期,其在公路工程可行性研究工作中确定;N为运营期,一般取20年。C_0,C_1,…,C_M表示建设期各年度投资额,指公路建设项目在建设中各年所消耗的各种资源的价值。C_{M+1},C_{M+2},…,C_{M+N}表示年度运营费用,指竣工后通车运营阶段公路建设项目维护和管理所消耗的各种资源的价值。B_{M+1},B_{M+2},…,B_{M+N}表示年度效益,指公路建设项目在营运各年中创造的经济效益。C_{M+N}表示运营后第K年的大修费用。S表示评价期末的残值。

(2)经济费用、效益识别原则。

经济费用、效益识别须从国家或国民经济角度出发,考察项目建设耗费的资源。凡项目对国民经济所作出的贡献,均记为项目的效益;凡国民经济为项目所付出的代价均记为项目的费用。根据《公路建设项目可行性研究报告编制办法》,公路建设项目国民经济评价,只计算项目直接效益和直接费用,对项目间接效益和间接费用(又称外部效果)只进行定性分析和描述。

判别项目的效益和费用时,要遵循"有无对比"原则,即将"有项目情况"(实施项目后,相关路网将要发生的情况)与"无项目情况"(不实施项目,相关路网将要发生的情况)加以对比,以确定某项效益和费用的存在。当现有相关公路拥挤度大于1.0时,宜用"做最少情况"作为"基准情况",即用最少的投资来改造现有相关公路,使其能在最低服务水平下维持车辆通行的路网情况。

经济费用计算须遵循机会成本原则,经济效益计算遵循支付意愿与消费者剩余原则。

2)经济效益费用流量表

编制国民经济评价报表是国民经济评价的基础工作之一。"国民经济费用效益流量表"是公路建设项目国民经济评价的基本报表,包括"项目国民经济费用效益流量表"和"国内投资国民经济费用效益流量表"。"项目国民经济费用效益流量表"以全部投资,包括国内投资和国外投资,作为分析对象,考察项目全部投资的盈利能力;"国内投资国民经济费用效益流量表"是以国内投资作为分析对象,考察项目国内投资部分的盈利能力。目前,公路建设项目主要编制"项目国民经济费用效益流量表",即"项目投资经济费用效益流量表"。除国民经济评价"国民经济费用效益流量表"基本报表外,还有国民经济评价辅助报表,即国民经济评价基础数据计算表。主要包括主要投入物影子价格调整表、建设费用调整表、国民经济费用支出汇总表、国民经济效益汇总表等。

3)评价指标

在费用效益分析基础上,计算经济指标值,将其与基准值或参考值比较、分析,以判断公路建设项目国民经济可行性。这些经济指标主要包括经济内部收益率、经济净现值、经济效益费用比等。对改扩建项目而言,国民经济评价除分析上述指标外,还须考察拟建项目最佳建设时机,通常采用第一年收益率法。

(1)经济内部收益率(EIRR)。

经济内部收益率是反映公路建设项目对国民经济贡献程度的相对指标,是项目在计算期内各年经济净现金流量累计现值等于0时的折现率。结合图8-2可列出经济内部收益率计算公式:

$$\sum_{t=0}^{M+N}(B_t - C_t)(1 + EIRR)^{-t} = 0 \tag{8-8}$$

式中:B_t——第t年效益流入量;

C_t——第t年费用流出量;

$M+N$——计算期。

当经济内部收益率等于或大于社会折现率时,表明项目可以接受。

(2)经济净现值(ENPV)。

经济净现值是反映项目对国民经济净贡献程度的绝对指标。其计算方法是,用社会折现率将项目计算期内各年的净效益流量折算为基年(开工前一年年末)的现值之和。其计算公式如下:

$$ENPV = \sum_{t=1}^{M+N}(B_t - C_t) \times (1 + I_s)^{-t} \tag{8-9}$$

式中:I_s——社会折现率,目前取8%。

当ENPV>0时,说明项目评价期内项目总收益大于总费用,项目可行;当ENPV<0时,说明项目评价期内项目总收益小于总费用,项目不可行;当ENPV=0时,效益现值总额等于费用现值总额,说明项目获利能力刚好能补偿投资的水平。ENPV越大,说明方案越优。因此,ENPV≥0,项目可行。

(3)经济效益费用比(ER_{BC})。

项目的效益费用比是项目计算期内各年效益的现值总额和各年费用的现值总额的比率,其经济含义为每万元的投资费用可获得多少效益。其计算公式如下:

$$ER_{BC} = \frac{\sum_{t=1}^{M+N} B_t \times (1 + I_s)^{-t}}{\sum_{t=1}^{M+N} C_t \times (1 + I_s)^{-t}} \tag{8-10}$$

当ER_{BC}>1时,说明项目所具有的获利能力超过对项目的投入,项目可行;当ER_{BC}<1时,说明项目所具有的获利能力不足抵偿项目的投入,项目不可行;当ER_{BC}=1时,说明项目效益现值等于费用现值总额。所以,当ER_{BC}≥1时,项目可行。

(4)经济投资回收期(EN)。

经济投资回收期是指项目的经济效益抵偿经济费用所需的时间。经济投资回收期一般从项目建设开始年算起,以年表示。如果从投入运营年算起,应特别注明。经济投资回收期可根据国民经济费用效益流量表,以净效益流量为基础,计算累计净现金流量,进而计算经济投资回收期。其计算公式如下:

$$EN = 累计经济净现值开始出现正值年份 - 项目建设开始年份 + \frac{上年累计经济净现值的绝对值}{当年经济净收益现值}$$

$$\tag{8-11}$$

在国民经济评价中,须将求出的投资回收期(EN)与行业的基准投资回收期比较,当经济投资回收期小于或等于基准投资回收期时,表明项目投资能在规定的时间内收回,投资回收期越短越好。

(5)第一年收益率(FYRR)。

对于改扩建项目,采用增量分析法,考察拟建项目最佳建设时机,可采用第一年收益率法。其计算公式如下:

$$\text{FYRR} = \frac{B_{M+1}}{\sum_{t=1}^{M} C_t \times (1 + I_s)^{M-t}} \tag{8-12}$$

式中:B_{M+1}——拟建项目通车后第一年的国民经济效益,万元;

t——建设期年序数,$t=0$ 为基年,$t=1,2,\cdots,M$;M 为建设期年数;

C_t——第 t 年的建设经济费用,万元。

若 $\text{FYRR} > I_s$,说明项目建设时机已成熟。

四、国民经济评价的费用计算

公路建设项目的经济费用包括建设期经济费用和运营期经济费用。国民经济评价费用计算可在财务评价基础上进行,也可单独进行。大多情况下,项目建设期经济费用是以财务评价中项目投资估算为基础,对费用进行调整。运营期经济费用,包括日常养护费用、管理费用、大修费用国外贷款利息和残值等。

1. 建设经济费用的计算

建设投资按照《公路工程建设项目投资估算编制办法》《公路工程估算指标》等相关文件执行。建设投资包括建筑安装工程费、设备及工具器具购置费、工程建设其他费用和预留费用。在国民经济评价中,建设期经济费用通常是在建设投资(投资估算)基础上,用影子价格调整人工、材料、土地、转移支付和预留费用等,其他各项费用维持不变(即取换算系数为1.0),以计算经济费用。通常需借助"建设费用调整表"进行分析与计算。具体计算方法如下。

1)人工费调整

劳动力作为特殊投入物,在国民经济评价中以影子工资计算劳动力费用。影子工资是指公路建设项目使用劳动力、耗费劳动资源而使社会付出的代价。影子工资的大小与国家的社会经济状况、项目的技术含量以及项目所在地劳动力的充裕程度有关。在公路建设项目经济费用效益分析中,通常以财务工资为基础,用影子工资换算系数来计算,调整为影子工资。

公路建设项目通常大量使用项目所在地的非技术劳动力,因此公路建设项目影子工资换算系数分为技术劳动力和非技术劳动力两类。对于技术劳动力,影子工资等于财务工资,即影子工资换算系数等于1.0。对于非技术劳动力,需要结合项目所在地经济发展水平、劳动力供求关系等确定,通常采用影子工资换算系数0.5,即采取财务工资的0.5倍作为影子工资。对于具体项目,考虑到我国各地经济发展不平衡,劳动力供求关系有一定差别,应当按照当地非技术劳动力供给富余程度调整影子工资换算系数,该系数一般情况下为0.25~0.8。

2)材料费调整

(1)钢材、木材、沥青等作为可外贸货物,以口岸价为基础进行计算,具体计算方法及公式见式(8-4)、式(8-5)及其说明。

(2)水泥,一般视为具有市场价格但非贸易货物,以出厂价为基础进行计算。其计算公式

如下:
$$影子价格 = 出厂价 + 运输费用 \qquad (8-13)$$

(3) 其他材料费。实际工作中,一般按具有市场价格的非外贸货物的影子价格来计算,其投资估算原则上不变,即影子价格换算系数为1.0。

3) 土地影子价格计算

土地是公路建设项目经济评价中的特殊投入物。项目占用的土地无论是否需要实际支付财务成本,均应根据土地用途的机会成本原则或消费者支付意愿原则计算其影子价格,以反映公路建设项目使用土地资源而使社会付出的代价。由式(8-7)可知,土地的影子价格等于土地的机会成本加上土地转变用途所导致的新增资源消耗。

(1) 机会成本计算。

公路建设项目通常占用农村土地,包括农业、林业、果园、牧业、渔业等,土地机会成本一般按拟建项目占用土地而使国民经济为此放弃的该土地"最佳替代用途"的净效益来计算,其计算公式如下:

$$LOG = NB_0(1+g)^{\tau+1}\left[\frac{1-(1+g)^n(1+i)^{-n}}{i-g}\right] \qquad (8-14)$$

式中:LOG——机会成本;

NB_0——基年土地的"最佳替代用途"的单位面积年净效益,元/亩;

g——土地最好可行替代用途的年均净效益增长率;

τ——基年距开工年年数;

n——项目占用土地的年限;

i——社会折现率。

[例8-1] 某公路建设项目使用土地866.84亩,土地类型见表8-3。试计算该项目土地影子价格。

解:据实地调查得2020年各类土地"最佳替代用途"单位面积净收益;净收益年增长率为2.5%;项目预计2022年开工建设,$T = 2$;项目计算期为22年,建设期2年,运营期20年;社会折现率为8%。按公式(8-14),计算得出该公路建设项目土地机会成本,见表8-3。

土地机会成本计算表 表8-3

土地类型	数量(亩)	最佳替代用途年净效益(元/亩)	净效益增长率	机会成本(元/亩)
稻田	450	1200	2.5%	16055
菜地	20	825	2.5%	11038
果园	60	650	2.5%	8697
山林	200	520	2.5%	6957
合计	730			12820.54

该公路建设项目土地机会成本为:
$$450 \times 16055 + 20 \times 11038 + 60 \times 8697 + 200 \times 6957 = 9358995 \text{ 元}$$

所以,每亩土地平均机会成本为:
$$9358995/730 = 12820.54 \text{ 元/亩}$$

(2)新增资源消耗计算。

新增资源消耗包括拆迁补偿费、农民安置补助费。其中,拆迁补偿费通常用影子价格换算系数1.1进行调整。

(3)计算步骤。

在实际工作中,土地的影子价格可以从财务评价中土地征地费用出发,进行调整计算。具体处理方法如下:

①通常将土地补偿费、青苗补偿费等,按机会成本计算方法调整计算。

②将征地动迁费、安置补助费和地上附着物补偿费等视为新增资源消耗,按影子价格计算,通常用影子价格换算系数1.1进行调整。

③在征地过程中收取的征地管理费、耕地占用税、土地复耕费、土地管理费、土地开发建设基金等各种税费,视为转移支付,予以剔除。

4)转移支付剔除

有些财务收入和支出,从整个社会经济角度来说,并没有造成资源的实际增加或减少,而是由一个部门或社会成员转移到另一个部门或社会成员手中。这些财务收入和支出在国民经济评价中称为"转移支付",应剔除属于国民经济内部"转移支付"的税金、补贴、国内借款利息等。在公路建设项目的转移支付中,主要有以下3种形式:

(1)各类税收(项目→政府),如原材料、设备燃料等的进口税、营业税、所得税、调节税、关税和增值税等,属于国民经济内部转移支付;但不包括体现资源补偿和环境补偿的税费,如土地税、城市维护建设税、资源税等,它们是政府为补偿社会而代为征收的费用。

(2)政府补贴(政府→项目),即政府给予项目(企业)的各种补贴。

(3)国内借款利息,即项目向国内银行等金融机构支付的贷款利息和获得的存款利息。

5)预留费用

预留费用包括预备费和工程造价增长预留费。国民经济评价使用基期不变价,因此,建设经济费用计算须剔除工程造价增长预留费。

2. 运营管理费用计算

运营管理费用包括日常养护费用、管理费用、大中修费用等。一般通过对拟建项目所在地区相同的或相似的、正在使用中的项目调查得到。

在公路建设项目经济评价实践工作中,常按以下两种方法处理:

(1)运营管理经济费用取财务评价中的费用,即不作调整;日常养护及大中修经济费用按综合影子价格换算系数调整,综合影子价格换算系数一般取建设投资中建筑安装工程费的综合影子价格换算系数,即建筑安装工程费的经济费用除以建筑安装工程费。

(2)将日常养护费用、管理费用、大中修费用分别按影子价格综合换算系数进行调整。影子价格综合换算系数等于建设期投资经济费用除以建设期投资财务费用。

3. 残值

残值是指预计在经济评价期末处置公路建设项目长期资产可能获得的价值。

公路建设项目经济评价中,残值取值一般采用下述两种方法之一:

(1)取公路建设经济费用的50%,以负值计入费用。

(2)在以"做最少情况"作为"基准情况"时,应将"做最少情况"的费用以负值计入。"做最少情况"是指用最少的投资来改造现有相关公路,使其能在最低服务水平下维持车辆通行的路网情况。

五、国民经济评价效益的计算

1. 国民经济评价效益概述

公路建设项目的国民经济效益是在支付意愿与消费者剩余的基础上，按照"有无比较法"确定出来的。所谓"有无比较法"，是通过对拟建项目建设后使用中(消费者)所发生的各种费用与拟建项目不实施情况下(消费者)所发生的各种费用进行比较来确定拟建项目效益的一种方法。

公路建设项目的国民经济效益是指公路建设项目对国民经济所作的贡献，常有以下三种分类方法：从效益发生后受益角度，分为内部效益和外部效益；从效益作用的方式和效果角度，分为直接效益和间接效益；从效益表现形态角度，分为有形效益和无形效益。

1) 内部效益与外部效益

公路建设项目的内部效益就是项目自身能够得到的效益，表现为项目完成后，用于公路交通条件改善、通行效率提高，以及公路使用者运营成本的降低、时间的节约和交通事故的减少。

公路建设项目的外部效益是指项目建成后，被投资者以外社会的其他人无偿取得的效益，主要包括促进国民经济发展、提供就业机会、治理环境污染、提高运输质量和信誉等。这些效益通常难以定量分析，在公路建设项目国民经济评价中，外部效益以定性分析为主。

2) 直接效益与间接效益

直接效益是在拟建公路项目的直接作用下产生和归集的效益，主要包括公路使用者费用节约和原有相关公路维护费用的节约。其中，公路使用者费用节约主要有拟建项目和原有相关公路的降低运营成本效益、旅客在途时间节约效益和拟建项目减少交通事故效益。

间接效益是拟建公路项目建成导致某些因素变化，如运输量的增加和运送时间的缩短等，再由这些改善因素作用所产生的作用，如国民收入的提高等。以某运煤专用公路的修建为例，该项目的修建使煤炭及时外运，货存成本降低，产量扩大。由此带动了其他地区的电力工业、化学工业、轻工业及商业的发展，促进了国民收入提高。这些无疑是拟建专用线修建带来的间接效益。在公路建设项目国民经济评价中，一般只要求计算直接效益，对间接效益进行定性分析与描述。

3) 有形效益和无形效益

有形效益是指直接可以用货币衡量的效益。有形效益可以是内部效益，也可以是外部效益；可以是直接效益，也可以是间接效益。

无形效益是难以用货币衡量的效益。从理论上讲，任何一种事物都是可以用货币计量的，目前不能计量，只是因为技术手段尚未达到而已。随着先进科技方法的出现，更多公路项目的无形效益将能够用货币量化，进而使国民经济效益计算更加准确。

2. 国民经济效益计算方法

公路建设项目的国民经济效益主要计算直接效益，包括拟建项目和原有相关公路的降低运营成本效益、旅客在途时间节约效益和拟建项目减少交通事故效益。可以采用的方法有相关路线法、路段费用法和OD矩阵法等。计算中对车型不作要求，但要注意保持各参数之间的一致性。

1)相关路线法

相关线路法是在确定与拟建项目相关的原有公路路线基础上,通过公路使用者在"无项目"情况下使用原有相关公路和在"有项目"情况下使用拟建项目费用的比较,计算项目产生的经济效益。

(1)降低运营成本效益(B_1)计算公式如下:

$$B_1 = B_{11} + B_{12} \tag{8-15}$$

式中:B_{11}——拟建项目降低运营成本的效益,元;

B_{12}——原有相关公路降低营运成本的效益,元。

式(8-15)中,B_{11}可按下式计算:

$$B_{11} = 0.5 \times (T_{1p} + T_{2p})(\text{VOC}'_{1b} \times L' - \text{VOC}_{2p} \times L) \times 365 \tag{8-16}$$

式中:T_{1p}——"有项目情况"下,拟建项目的趋势交通量,自然数,辆/日;

T_{2p}——"有项目情况"下,拟建项目的总交通量,自然数,辆/日;

VOC'_{1b}——"无项目情况"下,原有相关公路在趋势交通量条件下各种车型车辆加权平均单位运营成本,元/(车·km);

VOC_{2p}——"有项目情况"下,拟建项目在总交通量条件下各种车型车辆加权平均单位运营成本,元/(车·km);

L'——原有相关公路的路段里程,km;

L——拟建项目的路段里程,km。

式(8-15)中,B_{12}可按下式计算:

$$B_{12} = 0.5 \times L' \times (T'_{1p} + T'_{2p})(\text{VOC}'_{1b} - \text{VOC}'_{2p}) \times 365 \tag{8-17}$$

式中:T'_{1p}——"有项目情况"下,原有相关公路趋势交通量,自然数,辆/日;

T'_{2p}——"有项目情况"下,原有相关公路总交通量,自然数,辆/日;

VOC'_{2p}——"有项目情况"下,原有相关公路在总交通量条件下各种车型车辆加权平均单位营运成本,元/(车·km)。

(2)旅客在途时间节约效益(B_2)计算公式如下:

$$B_2 = B_{21} + B_{22} \tag{8-18}$$

式中:B_{21}——拟建项目旅客在途时间节约效益,元;

B_{22}——原有相关公路旅客在途时间节约效益,元。

式(8-18)中,B_{21}可按下式计算:

$$B_{21} = 0.5 \times W \times E \times (T_{1pp} + T_{2pp})\left(\frac{L'}{S'_{1b}} - \frac{L}{S_{2p}}\right) \times 365 \tag{8-19}$$

式中:W——旅客单位时间价值,元·人·h;

E——旅客平均载运系数,人/辆;

T_{1pp}——"有项目情况"下,拟建项目客车趋势交通量,自然数,辆/日;

T_{2pp}——"有项目情况"下,拟建项目客车总交通量,自然数,辆/日;

S'_{1b}——"无项目情况"下,原有相关公路在趋势交通量条件下各种车型客车加权平均行驶速度,km/h;

S_{2p}——"有项目情况"下,拟建项目在总交通量条件下各种车型车辆加权平均行驶速度,km/h。

式(8-18)中,B_{22}可按下式计算:

$$B_{22} = 0.5 \times W \times E \times L' \times (T'_{1pp} + T'_{2pp}) \left(\frac{1}{S'_{1b}} - \frac{1}{S'_{2p}}\right) \times 365 \qquad (8\text{-}20)$$

式中:T'_{1pp}——"有项目情况"下,原有相关公路客车趋势交通量,自然数,辆/日;

T'_{2pp}——"有项目情况"下,拟建公路客车总交通量,自然数,辆/日;

S'_{2p}——"有项目情况"下,原有相关公路在总交通量条件下各种车型客车加权平均行驶速度,km/h。

旅客单位时间价值的测算应同时考虑工作时间价值和闲暇时间价值。客车平均载运系数应以各种车型客车交通量为权数,计算其加权平均数。

(3)减少交通事故效益(B_3)计算公式如下:

$$B_3 = B_{31} + B_{32} \qquad (8\text{-}21)$$

式中:B_{31}——拟建项目减少交通事故效益,元;

B_{32}——原有相关公路减少交通事故效益,元。

式(8-21)中,B_{31}可按下式计算:

$$B_{31} = 0.5 \times (T_{1p} + T_{2p})(r'_{1b} \times L' \times C'_b - r_{2p} \times L \times C_p) \times 365 \times 10^8 \qquad (8\text{-}22)$$

式中:C'_b——"无项目情况"下,原有相关公路单位事故平均经济损失,元/次;

C_p——"有项目情况"下,拟建项目单位事故平均经济损失,元/次;

r'_{1b}——"无项目情况"下,原有相关公路在趋势交通量条件下的事故率,次/(亿车·km);

r_{2p}——"有项目情况"下,拟建项目在总交通量条件下的事故率,次/(亿车·km)。

式(8-21)中,B_{32}可按下式计算:

$$B_{32} = 0.5 \times L' \times (T'_{1p} + T'_{2p})(r'_{1b} \times C'_b - r'_{2p} \times C'_p) \times 365 \times 10^8 \qquad (8\text{-}23)$$

式中:C'_p——"有项目情况"下,原有相关公路单位事故平均经济损失,元/次;

r'_{2p}——"有项目情况"下,原有相关公路在总交通量条件下的事故率,次/(亿车·km)。

2)路段费用法

路段费用法是通过公路使用者在"无项目"情况下和"有项目"情况下使用影响区域路网费用的比较,计算项目产生的经济效益,其具体计算是针对路网逐个路段计算并汇总。

(1)降低运营成本效益(B_1)计算公式如下:

$$B_1 = B_{1b} + B_{1p} \qquad (8\text{-}24)$$

式中:B_{1b}——趋势交通量在影响区路网上的运营费用节约,元;

B_{1p}——诱增交通量在影响区路网上的运营费用节约,元。

$$B_{1b} = \sum_{i=1}^{n}\sum_{j=1}^{m}(T'_{bij} \times \text{VOC}'_{bij} - T_{bij} \times \text{VOC}_{pij}) \times L_i \times 365 \qquad (8\text{-}25)$$

式中:T'_{bij}——"无项目"情况,趋势交通量条件下,i路段j车型的交通量,自然数,辆/日,对于拟建项目路段该项数值为"0";

VOC'_{bij}——"无项目"情况,趋势交通量条件下,i路段j车型的单位运营成本,元/(车·km),对于拟建项目路段该项数值为"0";

T_{bij}——"有项目"情况,i路段j车型的趋势交通量,自然数,辆/日,对于拟建项目路段该项数值为"0";

VOC_{pij}——"有项目"情况,总交通量条件下,i 路段 j 车型的单位运营成本,元/(车·km);

L_i——i 路段长度,km;

i——路段序号;

j——车型序号;

m——车型总数;

n——路网的路段总数;

式(8-24)中,B_{1p} 可按下式计算:

$$B_{1p} = \sum_{i=1}^{n}\sum_{j=1}^{m} 0.5 \times [(T'_{pij} - T'_{bij}) \times VOC'_{bij} - (T_{pij} - T_{bij}) \times VOC_{pij}] \times L_i \times 365 \tag{8-26}$$

式中:T'_{pij}——"无项目"情况下,总交通量条件下,i 路段 j 车型的交通量,自然数,辆/日;

T_{pij}——"有项目"情况下,i 路段 j 车型的总交通量,自然数,辆/日。

(2) 旅客在途时间节约效益(B_2)计算公式如下:

$$B_2 = B_{2b} + B_{2p} \tag{8-27}$$

式中:B_{2b}——趋势交通量旅客时间节约效益,元;

B_{2p}——诱增交通量旅客时间节约效益,元。

式(8-27)中,B_{2b} 可按下式计算:

$$B_{2b} = \sum_{i=1}^{n}\sum_{j=1}^{m_1} W \times E_j \times \left(\frac{T'_{bij}}{S'_{bij}} - \frac{T_{bij}}{S_{pij}}\right) \times L_i \times 365 \tag{8-28}$$

式中:W——旅客单位时间价值,元/(人·h);

E_j——j 型客车平均载运系数,人/辆;

S'_{bij}——"无项目"情况下,趋势交通量条件下,i 路段 j 型客车的平均车速,km/h;

S_{pij}——"有项目"情况下,总交通量条件下,i 路段 j 型客车的平均车速,km/h;

m_1——客车车型总数。

式(8-27)中,B_{2p} 可按下式计算:

$$B_{2p} = \sum_{i=1}^{n}\sum_{j=1}^{m_1} 0.5 \times W \times E_j \times [(T'_{pij} - T'_{bij}) \div S'_{bij} - (T_{pij} - T_{bij}) \div S_{pij}] \times L_i \times 365 \tag{8-29}$$

(3) 减少交通事故效益(B_3)计算公式如下:

$$B_3 = B_{3b} + B_{3p} \tag{8-30}$$

式中:B_{3b}——趋势交通量减少交通事故效益,元;

B_{3p}——诱增交通量减少交通事故效益,元。

式(8-31)中,B_{3b} 可按下式计算:

$$B_{3b} = \sum_{i=1}^{n}(T'_{bi} \times r'_{bi} \times C'_{bi} - T_{bi} \times r_{pi} \times C_{pi}) \times L_i \times 365 \times 10^8 \tag{8-31}$$

式中:T'_{bi}——"无项目"情况下,趋势交通量条件下,i 路段的交通量,自然数,辆/日,对于拟建项目路段该项数值为"0";

T_{bi}——"有项目"情况下,i 路段的趋势交通量,自然数,辆/日;

r'_{bi}——"无项目"情况下,趋势交通量条件下,i 路段的交通事故率,次/(亿车·km);

r_{pi}——"有项目"情况下,总交通量条件下,i 路段的交通事故率,次/(亿车·km);

C'_{bi}——"无项目"情况下,趋势交通量条件下,i 路段单位交通事故平均经济损失费,元/次;

C_{pi}——"有项目"情况下,总交通量条件下,i 路段单位交通事故平均经济损失费,元/次。

式(8-31)中,B_{3p} 可按下式计算:

$$B_{3p} = \sum_{i=1}^{n} 0.5 \times [(T'_{pi} - T'_{bi}) \times r'_{bi} \times C'_{bi} - (T_{pi} - T_{bi}) \times r_{pi} \times C_{pi}] \times L_i \times 365 \times 10^8 \quad (8-32)$$

式中:T'_{pi}——"无项目"情况下,总交通量条件下,i 路段的交通量,自然数,辆/日,对于拟建项目路段该项数值为"0";

T_{pi}——"有项目"情况下,i 路段的总交通量,自然数,辆/日。

3) OD 矩阵法

OD 矩阵法是以"无项目"情况下和"有项目"情况下路网的汽车运营费用、运营时间矩阵和交通量矩阵为基础,计算项目产生的经济效益。其中,汽车的运营费用、运行费用和运行时间采用全部交通量分配到路网上后的数据。OD 矩阵法可以计算汽车运营成本节约效益和旅客节约时间效益,但是减少交通事故效益还需要用相关路径法或路段费用法计算。

(1) 降低运营成本效益(B_1)计算公式如下:

$$B_1 = B_{1b} + B_{1p} \quad (8-33)$$

式中:B_{1b}——趋势交通量在影响区路网上的运营费用节约,元;

B_{1p}——诱增交通量在影响区路网上的运营费用节约,元。

式(8-33)中,B_{1b} 可按下式计算:

$$B_{1b} = \sum_{i=1}^{n}\sum_{j=1}^{n}(C'_{bij} - C_{pij}) \times T'_{ij} \times 365 \quad (8-34)$$

式中:C'_{bij}——"无项目"情况下,趋势交通量条件下,路网加载交通量后,i 交通小区到 j 交通小区各种车型的加权平均费用,元;

C_{pij}——"有项目"情况下,总交通量条件下,路网加载交通量后,i 交通小区到 j 交通小区各种车型的加权平均费用,元;

T'_{ij}——i 交通小区到 j 交通小区的趋势交通量,自然数,辆/日;

i、j——交通小区序号;

n——交通小区总数。

式(8-33)中,B_{1p} 可按下式计算:

$$B_{1p} = \sum_{i=1}^{n}\sum_{j=1}^{n}0.5 \times (C'_{bij} - C_{pij}) \times (T_{ij} - T'_{ij}) \times 365 \quad (8-35)$$

式中:T_{ij}——i 交通小区到 j 交通小区的总交通量,自然数,辆/日。

(2) 旅客在途时间节约效益(B_2)计算公式如下:

$$B_2 = B_{2b} + B_{2p} \quad (8-36)$$

式中:B_{2b}——趋势交通量旅客时间节约效益,元;

B_{2p}——诱增交通量旅客时间节约效益,元。

式(8-36)中,B_{2b} 可按下式计算:

$$B_{2b} = \sum_{i=1}^{n}\sum_{j=1}^{n} W \times E \times (\text{VOT}'_{bij} - \text{VOT}_{pij}) \times T'_{kij} \times 365 \quad (8-37)$$

式中:W——旅客单位时间价值,元/(人·h);

E——客车各车型加权平均载运系数,人/辆;

VOT'_{bij}——"无项目"情况,趋势交通量条件下,路网加载交通量后,i 交通小区到 j 交通小区客车各种车型的加权平均运行时间,h;

VOT_{pij}——"有项目"情况,总交通量条件下,路网加载交通量后,i 交通小区到 j 交通小区客车各种车型的加权平均运行时间,h;

T'_{kij}——i 交通小区到 j 交通小区的客车趋势交通量,自然数,辆/日。

式(8-36)中,B_{2p} 可按下式计算:

$$B_{2p} = \sum_{j=1}^{n}\sum_{i=1}^{n} W \times E \times (VOT'_{bij} - VOT_{pij}) \times (T_{kij} - T'_{kij}) \times 365 \quad (8-38)$$

T_{kij}——i 交通小区到 j 交通小区的客车总交通量,自然数,辆/日。

3. 汽车运输成本计算

汽车运输成本是国民经济效益计算的重要基础数据,它由与行驶距离有关的成本和与时间有关的成本两部分构成。与行驶距离有关的成本包括燃油消耗、机油消耗、轮胎磨损、养护费用等。这些成本主要受路面平整度、纵坡等道路条件和速度、拥挤度等交通条件以及车辆性能的影响。与时间有关的成本包括车辆折旧、驾乘人员工资及福利、保险费、车船使用税、牌照税、管理费及其他相关税费。

按照费用与效益计算范围口径对应一致原则,国民经济评价汽车运输成本也应作调整。车辆运营成本调整应针对不同组成部分的特点,按照《办法与参数》所设定的原则分别进行调整,以经济费用作为计算国民经济效益的基础。

车辆运输成本的计算可以依据车速-交通量、运营成本-车速等模型进行计算。此外,交通事故费用等参数需要技术人员结合拟建项目实际进行测算。

目前,实际工作中一般可参照交通部公规院和世界银行联合研究完成的《Study of Prioritization of Highway Investments and Improving Feasibility Study Methodologies Pilot Study Report》(《公路投资优化和改善可行性研究方法》)中"道路及交通条件的汽车运输成本的影响模型",在假定车速、平整度 IRI、坡度情况下,计算汽车运输成本。计算模型详见表 8-4。

道路及交通条件的汽车运输成本的影响模型 表 8-4

车型	成本	道路条件		交通条件	
		平整度(IRI)	平均纵坡($G\%$)	速度(s)(km/h)	拥挤度(v/c)
小型客车、小型货车	燃料	$0.979 + 0.0104 \times IRI$		$0.291 + 24.26/s + 0.000087s^2$	$1 + 0.14 \times (v/c)$
	润滑油	$0.804 + 0.0798 \times IRI$		$0.997 + 0.0471/s + 0.0000003s^2$	
	轮胎	$0.751 + 0.1247 \times IRI$	$0.9586 \times \exp$	$0.8699 \times s^{0.03564}$	$1 + 0.51 \times (v/c)$
	修理人工费	$0.811 \times \exp(0.11 \times IRI) - 0.01$	$(0.027 \times G)$	$0.6215 + 18.92/s$	
	修理材料费	$0.702 \times \exp(0.1779 \times IRI) - 0.002$	0.045	$0.6215 + 18.92/s$	
	折旧	$0.702 \times \exp(0.1779 \times IRI) - 0.002$		$0.6215 + 18.92/s$	

续上表

车型	成本	道路条件		交通条件	
		平整度(IRI)	平均纵坡($G\%$)	速度(s)(km/h)	拥挤度(v/c)
中型货车	燃料	$0.990 + 0.0048 \times IRI$		$0.209 + 31.04/s + 0.000068s^2$	$1 + 0.14 \times (v/c)$
	润滑油	$0.903 + 0.0487 \times IRI$	$0.861 \times \exp$	$0.973 + 0.271/s + 0.0000088s^2$	
	轮胎	$0.943 + 0.0286 \times IRI$	$(0.129 \times G)$	$0.6867 \times s^{0.0918}$	$1 + 0.51 \times (v/c)$
	修理人工费	$0.909 \times \exp(0.0916 \times IRI) - 0.091$	-0.045	$0.178 + 41.11/s$	
	修理材料费	$0.85 \times \exp(0.1789 \times IRI) - 0.215$		$0.178 + 41.11/s$	
	折旧	$0.85 \times \exp(0.1789 \times IRI) - 0.215$		$0.178 + 41.11/s$	
大型客车	燃料	$0.989 + 0.0058 \times IRI$		$0.341 + 24.64/s + 0.000068s^2$	$1 + 0.14 \times (v/c)$
	润滑油	$0.912 + 0.0438 \times IRI$	$0.861 \times \exp$	$0.998 + 0.103/s$	
	轮胎	$0.941 + 0.0295 \times IRI$	$(0.129 \times G)$	$0.774 \times s^{0.0627} + 0.011$	$1 + 0.51 \times (v/c)$
	修理人工费	$0.819 \times \exp(0.0962 \times IRI) + 0.007$	-0.045	$0.342 + 32.9/s$	
	修理材料费	$0.915 \times \exp(0.046 \times IRI) - 0.003$		$0.342 + 32.9/s$	
	折旧	$0.915 \times \exp(0.046 \times IRI) - 0.003$		$0.342 + 32.9/s$	
大型货车	燃料	$0.978 + 0.0109 \times IRI$		$0.291 + 24.26/s + 0.000087s^2$	$1 + 0.14 \times (v/c)$
	润滑油	$0.908 + 0.0458 \times IRI$	$0.9586 \times \exp$	$0.8266 \times s^{0.051} - 0.009$	$1 + 0.51 \times (v/c)$
	轮胎	$0.942 + 0.0288 \times IRI$	$(0.027 \times G)$	$0.429 + 26.78/s + 0.000014 \times s^2$	
	修理人工费	$0.961 \times \exp(0.0704 \times IRI) - 0.106$		$0.429 + 26.78/s + 0.000014 \times s^2$	
	修理材料费	$0.847 \times \exp(0.1367 \times IRI) - 0.113$		$0.429 + 26.78/s + 0.000014 \times s^2$	
	折旧	$0.847 \times \exp(0.1367 \times IRI) - 0.113$			

速度是影响成本的重要因素之一,而速度本身又受线路等级坡度、拥挤度等道路及交通条件影响。车速计算模型如下:

对于高速公路、一级公路,有:

$$\begin{cases} s = a \times \exp\left[b\left(\dfrac{v}{c}\right)^2\right] & \left(\dfrac{v}{c} \leq m\right) \\ s = a_1 \times \exp\left[b_1\left(\dfrac{v}{c}\right)^8\right] & \left(\dfrac{v}{c} > m\right) \end{cases} \qquad (8-39)$$

对于普通公路,有:

$$\begin{cases} s = a \times \exp\left[b\left(\dfrac{v}{c}\right)^2\right] & \left(\dfrac{v}{c} \leq m\right) \\ s = a_1 \times b_1 \dfrac{v}{c} & \left(\dfrac{v}{c} > m\right) \end{cases} \quad (8\text{-}40)$$

以上两式中:s——车辆运行速度;

v——路段小时交通量,标准中型车;

c——路段小时通行能力,标准中型车;

m——车速收敛时的 v/c 值;

a、b、a_1、b_1、m——系数,其值见表 8-5。

速度模型参数表　　　　　　　　　表 8-5

公路等级	车型	a	b	a_1	b_1	m
高速公路、一级公路	小型客车	96.6	-0.350	86.04	-0.648	0.8
	大型客车	79.1	-0.154	78.71	-0.559	
	小型货车	73.7	-0.160	71.93	-0.469	
	中型货车	68.3	-0.060	70.96	-0.455	
	大型货车	65.0	-0.150	62.38	-0.327	
	拖挂车	61.4	-0.107	60.23	-0.291	
二级公路	小型客车	60.0	-1.42	65.1	-50.8	0.75
	大型客车	43.9	-0.86			
	小型货车	50.5	-1.11			
	中型货车	46.7	-0.97			
	大型货车	48.4	-1.04			
	拖挂车	40.0	-0.70			

4. 国民经济效益的计算注意事项

(1)相关线路法和 OD 矩阵法计算公式是不分车型计算设计的。当分车型计算时,将各车型的计算结果汇总即可。

(2)路段费用法计算公式按分车型计算设计。当不分车型进行计算时,式中的车辆运行成本、客车载重系数、客车行驶速度等应根据交通量车型结构计算其加权平均值。

(3)在效益计算中,交通量在项目开工后的预测年限与评价计算期应一致。这期间在未来年交通量达到公路通行能力后,交通量和效益拟不再变化。例如,2017 年建成一条新路,2018 年初投入运营,交通量预测计算应到 2037 年。假设预测的交通量到 2031 年已达到最大通行能力,则 2032—2037 年的交通量等于最大通行能力,即 2032 年交通量值不再变化。相应费用效益计算所采用的交通量预测值亦为最大通行能力,不再变化。

第三节　案例分析

某公司欲投资建设一个生产新型 LED 芯片的项目,生产的 LED 芯片销往国内作为 LED 照明灯具的原材料。该项目建设期 2 年,生产经营期 18 年,计算期 20 年。建设投资第一年投入 40%,第二年投入 60%;流动资金从第三年起分 2 年等额投入。第三年投产,生产负荷达到 85%,第四年生产负荷达到 100%。该项目生产的新型 LED 芯片为市场定价的货物,市场价格为 2.7 元/只(含增值税),该项目正常年份年产量为 18000 万只,据预测,项目投产后将导致该产品的市场价格下降 5%,而且很可能挤占国内原有厂家的部分市场份额,国内运费均值为 100 元/万只。计算期末回收固定资产余值为 3500.31 万元。该项目无外部效益和外部费用。该工程项目总投资情况见表 8-6。

项目总投资情况表   表 8-6

序 号	项 目	人民币(万元)	外币(万美元)
1	建设投资	12012.90	980.10
1.1	设备及工器具投资	4466.00	589.00
1.2	建筑工程投资	4250.00	
1.3	安装工程投资	1165.00	220.00
1.4	工程建设其他投资	608.00	82.00
1.4.1	其中:土地费用	122.00	
1.5	基本预备费	1048.90	89.10
1.6	涨价预备费	475.00	
2	建设期利息	864.00	
3	固定资产投资	12876.90	980.10
4	流动资金	3257.00	

美元兑换人民币的外汇牌价为 6.07 元/美元,影子汇率换算系数为 1.08。该项目建筑工程投资影子价格换算系数为 1.1。设备及工器具投资、安装工程投资及除土地费用外的工程建设其他投资中的人民币投资影子价格换算系数均为 1。该项目占用基本农田的机会成本为 82.03 万元,新增资源消耗为机会成本的 40%。基本预备费费率为 10%。该项目应收账款为 2348 万元,存货为 1920 万元,现金为 186 万元,应付账款为 1197 万元。

该项目原材料有 A、B、C 三种,原料 A 和 C 为市场定价的外贸货物,其到岸价分别为 693 美元/t 和 340 美元/t,年耗用量分别为 3 万 t 和 1.8 万 t,国内运费为 92 元/t,贸易费率为 6%;原料 B 为非外贸货物,经测定,影子价格为 3407 元/t,年耗用量 2.23 万 t。

该项目年耗用电力 3260.5 万 kW·h,年耗用煤炭 2 万 t,年耗用水 332 万 t。电力影子价格为 0.28 元/(kW·h),煤炭影子价格为 182 元/t,水影子价格为 0.98 元/t。年工资及福利为 270 万元,影子工资换算系数为 0.8;调整后年修理费为 414.51 万元;调整后年其他费用为 2980.06 万元。该项目建设投资和流动资金投入均在年初发生,其余经济效益和经济费用流量均遵循年末习惯法,社会折现率为 8%。

根据以上资料进行该项目的费用效益分析过程如下。

1. 调整项目投资费用

根据以上数据,进行项目投资费用的调整,调整情况见表 8-7。

项目费用效益分析表　　　　　　　　　　　表 8-7

序号	项　目	财　务　分　析			费用效益分析		
		外币(万美元)	人民币(万元)	人民币合计(万元)	外币(万美元)	人民币(万元)	人民币合计(万元)
1	建设投资	980.10	12012.90	17962.11	980.10	11997.52	18422.67
1.1	建筑工程费		4250.00	4250.00		4675.00	4675.00
1.2	设备购置费	589.00	4466.00	8041.23	589.00	4466.00	8327.25
1.3	安装工程费	220.00	1165.00	2500.40	220.00	1165.00	2607.23
1.4	其他费用	82.00	608.00	1105.74	82.00	600.84	1138.40
1.4.1	其中:土地费用		122.00	122.00		114.84	114.84
1.5	基本预备费	89.10	1048.90	1589.74	89.10	1090.68	1674.79
1.6	涨价预备费		475.00	475.00			
2	建设期利息		864.00	864.00			
3	流动资金		3257.00	3257.00		1920.00	1920.00

2. 经营费用估算

根据以上数据,利用影子价格计算该项目的经营费用,具体见案例分析表 8-8。

项目经营费用估算表　　　　　　　　　　　表 8-8

序号	项　目	单　位	年耗用量	影子价格(元/t)	年费用(万元)
1	外购原材料				26738.80
1.1	原料 A	万 t	3.00	4907.61	14722.84
1.2	原料 B	万 t	2.23	3407.00	7597.61
1.3	原料 C	万 t	1.80	2454.64	4418.35
2	外购燃料及动力				1602.30
2.1	电力	万 kW·h	3260.50	0.28	912.94
2.2	煤炭	万 t	2.00	182.00	364.00
2.3	水	万 t	332.00	0.98	325.36
3	工资及福利费				216.00
4	年修理费				414.51
5	其他费用				2980.06
	合计				31951.67

3. 项目直接效益分析

取"有项目"和"无项目"两种情况下市场价格的平均值作为测算影子价格的依据,计算该产品的影子价格为:

$$[2.7\times(1-5\%)+2.7]\div 2\div(1+17\%)\times 10000-100=22400 \text{ 元/万只}$$

则该项目的直接效益为:

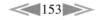

$$22400 \times 18000 \div 10000 = 40320 \text{ 万元}$$

4. 项目费用效益评价

编制项目投资经济费用效益流量表见表 8-9。

项目投资经济费用效益流量表　　　　　　表 8-9

序号	时点项目	合计（万元）	建设期			生产期		
			0	1	2	3	4~19	20
1	效益流量	725132.31				34272.00	40320.00	45740.31
1.1	项目直接效益	719712.00				34272.00	40320.00	40320.00
1.2	回收固定资产余值	3500.31						3500.31
1.3	回收流动资金	1920.00						1920.00
2	费用流量	622631.64	7369.07	11053.60	28118.92	3291167	31951.67	31951.67
2.1	建设投资	18422.67	7369.07	11053.60				
2.2	流动资金	1920.00			960.00	960.00		
2.3	经营费用	602288.97			27158.92	31951.67	31951.67	31951.67
3	净效益流量	102500.67	−7369.07	−11053.6	−28118.92	1360.33	8368.33	13788.64

根据上表，计算经济内部收益率为 13.46%，经济净现值为 21126.97 万元。该项目经济净现值 ENPV>0，经济内部收益率 EIRR>8%。因此，从资源配置效率角度看，该项目具有经济合理性。

本 章 小 结

本章分别从微观和宏观的角度对项目分析，主要介绍财务评价、国民经济评价的主要内容及其理论和方法。在市场经济条件下，大部分工程项目财务评价结论可以满足投资决策要求，但由于存在市场失灵，项目还需要进行国民经济评价，也就是站在全社会的角度判别项目配置经济资源的合理性。

复习思考题

1. 简述公路建设项目财务评价的特点与作用。
2. 简述公路项目财务评价的内容与步骤。
3. 简述公路收费的目的与作用。
4. 简述公路收费后对项目国民经济效益的影响。
5. 简述公路项目财务评价与国民经济评价的关系。

第九章 价值工程

第一节 价值工程基本原理

一、价值工程的基本原理和工作程序

1. 价值工程及其特点

价值工程(Value Engineering,VE)是以提高产品或作业价值为目的,通过有组织的创造性工作,寻求用最低的寿命周期成本,可靠地实现使用者所需功能的一种管理技术。价值工程中所述的"价值"是指作为某种产品(或作业)所具有的功能与获得该功能的全部费用的比值。它不是对象的使用价值,也不是对象的经济价值和交换价值,而是对象的比较价值,是作为评价事物有效程度的一种尺度提出来的。这种对比关系可用一个数学式表示如下:

$$V = \frac{F}{C} \tag{9-1}$$

式中:V——研究对象的价值;

F——研究对象的功能;

C——研究对象的成本,即周期寿命成本。

由此可见,价值工程涉及价值、功能和寿命周期成本三个基本要素。价值工程具有以下特点:

(1)价值工程的目标是以最低的寿命周期成本,使产品具备其所必须具备的功能。简而言之,就是以提高对象的价值为目标。产品的寿命周期成本由生产成本和使用及维护成本组成。产品生产成本是指用户购买产品的费用,包括产品的科研、实验、设计、试制、生产、销售等费用及税收和利润等;而产品使用及维护成本是指用户在使用过程中支付的各种费用的总和,包括使用过程中的能耗费用、维修费用、人工费用、管理费用等,有时还包括报废拆除所需费用(扣除残值)。

在一定范围内,产品的生产成本和使用成本存在此消彼长的关系。随着产品功能水平提高,产品的生产成本 C_1 增加,使用及维护成本 C_2 降低;反之,产品功能水平降低,其生产成本降低,但使用及维护成本会增加。因此,当功能水平逐步提高时,寿命周期成本 $C = C_1 + C_2$,呈马鞍形变化,如图9-1所示。寿命周期成本为最小值 $C_{\min}$ 时,所对应的功能水平是从成本考虑的最适宜功能水平。

(2)价值工程的核心是对产品进行功能分析。价值工程中的功能是指对象能够满足某种要求的一种属性,具体讲,功能就是效用。如住宅的功能是提供居住空间,建筑物基础的功能是承受荷载等。用户向生产企业购买产品,是要求生产企业提供这种产品的功能,而不是产品的具体结构(或零部件)。企业生产的目的,也是通过生产获得用户所期望的功能,而结构、材质等是实现这些功能的手段。目的是主要的,手段可以广泛地选择。因此,价值工程分析产

品,首先不是分析其结构,而是分析其功能。在分析功能的基础之上,再去研究结构、材质等问题。

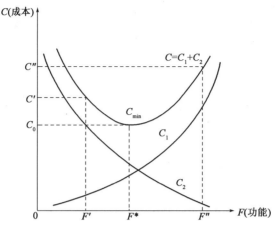

图9-1　产品功能与成本的关系图

(3)价值工程将产品价值、功能和成本作为一个整体同时来考虑。也就是说,价值工程中对价值、功能、成本的考虑,不是片面和孤立的,而是在确保产品功能的基础上综合考虑生产成本和使用成本,兼顾生产者和用户的利益,从而创造出总体价值最高的产品。

(4)价值工程强调不断改革和创新,开拓新构思和新途径,获得新方案,创造新功能载体,从而简化产品结构,节约原材料,节约能源,绿色环保,提高产品的技术经济效益。

(5)价值工程要求将功能定量化,即将功能转化为能够与成本直接相比的量化值。

(6)价值工程是以集体智慧开展的有计划、有组织的管理活动。开展价值工程,要组织科研、设计、制造、管理、采购、供销、财务等各方面有经验的人员参加,组成一个智力结构合理的集体。发挥各方面、各环节人员的知识、经验和积极性,博采众长地进行产品设计,以达到提高产品价值的目的。

2. 提高产品价值的途径

由于价值工程以提高产品价值为目的,这既是用户的需要(侧重于功能),又是生产经营者追求的目标(侧重于成本)。两者的根本利益是一致的。因此,企业应当研究产品功能与成本的最佳匹配。价值工程的基本原理是 $V=F/C$,不仅深刻地反映出产品价值与产品功能和实现此功能所耗成本之间的关系,而且也为如何提高价值提供了有效途径。提高产品价值的途径有以下5种:

(1)在提高产品功能的同时,又降低产品成本,这是提高价值最为理想的途径。但这种途径对生产者要求较高,往往要借助科学技术的突破才能实现。

(2)在产品成本不变的条件下,通过提高产品的功能,提高利用资源的效果或效用,达到提高产品价值的目的。

(3)在保持产品功能不变的前提下,通过降低产品的寿命周期成本,达到提高产品价值的目的。

(4)产品功能有较大幅度提高,产品成本有少量增加。

(5)在产品功能略有下降、产品成本大幅降低的情况下,也可以达到提高产品价值的目的。在某些情况下,为了满足购买力较低的用户需求,或一些注重价格竞争而不需要高档的产品,适当生产价廉的低档品,也能取得较好的经济效益。

价值工程的主要应用可以概括为两大方面,一是应用于方案评价,既可在多方案中选择价值较高的方案,也可选择价值较低的对象作为改进对象;二是寻求提高对产品或对象价值的途径。总之,在产品形成的各个阶段,都可应用价值工程提高产品或对象的价值。但应注意,在不同阶段进行价值工程活动,其经济效果的提高幅度却大不相同。对于大型复杂的产品,应用价值工程的重点是在产品的研究、设计阶段,产品的设计图纸一旦完成并投入生产后,产品的价值就已基本确定,这时再进行价值工程分析就变得更加复杂。不仅原来的许多工作成果要付之东流,而且改变生产工艺、设备工具等可能会造成很大的浪费,使价值工程活动的技术经济效果大大下降。因此,价值工程活动更侧重在产品的研究、设计阶段,以寻求技术突破,取得最佳的综合效果。

二、工作程序

价值工程的工作程序一般可分为准备、分析、创新、实施与评价四个阶段。其工作步骤实质上就是针对产品功能和成本提出问题、分析问题和解决问题的过程,见表9-1。

价值工程的工作程序　　　　　　　　　　表9-1

序号	工作阶段	工作步骤	对应问题
1	准备阶段	(1)对象选择; (2)组成价值工程工作小组; (3)制订工作计划	(1)价值工程的研究对象是什么? (2)围绕价值工程对象需要做哪些准备工作?
2	分析阶段	(1)收集整理资料; (2)功能定义; (3)功能整理; (4)功能评价	(1)价值工程对象的功能是什么? (2)价值工程对象的成本是什么? (3)价值工程对象的价值是什么?
3	创新阶段	(1)方案创造; (2)方案评价; (3)提案编写	(1)有无其他方法可以实现同样功能? (2)新方案的成本是什么? (3)新方案能满足要求吗?
4	方案实施与评价阶段	(1)方案审批; (2)方案实施; (3)成果评价	(1)如何保证新方案的实施? (2)价值工程活动的效果如何?

第二节　价值工程的实施步骤和方法

一、对象的选择

价值工程是就某个具体对象开展的有针对性的分析评价和改进,有了对象才有分析的内容和目标。对企业来讲,凡是为获取功能而发生费用的事物,都可以作为价值工程研究对象,如产品、工艺、工程、服务或它们的组成部分等。

价值工程的对象选择过程就是逐步收缩研究范围、寻找目标、确定主攻方向的过程。因为生产建设中的技术经济问题很多,涉及的范围也很广,为了节省资金,提高效率,只有精选其中的一部分来实施,并非企业生产的全部产品,也不一定是构成产品的全部零部件。因此,能否正确选择对象是价值工程收效大小与成败的关键。

1. 对象选择的一般原则

一般来说,选择价值工程的对象需遵循以下原则:

(1)从设计方面看,对工程结构复杂、性能和技术指标差距大、工程量大的部位进行价值工程活动,可使工程结构、性能、技术水平得到优化,从而提高工程价值。

(2)从施工方面看,对量多面广、关键部位、工艺复杂、原材料和能源消耗高、废品率高的部品部件特别是量多、成本占比高的部品部件,只要成本能下降,所取得的经济效果就大。

(3)从成本方面看,选择成本高于同类产品、成本占比高的,如材料费、管理费、人工费等。

2. 对象选择的方法

价值工程对象选择的方法有多种,不同的方法适宜于不同的价值工程对象。应根据具体情况选用适当的方法,以取得较好的效果。常用的方法有以下几种:

(1)因素分析法。因素分析法又称经验分析法,是一种定性分析方法,依据分析人员经验作出选择,简便易行,特别是在被研究对象彼此相差比较大以及时间紧迫的情况下比较适用。因素分析法的缺点是缺乏定量依据,准确性较差,对象选择的正确与否,主要决定于价值工程活动人员的经验及工作态度,有时难以保证分析质量。为了提高分析的准确程度,可以选择技术水平高、经验丰富、熟悉业务的人员参加,并且要发挥集体智慧,共同确定对象。

(2)ABC分析法。ABC分析法又称重点选择法或不均匀分布定律法,是指应用数理统计分析的方法来选择对象。这种方法由意大利经济学家帕累托提出,其基本原理为"关键的少数和次要的多数",抓住关键的少数可以解决大部分问题。在价值工程中,这种方法的基本思路是:首先将一个产品的各种部件(或企业各种产品)按成本的大小由高到低排列起来,然后绘成费用累积分配图(图9-2)。然后将占总成本70%~80%而占零部件总数10%~20%的零部件划分为A类部件,将占总成本5%~10%而占零部件总数60%~80%的零部件划分为C类,其余为B类。其中A类零部件是价值工程的主要研究对象。

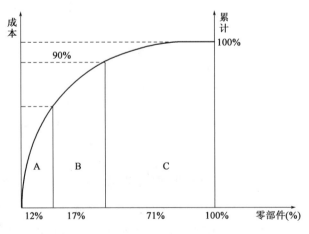

图9-2 ABC分析法原理图

有些产品不是由各个部件组成,如工程造价等,对这类产品可按费用构成项目分类,如分为管理费、材料费、人工费等,将其中占比最大的,作为价值工程的重点研究对象。

ABC 分析法抓住成本占比高的零部件或工序作为研究对象,有利于集中精力重点突破,取得较好效果,同时简便易行,因此,广泛被人们采用。但在实际工作中,有时由于成本分配不合理,造成成本占比不高但用户认为功能重要的对象可能被漏选或排序推后。ABC 分析法的这一缺点可以通过经验分析法、强制确定法等方法补充修正。

(3)强制确定法。强制确定法是以功能重要程度作为选择价值工程对象的一种分析方法。具体做法是:先求出分析对象的成本系数、功能系数,然后得出价值系数,以揭示出分析对象的功能与成本之间是否相符。如果不相符,价值低的则被选为价值工程的研究对象。这种方法在功能评价和方案评价中也有应用。

强制确定法从功能和成本两方面综合考虑,能够明确揭示价值工程的研究对象。但这种方法是人为打分,不能准确反映功能差距的大小,只适用于部件间功能差别不太大且比较均匀的对象,而且一次分析的部件数目也不能太多,以不超过 10 个为宜。当部件很多时,可以先用 ABC 分析法、经验分析法选出重点部件,然后再用强制确定法细选;也可以用逐层分析法,从部件选起,然后在重点部件中选出重点零件。

(4)百分比分析法。通过分析某种费用或资源对企业的某个技术经济指标的影响程度大小(百分比)来选择价值工程对象。

(5)价值指数法。通过比较各个对象(或零部件)之间的功能水平位次和成本位次,寻找价值较低对象(零部件),并将其作为价值工程研究对象。

二、功能的系统分析

功能分析是价值工程活动的核心和基本内容。它通过分析信息资料,用动词和名词的组合方式简明、正确地表达各对象的功能,明确功能特性要求,并绘制功能系统图,从而明确产品各功能之间的关系。功能分析包括功能定义、功能整理和功能计量等内容。通过功能分析,可以准确掌握用户的功能要求。

1. 功能的分类

根据功能的不同特性,可将功能从不同的角度进行分类:

(1)按功能的重要程度分类。产品的功能一般可分为基本功能和辅助功能两类。基本功能就是要达到这种产品的目的所必不可少的功能,是产品的主要功能,如果不具备这种功能,这种产品就失去其存在的价值。例如,建设工程承重外墙的基本功能是承受荷载,室内间壁墙的基本功能是分隔空间。辅助功能是为了更有效地实现基本功能而附加的功能,是次要功能。如隔声、隔热就是墙体的辅助功能。

(2)按功能的性质分类。产品的功能可分为使用功能和美学功能。使用功能是从功能的内涵反映其使用属性,是一种动态功能;美学功能是从产品的外观反映功能的艺术属性,是一种静态的外观功能。建筑产品的使用功能一般包括可靠性、安全性和维修性等,其美学功能一般包括造型、色彩、图案等。无论是使用功能和美学功能,都是通过基本功能和辅助功能来实现的。建筑产品购配件的使用功能和美学功能要根据产品的特点而有所侧重。有的产品应突出其使用功能,例如地下电缆、地下管道等;有的应突出其美学功能,例如塑料墙纸、陶瓷壁画等。当然,有的产品二者功能兼而有之。

(3)按用户的需求分类。产品的功能可分为必要功能和不必要功能。必要功能是指用户所要求的功能以及与实现用户所需求功能有关的功能,使用功能、美学功能、基本功能、辅助功能等均为必要功能;不必要功能是不符合用户要求的功能,又包括多余功能、重复功能和过剩功能。不必要的功能,必然产生不必要的费用,这不仅增加了用户的经济负担,而且还浪费资源。因此,功能分析是为了可靠地实现必要功能。对这部分功能,无论是使用功能还是美学功能,都应当充分而可靠地实现,即充分满足用户必不可少的功能要求。

(4)按功能的量化标准分类。产品的功能可分为过剩功能和不足功能。这是相对于功能的标准而言,从定量角度对功能采用的分类。过剩功能是指某些功能虽属必要,但满足需要有余,在数量上超过了用户要求或标准功能水平。不足功能是相对于过剩功能而言的,表现为产品整体功能或零部件功能水平在数量上低于标准功能水平,不能完全满足用户需要。

总之,用户购买产品,其目的不是获得产品本身,而是通过购买该产品来获得其所需要的功能。因此,价值工程中的功能,一般是指必要功能。价值工程对产品的分析,首先是对其功能的分析,通过功能分析,明确哪些功能是必要的,哪些功能是不必要的,从而在创新方案中去掉不必要功能、补充不足功能,使产品的功能结构更加合理,达到可靠地实现使用者所需功能的目的。

2. 功能定义

任何产品都具有使用价值,即功能。功能定义就是以简洁的语言对产品的功能加以描述。这里要求描述的是"功能",而不是对象的结构、外形或材质。因此,功能定义的过程即是解剖分析的过程,如图9-3所示。

图9-3 功能定义过程

通过对功能下定义,可以加深对产品功能的理解,并为以后提出功能代用方案提供依据。功能定义一定要抓住问题的本质,头脑里要问几个为什么。如这是干什么用的?为什么它是必不可少的?没有它行不行?功能定义通常用一个动词和一个名词来描述,不宜太长,以简洁为好。动词是功能承担体发生的动作,而动作的对象就是作为宾语的名词。例如,建筑物基础的功能是"承受荷载",这里基础是功能承担体,"承受"是表示功能承担体(基础)发生动作的动词。"荷载"则是作为动词宾语的名词。但是,并不是只要动词加名词就是功能定义。对功能所下的定义是否准确,对下一步工作影响很大。因此,对功能进行定义需要反复推敲,既简明准确、便于测定,又要系统全面、一一对应。

3. 功能整理

在进行功能定义时,只是把认识到的功能用动词加名词列出来,但因实际情况很复杂,这种表述不一定都很准确和有条理,因此,需要进一步加以整理。

(1)功能整理的目的。功能整理是用系统的观点将已经定义了的功能加以系统化,找出各局部功能相互之间的逻辑关系,并用图表形式表达,以明确产品的功能系统,从而为功能评价和方案构思提供依据。

(2)功能整理的一般程序。功能整理的主要任务就是建立功能系统图。因此,功能整理的过程也就是绘制功能系统图的过程,其工作程序如下:

①编制功能卡片;
②选出最基本的功能;
③明确各功能之间的关系;
④对功能定义作出必要的修改、补充和取消;

⑤按上下位关系,将经过调整、修改和补充的功能,排列成功能系统图。

功能系统图是按照一定的原则和方式,将定义的功能连接起来,从单个到局部,再从局部到整体而形成的一个完整的功能体系。其一般形式如图9-4所示。

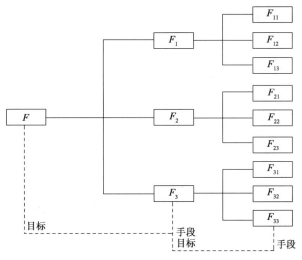

图9-4 功能系统图

在图9-4中,从整体功能 F 开始,由左向右逐级展开。在位于不同级的相邻两个功能之间,左边的功能(上级)是右边功能(下级)的目标,而右边的功能(下级)左边功能(上级)的手段。

4. 功能计量

功能计量是以功能系统图为基础,依据各个功能之间的逻辑关系,以对象整体功能的定量指标为出发点,从左向右地逐级测算、分析,确定出各级功能程度的数量指标,揭示出各级功能领域中有无功能不足或功能过剩,从而为保证必要功能、剔除过剩功能、补足不足功能的后续活动(功能评价、方案创新等)提供定性与定量相结合的依据。

功能计量又分为对整体功能的量化和对各级子功能的量化。

(1)整体功能的量化。整体功能的计量应以使用者的合理要求为出发点,以一定的手段、方法确定其必要功能的数量标准,它应能在质和量两个方面充分满足使用者的功能要求而无过剩或不足。整体功能的计量是对各级子功能进行计量的主要依据。

(2)各级子功能的量化。产品整体功能的数量标准确定之后,就可依据"手段功能必须满足目的功能要求"的原则,运用目的-手段的逻辑判断,由上而下逐级推算,测定各级手段功能的数量标准。各级子功能的量化方法有很多,如理论计算法、技术测定法、统计分析法、类比类推法、德尔菲法等,可根据具体情况灵活选用。

三、功 能 评 价

通过功能分析与整理明确必要功能后,价值工程的下一步工作就是功能评价。功能评价,即评定功能的价值,是指找出实现功能的最低费用作为功能的目标成本(又称功能评价值),以功能目标成本为基准,通过与功能现实成本的比较,求出两者的比值(功能价值)和两者的差异值(改善期望值),然后选择功能价值低、改善期望值大的功能作为价值工程活动的重点对象。功能评价工作可以更准确地选择价值工程研究对象,同时制定目标成本,有利于提高价值工程的工作效率。

功能评价的程序如图 9-5 所示。

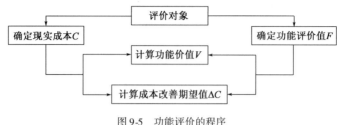

图 9-5　功能评价的程序

1. 功能现实成本 C 的计算

在计算功能现实成本时,需要根据传统的成本核算资料,将产品或零部件的现实成本换算成功能的现实成本。具体地讲,当一个零部件只具有一个功能时,该零部件的成本就是其本身的功能成本;当一项功能要由多个零部件共同实现时,该功能的成本就等于这些零部件的功能成本之和。当一个零部件具有多项功能或与多项功能有关时,就需要将零部件成本根据具体情况分摊给各项有关功能。表 9-2 所列即为一项功能由若干零部件组成或一个零部件具有几个功能的情形。

功能现实成本计算表　　　　　　　　　　　　　　　表 9-2

零部件			功能区或功能领域					
序号	名称	成本(元)	F_1	F_2	F_3	F_4	F_5	F_6
1	甲	300	100		100			100
2	乙	500		50	150	200		100
3	丙	60				40		20
4	丁	140	50	40			50	
成本		C	C_1	C_2	C_3	C_4	C_5	C_6
合计		1000	150	90	250	240	50	220

成本指数是指评价对象的现实成本在全部成本中所占的比例。其计算公式如下:

$$\text{第 } i \text{ 个评价对象的成本指数 } C_I = \frac{\text{第 } i \text{ 个评价对象的现实成本 } C_i}{\text{全部成本}} \quad (9-2)$$

2. 功能评价值 F 的计算

对象的功能评价值 F(目标成本),是指可靠地实现用户要求功能的最低成本,它可以理解为是企业有把握,或者说应该达到的实现用户要求功能的最低成本。从企业目标的角度来看,功能评价值可以看成是企业预期的、理想的成本目标值。功能评价值一般以货币价值形式表达。

功能的现实成本较易确定,而功能评价值较难确定。确定功能评价值的方法较多,这里仅介绍功能重要性系数评价法。

功能重要性系数评价法是一种根据功能重要性系数确定功能评价值的方法。这种方法是将功能划分为几个功能区(即子系统),并根据各功能区的重要程度和复杂程度,确定各个功能区在总功能中所占的比例,即功能重要性系数。然后将产品的目标成本按功能重要性系数分配给各功能区作为该功能区的目标成本,即功能评价值。

1)确定功能重要性系数

功能重要性系数又称功能系数或功能指数,是指评价对象(如零部件等)的功能在整体功能中所占的比例。确定功能重要性系数的关键是对功能进行打分,常用的打分方法有环比评分法、强制打分法(0~1评分法或0~4评分法)、多比例评分法、逻辑评分法等。这里主要介绍环比评分法和强制打分法。

(1)环比评分法。环比评分法又称DARE法。这是一种通过确定各因素的重要性系数来评价和选择创新方案的方法。具体做法如下:

①根据功能系统图(图9-6)决定评价功能的级别,确定功能区 F_1、F_2、F_3、F_4,见表9-3的第1列。

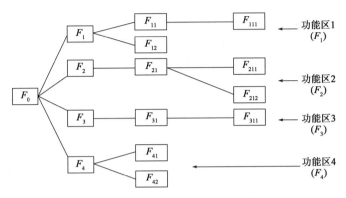

图9-6 定量评分法确定功能区示意图

功能重要性系数计算表　　　　　　　　　　　　　　　表9-3

功能区	功能重要性评价		
	暂定重要性系数	修正重要性系数	功能重要性系数
F_1	1.5	9.0	0.47
F_2	2.0	6.0	0.32
F_3	3.0	3.0	0.16
F_4	—	1.0	0.05
合计	—	19.0	1.00

②对上下相邻两项功能的重要性进行对比打分,所打的分作为暂定重要性系数。如表9-3中第2列中的数据。将 F_1 与 F_2 进行对比,如果 F_1 的重要性是 F_2 的1.5倍,就将1.5记入第2列内。同样,F_2 与 F_3 对比为2.0倍,F_3 与 F_4 对比为3.0倍。

③对暂定重要性系数进行修正。首先将最下面一项功能 F_4 的重要性系数定为1.0,称为修正重要性系数,填入第3列。由第2列可知,由于 F_3 的暂定性重要性是 F_4 的3.0倍,故应得 F_3 的修正重要性系数为3.0(=3.0×1.0);而 F_2 为 F_3 的2倍,故 F_2 定为6.0(=3.0×2.0)。同理,F_1 的修正重要性系数为9.0(=6.0×1.5),填入第3列。将第3列的各数相加,即得全部功能区的总分19.0。

④将第3列中各功能的修正重要性系数除以全部功能总分19.0,即得到各功能区的重要性系数,填入第4列中。如 F_1 的功能重要性系数为9.0/19.0=0.47,F_2、F_3、F_4 的功能重要性系数依次为0.32、0.16和0.05。

环比评分法适用于各个评价对象有明显的可比关系,能直接对比,并能准确地评定功能重要性程度比值的情况。

(2)强制评分法。强制评分法又称 FD 法,包括 0~1 评分法和 0~4 评分法两种方法。它是采用一定的评分规则,采用强制对比打分来评定评价对象的功能重要性。

①0~1 评分法。0~1 评分法是请 5~15 名对产品熟悉的人员参加功能的评价。首先按照功能重要程度一一对比打分,重要的打 1 分,相对不重要的打 0 分,见表 9-4。表 9-4 中,要分析的对象(零部件)自己与自己相比不得分,用"×"表示。最后,根据每个参与人员选择该零部件得到的功能重要性系数 W_i,可以得到该零部件的功能重要性系数平均值 W。

$$W = \frac{\sum_{i=1}^{k} W_i}{k} \tag{9-3}$$

式中:k——参加功能评价的人数。

功能重要性系数计算表　　表 9-4

零部件	A	B	C	D	E	功能总分	修正得分	功能重要性系数
A	×	1	1	0	1	3	4	0.267
B	0	×	1	0	1	2	3	0.200
C	0	0	×	0	1	1	2	0.133
D	1	1	1	×	1	4	5	0.333
E	0	0	0	0	×	0	1	0.067
合计						10	15	1.00

为了避免不重要的功能得 0 分,可将各功能累计得分加 1 分进行修正,用修正后的总分分别去除各功能累计得分即得到功能重要性系数。

②0~4 评分法。0~1 评分法中的重要程度的差别仅为 1 分,不能拉开档次。为了弥补这一不足,将分档扩大为 4 级,其打分矩阵仍同 0~1 评分法。档次划分如下。

F_1 比 F_2 重要得多:F_1 得 4 分,F_2 得 0 分;

F_1 比 F_2 重要:F_1 得 3 分,F_2 得 1 分;

F_1 与 F_2 同等重要:F_1 得 2 分,F_2 得 2 分;

F_1 不如 F_2 重要:F_1 得 1 分,F_2 得 3 分;

F_1 远不如 F_2 重要:F_1 得 0 分,F_2 得 4 分。

强制确定打分法适用于被评价对象在功能重要程度上的差异性不太大,并且评价对象子功能数目不太多的情况。

以各部件功能得分占总分的比例确定各部件功能评价指数:

$$第 i 个评价对象的功能指数 F_i = \frac{第 i 个评价对象的功能的分值 F_i}{全部功能的分值} \tag{9-4}$$

功能评价指数大,说明功能重要;反之,功能评价指数小,说明功能不太重要。

2)确定功能评价值 F

功能评价值的确定分以下两种情况:

(1)新产品设计。一般在产品设计之前,根据市场供需情况、价格、企业利润与成本水平,已初步设计了目标成本。因此,在功能重要性系数确定之后,就可将新产品设定的目标成本(如为 800 元)按已有的功能重要性系数加以分配计算,求得各个功能区的功能评价值,并将此功能评价值作为功能的目标成本,见表 9-5。

新产品功能评价计算表　　　　　　　　　　　　　　　　　　　　表 9-5

功　能　区	功能重要性系数	功能评价值 F = 功能重要性系数 × 800
F_1	0.47	376
F_2	0.32	256
F_3	0.16	128
F_4	0.05	40
合计	1.00	800

如果需要进一步求出各功能区所有各项功能的功能评价值,可采取同样的方法。

(2) 既有产品的改进设计。既有产品应以现实成本为基础确定功能评价值,进而确定功能的目标成本。由于既有产品已有现实成本,就没有必要再假定目标成本。但是,既有产品的现实成本原已分配到各功能区中去的比例不一定合理,这就需要根据改进设计中新确定的功能重要性系数,重新分配既有产品的原有成本。从分配结果看,各功能区新分配成本与原分配成本之间有差异。正确分析和处理这些差异,就能合理确定各功能区的功能评价值,求出产品功能区的目标成本。

表 9-6 中第 4 列是将产品的现实成本 C = 500 元,按改进设计方案的新功能重要性系数重新分配给各功能区的结果。此分配结果可能有三种情况:

① 功能区新分配的成本等于现实成本。如 F_3 就属于这种情况。此时应以现实成本作为功能评价值 F。

② 新分配成本小于现实成本。如 F_2 和 F_4 就属于这种情况。此时应以新分配的成本作为功能评价值 F。

③ 新分配的成本大于现实成本。如 F_1 就属于这种情况。对为何会出现这种情况需进行具体分析。如果是因为功能重要性系数定高了,经过分析后可以将其适当降低。因功能重要性系数确定过高可能会存在多余功能,如果是这样,先调整功能重要性系数,再定功能评价值。如因成本确实投入太少而不能保证必要功能,可以允许适当提高一些。除此之外,即可用目前成本作为功能评价值 F。

既有产品功能评价值计算表　　　　　　　　　　　　　　　　　　　表 9-6

功　能　区	功能显示成本 C（元）	功能重要性系数	根据产品现实成本和功能重要性系数重新分配的功能区成本	功能评价值 F（或目标成本）	成本降低幅度 $\Delta C = (C - F)$
F_1	130	0.47	235	130	—
F_2	200	0.32	160	160	40
F_3	80	0.16	80	80	—
F_4	90	0.05	25	25	65
合计	500	1.00	500	395	105

3. 功能价值 V 的计算及分析

通过计算和分析对象的价值 V,可以分析成本功能的合理匹配程度。功能价值 V 的计算方法可分为两大类,即功能成本法和功能指数法。

1) 功能成本法

功能成本法又称绝对值法,是通过一定的测算方法,测定实现应有功能所必须耗的最低成本,同时计算为实现应有功能所耗费的现实成本,经过分析、对比,求得对象价值系数和成本降低期望值,确定价值工程的改进对象。其表达式如下:

$$第\ i\ 个评价对象的价值系数\ V = \frac{第\ i\ 个评价对象的功能评价值\ F}{第\ i\ 个评价对象的现实成本\ C} \tag{9-5}$$

一般可采用表9-7进行定量分析。

功能评价值与价值系数计算表　　　　　　　　　　　　　　　　　表9-7

序号	子项目	项　　目				
		功能重要性系数①	功能评价值②=目标成本×①	现实成本③	价值系数④=②/③	改善幅度⑤=③-②
1	A					
2	B					
3	C					
…	…					
合计						

计算出研究对象的价值后,需要进行分析,以揭示功能与成本之间的内在联系,确定评对象是否为功能改进的重点,以及其功能改进的方向及幅度,从而为后面的方案创造工作奠定良好的基础。

根据上述计算公式,功能的价值系数计算结果有以下三种情况:

(1) $V = 1$,即功能评价值等于功能现实成本。这表明评价对象的功能现实成本与实现功能所必需的最低成本大致相当。此时,说明评价对象的价值为最佳,一般无须改进。

(2) $V < 1$,即功能现实成本大于功能评价值。这表明评价对象的现实成本偏高,而功能要求不高。这时,一种可能是由于存在过剩的功能,另一种可能是功能虽无过剩,但实现功能的条件或方法不佳,以致使实现功能的成本大于功能的现实需要。这两种情况都应列入功能改进的范围,并且以剔除过剩功能及降低现实成本为改进方向,使成本与功能比例趋于合理。

(3) $V > 1$,即功能现实成本小于功能评价值。这表明该部件功能比较重要,但分配的成本较少。此时,应进行具体分析,功能与成本的分配问题可能已较理想,或者有不必要的功能,或者应该提高成本。

应注意一个情况,即 $V = 0$ 时,要进一步分析。如果是不必要的功能,该部件应取消;但如果是最不重要的必要功能,则要根据实际情况处理。

[例9-1] 某开发公司的某幢公寓建设工程,有A、B、C、D四个设计方案,经过有关专家对上述方案进行技术经济分析和论证,得到的资料见表9-8和表9-9。试运用价值工程方法优选设计方案。

功能重要性评分表(0~4评分法)　　　　　　　　　　　　　　　　表9-8

方案功能	F_1	F_2	F_3	F_4	F_5
F_1	×	4	2	3	1
F_2	0	×	0	1	0
F_3	2	4	×	3	1

续上表

方案功能	F_1	F_2	F_3	F_4	F_5
F_4	1	1	3	×	0
F_5	3	4	3	4	×

方案功能得分及单方造价 表9-9

方案功能	方案功能得分			
	A	B	C	D
F_1	9	10	9	8
F_2	10	10	8	9
F_3	9	9	10	9
F_4	8	8	8	7
F_5	9	7	9	6
单方造价(元/m²)	1420.00	1230.00	1150.00	1360.00

价值工程原理表明,对整个功能领域进行分析和改善比单个功能进行分析和改善的效果好,上述四个方案各有其优点,如何取舍,可以利用价值工程原理对各个方案进行优化选择。其基本步骤如下:

(1)计算各方案的功能重要性系数。

F_1 得分 = 4 + 2 + 3 + 1 = 10,功能重要性系数 = 10/40 = 0.25;

F_2 得分 = 0 + 0 + 1 + 0 = 1,功能重要性系数 = 1/40 = 0.025;

F_3 得分 = 2 + 4 + 3 + 1 = 10,功能重要性系数 = 10/40 = 0.25;

F_4 得分 = 1 + 1 + 3 + 0 = 5,功能重要性系数 = 5/40 = 0.125;

F_5 得分 = 3 + 4 + 3 + 4 = 14,功能重要性系数 = 14/40 = 0.35;

总得分 = 10 + 1 + 10 + 5 + 14 = 40。

(2)计算功能系数。

$\phi_A = 9 \times 0.25 + 10 \times 0.025 + 9 \times 0.25 + 8 \times 0.125 + 9 \times 0.35 = 8.90$;

$\phi_B = 10 \times 0.25 + 10 \times 0.025 + 9 \times 0.25 + 8 \times 0.125 + 7 \times 0.35 = 8.45$;

$\phi_C = 9 \times 0.25 + 8 \times 0.025 + 10 \times 0.25 + 8 \times 0.125 + 9 \times 0.35 = 9.10$;

$\phi_D = 8 \times 0.25 + 9 \times 0.025 + 9 \times 0.25 + 7 \times 0.125 + 6 \times 0.35 = 7.45$;

总得分 = 8.90 + 8.45 + 9.10 + 7.45 = 33.90。

功能系数计算:

$F_A = 8.90/33.90 = 0.263$;$F_B = 8.45/33.90 = 0.249$;

$F_C = 9.10/33.90 = 0.268$;$F_D = 7.45/33.90 = 0.220$。

(3)计算成本系数。

$C_A = 1420.00/5160.00 = 0.275$;$C_B = 1230.00/5160.00 = 0.238$;

$C_C = 1150.00/5160.00 = 0.223$;$C_D = 1360.00/5160.00 = 0.264$。

(4)计算价值系数。

$V_A = F_A/C_A = 0.263/0.275 = 0.956$;

$V_B = F_B/C_B = 0.249/0.238 = 1.046$;

$V_C = F_C/C_C = 0.268/0.223 = 1.202$;

$V_D = F_D/C_D = 0.220/0.264 = 0.833$。

(5)优选方案:A、B、C、D 四个方案中,以 C 方案的价值系数最高,故方案 C 为最优方案。

2)功能指数法

功能指数法又称相对值法。在功能指数法中,功能的价值用价值指数来表示,它是通过评定各对象功能的重要程度,用功能指数来表示其功能程度的大小,然后将评价对象的功能指数与相应的成本指数进行比较,得出该评价对象的价值指数,从而确定改进对象,并求出该对象的成本改进期望值。其表达式如下:

$$\text{第}i\text{个评价对象的价值系数}V_I = \frac{\text{第}i\text{个评价对象的功能评价值}F_I}{\text{第}i\text{个评价对象的成本指数}C_I} \quad (9\text{-}6)$$

功能指数法的特点是用归一化数值来表达功能程度的大小,以便使系统内部的功能与成本具有可比性,由于评价对象的功能水平和成本水平都用它们在总体中所占的比例来表示,这样就可以方便地应用公式(9-6)定量地表达评价对象价值的大小。因此,在功能指数法中,价值指数是作为评定对象功能价值的指标。

根据功能指数和成本指数计算价值指数,可以通过列表进行,见表 9-10。

价值指数计算表　　　　表 9-10

零部件名称	功能指数①	现实成本(元)②	成本指数③	价值指数④=①/③
A				
B				
C				
…				
合计	1.00		1.00	

价值指数的计算结果有以下三种情况:

(1) $V_I = 1$。此时评价对象的功能比重与成本比重大致平衡,可以认为功能的现实成本是比较合理的。

(2) $V_I < 1$。此时评价对象的成本比重大于其功能比重,表明相对于系统内的其他对象而言,目前所占的成本偏高,从而会导致该对象的功能过剩。应将评价对象列为改进对象,改善方向主要是降低成本。

(3) $V_I > 1$。此时评价对象的成本比重小于其功能比重。出现这种情况的原因可能有三种:①由于现实成本偏低,不能满足评价对象实现其应具有的功能的要求,致使对象功能偏低,这种情况应列为改进对象,改善方向是增加成本;②对象目前具有的功能已经超过其应该具有的水平,也即存在过剩功能,这种情况也应列为改进对象,改善方向是降低功能水平;③对象在技术、经济等方面具有某些特征,在客观上存在着功能很重要而消耗的成本却很少的情况,这种情况一般不列为改进对象。

4. 确定 VE 对象的改进范围

对产品部件进行价值分析,就是使每个部件的价值系数(或价值指数)尽可能趋近于 1,根据此标准,就明确了改进的方向、目标和具体范围。确定对象改进范围的原则如下:

(1) F/C 值低的功能区域。计算出来的 $V < 1$ 的功能区域,基本上都应进行改进,特别是 V 值比 1 小得较多的功能区域,应力求使 $V = 1$。

(2) $C - F$ 值大的功能区域。通过核算和确定对象的实际成本和功能评价值,分析、测算

成本改善期望值,从而排列出改进对象的重点及优先次序。成本改善期望值的表达式为:
$$\Delta C = C - F \tag{9-7}$$
式中:ΔC——成本改善期望值,即成本降低幅度。

当 n 个功能区域的价值系数同样低时,就要优先选择 ΔC 数值大的功能区域作为重点对象。一般情况下,当 ΔC 大于 0 时,ΔC 大者为优先改进对象。如表 9-6 中 F_4、F_2 即为价值工程优先选择的改进对象。

(3) 复杂的功能区域。复杂的功能区域,说明其功能是通过采用很多零件来实现的。一般地,复杂的功能区域,其价值系数(或价值指数)也较低。

四、方案创造及评价

1. 方案创造

方案创造是从提高对象的功能价值出发,在正确的功能分析和评价的基础上,针对应改进的具体目标,通过创造性的思维活动,提出能够可靠地实现必要功能的新方案。从价值工程实践来看,方案创造是决定价值工程成败的关键。

方案创造的理论依据是功能载体具有替代性。这种功能载体替代的重点应放在以功能新产品替代原有产品和以功能创新的结构替代原有结构方案。而方案创造的过程是思想高度活跃、进行创造性开发的过程。为了引导和启发创造性的思考,可采用以下几种方法:

(1) 头脑风暴(Brain Storming,BS)法。头脑风暴法是指自由奔放地思考问题。具体地说,就是由对改进对象有较深了解的人员组成的小集体在非常融洽和不受任何限制的气氛中进行讨论、座谈,打破常规、积极思考、互相启发、集思广益,提出创新方案。这种方法可使获得的方案新颖、全面、富于创造性,并可以防止片面和遗漏。

(2) 哥顿(Gorden)法。哥顿法也是在会议上提方案,但究竟研究什么问题,目的是什么,只有会议的主持人知道,以免其他人受约束。例如,想要研究试制一种新型剪板机,主持会议者请大家就如何把东西切断和分离提出方案。当会议进行到一定时机,再宣布会议的具体要求,在此联想的基础上研究和提出各种新的具体方案。

这种方法的指导思想是把要研究的问题适当抽象,以利于拓展思路。在研究新方案时,会议主持人开始并不全部摊开要解决的问题,而是只对大家作一番抽象笼统的介绍,要求大家提出各种设想,以激发出有价值的创新方案。这种方法要求会议主持人机智灵活、提问得当。提问太具体,容易限制思路;提问太抽象,则方案可能离题太远。

(3) 专家意见法。这种方法又称德尔菲(Delphi)法,是由组织者将研究对象的问题和要求,函寄给若干有关专家,使他们在互不商量的情况下提出各种建议和设想。然后由专家返回设想意见,经整理分析后,归纳出若干较合理的方案和建议,再函寄给有关专家征求意见,再回收整理,如此经过几次反复后专家意见趋向一致,从而最后确定出新的功能实现方案。这种方法的特点是专家们彼此不见面,研究问题时间充裕,可以无顾虑、不受约束地从各种角度提出意见和方案;缺点是花费时间较长,缺乏面对面的交谈和商议。

(4) 专家检查法。这个方法不是靠大家想办法,而由主管设计的工程师做出设计,提出完成所需要功能的办法和生产工艺,然后顺序请各方面的专家(材料方面的、生产工艺的、工艺装备的、成本管理的、采购方面的)审查。这种方法先由熟悉的人进行审查,以提高效率。

2. 方案评价

在方案创造阶段提出的设想和方案是多种多样的,能否付诸实施,就必须对各个方案的优缺点和可行性进行分析、比较、论证和评价,并在评价过程中进一步完善有希望的方案。方案评价包括概略评价和详细评价两个阶段。其评价内容都包括技术评价、经济评价、社会评价以及在三者基础上进行的综合评价,如图 9-7 所示。

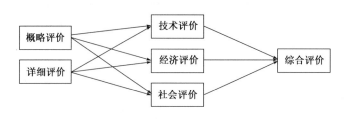

图 9-7　方案评价步骤示意图

在对方案进行评价时,无论是概略评价还是详细评价,一般可先进行技术评价,再分别进行经济评价和社会评价,最后进行综合评价。

1) 概略评价

概略评价是对方案创新阶段提出的各个方案设想进行初步评价,目的是淘汰那些明显不可行的方案,筛选出少数几个价值较高的方案,以供详细评价作进一步的分析。概况评价的内容包括以下几个方面:

(1) 技术可行性方面,应分析和研究创新方案能否满足所要求的功能及其本身在技术上能否实现;

(2) 经济可行性方面,应分析和研究产品成本能否降低和降低的幅度,以及实现目标成本的可能性;

(3) 社会评价方面,应分析研究创新方案对社会利害影响的大小;

(4) 综合评价方面,应分析和研究创新方案能否使价值工程活动对象的功能和价值有所提高。

2) 详细评价

详细评价是在掌握大量数据资料的基础上,对通过概略评价的少数方案,从技术、经济、社会三方面进行详尽的评价分析,为提案的编写和审批提供依据。详细评价的内容应包括以下几个方面:

(1) 技术可行性方面,主要以用户需要的功能为依据,对创新方案的必要功能条件实现的程度作出分析评价,特别对产品或零部件,一般要对功能的实现程度(包括性能、质量、寿命等)、可靠性、维修性、操作性、安全性以及系统的协调性等进行评价。

(2) 经济可行性方面,主要考虑成本、利润、企业经营的要求;创新方案的适用期限与数量;实施方案所需费用、节约额与投资回收期以及实现方案所需的生产条件等。

(3) 社会评价方面,主要研究和分析创新方案给国家和社会带来的影响(如环境污染、生态平衡、国民经济效益等)。

(4) 综合评价方面,是在上述 3 种评价的基础上,对整个创新方案的诸因素作出全面系统的评价。为此,首先要明确评价项目,即确定评价所需的各种指标和因素;然后分析各个方案对每一评价项目的满足程度;最后再根据方案对各评价项目的满足程度来权衡利弊,判断各方案的总体价值,从而选出总体价值最大的方案,即技术上先进、经济上合理和社会上有利的最优方案。

3）方案综合评价法

用于方案综合评价的方法有很多，常用的定性方法有德尔菲法、优缺点列举法等；常用的定量方法有优缺点列举法、直接评分法、加权评分法、比较价值评分法、环比评分法、强制评分法、几何平均值评分法等。下面简要介绍几种方法：

（1）优缺点列举法。把每一个方案在技术上、经济上的优缺点详细列出，进行综合分析，并对优缺点做进一步调查，用淘汰法逐步缩小考虑范围，从范围不断缩小的过程中找出最后的结论。

（2）直接评分法。根据各种方案能够达到各项功能要求的程度，按10分制（或100分制）评分，然后算出每个方案达到功能要求的总分，比较各方案总分，作出采纳、保留、舍弃的决定，再对采纳、保留的方案进行成本比较，最后确定最优方案。

（3）加权评分法。加权评分法又称矩阵评分法。这种方法是将功能、成本等各种因素，根据要求的不同进行加权计算，权数大小应根据其在产品中所处的地位而定，算出综合分数，最后与各方案寿命周期成本进行综合分析，选择最优方案。加权评分法主要包括以下4个步骤：①确定评价项目及其权重系数；②根据各方案对各评价项目的满足程度进行评分；③计算各方案的评分权数和；④计算各方案的价值系数，较大者为优。

方案经过评价，不能满足要求的就淘汰，有价值的就保留。

五、方案实施与评价

在方案实施过程中，应该对方案的实施情况进行检查，发现问题及时解决。方案实施完成后，要进行总结评价和验收。

第三节 价值工程在公路工程项目方案评选中的应用

价值工程是一种相当成熟和行之有效的管理技术与经济分析方法，一切发生费用的地方都可以用其进行经济分析和方案选择。工程建设需要大量的人、财、物，因而价值工程方法在工程建设领域得到了较广泛的应用，如优化设计方案、优化施工组织方案，对建筑材料、构配件及周转性工具材料的代换进行价值分析等，从而使项目取得较好的经济效益。

1. 对象的选择

正确选择价值工程的对象，是价值工程能否取得成效的第一步。价值工程对象选择的原则，从成本方面考虑，一般是选择其成本占总成本百分比大的。表9-11是某桥梁的成本预算表。

某桥梁的成本预算表　　　　　　　　　　表9-11

序号	项目名称		单位	数量	单价（元）	金额（元）	费用小计（元）	占总成本的百分比（%）
1	基础工程	钻孔桩巾1.0m	m	2719.28	616.19	1675593	2259760	32.59
		钻孔桩巾1.20m	m	139.5	776.57	108332		
		Ⅰ级钢筋	t	10.081	3686.37	37162		
		Ⅱ级钢筋	t	120.135	3651.5	438673		

续上表

序号	项目名称		单位	数量	单价(元)	金额(元)	费用小计(元)	占总成本的百分比(%)
2	下部构造	承台C25混凝土	m³	869.76	293.09	254918	676232	9.76
		承台Ⅰ级钢筋	t	0.41	3457.36	1418		
		承台Ⅱ级钢筋	t	35.865	3372.29	120947		
		墩台身C25混凝土	m³	17.9	399.18	7145		
		墩台身C30混凝土	m³	245.4	406.51	99758		
		墩台身Ⅰ级钢筋	t	4.674	3850.92	17999		
		墩台身Ⅱ级钢筋	t	23.919	3790.06	90654		
		台帽C25混凝土	m³	50.6	450.14	22777		
		台帽C30混凝土	m³	33.6	541.7	18201		
		台帽Ⅰ级钢筋	t	3.118	3850.92	12007		
		台帽Ⅱ级钢筋	t	8.023	3790.06	30408		
3	上部构造	连续梁C40混凝土	m³	1403.3	630.01	884093	3997110	57.65
		连续梁C50混凝土	m³	504.3	665.1	335410		
		钢绞线	t	11.664	8651.68	100913		
		锚具	套	160	478.49	7656		
		上部构造Ⅱ级钢筋	t	507.682	3500.87	1777329		
		盆式支座及安装	个	35	11710.26	409859		
		伸缩缝	m	51	1851	94401		
		桥头搭板C25混凝土	m³	39.4	288.14	11353		
		搭板Ⅱ级钢筋	t	4.718	3616.8	17064		
		锥坡镇土	m³	316	94.71	29928		
		浆砌片石	m³	121	164.67	19925		
		泄水管	个	48	56.61	2669		
		混凝土护栏	m	848	361.48	30651		

由表9-11可以看出,上部结构包括现浇预应力连续箱梁、支座、伸缩缝、搭板、泄水管、护栏及其他7个分部,其工程成本费用占整座桥梁工程费用的57.65%。我们如果以该部分为成本控制的重点,在保证质量和进度的要求下,优化其施工方案,降低其工程成本,可降低整座桥梁工程的成本。因此,选择该大桥的上部结构作为开展VE活动的重点对象。

2. 收集并整理有关资料

该桥上部结构主要分部工程成本见表9-12。

主要分部工程成本　　表9-12

序号	项目名称	单位	数量	综合单价(元)	预算成本(元)
1	预应力混凝土连续梁箱梁	m³	1403.3	2212.927	3105401
2	盆式支座及安装	个	35	11710.26	409859
3	伸缩缝	m	51	1851	94401

续上表

序号	项目名称	单位	数量	综合单价(元)	预算成本(元)
4	桥头搭板混凝土	m³	89.4	875.5	78270
5	泄水管	套	48	55.61	2669
6	护栏	m	848	361.45	306510
合计					3997110

3. 功能定义和整理

1）功能定义

桥梁上部结构的主要功能是：接受各种车辆通过时的荷载，保证各种车辆运营安全。

2）功能整理

根据系统分析和功能定义，形成功能系统图，如图9-8所示。

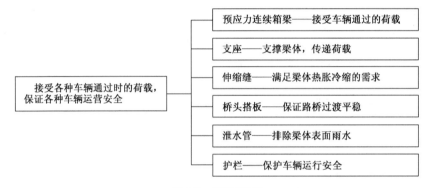

图9-8 功能系统图

4. 功能评价

本例采用功能指数法进行功能评价。

1）求功能指数 F_I

根据功能系统图，从VE活动小组成员和有丰富桥梁施工经验的工程师中选出5人作为评价者，采用百分制，对各功能的重要性打分，求各功能指数 F_I 见表9-13。

各功能重要系数打分表　　　　表9-13

序号	功能名称	评分					评分合计	功能指数 F_I
		1	2	3	4	5		
1	接受车辆通过的荷载	50	55	50	50	55	270	0.520
2	支撑梁体，传递荷载	10	15	15	10	15	65	0.130
3	满足梁体热胀冷缩的需求	10	8	13	10	8	49	0.098
4	保证路桥过渡平稳	6	4	10	6	7	33	0.066
5	排除梁体表面雨水	4	3	3	5	3	18	0.036
6	保护车辆运行安全	20	15	13	15	12	75	0.150
合计		100	100	100	100	100	500	1.000

2）求成本指数 C_I

经分析计算，确定各功能的实际分摊成本，求出成本系数，见表9-14。

各功能分摊成本系数计算表　　　　　　　　　　　　　　　　　　　　表 9-14

序号	项目名称	预算成本（元）	各功能分摊的预算成本（元）					
			接受车辆通过的荷载	支撑体传递荷载	满足梁体热胀冷缩的需求	保证路桥过渡平稳	排除梁体表面雨水	保护车辆运行安全
1	预应力连续箱梁	3105401	3105401					
2	支座	409859		409859				
3	伸缩缝	94401			94401			
4	桥头搭板	78270				78270		
5	泄水管	2669					2669	
6	护栏	306510						306510
7	功能成本合计	3997110	3105401	409859	94401	78270	2669	306510
8	成本指数 F_I	1.00	0.777	0.103	0.023	0.019	0.001	0.077

3）求价值指数 V_I

根据功能分析和成本分析计算出的功能指数和成本指数，求出价值指数，见表 9-15。

各功能分摊成本指数计算表　　　　　　　　　　　　　　　　　　　　表 9-15

序号	功能名称	功能指数 F_I	成本指数 C_I	价值指数 V_I
1	接受车辆通过的荷载	0.520	0.777	0.669
2	支撑梁体，传递荷载	0.130	0.103	1.262
3	满足梁体热胀冷缩的需求	0.098	0.023	4.261
4	保证路桥过渡平稳	0.066	0.019	3.474
5	排除梁体表面雨水	0.036	0.001	36
6	保护车辆运行安全	0.150	0.077	1.948

从表 9-15 分析看出，"接受车辆通过时的荷载"这一功能的价值指数 $V_I = 0.669 < 1$，说明此功能现行预算成本太高，需加以改进，从而达到降低成本的目的。

5. 制订改进方案

经 VE 小组成员深入调查分析发现，在实现"接受车辆通过时的荷载需求"这一功能的问题上，涉及梁体施工支撑、内外模板制作安装、钢筋绑扎、成型、波纹管制作安装、预应力钢筋和钢绞线的穿束、混凝土拌和、运输、浇注、捣固和养生，以及预应力钢丝束的张拉、注浆、封堵锚栓孔等十几道工序，工序复杂，原材料和周转性材料消耗大，占用时间长，且因该桥上跨某高速，施工干扰大，技术难度高，施工安全问题突出，如果施工组织安排不当，便会导致成本过高。因此，在保证质量、进度目标前提下，优化施工方案，精心组织施工，严格工、料、机管理，才能提高工效，降低成本。

据此，召开由 VE 小组成员、桥梁工程师和施工管理人员参加的讨论会，集思广益，在原方案基础上提出改进措施，制订改进方案。

1）确定改进方案的原则

（1）确保施工及行车安全。

（2）减少对高速公路行车的影响：尽可能保证行车道的净宽和净高；选择车辆密度最小时

封闭上行或下行车道,减少施工干扰,提高工效;合理投入设备、材料、人员,缩短施工工期,节约成本。

(3)确保工程质量。

(4)采取防护措施,防止高速公路路面污染及破坏。

2)措施

充分利用跨下穿的高速公路拼宽后六车道作为车辆绕行或现浇预应力箱梁支架基础的施工场地,保证施工期间行车道的路面宽度 10.75m 不变,确保行车及施工安全,经济合理地完成施工任务。

具体措施如下:

(1)根据施工现场的器材优势及地基情况,32m 跨的跨下穿高速公路部分拟采用 20m 跨度的梁柱式支架悬吊模板法进行施工,其余 12m 采用梁柱式支架顶部支撑法进行施工。该联的 20m 边跨,采用满堂支架法进行施工,模板均采用竹胶板。

(2)合理组织施工,在地基硬化、支架搭设、预压等前期工序安排上要考虑预压时的等待时间,衔接好各工序,形成流水施工,减少人员的等待时间。

(3)在地基硬化方面,利用现场多余土方和拆迁户遗留的房基土(碎砖土等)垫高原地面 30~50cm,并用压路机压实,将混凝土垫层厚度改为 10cm,充分利用现场 10 号槽钢做立柱垫铁,加大受力面积和整体性。

(4)部分钢管脚手架支架改为塔式支架,一方面减少支架用量,另一方面塔式支架安装方便,节省人工费用。

(5)通过对连续梁施工方案进行反复修改完善,并对其技术性、安全性、经济性等多方面进行分析评价,确定改善后的方案切实可行。

6. 组织实施及评价

针对新的方案实施过程中遇到的问题进行认真研究,采取对策措施,按照合理工期要求,运用网络计划技术,将方案和实施步骤纳入每一联的施工计划中。

实践证明,新方案切实可行,既保证了施工质量,又提高了工作效率;工程施工组织得力,人、财、物合理配置,工程进展顺利,保证了工期,节约了成本。

(1)各工序间安排合理,减少了施工人员的待工时间,节省了人工费用。

(2)在保证工程质量的前提下,利用材料之间的替代和现场废弃土石料,减少了材料费。

(3)通过采用塔式支架,减少了原普通钢管支架的连接点,节省了扣件,加快了搭设速度,节省了人工费用,且因塔式支架比普通钢管支架强度高,使用数量减少 34t,共计节约成本总额 32 万元。

这一方法又应用于该项目的其他桥梁,同样取得了良好的经济效益和社会效益。

本 章 小 结

工程经济学除了要评价投资项目的经济效果和社会效果外,还要研究如何用最低的寿命周期成本实现产品、作业或服务的必要功能。价值工程是一门技术与经济相结合的学科,它既是一种管理技术,又是一种思想方法,推广应用价值工程能够促使社会资源得到合理有效的利用。本章要求学生能够运用价值工程分析的基本原理对产品的功能进行分析、评价,并确定功能改进的范围,具有对具体工程项目价值工程分析的能力。

复习思考题

1. 什么是价值工程？提高价值的途径有哪些？
2. 简述价值工程的实施步骤。
3. 功能分析是价值工程活动的一个重要环节，它包括哪些内容？
4. 进行价值分析时，怎样选择价值分析对象？
5. 产品进行价值分析后，如果其价值较低，试说明应用何方法提高其价值？
6. 某产品由3个零部件构成，其功能评价与成本情况见表9-16。试分析需要改进的零部件是哪个。

功能评价与成本情况　　　　　　　　　　　　表9-16

序　号	零部件	功能得分	目前成本
1	甲	10	30
2	乙	15	30
3	丙	25	40
合计		50	100

第十章 公路工程项目可行性研究

第一节 可行性研究概述

一、可行性研究概念

可行性研究是在20世纪初随着技术经济和管理科学的发展而产生的。早在20世纪30年代,美国在开发田纳西河流时就开始把可行性研究方法运用于流域开发的整个过程,使得工程建设稳步发展,取得了显著的经济效益。在这之后,可行性研究作为一门学科不断充实和完善,被大多数发达国家所接受。特别是20世纪60年代以后,随着技术、经济及管理科学的突飞猛进,可行性研究渗透到很多领域,应用范围更加广泛,不仅用于研究工农业生产方面的工程项目建设问题,而且也推广到能源、交通等方面。

1. 可行性研究的含义

可行性研究是在投资决策之前,对拟建项目进行全面技术经济分析论证并试图对其作出可行或不可行评价的一种科学方法。它是投资前期工作的重要内容,是投资建设程序的重要环节,是项目的投资决策中必不可少的一个工作程序。可行性研究将对建设项目作全面的分析和论证,以确定某一项目的建设必要性、技术可行性、经济合理性及实施可能性,同时推荐出最佳经济效果的方案。具体地讲,可行性研究一般要求回答下述6个方面的问题,即回答5个"w"和1个"h":

(1) what——说明要干什么及投资项目的基本情况。

(2) why——说明为什么要建设这个项目,项目的结构、工艺、施工等方案的技术可行性、建设规模、原材料供应、远景发展预测及其与环境保护的协调关系、经济的合理性。

(3) where——说明项目建设位置,当地自然条件和社会条件,线路(站、场)位置方案比较情况。

(4) when——说明投资行为的时间指标,如项目何时开始投资,建设时期,投资回收期,选择投资的最佳时机。

(5) who——说明投资行为的主体情况,如项目的资金筹措、工程建设、经济管理等事项的责任者,投标承包方式。

(6) how——说明投资行为的主体怎样去实施。

为了准确、科学地解答这6个问题,必须深入调查研究,收集大量数据,运用系统工程学和经济学原理对研究对象进行技术与经济两个方面的综合预测与论证评价,才能得出向投资者推荐的最佳方案。所以,可行性研究是一项系统性、综合性很强的工作,需要有科学的工作方法和严密的工作程序作为保证。

公路建设项目可行性研究是对公路工程项目投资前情况的综合研究工作,是对公路建设项目建设的必要性、技术可行性、经济合理性和实施可能性进行综合性研究论证的工作,是公路建设项目前期工作的重要组成部分,是建设项目决策的主要依据。

2. 可行性研究的地位和作用

在建设项目前期工作的4个阶段中,按其地位和作用来讲,项目建议书和设计任务书属于项目控制性程序,而可行性研究和初步设计属于实质性工作程序。可行性研究是保证项目发挥投资效益的重要手段,为项目决策提供科学依据,在基本建设中占有极其重要的地位。可行性研究在项目建设过程中所起的作用主要表现在以下几个方面:

(1)作为项目投资决策的依据。项目可行性研究将有助于投资者分析和认识项目所面临的技术、经济、社会和自然等诸多不确定因素,并依据分析和论证的结果提出可靠、合理的建议。因此,投资者可依据工程项目可行研究报告作出是否投资的决定。

(2)作为编制设计任务书的依据。在可行性研究报告中,已对建设必要性、建设规模、技术标准、工期安排、建设投资、经济评价等诸多方面进行了详细的论证,因此,项目的可行性研究经审查批准后,可以此作为基础编制设计任务书。

(3)作为初步设计的依据。在可行性研究中,对项目的建设标准、规模、起讫点、主要控制点、主要构造物设置及选型、总体布置、重大技术措施等进行了方案论证和比选,确定了设计原则,推荐了建设方案,经审查批准下达设计任务书,初步设计应以此为基础。

(4)作为项目筹集资金的依据。银行等金融机构是否给项目贷款融资,其主要依据是该项目能否按期足额归还贷款。而可行性研究将对项目的经济性进行论证,因此,金融机构都把可行性研究报告作为给建设项目贷款的先决条件。例如,我国的建设银行也要对可行性研究报告予以审查,确认建设项目经济效果较好,具有足够的偿还能力,不会承担很大风险之后,才会给予贷款。

(5)作为公路建设项目后评价的参考和依据。目前我国正在逐步推行建设项目后评价,其中的一项主要内容,就是对前期工作的总结和评价,包括对项目建设必要性、技术可行性及经济合理性的再认识等,这些必须以前期的可行性研究为参照。

(6)作为向当地政府和环保部门申请建设执照的依据。根据我国相关法律规定,编制项目可行性研究报告时,须对环境影响作出评价、审查环保方案,因此,可行性研究报告经过相关部门审查、批准后,项目方可实施。

(7)作为签订所有合同和协议的依据。建设过程中的承包、水电供应、设备订货等合同和协议,都必须以可行性研究报告为依据,并据此承担经济责任。

二、公路建设项目可行性研究的特点

公路建设项目属于交通运输项目的一部分,交通运输项目与工业项目的不同之处在于,其产品不像工业生产那样是某种物质产品,而是物质和人员的位移。因此,交通运输有其特殊的生产工艺过程,其产生的效益也不相同。公路建设项目又与其他交通运输项目有所不同,有其本身的若干特点。最突出的一个特点是公路建成以后,是对全社会开放,交通运输部公路运输专业部门的车辆仅占全部通行车辆的10%以下,公路运输部门与公路管理部门实行分开管理,从建设到运营无法形成一个独立的企业。

由于公路的特殊情况,公路建设项目可行性研究也相应地具有某些特点。研究公路要立足于全社会公路交通状况包括公路运输量、公路交通量和车货流起讫点情况等,特别要搞清与研究对象平行的整个运输走廊的公路运输量和交通量。

建设项目的经济评价分为经济费用效益分析和财务分析。经济费用效益分析是在合理配置国家资源的前提下,从国家整体的角度研究项目对国民经济的净贡献,以判断项目的经济合理性。财务分析是在国家现行财税制度和价格体系的条件下,从财务角度,分析测算项目的财务盈利能力和清偿能力,对项目的财务可行性进行评价。公路建设项目应进行经济费用效益分析,凡收费的公路项目应同时进行财务分析。对贷款修建并以收费偿还的公路建设项目还要研究收费方式、收费标准,然后计算过路(桥)费收入,动态计算贷款偿还年限。如果对于政府贷款建设的公路项目,收费的目的是收费还贷,当公路建设贷款全部收回后即停止收费经营。如果收费公路管理机构为营业性的经济实体,则财务分析不仅要计算贷款偿还年限,还要计算偿还年限后的收费所得。同时,不论哪一种情况都要考虑收费对交通量分配的影响。

经济费用效益分析与财务分析结论均可行的项目,从经济角度看应予通过,反之应予以否定。经济费用效益分析结论不可行的项目,一般应予以否定。对某些具有重大政治、经济、国防、交通意义的公路项目,若经济费用效益分析结论可行,但财务分析不可行,可重新考虑方案,或提出相应优惠措施的建议,使项目在财务上具有生存能力,必要时进一步说明建设的必要性,不再考虑财务分析结果。

公路建设项目经济评价应遵循费用与效益计算范围对应一致的原则。在经济费用效益分析中,经济效益是指项目对国民经济所作的贡献,分为直接效益和间接效益。一般只计算直接效益,并通过"有无对比法"来确定。公路建设项目经济费用分为两部分:建设期经济费用和运营期经济费用。公路项目的财务支出分为建设期财务支出和运营期财务支出。其中,建设期财务支出主要包括固定资产投资、相关税金和建设期借款利息;运营期财务支出主要包括经营成本、运营期利息支出和税金。公路项目收入一般是指公路所有者收取的车辆通行费,即收费收入。

三、可行性研究报告编制程序和有关规定

编制可行性研究报告,应严格执行国家的各项政策和交通部颁布的技术标准、规范等,研究工作必须科学、客观公正。应按交通运输部 2010 年 4 月颁布的《公路建设项目可行性研究报告编制办法》要求的内容和格式进行。有关经济评价和交通量预测应分别按《公路建设项目经济评价办法》和《公路建设项目交通量预测试行办法》办理,并采用国家规定的评价指标与参数,详见国家住房和城乡建设部、交通运输部颁布的《公路建设项目经济评价方法与参数(2010 年版)》。在编制投资估算时应按《公路工程投资估算办法》和《公路工程估算指标》的规定办理,同时参考《公路工程概、预算编制办法》的规定。

公路建设项目可行性研究报告必须由具有相应工程咨询资质的机构编制,编制单位要对报告的质量负责。多个编制单位共同承担项目时,应确定一个主办单位。主办单位应负责协调相关参加单位承担的工作,使各部分工作相互衔接、内容统一。主办单位应对研究报告全面负责。公路建设项目可行性研究报告编制完成后,经项目负责人、编制单位的技术负责人和单位主管签字后报送主管部门或委托单位。

公路建设项目可行性研究报告的审查应按国家相关规定办理。需中央政府审批的项目先由地方政府进行预审,提出预审意见,对报告进行修改完善后再上报审批。已经完成的公路建设项目可行性研究报告,其基础依据有重大变化时,应及时修改完善或重新编制;已经批复的报告,应重新报批。

四、可行性研究项目评估

可行性研究虽然使投资项目决策向科学化、系统化方面前进了一步,但是由于决策主体受自身利益的局限及其他因素的影响,还必须在公正立场上和更为科学、周密的层次上进行项目评估,对可行性研究报告进一步进行论证和决定取舍。

1. 可行性研究项目评估概念

项目评估是对拟建项目的审查和估价,通常只在项目可行性研究报告的基础上,从建设项目的必要性和技术经济的合理性方面进行全面审查和评价,为实现科学投资决策提供依据,它是银行进行投资贷款的先决条件。由于项目评估注重从客观角度研究项目,尤其侧重研究投资项目对国民经济和社会发展的作用和意义,所以它是解决投资项目微观效益和宏观效益一致性的科学方法。项目评估是在对可行性研究进行调查、分析的基础上进行的论证工作,也是评估者从长远和客观角度对可行性研究的工作质量及准确性进行的评价分析,最后由决策者对项目是否可行作出结论。因此,项目评估是对可行性研究的再研究,被认为处于更高级的阶段。

项目可行性研究报告,一般是由部门或地方提出。有些地方和部门为了争项目,往往只说有利的,不说不利的,为项目能够顺利通过审批进行论证,以致有许多问题不能在项目开始建设以前被发现和解决,当项目建成后问题暴露,带来的损失和浪费就无法挽回。所以,在项目可行性研究的基础上再由社会有资格、有信誉的咨询机构进行项目评估,一方面可以推动项目前期工作进行充分的调查研究和分析论证,另一方面聘请大批的各方面专家对项目进行审核。这样,可以不受地方和部门的影响,得到客观公正的审核评价。

2. 可行性研究项目评估的任务和内容

1)项目评估的任务

项目评估的任务是从技术、财务、经济、组织等方面审核项目可行性研究报告中所反映的各项内容和指标是否符合实际,是否积极可行,并以此判断项目建设的必要性和技术、经济的合理性。

2)项目评估的内容

项目评估的内容是根据评估的要求及评估的阶段来决定的(不同的行业评估内容也不完全一样)。比如,不同的部门,对评估内容有不同的要求,政府部门与银行系统对评估内容的侧重点就有所不同,项目评估的基本内容主要包括以下几个方面:

(1)建设必要性和预测的评估。主要评估项目建设是否符合国家有关方针政策、法令和规定,是否符合国民经济发展规划和行业、地区规划。分析项目建设对国民经济和行业、地区发展的作用,确定项目是否建设及建设的规模大小。

(2)项目建设条件的评估。主要评估项目资源条件是否可靠,水文地质、工程地质是否清楚,交通运输条件、环境保护措施是否落实,方案是否合理等。

(3)技术评估。技术评估主要根据国家有关的技术政策,对建设项目选用的工艺技术及技术装备的先进性、适用性和经济性进行评估。

(4)投资和财务评估。对可行性研究报告中有关投资和财务基本数据进行审查和重新计算,为项目经济效益和国民经济效益评估做准备和提供依据。需要审查和重新审查计算的投资和财务数据有投资估算、资金来源、投资构成、各项费用计算、税收、利润及各项技术经济指标、贷款条件和利率、贷款偿还能力等。

(5) 项目经济效益评估。按现行各项制度和规定对建设项目的经济效益进行评估,即对项目的盈利能力和贷款偿还能力评估。

(6) 国民经济效益评估。从宏观角度,从国家和全社会的利益出发对项目所支出的费用与全社会公路使用者所得到的效益两个方面进行比较来评价。

(7) 不确定性分析。主要针对建设项目过程中不可预见的因素,用科学方法分析预测由于不确定因素的变化,对建设项目经济效益的影响程度,从而决定项目取舍。

(8) 总评估。评估项目在经济上是否合理,技术上是否可行,投资来源和筹措方式是否可靠,项目建设是否必要等。

经过以上内容的审查评估,最后写出评估报告。要求如实反映评估情况和评估结论,供决策者参考。

第二节 公路建设项目基本建设程序

一、工程项目寿命周期的概念

用项目寿命周期的概念来概括项目存在的全过程,可以从整体上描绘出项目的轮廓,以便于对项目作全面分析和研究。一个项目总有一个确定的开始和终了时间,这个从开始到终了的时间就是项目的寿命周期。一般认为,寿命周期应从提出建立或改造一个项目时开始,到该项目脱离了运行并为新的项目所替代时停止。

工程项目的寿命周期是指从开始酝酿、立项、设计、施工、投入使用,直至退役弃置为止的整个过程。例如,一个公路工程项目通常可延续 20~30 年,或更长的时间。在这一漫长的过程中,要进行各种各样的工作,从确定目标、开展设计、施工至投入使用,工作千头万绪,纵横交错,因而必须运用系统工程学的观点合理地划分和安排工程项目的各个阶段,抓住各阶段的特点,掌握其规律,更好地做好公路工程项目各阶段的工作。

在工程项目的寿命周期中,要消耗各种各样的资源,这种耗费相应地称之为寿命期费用。例如,公路工程项目寿命期费用是指从开始酝酿,经过论证、设计、施工、投入使用一直到最后废弃该项目的整个期间内所耗费的研究费用、设计费用、试验费用、施工费用、养护费用和大修费用及最后弃置费用的总和。

二、工程项目的阶段划分

按时间顺序,一个完整的寿命周期(或项目周期)可分为 7 个阶段:项目的目标设想;项目的预选、选定;项目的准备;项目的评审;项目的实施;项目的使用及项目评价(事后)。每一阶段必定导致下一个阶段的产生,最后一个阶段又导致产生新项目的设想,并进而选定新的项目。这样,一个项目的程序完结,又导致新的项目程序开始,周而复始,不断循环,按程序每循环一次即为一个周期。

在实际工作中,人们一般把项目划分成 3 个时期:投资前期、实施期(或投资执行时期)和运营期(或投资服务期)。这 3 个时期包括项目程序中的各个工作阶段。

1. 投资前期

投资前期包括项目设想,项目的预选、选定,项目的准备和项目评估 4 个工作阶段。这 4

个阶段的工作是投资前期的主要工作,它决定项目是否进行,是项目工作的重要时期。在这一时期,主要是进行项目可行性研究和资金筹措活动。人们往往不重视投资前期的计划与准备,因为它花费时间和资金,而不产生直接效益。实际上,投资前期的工作是避免投资决策失误和提高投资效益的关键手段。如果投资前期工作做得好,可以在执行、运营各阶段节约成本,产生非常高的效益。

项目设想是寿命周期的第一阶段,它规定了项目应达到的经济目标和时间目标,同时还必须考虑进行该项目可能承担的风险。项目设想及规定项目目标是项目程序最重要为阶段,它是以后各阶段的起点。一个项目的议想,有时来自国家和地方各级政府部门的计划安排,有时直接来自社会和经济发展的需求。不管来自何方,项目应该在市场需求的基础上提出,如公路项目的设想应当把交通需求预测放在首要位置。

项目的预选和选定是项目的第二阶段。当项目设想完成后,应当对各种预选项目进行筛选,最后被选定的项目必然是投资少、收益高、风险小的项目。在公路建设项目的筛选过程中,收集准确和完善的数据是项目选定的必要前提。

项目选定后,即可进行项目的准备。进行可行性研究是项目准备阶段的主要内容。做好项目的可行性研究,是对项目是否进行作出决策的一项重要工作。项目准备的时间也就是进行项目可行性研究的时间。

项目的评审是项目程序中的一个重要工作阶段。一个项目的设想,在经过选定和准备两个阶段后,形成了可行性研究的有关文件(可行性研究报告)。投资者和有关机构必须对项目的各方面进行全面的评价和审查,也就是对公路建设项目的可行性研究报告进行全面的评价和审查,一般从工程技术、项目实施的组织机构、项目的财务收益和项目的经济效益4个方面进行评审,最后才决定项目是否实施。工程技术评审的内容一般有:项目的技术等级,工程建设规模,路线方案,投资估算和各种工程技术方案是否符合当地的条件(如地形、地质、气候、水文等)。对项目实施的组织机构评审,主要是审查项目执行机构的组织与管理情况。项目的组织机构是项目成败的关键,必须建立一套合理、高效的管理组织机构,以保证项目建设能顺利和有效地进行。财务收益的评审首先是对项目资金筹措方案进行审查,从而落实项目的资金来源;其次是审查项目的收益来源,如公路收费方案,审查项目在财务上能否偿还借款。经济效益的评审,则是对建设项目进行国民经济评价,以明确项目的经济合理性。

2. 实施期

建设项目经过评审并批准后,即开始进入项目的实施阶段,一直到竣工投入使用为止。因此,这一时期又分为设计、招标、施工等多个环节。这一时期的主要工作内容是建立项目执行管理机构,落实项目监理单位,进行项目的设计招标和施工招标,签订各类合同,成立项目的现场管理机构,制订项目的执行计划,将项目按预定的计划和目标建成并交付使用。这一时期中的各项工作都应该按预定的计划和目标进行。在这一阶段中,工程项目管理是特别重要的,也是确保工程进度、工程质量和控制工程费用的关键。

3. 运营期

项目建成后,就进入运营时期,也就是项目发挥作用、产生效益、服务于社会的时期。一般地,严格经过上述项目程序建成投入使用的工程项目,大多都能达到预定的经济目标和时间目标,并获得良好的经济效益。但是,不管是成功的或失败的项目,都应该进行事后的总结和评价——项目后评估。具体做法是:根据项目有关实际资料进行分析,检查和验证项目可行性研究报告中所作出的预测和判断是否正确,项目成功的经验有哪些,失败的教训有哪些,同时整理出总结、评价的资料。

三、公路建设项目前期工作程序

公路建设前期工作是指建设项目实施前的一系列决策工作,它包括两个部分:一是属于宏观决策方面的全行业发展战略、总体布局规划、中长期建设规划和计划;二是属于具体建设项目决策方面的以可行性研究为中心的项目建议书,设计任务书和初步设计。建设前期工作是公路建设科学管理的重要组成部分,是为实现长远战略目标服务的,是建设项目立项和决策的基础和依据。加强建设前期工作对交通事业的发展、提高投资效益和社会经济效益都具有重要的作用。对于具体建设项目,其前期工作程序可分为以下几步。

(1)项目建议书。根据国民经济和社会发展的长远规划、行业规划、地区规划的要求,结合各项自然资源、生产力布局和需要情况,分析建设的必要性和可行条件,提出项目建议书。项目建议书是国家和投资者选择建设项目和进行可行性研究的依据。

(2)可行性研究报告。论证建设项目技术及经济的可行性,建设的必要性与可能性,对建设规模、技术标准及重大技术方案进行比较,推荐最佳方案,进行投资估算和经济评价,拟定建设工期,为编制设计任务书和项目决策提供依据。

(3)设计任务书。在可行性研究报告的基础上,经专家评估,进一步分析项目的利弊与得失,各项建设条件和协作条件,审查可行性研究报告所提出的建设理由、建设规模、技术标准、重大技术方案及经济评价结果,从经济发展和公路建设全局观点确定建设方案和工期,落实建设资金来源,编制设计任务书,为项目的最终决策和初步设计提供依据。

(4)初步设计。该阶段是项目决策后的具体实施方案,也是进行施工准备的主要依据。建设项目前期工作的各个阶段都应进行深度不同的、相应的勘测、科研和试验。

四、公路建设项目可行性研究阶段划分

公路建设项目可行性研究按其工作阶段分为预可行性研究和工程可行性研究。编制预可行性研究报告,应以项目所在地区域经济社会发展规划、交通发展规划和其他相关规划为依据;编制工程可行性研究报告,原则上以批准的项目建议书为依据。

公路建设项目预可行性研究要求通过实地踏勘和调查,重点研究项目建设的必要性和建设时机,初步确定建设项目的通道或走廊带,并对项目的建设规模、技术标准、建设资金、经济效益等进行必要的分析论证,编制研究报告,作为项目建议书的依据。公路建设项目工程可行性研究,要求进行充分的调查研究,通过必要的测量和地质勘查,对可能的建设方案从技术、经济、安全、环境等方面进行综合比选论证,研究确定项目起、终点,提出推荐方案,明确建设规模,确定技术标准,估算项目投资,分析投资效益,编制研究报告。工程可行性研究报告一经批准,即为初步设计应遵循的依据。

公路建设项目可行性研究报告的主要内容应包括项目影响区域经济社会及交通运输的现状与发展、交通量预测、建设的必要性、技术标准、建设条件、建设方案及规模、投资估算及资金筹措、经济评价、实施安排、土地利用评价、工程环境影响分析、节能评价、社会平均等,特殊、复杂的重大项目,还应进行风险分析。

公路建设项目可行性研究报告应在对可能的工程建设方案进行初步比选的基础上,筛选出有比较价值的方案,进一步做同等深度的技术、建设费用、经济效益比选。二级及以上公路

的预可行性研究、工程可行性研究阶段的路线方案,应分别在1:50000、1:10000或更大比例尺地形图上进行研究,其中特殊困难路段需分别在1:10000、1:2000地形图上进行研究。工程可行性研究阶段应进行必要的地质勘探,对长大桥梁、隧道等控制性工程,可采用遥感、物探、地质调绘等进行专项的地质勘探和调查,地质条件复杂时需进行必要的钻探分析。工程可行性研究阶段投资估算与初步设计概算之差,应控制在投资估算的10%以内。

第三节 公路工程可行性研究的主要内容

各新建或扩建工程项目的性质不一,种类繁多,要求也不尽相同,因此各个工程项目的可行性研究内容和格式是不完全相同的。根据可行性研究的目的和要求,公路建设项目可行性研究中需要论证和研究的主要内容一般应包括如下几个方面。

1. 概述

(1)项目背景。

(2)编制依据。

(3)研究过程。

(4)建设的必要性。

对于直接进行工程可行性研究的公路项目,应对项目建设的必要性、建设时机等进行详细论证。

(5)主要结论。

①交通量预测。

②技术标准。

③路线起终点、走向、主要控制点及建设规模。

④投资估算、资金筹措及工期安排。

⑤经济评价。

⑥土地利用、工程环境、节能及社会影响评价。

(6)问题与建议。

2. 经济社会和发交通运输展现状及规划

(1)研究区域概况。

(2)项目影响区域经济社会现状及发展。

①经济社会现状:社会发展方面,说明区域人口、国土面积、自然资源、区位优势等情况;经济发展方面,说明区域经济水平、经济布局、经济结构、对外贸易等情况。

②经济社会发展趋势:对项目的经济社会发展趋势及主要经济社会指标进行分析与预测。

(3)项目影响区域交通现状及发展。

①综合交通运输现状:综合运输网、运输量发展水平及特点、公路运输的地位和作用。

②相关公路技术状况及适应程度:技术状况、交通量、存在的问题。

③交通运输发展规划:公路网规划、其他相关运输方式、本项目在区域路网中的地位及作用。

3. 交通量分析及预测

(1)公路交通调查及分析。
①预可行性研究工作回顾。
②调查综述:公路交通调查内容、方法、范围。
③调查资料分析:相关公路的交通量构成、分布特点;交通运行特征;运输效率及主要运输货类等。
(2)相关运输方式的调查与分析。
(3)预测思路与方法。
交通量预测的总体思路、交通量预测方法及步骤概述。
(4)交通量预测。
预测特征年确定、特征年路网、交通生成、交通量分布、诱增交通量及其他运输方式转移交通量的初步估计、交通量分配、预测结果及分析(路段交通量及分析、互通立交转向交通量、特征年车型构成、无此项目时相关公路交通量等)。

4. 技术标准

根据拟建项目在区域公路网中的功能与定位、交通量预测结果,综合考虑地形条件、投资规模、环境影响及与拟建项目连接的其他工程项目等影响因素,在通行能力及服务水平分析的基础上,按照《公路工程技术标准》(JTG B01—2014)相关规定,论证项目拟采用的技术等级、设计速度、车道数及路基宽度、荷载标准、抗震设防标准、隧道建筑界限、交通工程及沿线设施等具体指标,对于跨越有通航要求的河流上的桥梁,应明确通航标准等指标。

5. 建设方案

(1)建设条件。
①地形、地质、水文、气候等条件。
②制约建设方案的其他主要因素:城镇规划、产业布局、资源分布、环境敏感点、文物等。
③筑路材料及运输条件。
④拟建项目与相关路网的衔接:对于改扩建项目还应对现有工程的适用状况进行分析和评价。
(2)建设项目起终点论证。
建设项目与区域路网和前后路段衔接情况;与城市衔接的关系。
(3)备选方案拟订。
①主要控制因素:地形、地质、水文等控制因素;沿线重要城镇规划;环境、资源分布、军事设施、文物等其他控制因素。
②各备选方案:走向及控制点;主要技术指标及规模。
③建设方案比选:综合考虑建设条件、工程规模及投资、经济评价、环境影响、土地占用等因素,提出推荐方案。
④推荐方案概况:起终点及主要控制点;规模、标准及主要技术经济指标;路基工程;路面工程;桥涵工程;隧道工程;交叉工程;连接线及辅道工程;交通工程及沿线设施;其他工程。

6. 投资估算及资金筹措

（1）投资估算。

按照交通运输部《公路基本建设工程投资估算编制办法》《公路工程估算指标》等执行,说明材料单价和征地拆迁取值依据及主要定额调整原因等,并给出各方案总估算汇总表。若工程项目可行性研究与预可行性研究的投资估算差别较大,应说明原因。

（2）资金筹措。

说明资金的来源。

7. 经济评价

（1）评价依据和方法。

（2）评价方案设定。

（3）经济费用效益分析。

①参数选择与确定。

②经济费用调整。

③经济效益计算。

④经济费用效益分析指标计算。

⑤敏感性分析。

（4）财务分析。

①资金来源与融资方案。

②财务费用计算。

③收费收入计算。

④财务分析指标计算:盈利能力分析;清偿能力分析。

⑤敏感性分析。

（5）评价结论。

8. 实施方案

分析工程的施工条件和特点,研究制约工程进度、质量、造价的关键环节,提出工期安排等实施方案。对于改扩建项目,应该包括施工期交通组织方案。

9. 土地利用评价

（1）区域土地利用、类型及人均占有量。

（2）推荐方案占用土地、主要拆迁建筑物的种类和数量。

（3）对当地土地利用规划影响。

（4）与《公路建设项目用地指标》的相符性。

（5）集约节约使用土地措施。

10. 工程环境影响分析

（1）沿线环境特征。

（2）推荐方案对工程环境的影响。

（3）减缓工程环境影响的对策。

①路线方案的对策。

②路基边坡防护对策。

③借方、弃方及水土保持对策。

④绿化恢复植被对策。

⑤其他对策。

11. 节能评价

(1)建设期耗能分析。

(2)运营期节能。

①项目运营管理耗能分析:包括项目(公路桥梁、隧道)的照明、服务区、收费站、监控设施等。

②项目使用者节能计算:采用"有无对比法",计算建设项目投入运营后,使用者的燃油节约量,并将最终结果换算成标准煤。

(3)对当地能源供应的影响。

(4)主要节能措施。

说明遵循的节能规范或标准;主要措施,包括新材料、新工艺、新能源的应用。

(5)节能评价结论。

12. 社会评价

(1)项目的社会影响分析。

主要分析项目对所在地社会的正、负面影响。主要包括对居民收入、生活水平与质量、就业的影响,对不同利益群体、弱势群体的影响,对所在地文化、体育、卫生的影响,对少数民族风俗习惯和宗教的影响。

(2)互适性分析。

调查当地政府、企业、居民及道路主要使用者对建设项目的支持程度,分析项目与当地社会环境的互相适应性。

①当地政府对项目的态度。

②不同利益群体对项目的态度及参与程度:分析和预测直接相关的利用群体的态度和参与程度。

③各部门或组织对项目的态度及支持程度:各部门或组织对项目的支持和配合程度,如城市规划、城市交通、土地、电力、供水等部门的保障。

④移民安置方案:对于需较大规模移民的公路建设项目,应初步制订相应的安置方案。

(3)社会风险分析。

对可能影响项目的各种社会因素进行识别和排序,并对影响面大、持续时间长、容易引起较大矛盾的社会因素及未来可能的变化进行分析,提出必要的防范措施。

(4)社会评价结论。

13. 风险分析

对于特殊复杂的重点项目,应进行风险分析。

(1)项目主要风险因素识别:项目风险主要包括工程技术风险、资金风险、外部协作条件风险等,应结合项目实际进行识别。

(2)风险程度分析:采用专家评估法、风险因素取值评定法或风险概率分析法等,按各风险因素对项目影响程度和风险发生的可能性大小确定风险的等级。

(3)防范和降低风险措施:根据不同的风险因素提出相应的规避和防范对策。

14. 问题与建议

主要包括项目存在的问题和相关建议等。

第四节 交通量预测

为了分析研究公路运输与社会经济发展的适应情况,论述公路项目建设的必要性,准确预测交通量的变化,准确地对建设项目进行国民经济评价和财务评价,进行公路项目可行性研究时,必须全面、系统、准确、及时地对社会经济进行调查。然后,根据调查的社会经济资料,对社会经济活动进行研究,分析社会经济增长或制约的影响因素,掌握社会经济的发展趋势,以便进行社会经济预测。

交通需要分析及交通量预测是公路建设项目可行性研究的重要组成部分,是综合分析建设项目的必要性和可行性的基础,同时也是确定公路建设项目技术等级、工程规模及经济评价的主要依据。公路建成后,所带来的最重要、最直接的可以用货币形式计量的效益,是公路使用者获得的直接效益,而交通量是计算项目效益的基本数据。

交通预测需求量有多种方法,主要采用以出行起讫点矩阵为基础的四阶段预测法,即首先调查项目所在区域的社会经济、交通运输资料和OD分布情况,在分析该地区的社会经济、交通运输现状的基础上,预测其社会经济发展趋势,从而预测项目区域未来各小区的趋势和诱增交通产生与吸引量,然后进行交通量出行分布预测,得到未来特征年的出行分布OD表。由于预测期内项目区域交通路网或其他运输方式的可能建设,在充分考虑交通量分流影响的基础上,通过交通量分配,最终获得拟建公路项目交通量的预测结果。交通需求预测工作流程如图10-1所示。

公路建成后,所带来的最重要、最直接的可以用货币形式计量的效益,是公路使用者获得的直接效益,而交通量是计算项目效益的基本数据。同时应当注意,当交通量达到设计的通过能力后,即使实际交通量还在增长,但项目净效益不再增长,原因是超过通行能力后服务水平会下降。由于项目的经济评价采用了"有无对比法",因此,交通量也应划分为有此项目条件下的交通量和无此项目条件下的交通量,如图10-2所示。

(1)正常交通量。正常交通量指与新项目无关的原有道路上固有增长的交通量。从效益角度讲,新(改、扩)建项目所获得效益的一部分是无此项目与有此项目的汽车运输成本差。

(2)转移交通量。转移交通量指从其他运输方式或从其他相关公路转到新路上来的交通量。所形成的效益包括两个部分:一是由于公路承担了其他运输方式转移下来的运输量,从而缓解了这些部门的运力紧张而获得的效益;二是由于相关公路部分交通量转移后,减少了拥挤而获得的效益。

(3)新增交通量。新增交通量指原来没有,只是由于降低了运输成本而新产生的交通量。通常分两类,一类是本地区原先就有,不建公路时,由于不方便或运输成本太高认为不值得运输,有此项目后形成的新运输量;另一类是有了公路建设项目后所带来的新的经济活动开始引起的,如当地新建工厂、新开采的矿产品等形成的新运输量。

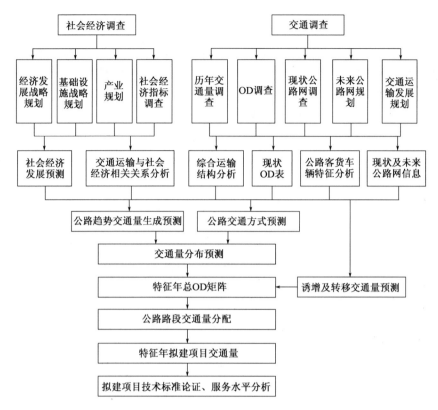

图 10-1　交通需求预测工作流程

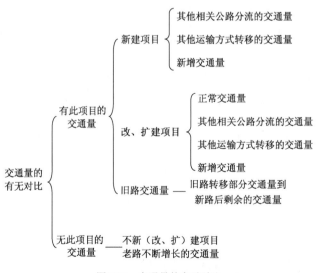

图 10-2　交通量的有无对比

新增交通量所产生的效益在运输成本降低前是不存在的,降低多少才能产生这种效益,取决于人们对公路的需求。计算新增交通量的效益,是按正常交通量在"有""无"此项目条件下产生的汽车运输成本差额的一半来计算。

第五节 可行性研究案例分析

深港西部通道工程包括大桥、口岸和接线 3 部分。其中，全长为 5154m 的深圳湾大桥由深圳、香港合建，总投资 1517 亿元人民币。该工程项目是经国务院批准立项的国家重点建设项目，是国家主干公路网连接香港特别行政区的唯一高速公路，是"一国两制"体制下，迄今规模最大的首个跨界公路工程，开创了内地和香港在大型基建领域合作的成功先例。

西部通道的可行性研究前后历经 7 年，其间双方进行了大量信息交换与工作内容调整，包含的内容十分广泛。下面从交通需求、建设方案、环境保护和经济评价 4 个方面论述深港双方的可行性研究，针对"研究的出发点""主要研究内容的完善性""研究方法的适用性、可行性及局限性对比"等几个部分比较双方的异同。

一、研究的出发点比较

深圳方面可行性研究的出发点具有需求导向特征，是为了解决深港两地之间日益增长的交通流量问题，附带有改善环境、增强"一国两制"凝聚力、促进双方经济发展等考量，主要聚焦在通车的车流及人流上，对社区的长期发展考虑较少。香港方面研究的出发点更具战略特征，以香港社会 2030 年的远景发展规划为基础，将西部通道项目一并纳入香港整体路网，同时考虑香港社会的整体协调发展。例如，香港方面的可行性研究不仅关注西部通道项目车流量的增长状况，更加关注这一项目的修建会给所涉及相关地区的可持续发展能力带来什么变化（特别是人口增长情况），还关注西部通道对香港市政连接工程的接纳能力、环境及生态方面的影响。

二、主要研究内容的完善性比较

(1) 香港方面可行性研究对于西部通道项目交通需求方面的研究覆盖面更为广泛，且具有系统性，关注的影响因素也更为直接，其中对于西部通道项目满足社会需求的评估结论表述相对更为客观。港方对于西部通道项目的修建期望集中于提升跨界交通流量带来的直接综合经济效益，并由此得出了重视关联附属工程项目的结论，且从多个角度提供了翔实的数据支持。深圳方面所编制的可行性研究报告主要围绕西部通道本身展开，并没有充分考虑一些附属的必要连接通道项目对其运营效能的影响。而香港方面在一开始就将西部通道项目的可行性研究报告一并列入"跨境通道项目"作为系统工程进行研究，而不是将其单独列入评估影响，从后来的建造过程和现在的运营状况来看，港方的评估结论更能全面地反映实际情况。

(2) 深圳方面是从建设规模与技术标准、建设条件、桥位选择、桥型方案选择、一线口岸等方面进行建设方案的可行性评估，研究覆盖面比香港方面更广；而且深圳方面在相应的研究点上做的工作更深入。香港方面在建设方案研究中特别重视方案造成的环境影响，把环境评估作为决定方案优劣的极其重要因素，而深圳方面则更重视从技术可行性的角度来考虑建设方案，这体现了香港方面和深圳方面在建设方案上选择的侧重点不同。

(3) 深圳、香港双方在西部通道项目可行性研究环境评估部分的内容上主要有两点差异：

①香港方面更加全面地考虑社会环境，即更加关注项目周边人群对西部通道项目建设可能的反应。

②香港方面更加关注西部通道未来运营时的影响，香港的环境评估研究报告一开始就定位于 2020 年的系统性状况，综合考虑了项目的个体影响和因项目修建而引发的累积影响，而

深圳方面则更多地集中在项目的施工过程上。

（4）经济评价是拟建项目工程可行性研究的重要内容，其目的是根据项目所在地区的经济发展规划，结合交通量预测和工程建设规模等研究情况，计算项目的费用和效益，对拟建项目的经济合理性、财务可行性作出评价，为建设方案的比选、决策提供科学依据。在针对经济评价模块的研究中，深圳方面的主要内容包括：以香港角度对跨界通道各项建议的成本及效益进行概括经济评估，对道路工程项目的成本（如建筑成本及行程时间成本）及效益（如增加跨界贸易和商务活动及提高土地价值）的差异进行比较。此外，对是否符合全部跨界交通预测的需求还进行了经济影响质量评估，并评审各工程建议对政府财政预算的影响及可能出现的财务风险。

三、主要研究方法适用性、可行性及局限性比较

从数据预测和分析方法上看，香港方面所应用的数据分析方法具有更加严密的逻辑性。在交通需求部分，香港方面应用的模型综合考虑了内地的经济增长预测，香港与内地间的贸易增长、内地人口预测、空间分布以及香港的人口及就业数据在未来的规划发展状况，是多元因果预测模型。而深圳方面的预可行性研究则主要应用的是一元回归方法，即认为只有一个因素在显著影响着跨界交通量。另外，在深圳方面的预可行性研究中，预测交通流量的因变量选择的是内地国内生产总值、工农业生产总值等因素，没有考虑到跨界交通流量是由深圳、香港双方因素互动所产生的结果。虽然在深圳方面2001年完成的工程可行性研究中对交通量预测采用了更为精密的二元回归分析方法，但因变量仍只取决于主要的独立经济数据，对于深圳、香港两地之间贸易等联合数据考虑不足。敏感性分析的方法也都用于双方的交通预测之中，所不同的是深圳方面主要是考虑口岸所提供的实际通过能力发生的变化，而香港方面则考虑的是香港人口数量可能发生的变化（资料来源：莫力科，陆绍凯，牛永宁. 深港大型跨界工程项目可行性研究的比较与启示——以深港西部通道项目为例[J]. 广州大学学报（自然科学版），2010（1）：74-78）。

本 章 小 结

本章主要讲述了可行性研究的概念、可行性研究的阶段划分，介绍了可行性研究的阶段划分与工作程序，阐述了可行性研究报告的主要内容。

复习思考题

1. 什么是可行性研究？
2. 可行性研究可分为几个阶段？各阶段有何特点？
3. 可行性研究报告的编制程序是什么？可行性研究报告的主要内容有哪些？

第十一章 公路建设项目后评价

可行性研究和项目前评价是在项目建设前通过对相关数据的预测进行的,但其判断、预测的结果是否准确,项目的实际效益究竟如何,还需要在项目竣工投产后根据实际发生的数据、资料进行评估和验证,这种评估就是项目后评价。通过项目后评价可以全面总结项目投资管理过程中的经验教训,从而有助于今后改进项目管理和制订科学的投资计划。

第一节 项目后评价概述

一、项目后评价的概念与作用

项目后评价是指在项目已经完成并运行一段时间后,对项目的目的、执行过程、效益、作用和影响进行系统的、客观的分析和总结的一种技术经济活动。关于项目后评价的定义,目前国内外理论与实际工作者尚有不同的理解。本书中公路建设项目后评价是指:在项目实施运行以后,根据现实数据或变化了的情况,重新对项目的合理性及建设、运营效果进行考核、检验、分析和论证,作出科学、准确的评价结论的技术经济活动。通过项目后评价不仅可以考察公路项目实施后的实际运行情况,而且可以衡量和分析实际情况与预测情况的差距,确定公路项目前评价的预测、判断、结论是否正确,并分析原因、吸取教训、总结经验,为今后改进公路项目前评价工作以及同类项目立项决策和建设提供依据。它是提高公路项目投资决策和管理水平,提高公路项目评估和可行性研究工作质量的有效手段。具体来说,后评价的作用主要表现在以下几个方面:

(1)总结项目管理的经验教训,提高项目管理水平。由于建设项目管理是一项极其复杂的活动,涉及银行、计划、主管部门、企业、物资供应、施工等许多部门,因此项目能否顺利完成的关键在于这些部门之间的配合和协调工作做得如何。通过项目后评价,对已经建成项目的实际情况进行分析研究,总结项目管理经验,有利于指导未来项目的管理活动,从而提高项目管理水平。

(2)提高项目决策科学化水平。项目前评价是项目投资决策的依据,评价中所做的预测是否准确,需要通过后评价来检验。建立完善的项目后评价内容、指标和方法体系,可以增强评价人员的责任感,促使评价人员努力做好可行性研究工作,提高项目预测的准确性;也可以通过后评价的反馈信息,及时纠正项目决策和管理中存在的问题,从而提高未来项目决策和管理的水平。

(3)为国家投资计划的制订及经济参数的完善提供依据。根据后评价反馈的信息,能够发现宏观投资管理中的不足,使国家能够及时地修正某些不适合经济发展的技术经济政策,修正某些过时的指标参数,为项目评价所涉及的评价方法及有关经济参数的制定及不断完善提供依据和建议,对改进宏观决策起重要的作用。同时,反馈的信息有利于国家合理确定投资规模和投资流向,协调各产业、各部门之间及其内部的各种比例关系。此外,国家还可以充分运用法律、经济、行政手段,建立必要的法令、法规、各项制度和机构,促进投资管理的良性循环。我国基本建设程序尚缺乏对项目决策和实施效果的反馈环节,而项目后评价刚好弥补了这一弱点,这对我国基本建设程序的完善和健全,以及宏观决策的改进将起到越来越重要的作用。

(4)促进公路建设项目投资效果的提高。开展后评价工作可以及时发现项目建设资金使用过程中存在的问题,分析贷款项目成功或失败的原因,使投资主体能合理确定投资规模、投资流向和及时调整投资政策,确保投资资金的按期回收;国家也可以运用法律、经济、行政手段,建立必要的法令、法规和制度来促进投资管理的良性循环。可行性研究和项目前评价是在项目建设前通过对相关数据的预测进行的,但其判断、预测的结果是否准确,项目的实际效益究竟如何,还需要在项目竣工投产后根据实际发生的数据、资料进行评估和验证,这种评估就是项目后评价。通过项目后评价可以全面总结项目投资管理过程中的经验教训,从而有助于今后改进项目管理和制订科学的投资计划,可为今后类似项目的投资决策和管理提供借鉴的模式和参考作用。

(5)对项目进行监督和改进,促使项目运行状态正常化。后评价可以分析和评价项目投产时和运营期的实际情况,分析实际状况和预测状况之间的偏离及其原因,提出切实可行的建议和措施,使项目运营状态正常化,提高项目的经济效益和社会效益。

(6)通过后评价有关内容的研究,如交通预测技术、交通安全评价、交通工程设施系统分析、社会经济效益量化、建设项目可持续发展指标体系建立和评价等,可以为完善公路建设项目后评价研究内容打下良好基础,同时为后续公路建设项目后评价研究提供指导。

(7)在项目后评价的基础上,决策部门还可以对国家、地区或行业的规划进行分析研究,为调整政策和修订规划提供依据。

因此,对公路建设项目后评价主要内容进行研究是十分必要的。一方面,通过建立完善的后评价内容和指标体系及深入的后评价工作,可针对项目实际效果所反映出来的从项目决策、实施到运营各阶段存在的问题,提出相应的改进措施,使项目尽快实现预期目标,更好地发挥其效益;另一方面,可以走出决策失误或为当外界条件、环境改变致使运营、技术或经济等方面处于严重困境的项目找到生存和发展的途径,为主管部门提供再决策的依据,也可根据具体问题,如道路交通安全、道路建设项目可持续发展、交通需求预测分析、公路网交通工程设施规划设计等,提供一定的研究理论和方法。

二、项目后评价与项目前评估的主要区别

1. 项目后评价的特点

与可行性研究和前评价相比,项目后评价具有以下特点:

(1)现实性。项目后评价分析研究的是项目实际情况,所依据的数据资料是现实发生的真实数据或根据实际情况重新预测的数据,而项目可行性研究和项目前评价分析研究的是项目未来的状况,所用的数据都是预测数据。

(2)全面性。在进行项目后评价时,既要分析其投资过程,又要分析经营过程;不仅要分析项目投资经济效益,而且要分析其经营管理的状况,发掘项目的潜力。

(3)探索性。项目后评价要分析企业现状,发现问题并探索未来的发展方向,因而要求项目后评价人员具有较高的素质和创造性,把握影响项目效益的主要因素,并提出切实可行的改

进措施。

（4）反馈性。项目可行性研究和前评价的目的在于为计划部门投资决策提供依据,而项目后评价的目的在于为有关部门反馈信息,为今后项目管理、投资计划的制订和投资决策积累经验,并用来检测项目投资决策正确与否。

（5）合作性。项目可行性研究和项目前评价一般只通过评价单位与投资主体间的合作,由专职的评价人员就可以提出评价报告;而后评价需要更多方面的合作,如专职技术经济方面的人员、项目经理、企业经营管理人员、投资项目主管部门等,只有各方融洽合作,项目后评价工作才能顺利进行。

2. 项目后评价与前评价的区别

从以上特点可以看出,项目后评价与项目可行性研究、项目前评价有较大差别,主要表现在以下几个方面：

（1）评价目的和作用不同。可行性研究阶段的前评价目的在于分析项目建设的必要性和可能性,评价项目经济上的合理性,其作用是直接为项目投资决策提供依据。后评价侧重于项目投资全过程的实际情况与预测情况进行比较研究,查找项目成功与失败的原因,目的是总结经验教训,为以后提高项目管理水平和制订科学的投资计划提供依据,这对于实现投资项目的最优控制、提高项目投资决策的科学性都将起到重要作用。

（2）评价阶段不同。项目前评价是在项目决策阶段进行,是为项目的决策服务的。它主要运用有关评价理论和预测方法,对项目的前景作全面的技术经济预测分析。而项目的后评价,通常选择在项目建成投产并运行一段时间(一般2年或达到设计生产能力)后进行。

（3）评价依据、标准不同。项目前评价主要依据历史资料和经验性资料,按照国家及有关部门颁布的定额标准、经济评价方法和参数进行。项目后评价依据项目实施中和投产后的实际数据和项目后续年限的预测数据,对其技术、设计实施、产品市场、成本和效益进行系统的调查分析、评价,并与前评价中相应的内容进行对比分析,找出两者差距,分析其原因和影响因素,提出相应的补救措施,从而提出改进项目前评价和其他各项工作的建议措施。

（4）评价内容不同。项目前评价主要分析研究项目市场需求、建设条件、工程技术方案、项目的实施计划和项目的经济效益及社会效益等,对项目建设必要性和可能性进行评价,对项目未来经济效益进行预测。后评价主要内容包括对项目决策目标、项目实施效率、项目实际运营状况、影响效果、可持续性等进行深入分析。

（5）评价主体不同。项目前评价由项目发起者、投资主体(投资者)、贷款决策机构或项目审批部门组织实施;而后评价以投资运行的监督管理机构或决策的上一级机构为主,会同计划、财政、审计、银行、设计等相关部门进行。

三、项目后评价的基本程序

尽管项目规模大小、复杂程度不同,每个项目后评价的具体工作程序会存在一定的差异。但从总的情况来看,一般项目的后评价都应遵循一个客观和循序渐进的过程。具体可以概况为以下几个步骤。

1. 组织项目后评价机构

项目后评价组织机构问题实际上是指由谁来组织项目后评价工作,这是具体实施项目后评价首先要解决的问题。根据项目后评价的概念、特点和职能,我国项目后评价的组织机构应符合以下两方面的基本要求：

(1) 满足客观性、公正性要求。这是由项目后评价本身的特点和要求决定的。只有项目后评价机构具有客观性、公正性，才能保证项目后评价的客观性和公正性。这就要求后评价机构要排除人为干扰，独立地对项目实施及其结果作出评价。

(2) 具有反馈检查功能。项目后评价的作用主要是通过项目全过程的再评价并反馈信息，为投资决策科学化服务。因此要求后评价机构具有反馈检查功能，也就是要求后评价组织机构与计划决策部门具有通畅的反馈回路，以使后评价有关信息能够迅速地反馈到决策部门。

从以上两点要求看，我国项目后评价的组织机构不应该是：①研究单位和前评价单位；②项目实施过程中的项目管理机构。

2. 选择项目后评价的对象

原则上，对所有竣工投产的投资项目都要进行后评价，项目后评价应纳入项目管理程序之中。但实际工作中，往往由于各方面条件的限制，只能有选择地确定评价对象。

现阶段，我国在选择进行项目后评价的对象时优先考虑以下类型项目：

(1) 投产后本身经济效益明显不好的项目。如投产后一直亏损或主要技术经济指标明显低于同行业平均水平，或生产一直开工不足、生产能力得不到正常发挥的项目等。

(2) 国家急需发展的短线产业部门的投资项目，主要是国家重点投资的项目，如能源、通信、交通运输、农业等项目。

(3) 国家限制发展的长线产业部门的投资项目，如某些家用电器投资项目等。

(4) 一些投资额巨大、对国计民生有重大影响的项目，如京沪高速铁路、南水北调等项目。

(5) 一些特殊项目，如国家重点投资的新技术开发项目、技术引进项目等。

3. 收集资料和选取数据

这一步的主要任务是制定详细的调查提纲，确定调查对象和调查方法，开展实际调查和资料收集工作。项目后评价是以大量的数据、资料为依据的，这些数据和资料的来源可靠，一般应由项目后评价者亲自调查整理，需要收集的数据和资料如下：

(1) 档案资料。档案资料主要有建设项目的规划方案、项目建议书、预可行性研究和批文、可行性研究报告、评估报告、设计任务书、初步设计材料和批文、施工图设计和批文、竣工验收报告、工程大事记、各种协议书和合同及有关厂址选择、工艺方案选择、设备方案选择的论证材料等。

(2) 项目生产经营资料。项目生产经营资料主要是生产、销售、供应、技术、财务、劳动工等部门的统计年度报告。

(3) 分析预测用基础资料。分析预测用基础资料主要是建设项目开工以来的有关利率、汇率、价格、税种、税率、物价指数变化的有关资料。

(4) 与项目有关的其他资料。与项目有关的其他资料如国家及地方的产业结构调整政策、发展战略和长远规划；国家和地方颁布的规定和法律文件等。

4. 分析和加工收集的资料

这一步是对所收集的数据和资料进行汇总、加工、分析和整理，对需要调整的数据资料要调整。此时往往需要进一步补充测算有关的资料，以满足验证的需要。

5. 分析研究

围绕项目后评价内容,采用定量分析和定性分析相结合的方法,计算有关评价指标;采用对比法、逻辑框架法、成功度法、经验判断法、历史引申法、回归分析法等方法发现问题,并提出改进措施。

6. 编制项目后评价报告

在前一阶段分析研究基础上,应汇总分析研究结果,编制项目后评价报告,提交给委托单位和被评价的单位。项目后评价报告是项目后评价工作的最后成果,是评价结果的汇总,应反映真实情况,客观分析问题,认真总结经验。后评价报告通常包括摘要、总论、评估内容、与项目投资目标相比的主要变化和存在的问题及成因分析、主要经验教训、结论和建议等内容。报告的研究和结论要与问题和分析相对应,经验教训和建议要把评价结果与未来规划、政策的制定及修改联系起来。

第二节　项目后评价的主要内容和方法

一、项目后评价的主要内容

20世纪60年代以前,国际通行的项目评估和评价的重点是财务分析,以财务分析的好坏作为评价项目成败的主要指标。20世纪60年代,西方国家能源、交通、通信等基础设施以及社会福利事业将经济评价(国内称国民经济评价)的概念引入项目效益评价的范围。20世纪70年代前后,世界经济发展带来的严重污染引起人们广泛的重视,项目评价因此而增加了"环境评价"的内容。此后,随着经济的发展,项目的社会作用和影响日益受到投资者的关注。20世纪80年代,世界银行等组织十分关心其援助项目对受援地区的贫困、妇女、社会文化和持续发展等方面所产生的影响。因此,社会影响评价成为投资活动评估和评价的重要内容之一。国外援助组织多年实践的经验证明了机构设置和管理机制对项目成败的重要作用,于是又将其纳入了项目评价的范围。

目前,按项目运行过程的先后顺序划分,公路建设项目后评价的主要内容包括以下3个方面:

(1)对项目前期工作的后评价。项目前期工作的质量对项目成功与否影响重大,因此前期工作的后评价是整个项目后评价的重点。其任务是评价项目前期工作的实绩,分析和总结项目前期工作的经验教训。其目的在于分析研究前期工作失误在多大程度上导致项目实际效果与预测目标的偏差以及原因,从而为今后加强项目前期工作的管理积累经验。对项目前期工作的后评价主要包含项目立项条件的再评价、项目决策程序和方法的再评价、项目勘察设计的再评价、项目前期工作管理的再评价等。

(2)对项目实施阶段的后评价。项目实施后评价的任务是评价项目在实施过程中,设计施工、资金供应使用、设备采购、竣工验收和生产准备的情况,分析偏离预期目标的原因,总结项目实施管理中的经验教训,并提出改进措施。其目的在于分析和研究项目实际投资效益与预计投资效益的偏差在多大程度上是由项目实施过程中造成的,以及原因何在。对项目实施阶段的后评价主要包含项目实施管理的再评价、项目施工准备工作的再评价、项目施工方式和施工组织管理的再评价、项目监理和工程质量的再评价、项目竣工验收和工程决算的再评价等。

(3)对项目运营状况的后评价。项目运营阶段是实现和发挥项目投资效益的阶段,在整个项目的生命期内占有十分重要的地位。项目运营的后评价是通过项目投产后的有关实际数据资料或重新预测的数据,研究建设项目实际投资效益与预测情况或其他同类项目投资效益的偏离程度及其原因,系统地总结项目投资的经验教训,并为进一步提高项目投资效益提出切实可行的建议。对项目运营状况的后评价包含对项目经营管理的再评价、项目服务设施的再评价、项目预期效果达标情况的再评价、项目社会经济环境影响的再评价、项目经济后评价等。

公路建设项目后评价报告的主要内容由以下6个部分组成:

(1)建设项目概述。简述项目的起终点位置,项目立项、决策、设计、开工、竣工、通车时间等,突出反映项目的特点,简述项目的建设标准、规模和主要技术经济指标,以及建设项目立项、决策、设计、施工等各阶段主要指标的变化情况,建设资金来源及使用情况,建设项目后评价的主要结论等。

(2)建设项目的过程评价。依据国家现行的有关法令、制度和规定,分析和评价项目前期工作、建设实施、运营管理等执行过程,从中找出变化原因,总结经验教训。

(3)建设项目的效益评价。根据实际发生的数据和后评价时国家颁布的参数进行国民经济评价和财务评价,并与前期工作阶段按预测数据进行的评价相比较,分析其差别和成因。

(4)建设项目的影响评价。分析、评价对影响区域的经济、社会、文化以及自然环境等方面所产生的影响。项目影响后评价主要包括经济影响后评价、环境影响后评价和社会影响后评价。经济影响后评价主要分析评价项目对所在地区、所处行业、国家产生的经济方面的影响。进行经济影响再评价时,注意与项目效益评价中的国民经济再评价区分开来,避免重复计算。评价的内容主要包括分配、就业、国内资源成本、技术进步等。由于经济影响再评价的部分因素难以量化,一般只能作定性分析,一些国家和组织把这部分内容并入社会影响评价的范畴。环境影响后评价是指遵照国家环境保护相关法律法规的规定,以及国家和地方环境质量标准和污染物排放标准以及相关产业部门的环境保护规定,重新审查项目环境影响的实际结果,审核项目环境管理的决策、规定、规范、参数的可靠性和实际效果,对未来环境影响进行预测。环境影响后评价主要包括污染控制评价、对地区环境质量的影响评价、自然资源的利用和保护、对生态平衡的影响、环境管理等内容。环境影响后评价应侧重分析随着项目的进程和时间的推进所发生的变化。社会影响后评价是对项目在社会经济及发展方面有形和无形的效益与结果的一种分析,重点评价项目对国家(或地区)社会发展目标的贡献和影响,以及项目本身和对周围地区的影响。社会影响后评价主要包括就业影响、居民生活条件和生活质量影响、地区收入分配影响、项目受益范围及受益程度、对地方社区发展的影响、当地政府和居民的参与度等。

(5)建设项目目标持续性评价。根据对建设项目的公路网状况、配套设施建设、管理体制、方针政策等外部条件和运行机制、内部管理、运营状况、公路收费、服务情况等内部条件的分析,评价项目目标(服务交通量、社会经济效益、财务效益、环境保护等)的持续性。

(6)结论。根据前面几部分的分析结果,得出关于建设项目前期工作质量、有关指标变化的合理程度、管理水平、经济效益、社会环境影响、可持续发展等方面的评价结论,指出存在的问题,总结经验教训,提出相应的改进措施与建议。

二、项目后评价方法

建设项目后评价方法是基于现代系统工程与反馈控制的管理理论。由于建设项目具有复杂性,其影响因素众多,所以项目后评价的内容十分广泛,可用于项目评价的方法也非常多,总体上是采用定性分析和定量研究相结合的方式。具体的方法通常有对比分析法、逻辑框架法、成功度法及统计预测法等。

1. 对比分析法

对比分析法是项目后评价的主要分析评价方法。它是采用现场调查和调查问卷等方式,获取项目实际情况,然后对照项目立项时所确定的直接目标和宏观目标,以及其他指标,找出偏差和变化,分析原因,得出结论,总结经验教训。它包括纵向对比法(通常称前后对比法)、横向对比法和有无对比法等。

1)前后对比法

前后对比法是指将项目可行性研究时所预测的效益和项目竣工投产运营后的实际结果相比较,找出差异并分析原因。这种对比用于揭示计划、决策和实施的质量,是项目后评价应该遵循的原则之一。

2)横向对比法

项目的横向对比,是同一行业内类似项目相关指标的对比。这种对比方法用以评价企业或项目的绩效或竞争能力。

3)有无对比法

有无对比法是指在项目周期内"有项目"(实施项目)相关指标的实际值与"无项目"(不实施项目)相关指标的预测值加以对比,用以度量项目真实的收益、作用及影响的一种项目后评价方法。这种对比的关键是要求项目投入的代价与项目产出的效果口径一致,也就是所度量的效果要真正归因于此项目。这种对比的重点主要是分清项目自身的作用和项目以外的作用,其主要适用于项目的效益评价和影响评价。这种对比的特点是需要大量可靠的数据,可运用系统的项目监测资料,也可引用当地有效的统计资料。这种对比的过程一般是先确定评价的内容和主要指标,然后选择可比对象,再运用科学的方法收集资料,最后通过建立对比表来进行分析。

2. 逻辑框架法

逻辑框架法是美国国际开发署(LFA)在1970年开发并使用的一种设计、计划和评价的工具,用于项目的规划、实施、监督和评价。逻辑框架是一种综合、系统地研究和分析问题的思维框架,有助于对关键因素和问题作出系统的、合乎逻辑的分析,它主要应用问题树、目标树和规划矩阵三种辅助工具,将内容相关、必须同步考虑的动态因素组合起来,帮助分析人员清理项目中的因果关系、目标与手段之间关系和外部制约关系,从设计、策划到目的、目标等方面来评价一项活动或工作。

逻辑框架法为项目计划者和评价者提供一种分析框架,用以确定工作的范围和任务,并通过对项目目标和达到目标所需要的手段进行逻辑关系的分析。

逻辑框架法是一种概念化论述项目的方法。它用一张简单的框图来清晰地分析一个复杂项目的内涵和关系,使之更易理解。逻辑框架法的核心概念是事物的因果逻辑关系,即"如果"提供了某种条件,"那么"就会产生某种结果,这些事件包括事物内在的因素和事物所需要的外部因素。

逻辑框架法的基本模式使用一张矩阵图来表示,它所要描述的是垂直逻辑关系和水平逻辑关系,见表11-1。

逻辑框架法的模式 表11-1

层次描述	客观验证指标	验证方法	重要外部条件
目标	目标指标	监测和监督手段及方法	实现目标的主要条件
目的	目的指标	监测和监督手段及方法	实现目的的主要条件
产出	产出物定量指标	监测和监督手段及方法	实现产出的主要条件
投入	投入物定量指标	监测和监督手段及方法	实现投入的主要条件

3. 成功度法

成功度评价法即所谓的打分评价法。它是以逻辑框架法分析的项目目标的实现程度和经济效益分析的评价结论为基础,以项目的目标和效益为核心所进行的全面、系统的评价。此方法是依靠评价专家或专家组的经验,根据项目各方面的执行情况,并通过系统准则或目标判断表来评价项目总体的成功度。

项目成功度评价表见表11-2。下面对其中各项内容作如下说明。

(1)评定项目指标。评定具体项目的成功度时,选择与项目相关的评价指标。

(2)项目相关重要性。项目相关重要性分为重要、次重要和不重要三级。评价人员应根据具体项目的类型和特点,确定出各项指标与项目相关的重要件程度。

(3)评定等级。项目成功度评价等级划分为 A、B、C、D、E 五级。其中:

A 等级(成功),完全实现或超出目标,相对成本而言,总体效益非常大;
B 等级(基本成功),目标大部分实现,相对成本而言,总体效益较大;
C 等级(部分成功),部分目标实现,相对成本而言,取得了一定效益;
D 等级(不成功),实现的目标很少,相对成本而言,取得的效益很小或不重要;
E 等级(失败),未实现目标,相对成本而言,亏损或者没有取得效益,项目放弃。

项目成功度评价表 表11-2

评价项目指标	项目相关重要性	评价等级
宏观目标和产业政策		
决策及其程序		
布局与规模		
项目目标及市场		
设计与技术装备水平		
资源和建设条件		
资金来源和融资		
项目进度及其控制		
项目质量及其控制		
项目投资及其控制		
项目经营		
机构和管理		
项目财务效益		
项目经济效益和影响		
社会和环境影响		
项目可持续性		
项目总评		

4. 统计预测法

项目后评价包括对项目已经发生事实的总结和对项目未来发展的预测。后评价时点前的统计数据是评价对比的基础,后评价时点的数据是评价对比的对象,后评价时点后的数据是预测分析的依据。

统计预测法就是通过有效的统计调查,得到大量可靠的统计数据,经过适当的处理分析,对项目未来发展的状况和趋势作出估计和推测。

1) 统计调查

统计调查是根据评价的目的和要求,采用科学的调查方法,有策划、有组织地收集被研究对象的相关资料的工作过程。统计调查是统计工作的基础,是统计整理和统计分析的前提。统计调查是一项复杂、严肃和技术性较强的工作。每一项统计调查都应事先制订一个指导调查全过程的调查方案,包括确定调查目的、调查对象(被调查的单位或个人)、调查项目、调查事件、拟订调查表格;制订调查的组织实施计划等。调查人员应保持实事求是的态度,力求做到所调查的资料真实、完整、准确。调查过程中应适当采用先进的技术和科学的力量。

统计调查可采用观察法、问询法(包括面谈、电话采访、问卷调查等方式)等各种方法。

2) 资料整理

统计资料整理是根据评价的任务,对统计调查所获得的大量资料进行加工汇总,使其系统化、条理化、科学化,以得出反映事物总体综合特征的工作过程。

统计资料整理工作由分组、汇总和编制统计表三个环节构成。分组是资料整理的前提,汇总是资料整理的中心,编制统计表是资料整理的结果。

3) 统计分析

统计分析是根据评价的目的和要求,采用各种分析方法,对评价的对象进行全面剖析和综合研究,以提示事物内在联系和发展变化规律。统计分析采用的主要方法有分组法、综合指标法、动态数列法、指数法、抽样和回归分析法、投入产出法等。

4) 效果预测

预测是对尚未发生或目前还不明确的事物进行预先的估计和推测,是在现在时点对事物将要发生的结果进行探索和研究。项目后评价中的预测有两种用途,一是对无项目条件下可能产生的效果进行假定的估测,以便进行有无对比;二是对项目今后效益进行预测。

本 章 小 结

本章主要讲述了项目后评价的概念、后评价和前评价的区别和项目后评价的常用方法。项目后评价是考察项目实际运行效果的重要方法,是对项目投资的总结,可为后续项目投资提供依据。

复习思考题

1. 何谓项目后评价?它与项目前评价的主要区别有哪些?
2. 项目后评价的特点和作用是什么?
3. 项目后评价有哪些具体内容?
4. 项目后评价常用的方法有哪些?

第十二章　工程项目管理的基本概念和基本原理

本书的术语"工程项目"即建设项目,或称建设工程项目,或称投资建设项目;"工程项目管理"即建设工程项目管理,或称投资建设项目管理。由于项目管理的核心任务是项目的目标控制,因此,按项目管理学的基本理论,没有目标的建设工程不是项目管理的对象。

第一节　工程项目管理的基本概念

一、工程项目的含义和特点

1. 项目的含义和特点

许多制造业的生产活动往往是连续不断和周而复始的活动,它被称为作业(Operation),而项目(Project)是一种非常规性、非重复性和一次性的任务,通常有确定的目标和确定的约束条件(时间、费用和质量等)。项目是指一个过程,而不是指过程终结后所形成的成果,例如某个住宅小区的建设过程是一个项目,而建设完成后的住宅楼及其配套设施是这个项目完成后形成的产品。

在建设领域中,建造一栋大楼、一个工厂、一个大坝、一条铁路以及开发一个油田,都是项目。在工业生产中开发一种新产品,在科学研究中为解决某个科学技术问题进行的课题研究,在文化体育活动中举办一届运动会、组织一次综合文艺晚会等,也都是项目。

从项目管理的角度而言,项目作为一个专门术语,具有如下几个基本特点:

(1)一个项目必须有明确的目标(如时间目标、费用目标和进度目标等)。

(2)任何项目都是在一定的限制条件下进行的,包括资源条件的约束(人力、财力和物力等)和人为的约束,其中质量(工作标准)、进度、费用是项目普遍存在的3个目标。

(3)项目是一次性的任务,由于目标环境、条件、组织和过程等方面的特殊性,不存在两个完全相同的项目,即项目不可能重复。

(4)任何项目都有其明确的起点(开始)时间和终点(结束)时间,它是在一段有限的时间内存在的。

(5)多数项目在其进行过程中,往往有许多不确定的影响因素。

如建造一栋楼,总投资额可多也可少,进度快一些或慢一些都可以,其质量也没有明确的标准,则从项目管理学的角度分析,因为该工程没有明确的目标,所以就没有必要也无法进行其目标控制。因此,如上所述,它不被项目管理学科认为是一个项目。

上述影响项目目标实现的因素,包括主观因素(人为因素)和客观因素,后者又包括政治因素、组织因素、经济因素、管理因素、技术因素等。

2. 工程项目的含义和特点

《辞海》(1999年版)中"建设项目"的定义为:在一定条件约束下,以形成固定资产为目标的一次性事业。一个建设项目必须在一个总体设计或初步设计范围内,由一个或若干个互有内在联系的单项工程所组成,经济上实行统一核算,行政上实行统一管理。

一般而言,工程项目是指为了特定目标而进行的投资建设活动,其内涵如下:

(1)工程项目是一种既有投资行为又有建设行为的项目,其目标是形成固定资产。工程项目是将投资转化为固定资产的经济活动过程。

(2)"一次性事业"即一次性任务,表示项目的一次性特征。

(3)"经济上实行统一核算,行政上实行统一管理",表示项目是在一定的组织机构内进行,项目一般由一个组织或几个组织联合完成。

(4)一个工程项目范围的认定标准是具有一个总体设计或初步设计。凡属于一个总体设计或初步设计的项目,不论是主体工程还是相应的附属配套工程,不论是由一个还是由几个施工单位施工,不论是同期建设还是分期建设,都视为一个工程项目。

工程项目除了具有一般项目的基本特点外,还有自身的特点。工程项目的特点表现在以下几个方面:

(1)具有明确的建设任务,如建设一个住宅小区或建设一座发电厂等。

(2)具有明确的进度、费用和质量目标,工程项目受到多方面条件的制约:时间约束,即有合理的工期时限;资源约束,即要在一定的人力、财力和物力投入条件下完成建设任务;质量约束,即要达到预期的使用功能、生产能力、技术水平、产品等级等的要求。这些约束条件形成了项目管理的主要目标,即进度目标、费用目标和质量目标。

(3)建设过程和建设成果固定在某一地点。即受当地资源、气象和地质条件的制约,以及当地经济、社会和文化的影响。

(4)建设产品具有唯一性的特点。建设过程和建设成果的固定性、设计的单一性、施工的单件性、管理组织的一次性,使建设过程不同于一般商品的批量生产过程,其产品具有唯一性;即使采用同样型号标准图纸建设的两栋住宅,由于建设时间、建设地点、建设条件和施工队伍等的不同,两栋住宅也会存在差异。

(5)建设产品具有整体性的特点。一个工程项目往往是由多个相互关联的子项目构成的系统,其中一个子项目的失败有可能影响整个项目功能的实现。项目建设包括多个阶段,各阶段之间有着紧密的联系,各阶段的工作都会对整个项目的完成产生影响。

(6)工程项目管理的复杂性。工程项目管理的复杂性主要表现在:工程项目涉及的单位多,各单位之间关系协调的难度和工作量大;工程技术的复杂性不断提高,出现了许多新技术、新材料和新工艺;大、中型项目的建设规模大;社会、政治和经济环境对工程项目的影响,特别是对一些跨地区、跨行业的大型工程项目的影响,越来越复杂。

二、工程项目管理的含义

1. 工程管理的概念

工程项目管理是工程管理(Professional Management in Construction,PM)的一个部分,在整个工程项目全寿命中,决策阶段的管理是DM(Development Management,尚没有统一的中文术语,可译为项目前期策划与管理),实施阶段的管理是项目管理(Project Managernent,PM),使用阶段

(或称运营阶段、运行阶段)的管理是设施管理(Facility Management,FM)(图12-1)。

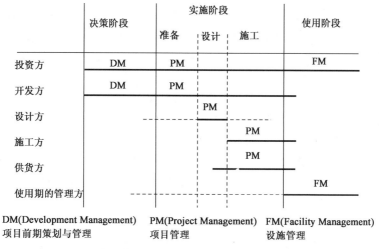

图12-1 工程管理的不同阶段

"工程管理"作为一个专业术语,其内涵涉及工程项目全过程的管理,包括DM、PM和FM,也涉及参与工程项目的各个单位对工程的管理,包括投资方、开发方、设计方、施工方、供货方和项目使用期的管理方的管理,如图12-2所示。

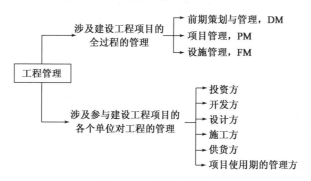

图12-2 工程管理的内涵

工程管理的核心是为工程增值,工程管理工作是一种增值服务工作,其增值主要表现在两个方面,如图12-3所示。

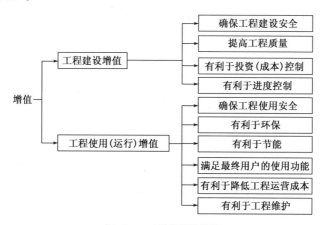

图12-3 工程管理的增值

2. 工程项目管理的概念

我国《建设工程项目管理规范》(GB/T 50326—2017)对建设工程项目管理的含义作了如下的解释:"运用系统的理论和方法,对建设工程项目进行的计划、组织、指挥、协调和控制等专业化活动。"

一些国际组织对工程项目管理的含义作了更深入的分析,可供参考。

英国皇家特许建造学会(The Chartered Institute of Building,CIOB)是由从事建筑管理的专业人员组织起来的社会团体,目前在全世界有100多个国家的超过50000名会员。CIOB是一个非营利性的专业学会,它成立于1834年,至今有将近200年的历史。CIOB对工程项目管理作了如下的表述:自项目开始至项目完成,通过项目策划(Project Planning)和项目控制(Project Control),以使项目的费用目标、进度目标和质量目标得以实现。此解释得到许多国家建造师(营造师)组织和相关的学会认可,在工程管理业界有相当的权威性。

在上述表述中,"自项目开始至项目完成"指的是项目的实施期;"项目策划"指的是目标控制前的一系列准备工作;"费用目标"对业主而言是投资目标,对施工单位而言是成本目标。

项目决策期管理工作的主要任务是确定项目的定义,而项目管理的主要任务是通过管理使项目的目标得以实现,如图12-4所示。

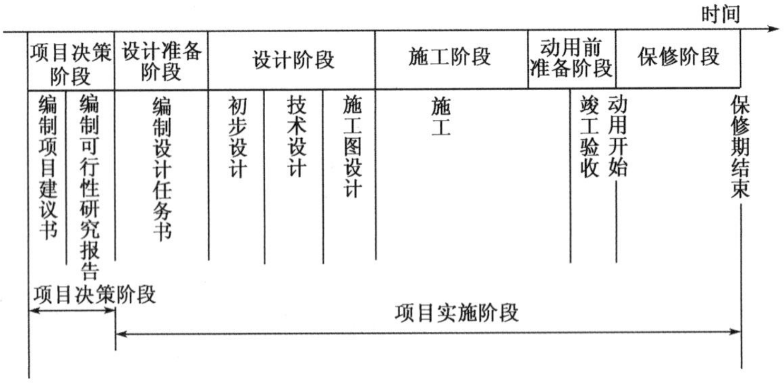

图12-4 工程项目的决策阶段和实施阶段

三、工程项目管理的类型和任务

一个工程项目往往有许多参与单位,如业主、设计单位、施工单位、材料和设备供应单位,以及工程顾问(咨询)单位,各参与单位承担不同的建设任务,而各参与单位的工作任务、工作性质和利益不同,因此就形成了不同类型的项目管理。

1. 工程项目管理的类型

业主方是建设工程项目生产过程的总集成者,包括人力资源、物质资源和知识的集成;同时也是建设工程项目生产过程的总组织者。因此对于一个建设工程项目而言,虽然有代表不同利益方的项目管理,但是,业主方的项目管理是管理的核心。人们也将业主称为建设工程推进的"发动机"。

按工程项目不同参与方的工作性质和组织特征划分,工程项目管理可划分为如下类型:

(1)业主方的项目管理;
(2)设计方的项目管理;
(3)施工方的项目管理;

(4)供货方的项目管理;

(5)建设项目总承包方的项目管理等。

投资方、开发方和由咨询公司提供的代表业主方利益的项目管理服务都属于业主方的项目管理。施工总承包方和分包方的项目管理都属于施工方的项目管理。材料和设备供应方的项目管理都属于供货方的项目管理。建设项目总承包(工程项目总承包)有多种形式,如设计和施工任务综合的承包,设计、采购和施工任务综合的承包(EPC承包)等,它们的项目管理都属于建设项目总承包方的项目管理。

2. 业主方项目管理的目标和任务

业主方项目管理服务于业主的利益,其项目管理的目标包括项目的投资目标、进度目标和质量目标。其中,投资目标指的是项目的总投资目标;进度目标指的是项目动用的时间目标,亦即项目交付使用的时间目标,如工厂建成可以投入生产、道路建成可以通车、办公楼可以启用、旅馆可以开业的时间目标等;项目的质量目标不仅涉及施工质量,还包括设计质量、材料质量、设备质量和影响项目运行或运营的环境质量等,质量目标包括满足相应的技术规范和技术标准的规定,以及满足业主方相应的质量要求等。

项目的投资目标、进度目标和质量目标之间既有矛盾的一面,也有统一的一面,它们之间是对立和统一的关系。如要加快进度或提高质量往往需要增加投资,过度地加快进度会影响质量目标的实现,这都表现了目标之间关系矛盾的一面;但通过有效的管理,在不增加投资的前提下,也可缩短工期和提高工程质量,这又反映出统一的一面。

工程项目的全寿命周期包括项目的决策阶段、实施阶段和使用阶段。项目的实施阶段,包括设计前准备阶段、设计阶段、施工阶段、动用前准备阶段和保修期;招投标工作分散在设计前准备阶段、设计阶段和施工阶段中进行,因此可以不单独列为招投标阶段。

业主方的项目管理工作涉及项目实施阶段的全过程,即在设计前准备阶段、设计阶段、施工阶段、动用前准备阶段和保修期分别进行安全管理、投资控制、进度控制、质量控制、合同管理、信息管理及组织和协调,见表12-1。

业主方项目管理的任务　　　　　表12-1

任务	时期				
	设计前准备阶段	设计阶段	施工阶段	动用前准备阶段	保修期
安全管理					
投资控制					
进度控制					
质量控制					
合同管理					
信息管理					
组织和协调					

表12-1有7行和5列,构成业主方35个分块项目管理的任务。其中,安全管理是项目管理中最重要的任务,因为安全管理关系人身健康与安全,而投资控制、进度控制、质量控制和合同管理等则主要涉及物质利益。

3. 设计方项目管理的目标和任务

设计方作为项目建设的一个重要参与方,其项目管理主要服务于项目的整体利益和设计方本身的利益。设计方项目管理的目标包括设计的成本目标、设计的进度目标和设计的质量目标,以及项目的投资目标。项目的投资目标能否实现与设计工作密切相关。设计方的项目管理工作主要在设计阶段进行,但它的设计工作涉及设计前准备阶段、施工阶段、动用前准备阶段和保修期。因此,设计方的项目管理也涉及上述各个阶段。

设计方项目管理的任务包括以下 7 点:

(1)与设计工作有关的安全管理;

(2)设计成本控制和与设计工作有关的工程投资的控制;

(3)设计进度控制;

(4)设计质量控制;

(5)设计合同管理;

(6)设计信息管理;

(7)与设计工作有关的组织和协调。

4. 施工方项目管理的目标和任务

施工方作为项目建设的一个重要参与方,其项目管理主要服务于项目的整体利益和施工方本身的利益。施工方项目管理的目标包括施工的成本目标、施工的进度目标和施工的质量。

施工方的项目管理工作主要在施工阶段进行,但也涉及设计前准备阶段、设计阶段、动用前准备阶段和保修期。在工程实践中,设计阶段和施工阶段往往是交叉的,因此施工方的项目管理工作也涉及设计阶段。

施工方项目管理的任务包括以下 7 点:

(1)施工安全管理;

(2)施工成本控制;

(3)施工进度控制;

(4)施工质量控制;

(5)施工合同管理;

(6)施工信息管理;

(7)与施工有关的组织和协调。

5. 供货方项目管理的目标和任务

供货方作为项目建设的一个参与方,其项目管理主要服务于项目的整体利益和供货方本身的利益。供货方项目管理的目标包括供货方的成本目标、供货的进度目标和供货的质量目标。

供货方的项目管理工作主要在施工阶段进行,但它也涉及设计前准备阶段、设计阶段、动用前准备阶段和保修期。

供货方项目管理的任务包括以下 7 点:

(1)供货的安全管理;

(2)供货的成本控制;

(3)供货的进度控制;

(4)供货的质量控制;

(5)供货合同管理;

(6)供货信息管理;

(7)与供货有关的组织和协调。

6. 建设项目总承包方项目管理的目标和任务

当采用建设项目总承包模式时，建设项目总承包方作为项目建设的参与方，其项目管理主要服务于项目的整体利益和建设项目总承包方本身的利益。建设项目总承包方项目管理的目标包括项目的总投资目标和总承包方的成本目标、项目的进度目标和项目的质量目标。建设项目总承包方项目管理工作涉及项目实施阶段的全过程，即设计前准备阶段、设计阶段、施工阶段、动用前准备阶段和保修期。

建设项目总承包方项目管理的任务包括以下 7 点：
(1) 安全管理；
(2) 投资控制和总承包方的成本控制；
(3) 进度控制；
(4) 质量控制；
(5) 合同管理；
(6) 信息管理；
(7) 与建设项目总承包工作有关的组织和协调。

第二节　工程项目管理的组织理论

项目管理作为一门学科，是在许多规模较大和组织较复杂的项目实施过程中逐步形成的。项目管理的核心任务是项目的目标控制，在整个项目管理班子（团队）中由哪个组织（部门或人员）定义项目的目标、怎样确定项目目标控制的任务分工、依据怎样的管理流程进行项目目标的动态控制，这都涉及项目的组织问题。只有在理顺组织的前提下，才可能有序地进行项目管理。应认识到，组织论是项目管理学的母学科。

一、组织论概述

如果把一个工程项目视作一个系统，如 2008 北京奥运工程项目、广州新白云国际机场项目或某高速铁路项目等，其建设目标能否实现无疑有诸多的影响因素，其中组织因素是决定性的因素。

例如，某大型轨道交通工程项目建设时，建设指挥部的工程技术人员超过 1000 人，在历时数年的建设中先后签订了 3000 余个合同。可以想象，这样一个项目实施时工程组织何等重要。这就要求必须有非常严谨的指令关系、非常明确的任务分工和非常清晰的工作流程等。

一个工程项目在决策阶段、实施阶段和运营阶段的组织系统（相对于软件和硬件而言，组织系统也可称为组织件）不仅包括建设单位本身的组织系统，还包括项目各参与单位（设计单位、工程管理咨询单位、施工单位、供货单位等）共同或分别建立的针对该工程项目的组织系统，如：项目结构；项目管理的组织结构；工作任务分工；管理职能分工；工作流程组织等。

1. 不同系统的组织

系统取决于人们对客观事物的观察方式，人们可以把一个工程项目视作一个系统，也可以把多个相互有关联的工程项目，把在一个城市将要建设的许多工程项目，甚至把一个行业、一个国家等视作一个系统。系统可大可小，最大的系统是宇宙，最小的系统是粒子。

一个企业、一个学校、一个科研项目或一个工程项目都可以视作一个系统，但上述不同系统的目标不相同,从而形成的组织观念、组织方法和组织手段也就会不同,上述各种系统的运行方式也不同。工程项目作为一个系统,它与一般的系统相比,有其明显的特征:

(1)工程项目都是一次性的,没有两个完全相同的项目。

(2)工程项目全生命周期的延续时间长,一般由决策阶段、实施阶段和运营阶段组成,各阶段的工作任务和工作目标不同,其参与或涉及的单位也不相同。

(3)一个工程项目的任务往往由多个单位共同完成,它们的合作多数不是固定的合作关系,并且一些参与单位的利益不尽相同,甚至相对立。

在进行工程项目组织设计时,应充分考虑上述特征。

2. 系统的组织与系统目标的关系

影响系统目标实现的主要因素除组织因素以外还有如下因素(图12-5):

(1)人的因素,包括管理人员和生产人员的数量和质量;

(2)方法与工具,包括管理的方法与工具以及生产的方法与工具。

图12-5 影响系统目标实现的主要因素

对于工程项目而言,其中人的因素包括以下两点:

(1)建设单位和该项目所有参与单位(设计、工程监理、施工、供货单位等)的管理人员的数量和质量;

(2)该项目所有参与单位(设计、工程监理、施工、供货单位等)的生产人员的数量和质量。

对于工程项目而言,其中方法与工具包括以下两点:

(1)建设单位和所有参与单位的管理的方法与工具;

(2)所有参与单位的生产的方法与工具(设计和施工的方法与工具等)。

系统的目标决定了系统的组织,而组织是目标能否实现的决定性因素,这是组织论的一个重要结论。如果把一个工程项目的项目管理视作一个系统,其目标决定了项目管理的组织,而项目管理的组织是项目管理的目标能否实现的决定性因素,由此可见项目管理组织的重要性。

控制项目目标的主要措施包括组织措施、管理措施、经济措施和技术措施,其中组织措施是最重要的措施。如果对一个建设工程的项目管理进行诊断,首先应分析其组织方面存在的问题。这都说明组织的重要性。

3. 组织论的研究内容

组织论是一门非常重要的基础理论学科,是项目管理学的母学科,它主要研究系统的组织结构模式、组织分工以及工作流程组织(图12-6)。我国在学习和推广项目管理的过程中,尚未对组织论的重要性、组织论的理论和知识及其应用意义引起足够的重视。

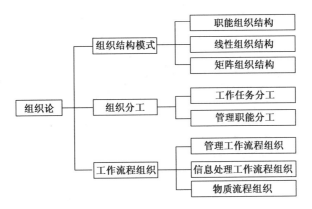

图 12-6　组织论的研究内容

图 12-6 中的物质流程组织对于工程项目而言,指的是项目实施任务的工作流程组织。如:设计的工作流程可以是方案设计、初步设计、技术设计、施工图设计,也可以是方案设计、初步设计(扩大初步设计)、施工图设计。许多施工作业有多个可能的工作流程。

组织论的三个重要组织工具分别为项目结构图(图 12-7)、组织结构图(图 12-8)和合同结构图(图 12-9),三者的区别见表 12-2。

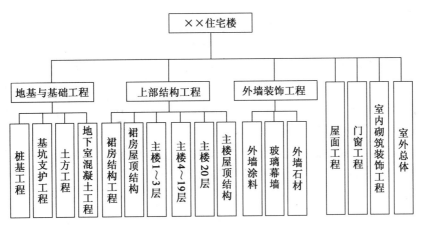

图 12-7　项目结构图

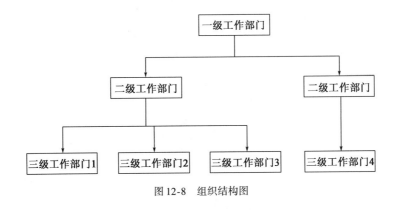

图 12-8　组织结构图

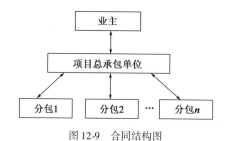

图 12-9 合同结构图

项目结构图、组织结构图、合同结构图的区别　　　　表 12-2

类型	含义		
	表达的含义	图中矩形框的含义	矩形框连接的含义
项目结构图	对一个项目的结构进行逐层分解,以反映组成该项目的所有工作任务(该项目的组成部分)	一个项目的组成部分	直线
组织结构图	反映一个组织系统中各组成部门(组成元素)之间的组织关系(指令关系)	一个组织系统中的组成部分(工作部门)	单向箭线
合同结构图	反映一个建设项目参与单位之间的合同关系	一个建设项目的参与单位	双向箭线

二、组织结构模式

组织结构模式可用组织结构图来描述。组织结构图反映一个组织系统中各组成部门(组成元素)之间的组织关系(指令关系)。

在组织结构图中,矩形框表示工作部门,上级工作部门对其直接下属工作部门的指令关系用单向箭线表示。

常用的组织结构模式包括职能组织结构(图 12-10)、线性组织结构(图 12-11)和矩阵组织结构(图 12-12)等。这几种常用的组织结构模式既可以在企业管理中运用,也可以在工程项目管理中运用。

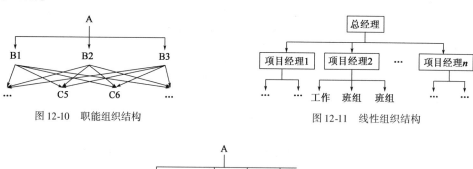

图 12-10 职能组织结构　　　　图 12-11 线性组织结构

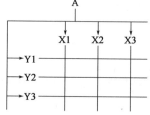

图 12-12 矩阵组织结构

组织结构模式反映了一个组织系统中各子系统之间或各元素(各工作部门)之间的指令关系。组织分工反映了一个组织系统中各子系统或各元素的工作任务分工和管理职能分工。组织结构模式和组织分工分别是一种相对静态的组织关系,而工作流程组织(图12-13)则反映一个组织系统中各项工作之间的逻辑关系,是一种动态关系。在一个建设工程项目实施过程中,其管理工作的流程、信息处理的流程,以及设计工作、物资采购和施工的流程的组织都属于工作流程组织的范畴。

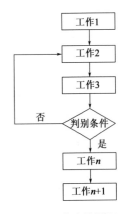

图 12-13　工作流程组织

1. 职能组织结构的特点及其应用

在人类历史发展过程中,当手工业作坊发展到一定的规模时便形成企业,从而需要设置对人、财、物和产、供、销进行管理的职能部门,这样就逐步形成了初级的职能组织结构。因此,职能组织结构是一种传统的组织结构模式。

在职能组织结构中,每一个职能部门可根据它的管理职能对其直接和非直接的下属工作部门下达工作指令。因此,每一个工作部门都可能得到其直接和非直接的上级工作部门下达的工作指令,这样就会形成多个矛盾的指令源。一个工作部门多个矛盾的指令源会影响企业管理机制的正常运行。

在一般的工业企业中,设有人、财、物和产、供、销管理的职能部门,另有生产车间和后勤保障机构等。虽然生产车间和后勤保障机构并不一定是职能部门的直接下属部门,但是,职能管理部门可以在其管理的职能范围内对生产车间和后勤保障机构下达工作指令,这是典型的职能组织结构。在高等院校中,设有人事、财务、教学、科研和基本建设等管理的职能部门(处室),另有学院、系和研究所等教学和科研的机构,其组织结构也是职能组织结构,人事处和教务处等都可对学院和系下达其分管范围内的工作指令。

我国多数的企业、学校、事业单位目前还沿沿用这种传统的组织结构模式,许多工程项目也还沿用这种传统的组织结构模式,在工作中常出现交叉和矛盾的工作指令关系,严重影响了项目管理机制的正常运行和项目目标的实现。

例如,在图12-10所示的职能组织结构中,A、B1、B2、B3、C5和C6都是工作部门,A可以对B1、B2、B3下达指令,B1、B2、B3都可以在其管理的职能范围内对C5和C6下达指令,因此C5和C6有多个指令源,并且其中有些指令可能是矛盾的。

2. 线性组织结构的特点及其应用

在军事组织系统中,组织纪律非常严谨,军、师、旅、团、营是指令逐级下达,是一级指挥一级和一级对一级负责的关系。线性组织结构是一种十分严谨的军事组织系统。在线性组织结构中,每一个工作部门只能对其直接的下属部门下达工作指令,每一个工作部门也只有一个直接的上级部门,因此,每一个工作部门只有唯一的指令源,避免了由于矛盾的指令而影响组织系统的正常运行。

在国际上,线性组织结构模式是工程项目管理组织系统的一种常用模式,因为一个工程项目的参与单位很多,少则数十家,多则数百家,大型项目的参与单位更是数以千计,在项目实施过程中矛盾的指令会对工程项目目标的实现造成很大的影响,而线性组织结构模式可确保工作指令的唯一性。

但在一个较大的组织系统中,由于线性组织结构模式的指令路径过长,有可能会造成组织系统运行困难。

例如:在图 12-11 所示的线性组织结构中,A 可以对其直接的下属部门 B1、B2、B3 下达指令;B2 可以对其直接的下属部门 C21、C22、C23 下达指令;虽然 B1 和 B3 比 C21、C22、C23 高一个组织层次,但是,B1 和 B3 并不是 C21、C22、C23 的直接上级部门,它们不允许对 C21、C22、C23 下达指令。

在该组织结构中,每一个工作部门的指令源是唯一的。

3. 矩阵组织结构的特点及其应用

矩阵组织结构是一种较新型的组织结构模式。在矩阵组织结构最高指挥者(部门,图 12-12 中的 A)下设纵向(图 12-12 的 X)和横向(图 12-12 的 Y)两种不同类型的工作部门。纵向工作部门如人、财、物、产、供、销的职能管理部门,横向工作部门如生产车间等。一个施工企业,如采用矩阵组织结构模式,则纵向工作部门可以是计划管理、技术管理、合同管理、财务管理和人事管理部门等,而横向工作部门可以是项目部(图 12-14)。

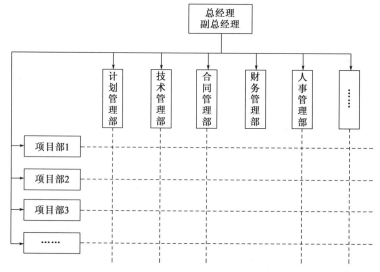

图 12-14 施工企业矩阵组织结构模式的示例

一个大型工程项目如采用矩阵组织结构模式,则纵向工作部门可以是投资控制、进度控制、质量控制、合同管理、信息管理、人事管理、财务管理和物资管理等部门,而横向工作部门可以是各子项目的项目管理部(图 12-15)。矩阵组织结构适宜用于大的组织系统,例如在上海地铁和广州地铁一号线建设时都曾采用了矩阵组织结构模式。

在矩阵组织结构中,每一项纵向和横向交会的工作(如图 12-15 中的项目管理部 1 涉及的投资问题),指令来自纵向和横向两个工作部门,因此其指令源为两个;当纵向和横向工作部门的指令发生矛盾时,由该组织系统的最高指挥者(部门),如图 12-16a)中的 A 进行协调或决策。

在矩阵组织结构中,为避免纵向和横向工作部门指令矛盾对工作的影响,可以采用以纵向工作部门指令为主[图 12-16b)]或以横向工作部门指令为主[图 12-16c)]的矩阵组织结构模式,这样也可减轻该组织系统的最高指挥者(部门),即图 12-16b)和图 12-16c)中 A 的协调工作量。

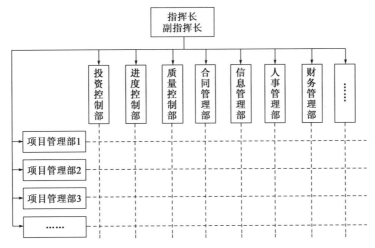

图 12-15　大型工程项目采用矩阵组织结构模式的示例

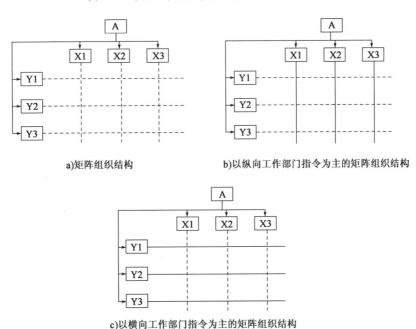

图 12-16　不同矩阵组织结构

三、组 织 分 工

1. 管理任务分工

业主方和项目各参与方,如工程管理咨询单位、设计单位、施工单位和供货单位等都有各自的项目管理任务,上述各方都应视需要编制各自的项目管理任务分工表和管理职能分工表。

1) 管理任务的分析

每一个工程项目都应视需要编制项目管理任务分工表,这是项目组织设计文件的一部分。在编制项目管理任务分工表前,应结合项目的特点,对项目实施的各阶段的费用(投资或成本)控制、进度控制、质量控制、合同管理、信息管理和组织与协调等管理任务进行详细分解。某项目业主方的部分项目管理任务分解示例见表 12-3。

任 务 分 解 表　　　　　　　　　表 12-3

设计阶段项目管理的任务		备　注
设计阶段的投资控制		
1	在可行性研究的基础上,进行项目总投资目标的分析、论证	
2	根据方案设计,审核项目总估算,供业主方确定投资目标参考,并基于优化方案协助业主对估算作出调整	
3	编制项目总投资切块、分解规划,并在设计过程中控制其执行;在设计过程中若有必要,及时提出调整总投资切块、分解规划的建议	
4	审核项目总概算,在设计深化过程中严格控制在总概算所确定的投资计划值中,对设计概算作出评价报告和建议	
5	根据工程概算和工程进度表,编制设计阶段资金使用计划,并控制其执行;必要时,对上述计划提出调整建议	
6	从设计、施工、材料和设备等多方面作必要的市场调查分析和技术经济比较论证,并提出咨询报告;如发现设计可能突破投资目标,则协助设计人员提出解决办法,供业主参考	
7	审核施工图预算,调整总投资计划	
8	采用价值工程方法,在充分满足项目功能的条件下考虑进一步挖掘节约投资的潜力	
9	进行投资计划值和实际值的动态跟踪比较,并提交各种投资控制报表和报告	
10	控制设计变更,注意检查变更设计的结构性、经济性、建筑造型和使用功能是否满足业主的要求	
设计阶段的进度控制		
1	参与编制项目总进度计划,有关施工进度与施工监理单位协商讨论	
2	审核设计方提出的详细设计进度计划和出图计划,并控制其执行,避免发生因设计单位推迟进度而造成施工单位要求索赔	
3	协助起草主要甲供材料和设备的采购计划,审核甲供进口材料设备清单	
4	协助业主确定施工分包合同结构及招投标方式	
5	督促业主对设计文件尽快作出决策和审定	
6	在项目实施过程中进行进度计划值和实际值的比较,并提交各种进度控制报表和报告(月报、季报、年报)	
7	协调室内外装修设计、专业设备设计与主设计的关系,使专业设计进度能满足施工进度的要求	
设计阶段的质量控制		
1	协助业主确定项目质量的要求和标准,满足设计质监部门质量评定标准要求,并作为质量控制目标值,参与分析和评估建筑物使用功能、面积分配、建筑设计标准等,根据业主的要求,编制详细的设计要求文件,作为方案设计优化任务书的一部分	
2	研究图纸、技术说明和计算书等设计文件,发现问题,及时向设计单位提出,对设计变更进行技术经济合理性分析,并按照规定的程序办理设计变更手续,凡对投资及进度带来影响的变更,需会同业主核签	
3	审核各设计阶段的图纸、技术说明和计算书等设计文件是否符合国家有关设计规范、有关设计质量要求和标准,并根据需要提出修改意见,确保设计质量获得市有关部门审查通过	

2）管理任务分工表

在项目管理任务分解的基础上，定义项目经理和费用（投资或成本）控制、进度控制、质量控制、合同管理、信息管理和组织与协调等主管工作部门或主管人员的工作任务，从而编制管理任务分工表（表12-4）。在管理任务分工表中应明确各项工作任务由哪个工作部门（或个人）负责，由哪些工作部门（或个人）配合或参与。无疑，在项目的进展过程中，应视必要性对管理任务分工表进行调整。

管理任务分工表　　　　　　　　　　　表12-4

工作部门工作任务	项目经理部	投资控制部	进度控制部	质量控制部	合同管理部	信息管理部

例如，某大型公共建筑属于国家重点工程，在项目实施的初期，项目管理咨询公司建议把工作任务划分成26个大块，针对这26个大块任务编制了管理任务分工表（表12-5）。随着工程的进展，任务分工表还将不断深化和细化。该表有如下特点：

（1）管理任务分工表主要明确哪项任务由哪个工作部门（机构）负责主办，同时明确协办部门和配合部门，主办、协办和配合部门在表中分别用3个不同的符号表示。

（2）在管理任务分工表的每一行中，即每一个任务，都有至少一个主办工作部门。

（3）运营部和物业开发部参与项目实施的整个过程，而不是在工程竣工前才介入工作。

某大型公共建筑的管理任务分工表　　　　　　　　　　　表12-5

序号	工作项目	经理室、指挥部室	技术委员会	专家顾问组	办公室	总工程师室	综合部	财务部	计划部	工程部	设备部	运营部	物业开发部
1	人事	☆					△						
2	重大技术审查决策	☆	△	○	○	△	○	○	○	○	○	○	○
3	设计管理			○		☆				○	△	△	
4	技术标准			○		☆				△	△		
5	科研管理			○		☆		○		○	○		
6	行政管理				☆								
7	外事工作			○	☆	○							
8	档案管理			○	☆								
9	资金保险							☆	○				
10	财务管理						☆	○					
11	审计						☆	○					
12	计划管理						○		☆	△	△		
13	合同管理						○		☆	△	△		
14	招投标管理			○		○			☆	△			
15	工程筹划			○		○				☆			
16	土建评定项目管理			○						☆			
17	工程前期工作			○		○				☆			○

续上表

序号	工作项目	经理室、指挥部室	技术委员会	专家顾问组	办公室	总工程师室	综合部	财务部	计划部	工程部	设备部	运营部	物业开发部
18	质量管理			○		△				☆	△		
19	安全管理					○	○			☆	△		
20	设备选型			△		○					☆	○	
21	设备材料采购						○	○	△	△			☆
22	安装工程项目管理								○	△	☆		
23	运营准备			○		○				△	△	☆	
24	开通、调试、验收			○		△				△	☆	△	
25	系统交接			○	○	○			○	☆	☆	☆	
26	物业开发						○	○	○	○	○	○	☆

注：☆—主办；△—协办；○—配合。

2. 管理职能分工

每一个工程项目都应视需要编制管理职能分工表，这是项目组织设计文件的一部分。

1）管理职能的内涵

管理是由多个环节组成的有限循环过程，如图 12-17 所示。

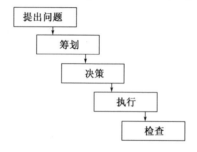

图 12-17 管理职能

这些组成管理的环节（提出问题、筹划、决策、执行、检查）就是管理的职能。管理的职能在一些文献中也有不同的表述，但其内涵是类似的。

下面以一个示例来解释管理职能的含义。

(1) 提出问题——通过进度计划值和实际值的比较，发现进度推迟了；

(2) 筹划——加快进度有多种可能的方案，如改一班工作制为两班工作制，或增加夜班作业，或增加施工设备和改变施工方法，应对这 3 个方案进行比较；

(3) 决策——从上述 3 个可能的方案中选择 1 个将被执行的方案，增加夜班作业；

(4) 执行——落实夜班施工的条件，组织夜班施工；

(5) 检查——检查增加夜班施工的决策是否被执行，如已执行，则检查执行的效果如何。

如通过增加夜班施工，工程进度的问题解决了，但同时也发现了新的问题，即施工成本增加了，这样就进入了管理的一个新循环：提出问题、筹划、决策、执行和检查。整个施工过程中的管理工作就是不断发现问题和不断解决问题的过程。

以上不同的管理职能可由不同的职能部门承担，如：

(1) 进度控制部门负责跟踪和提出有关进度的问题；

(2)施工协调部门对进度问题进行分析,提出3种可能的方案,并对其进行比较;

(3)项目经理在3个可供选择的方案中,决定采用第一方案,即增加夜班作业;

(4)施工协调部门负责执行项目经理的决策,组织夜班施工;

(5)项目经理助理检查夜班施工后的效果。

2)管理职能分工表

我国多数企业和建设工程项目的指挥部或管理机构,习惯用岗位责任制的岗位责任描述书来描述每一个工作部门的工作任务(包括责任、权利和任务等)。工业发达国家在工程项目管理中广泛应用管理职能分工表,以使管理职能的分工更清晰、更严谨,并会暴露仅用岗位责任描述书时所掩盖的矛盾。如使用管理职能分工表还不足以明确每个工作部门的管理职能,则可辅以使用管理职能分工描述书。

如工程项目管理班子内部用管理职能分工表(表12-6)可反映项目经理、各工作部门和各工作岗位对各项工作任务的项目管理职能分工。

管理职能分工表　　　　　　　　　　　　　　表12-6

序号	任务		业主方	项目管理方	工程监理方
	设计阶段				
1	审批	获得政府有关部门的各项审批	E		
2		确定投资、进度、质量目标	D C	P C	P E
3	发包与合同管理	确定设计发包模式	D	P E	
4		选择总包设计单位	D E	P	
5		选择分包设计单位	D C	P E C	P C
6		确定施工发包模式	D	P E	P E
7	进度	设计进度目标规划	D C	P E	
8		设计进度目标控制	D C	P E C	
9	投资	投资目标分解	D C	P E	
10		设计阶段投资控制	D C	P E	
11	质量	设计质量控制	D C	P E	
12		设计认可与批准	D E	P C	

注:P——筹划;D——决策;E——执行;C——检查。

四、工作流程组织

工作流程组织包括以下几项:

(1)管理工作流程组织,如投资控制、进度控制、合同管理、付款和设计变更等工作流程;

(2)信息处理工作流程组织,如与生成月度进度报告有关的数据处理工作流程;

(3)物质流程组织,如钢结构深化设计工作流程、弱电工程物资采购工作流程、外立面施工工作流程等。

每一个工程项目应根据其特点,从多个可能的工作流程方案中确定以下几个主要的工作流程组织:

(1)设计准备工作的流程;

(2)设计工作的流程;

(3)施工招标工作的流程;

(4)物资采购工作的流程;

(5)施工作业的流程;

(6)各项管理工作(投资控制、进度控制、质量控制、合同管理和信息管理等)的流程;

(7)与工程管理有关的信息处理的工作流程等。

这也就是工作流程组织的任务,即定义各个工作的流程。

工作流程应视需要逐层细化,如投资控制工作流程可细化为初步设计阶段投资控制工作流程、施工图设计阶段投资控制工作流程和施工阶段投资控制工作流程等。

业主方和项目各参与方,如工程管理咨询单位、设计单位、施工单位和供货单位等都有各自的工作流程组织的任务。

例如,某市轨道交通工程项目设计了如下多个工作流程组织:

(1)投资控制工作流程。

①投资控制整体流程;

②投资计划、分析和控制流程;

③工程合同进度款付款流程;

④变更投资控制流程;

⑤建筑安装工程结算流程。

(2)进度控制工作流程。

①控制节点(里程碑)、总进度规划编制与审批流程;

②项目实施计划编制与审批流程;

③月度计划编制与审批流程;

④周计划编制与审批流程;

⑤项目实施计划的实施、检查与分析控制流程;

⑥月度计划的实施、检查与分析控制流程;

⑦周计划的实施、检查与分析控制流程。

(3)质量控制工作流程。

①建筑安装工程施工质量控制流程;

②变更处理流程;

③施工工艺流程;

④竣工验收流程。

(4)合同与招投标管理工作流程。

①标段划分和审定流程;

②招标公告的拟定、审批和发布流程;

③资格审查、考察及入围确定流程;

④招标书编制审定流程;

⑤招标答疑流程;

⑥评标流程;

⑦特殊条款谈判流程;

⑧合同签订流程。

(5)信息管理工作流程。

①文档信息管理总流程;

②外单位往来文件处理流程;
③设计文件提交、分发流程;
④变更文件提交处理流程;
⑤工程进度信息收集及处理流程;
⑥工程投资信息收集及处理流程。

第三节 工程目标控制的基本原理

工程项目实施过程中,主客观条件的变化是绝对的,不变是相对的;平衡是暂时的,不平衡是永恒的;有干扰是必然的,没有干扰是偶然的。因此,在项目实施过程中,必须对目标进行有效的规划和控制。只有对目标明确的工程项目才有必要进行目标控制,也才有可能进行目标控制。

一、项目目标控制方法论

本节对控制的基本类型、项目目标控制基本方法论(动态控制原理和 PDCA 循环原理)进行阐述。

1. 控制的基本类型

控制有两种类型,即主动控制和被动控制。

1)主动控制

主动控制就是预先分析目标偏离的可能性,并拟定和采取各项预防性措施,以使计划目标得以实现。主动控制是一种面向未来的控制,它可以解决传统控制过程中存在的时滞影响,尽最大可能改变偏差已经成为事实的被动局面,从而使控制更为有效。主动控制是一种前馈控制,当控制者根据已掌握的可靠信息预测出系统的输出将要偏离计划目标时,就制定纠正措施并向系统输入,以使系统运行不发生偏离。主动控制是一种事前控制,它在偏差发生之前就采取控制措施。

2)被动控制

被动控制是指当系统按计划运行时,管理人员对计划的实施进行跟踪,对系统输出的信息进行加工和整理,再传递给控制部门,使控制人员从中发现问题,找出偏差,寻求并确定解决问题和纠正偏差的方案,然后再回送给计划实施系统付诸实施,使得计划目标一旦出现偏离就能得以纠正。被动控制是一种反馈控制。

2. 动态控制原理

在应用于项目目标控制的众多方法论中,动态控制原理是最基本的方法论之一。目标动态控制遵循控制循环理论,是一个动态循环过程。项目目标动态控制原理图如图 12-18 所示。

具体来说,工程项目目标动态控制的工作步骤如下。

1)项目目标动态控制的准备工作。

将项目的目标(如投资/成本、进度和质量目标)分解,以确定用于目标控制的计划值(如计划投资/成本、计划进度和质量标准等)。

2)项目目标动态跟踪和控制

在项目实施过程中(如设计过程中、招投标过程中和施工过程中等)对项目目标进行动态跟踪和控制:

(1)收集项目目标的实际值,如实际投资/成本、实际施工进度和施工的质量状况等;

(2)定期(如每两周或每月)进行项目目标计划值和实际值的比较;
(3)比较项目目标的计划值和实际值,如有偏差,则采取纠偏措施进行纠偏。

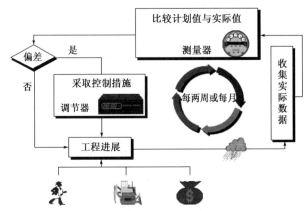

图 12-18　项目目标动态控制原理图

3)项目目标调整

如有必要(即原定的项目目标不合理或原定的项目目标无法实现),进行项目目标的调整,目标调整后控制过程再回复到上述动态控制准备工作。

项目目标动态控制中的三大要素是目标计划值、目标实际值和纠偏措施。目标计划值是目标控制的依据和目的,目标实际值是进行目标控制的基础,纠偏措施是实现目标的途径。

目标控制过程中的关键一环,是通过目标计划值和实际值的比较分析发现偏差,即项目实施过程中项目目标的偏离趋势和大小。这种比较是动态的、多层次的。同时,目标的计划值与实际值是相对的,如投资控制,是在决策阶段、设计阶段和施工阶段等不同阶段内及不同阶段之间进行的,初步设计概算相对于可行性研究报告中的投资估算是"实际值",而相对于施工图预算是"计划值"。

由于在项目目标动态控制时要进行大量数据的处理,因此当项目的规模比较大时,数据处理的量就相当可观。采用计算机辅助的手段可高效、及时而准确地生成许多项目目标动态控制所需要的报表,如计划成本与实际成本的比较报表、计划进度与实际进度的比较报表等,将有助于项目目标动态控制的数据处理。

3. PDCA 循环原理

美国数理统计学家戴明博士最早提出的 PDCA 循环原理(又称为"戴明环")也是被广泛采用的目标控制基本方法论之一。PDCA 循环是能使任何一项活动有效进行的一种合乎逻辑的工作程序,特别是在质量管理中得到了广泛的应用。

PDCA 循环包括计划、执行、检查和处置 4 个基本环节。

1)P(Plan,计划)

计划可以理解为明确目标并制订实现目标的行动方案。

2)D(Do,执行)

执行就是具体运作,实现计划中的内容。执行包含两个环节,即计划行动方案的交底和按计划规定的方法与要求展开活动。

3)C(Check,检查)

检查指对计划实施过程进行各类检查。各类检查包含两个方面:一是检查是否严格执行了计划的行动方案,实际条件是否发生了变化,以及没按计划执行的原因;二是检查计划执行的结果。

4) A(Action,处置)

处置指对于检查中所发现的问题,及时进行原因分析,采取必要的措施予以纠正,保持目标处于受控状态。处置分为纠偏处置和预防处置两个步骤,前者是采取应急措施,解决已发生的或当前的问题或缺陷;后者是信息反馈管理部门,反思问题症结或计划时的不周,为今后类似问题的预防提供借鉴。对于处置环节中没有解决的问题,应交给下一个 PDCA 循环去解决。

策划—实施—检查—处置是使用资源将输入转化为输出的活动或一组活动的过程,必须形成闭环管理,四个环节缺一不可。应当指出,PDCA 循环中的处置是关键环节。如果没有此环节,已取得的成果无法巩固(防止问题再发生),也提不出上一个 PDCA 循环的遗留问题或新的问题。

PDCA 循环过程是循环前进、阶梯上升的,如图 12-19 所示。

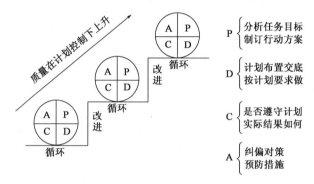

图 12-19　PDCA 循环示意图

在质量管理体系中,PDCA 循环是一个动态的循环,它可以在组织的每一个过程中展开,也可以在整个过程的系统中展开,它与产品实现过程及质量管理体系其他过程的策划、实施、控制和持续改进有密切的关系。

二、动态控制原理在项目目标控制中的应用

下面对动态控制原理在项目进度控制、投资控制和质量控制中的应用分别进行阐述。

1. 动态控制原理在项目进度控制中的应用

在工程项目实施全过程中,应逐步地由宏观到微观、由粗到细编制深度不同的进度计划,包括项目总进度纲要(在特大型建设工程项目中可能采用)、项目总进度规划、项目总进度计划以及各子系统和各子项目进度计划等。

编制工程项目总进度纲要和项目总进度规划时,要分析和论证项目进度目标实现的可能性,并对项目进度目标进行分解,确定里程碑事件的进度目标。该目标可作为进度控制的重要依据。

在工程实践中,往往以里程碑事件(或基于里程碑事件的细化进度)的进度目标值作为进度的计划值。进度实际值是对应于里程碑事件(或基于里程碑事件的细化进度)的实际进度。进度的计划值和实际值的比较应是定量的数据比较,比较时应注意两者内容的一致性。

工程项目进度计划值和实际值的比较,一般要求定期进行,其周期应视工程项目的规模和特点而定;工程进度计划值和实际值比较的成果是进度跟踪和控制报告,如编制进度控制的旬、月、季和年度报告等。

进行进度计划值和实际值的比较时,如发现偏差,则应采取措施纠正偏差或者调整进度目标。在业主方项目管理过程中,进度控制的主要任务是根据进度跟踪和控制报告,积极协调不同参与单位、不同阶段、不同专业之间的进度关系。

为实现工程进度动态控制,工程项目管理人员的工作应包括以下主要方面:
(1)收集编制进度计划的原始数据;
(2)进行项目结构分解(对工程项目的构成或组成进行分析,明确工作对象之间的关系);
(3)进行进度计划系统的结构分析;
(4)编制各层(各级)进度计划;
(5)协调各层(各级)进度计划执行过程中的问题;
(6)采集、汇总和分析实际进度数据;
(7)定期进行进度计划值和实际值的比较;
(8)如发现偏差,采取进度调整措施或调整进度计划;
(9)编制相关进度控制报告。

2. 动态控制原理在项目投资控制中的应用

在项目决策阶段完成项目前期策划和可行性研究的过程中,应编制投资估算;在设计阶段,项目投资目标进一步具体化,应编制初步设计概算、初步设计修正概算(视需要)和施工图预算;在招标投标和施工阶段,应编制和生成施工合同价、工程结算价和竣工决算价。

为了进行投资目标论证和有效的投资控制,需要对工程项目投资目标进行分解。投资目标分解的方式有多种,包括按建设工程费用项目组成划分,按年度、季度和月度划分,按项目实施阶段划分,按项目结构组成划分等。经过分解形成的投资子项要适应不同阶段投资数据的比较。

投资控制工作必须贯穿项目建设全过程和面向整个项目,各阶段的投资控制以及各子项目的投资控制作为项目投资控制子系统,相互连接和嵌套,共同组成项目投资控制系统。图12-20所示为项目实施各阶段投资目标计划值和实际值比较的主要关系,从中也可以看出各阶段投资控制子系统的相互关系。

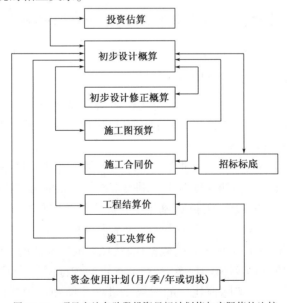

图12-20 项目实施各阶段投资目标计划值与实际值的比较

在设计阶段,投资目标计划值和实际值的比较主要包括以下几项:
(1)初步设计概算和投资估算的比较;
(2)初步设计修正概算和初步设计概算的比较;
(3)施工图预算和初步设计概算的比较。

在施工阶段,投资目标计划值和实际值的比较主要包括以下几项:
(1)施工合同价和初步设计概算的比较;
(2)招标标底(或招标控制价)和初步设计概算的比较;
(3)施工合同价和招标标底的比较;
(4)工程结算价和施工合同价的比较;
(5)工程结算价和资金使用计划(月/季/年或资金切块)的比较;
(6)资金使用计划(月/季/年或资金切块)和初步设计概算的比较;
(7)工程竣工决算价和初步设计概算的比较。

从上面的比较关系可以看出,投资目标的计划值与实际值是相对的,如施工合同价相对于初步设计概算是实际值,而相对于工程结算价是计划值。

投资计划值和实际值的比较,应是定量的数据比较,并应注意两者内容的一致性,比较的成果是投资跟踪和控制报告、投资计划值的切块、实际投资数据的收集以及投资计划值和实际值的比较。此过程中,数据处理工作量往往很大,应运用专业投资控制软件进行辅助处理。

进行投资计划值和实际值的比较时,如发现偏差,则应积极采取措施纠正偏差或者调整目标计划值。需要指出的是,投资控制绝对不是单纯的经济工作,也不仅仅是财务部门的事,它涉及组织、管理、经济、技术和合同各个方面。

为实现工程项目投资动态控制,工程项目管理人员的工作应主要包括以下方面:
(1)确定工程项目投资分解体系,进行投资切块;
(2)确定投资切块的计划值(目标值);
(3)采集、汇总和分析对应投资切块的实际值;
(4)进行投资目标计划值和实际值的比较;
(5)如发现偏差,采取纠偏措施或调整目标计划值;
(6)编制相关投资控制报告。

3. 动态控制原理在项目质量控制中的应用

工程项目质量目标可以分解为设计质量、施工质量、材料质量和设备质量等。各质量子目标还可以进一步分解,如施工质量可以按单项工程、单位(子单位)工程、分部(子分部)工程、分项工程和检验批进行划分。质量控制工作贯穿工程项目建设全过程,并面向整个项目。图12-21所示为项目各阶段质量目标计划值和实际值比较的主要关系,从中也可以看出各阶段质量控制子系统的相互关系,各个子系统还可以进一步分解。

在设计阶段,质量目标计划值和实际值的比较主要包括以下几项:
(1)初步设计和可行性研究报告、设计规范的比较;
(2)技术设计和初步设计的比较;
(3)施工图设计和技术设计、设计规范的比较。

在施工阶段,质量目标计划值和实际值的比较主要包括以下几项:
(1)施工质量和施工图设计、施工合同中的质量要求、工程施工质量验收统一标准、专业工程施工质量验收规范、相关技术标准等的比较；

（2）材料质量和施工图设计中相关要求、相关技术标准等的比较；

（3）设备质量和初步设计或技术设计中相关要求、相关质量标准等的比较。

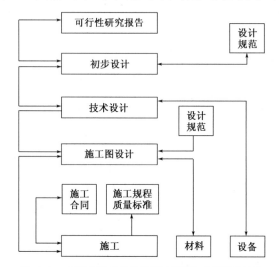

图 12-21　项目各阶段质量目标计划值与实际值的比较

从上面的比较关系可以看出，质量目标的计划值与实际值也是相对的，如施工图设计的质量（要求）相对于技术设计是实际值，而相对于工程施工是计划值。

进行质量目标计划值和实际值的比较，需要对质量目标进行分解，形成可比较的子项。质量目标计划值和实际值的比较是定性比较和定量比较的结合，如专家审核、专家验收、现场检测、试验和外观评定等。

质量控制的对象可能是工程项目设计过程、单位工程、分部分项工程或检验批。以一个分部分项工程为例，动态控制过程的工作主要包括以下几个方面：

（1）确定控制对象应达到的质量要求；

（2）确定所采取的检验方法和检验手段；

（3）进行质量检验；

（4）分析实测数据和标准之间产生偏差的原因；

（5）采取纠偏措施；

（6）编制相关质量控制报告等。

三、目标控制中的纠偏措施

工程项目目标动态控制的纠偏措施主要包括组织措施、管理措施（包括合同措施）、经济措施和技术措施等。

组织措施是指分析由于组织的原因而影响工程项目目标实现的问题，并采取相应的措施，如调整项目组织结构、任务分工、管理职能分工、工作流程组织和项目管理班子人员等。

管理措施是指分析由于管理的原因而影响工程项目目标实现的问题，并采取相应的措施，如调整进度管理的方法和手段、改变施工管理和强化合同管理等。

经济措施是指分析由于经济的原因而影响工程项目目标实现的问题，并采取相应的措施，如落实加快工程施工进度所需的资金等。

技术措施是指分析由于技术(包括设计和施工的技术)的原因而影响工程项目目标实现的问题,并采取相应的措施,如调整设计、改进施工方法和改变施工机具等。

当工程项目目标失控时,人们往往首先思考的是采取什么技术措施,而忽略可能或应当采取的组织措施和管理措施。组织论的一个重要结论是:组织是目标能否实现的决定性因素。因此,应充分重视组织措施对项目目标控制的作用。

工程项目目标动态控制的核心是,在项目实施的过程中定期地进行项目目标计划值和实际值的比较,当发现项目目标偏离时采取纠偏措施。为避免项目偏离目标,还应重视事前的主动控制,即事前分析可能导致项目目标偏离的各种影响因素,并针对这些影响因素采取有效的预防措施,如图12-22所示。

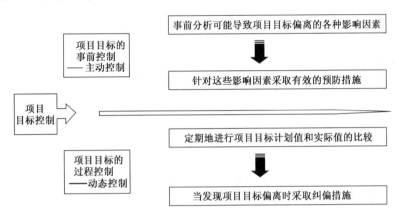

图12-22 项目目标控制

对于是否采取主动控制,要进行成本与效益分析,对于一些目标偏离可能性很小的情况,采取主动控制并不一定是经济的选择。在项目管理过程中,应根据管理目标的性质、特点和重要性,运用风险管理技术等进行分析评估,将主动控制和动态控制结合起来。

1. 进度目标控制中的纠偏措施

进度控制的目的是通过控制实现工程的进度目标,即项目实际建设周期不超过计划建设周期。进度控制所涉及的时间覆盖范围从工程项目立项至项目正式动用,所涉及的项目覆盖范围包括与项目动用有关的一切子项目(包括主体工程、附属工程、道路及管线工程等),所涉及的单位覆盖范围包括设计、科研、材料供应、构配件供应、设备供应、施工安装及审批单位等。因此,影响进度的因素相当多,进度控制中的协调量也相当大。在项目实施过程中经常出现进度偏差,即实际进度偏离计划进度,需要采取相关措施进行纠偏。

1)组织措施

组织是目标能否实现的决定性因素,因此进度纠偏措施应重视相应的组织措施。进度纠偏的组织措施主要包括以下内容:

(1)健全工程项目管理的组织体系。如需要,可根据实际情况调整组织体系,避免项目组织中的矛盾,多沟通。

(2)在工程项目组织结构中应由专门的工作部门和具有进度控制岗位资格的专人负责进度控制工作,根据需要还可以加强进度控制部门的力量。

(3)对于相关技术人员和管理人员,应尽可能加强教育和培训;工作中采用激励机制,例如奖金、小组精神发扬、个人负责制和目标明确等。

(4)进度控制的主要工作环节包括进度目标的分析和论证、编制进度计划、定期跟踪进度计划的执行情况、采取纠偏措施以及调整进度计划等，应检查这些工作任务和相应的管理职能是否在工程项目管理组织设计的任务分工表和管理职能分工表中明确并落实。

(5)编制工程项目进度控制的工作流程，如确定工程项目进度计划系统的组成，确定各类进度计划的编制程序、审批程序和计划调整程序等，并检查这些工作流程是否被严格落实，是否根据需要进行调整。

(6)进度控制工作包含了大量的组织和协调工作，而会议是组织和协调的重要手段，因此可进行有关进度控制会议的组织设计，明确会议的类型，各类会议的主持人、参加单位和人员，各类会议的召开时间，各类会议文件的整理、分发和确认等。

2)管理措施

工程项目进度控制纠偏的管理措施涉及管理的思想、方法、手段，以及承发包模式、合同管理和风险管理等。在理顺组织的前提下，科学和严谨的管理显得十分重要。在工程项目进度控制中，项目参与单位在管理观念方面可能会存在以下将导致进度拖延的问题：

(1)缺乏进度计划系统的观念，分别编制各种独立而互不联系的计划，无法形成计划系统；

(2)缺乏动态控制的观念，只重视计划的编制，而不重视及时地进行计划动态调整；

(3)缺乏进度计划多方案比较和选优的观念，没有体现出资源的合理使用、工作面的合理安排、有利于提高建设质量、有利于文明施工和有利于合理地缩短建设周期。

进度纠偏的管理措施主要包括以下几个方面：

(1)采用工程网络计划方法进行进度计划的编制和实施控制。例如，进度出现偏差时，可改变网络计划中活动的逻辑关系，如将前后顺序工作改为平行工作，或采用流水施工的方法；将一些工作包合并，特别是将关键线路上按先后顺序实施的工作包合并，与实施者一起研究，通过局部地调整实施过程和人力、物力的分配，达到缩短工期的目的。

(2)承发包模式的选择直接关系工程实施的组织和协调，因此应选择合理的合同结构，以避免因有过多的合同交界面而影响工程的进展。此外，工程物资的采购模式对进度也有直接的影响，对此应作比较分析。

(3)分析影响工程进度的风险，并在分析的基础上采取风险管理措施，以减少进度失控的风险。常见的影响工程进度的风险有组织风险、管理风险、合同风险、资源(人力、物力和财力)风险和技术风险等。

(4)利用信息技术(包括相应的软件、局域网、互联网以及数据处理设备)辅助进度控制。虽然信息技术对进度控制而言只是一种管理手段，但它的应用有利于提高进度信息处理的效率、提高进度信息的透明度、促进进度信息的交流和项目各参与方的协同工作。尤其是在一些大型建设工程项目，或者空间位置比较分散的项目中，采用专业进度控制软件有助于进度控制的实施。

3)经济措施

工程项目进度控制的经济措施主要涉及资金需求计划、资金供应的条件和经济激励措施等。经济措施包括以下几项主要内容：

(1)编制与进度计划相适应的资源需求计划(资源进度计划)，包括资金需求计划和其他资源(人力和物力资源)需求计划，以反映工程实施的各时段所需要的资源。通过对资源需求的分析，发现所编制的进度计划实现的可能性；若资源条件不具备，则应调整进度计划。资金供应条件包括可能的资金总供应量、资金来源(自有资金和外来资金)以及资金供应的时间。

(2)在工程预算中考虑加快工程进度所需要的资金,其中包括为实现进度目标将要采取的经济激励措施等所需要的费用。

4)技术措施

工程项目进度控制的技术措施涉及对实现进度目标有利的设计技术和施工技术的选用。技术措施主要包括以下两个方面的内容:

(1)不同的设计理念、设计技术路线、设计方案会对工程进度产生不同的影响。在设计工作的前期,特别是在设计方案评审和选用时,应对设计技术与工程进度的关系作分析比较,在工程进度受阻时,应分析是否存在设计技术的影响因素,为实现进度目标有无进行设计变更的可能性。

(2)施工方案对工程进度有直接的影响。在选用时,不仅应分析技术的先进性和经济的合理性,还应考虑其对进度的影响。在工程进度受阻时,应分析是否存施工技术的影响因素,为实现进度目标有无改变施工技术、施工方法和施工机械的可能性,如增加资源投入或重新分配资源、改善工器具以提高劳动效率和修改施工方案(如将现浇混凝土改为场外预制、现场安装)等。

2. 投资目标控制中的纠偏措施

工程项目投资并不是越省越好,而是通过控制实现工程项目既定的投资目标。工程项目投资目标控制是使该工程项目的实际总投资不大于该工程项目的计划投资(业主所确定的投资目标值),即要在计划投资的范围内,通过控制的手段,实现工程项目的功能、建筑的造型和设备材料质量的优化等目标。投资控制的基本方法是在工程项目实施全过程中,以控制循环理论为指导,进行计划值与实际值的比较(分目标比较),若发现偏离,及时采取纠偏措施。投资控制并非纯经济工作范畴,应从多方面采取措施,同时应尽可能借助计算机进行辅助投资控制。

当投资目标出现偏差时,在工程项目的不同阶段可采用不同的纠偏措施。

以下将主要从业主方角度出发,对项目实施各阶段投资控制的主要纠偏措施进行概要分析。

1)设计准备阶段投资控制纠偏措施

(1)组织措施(A-Ⅰ)。

①选用合适的项目管理组织结构;

②明确并落实项目管理班子中"投资控制者(部门)"的人员、任务及管理职能分工,检查落实情况;

③检查设计方案竞赛、设计招标的组织准备情况。

(2)管理(合同)措施(B-Ⅰ)。

①分析比较各种承发包可能模式与投资控制的关系,采取合适的承发包模式;

②从投资控制角度考虑项目的合同结构,选择合适的合同结构;

③采用限额设计。

(3)经济措施(C-Ⅰ)。

①对影响投资目标实现的风险进行分析,并采取风险管理措施;

②收集与控制投资有关的数据(包括类似项目的数据,市场信息等);

③编制设计准备阶段详细的费用支出计划,并控制其执行。
(4)技术措施(D-Ⅰ)。
①对可能的主要技术方案进行初步技术经济比较论证;
②对设计任务书中的技术问题和技术数据进行技术经济分析或审核。
2)设计阶段投资控制纠偏措施
(1)组织措施(A-Ⅱ)。
①从投资控制角度落实进行设计跟踪的人员、具体任务及管理职能分工,包括设计挖潜、设计审核、概、预算审核,付款复核(设计费复核)、计划值与实际值比较及投资控制报表数据处理等;
②聘请专家作技术经济比较、设计挖潜。
(2)管理(合同)措施(B-Ⅱ)。
①参与设计合同谈判;
②向设计单位说明在给定的投资范围内进行设计的要求;
③以合同措施鼓励设计单位在广泛调研和科学论证的基础上优化设计。
(3)经济措施(C-Ⅱ)。
①对设计的进展进行投资跟踪(动态控制);
②编制设计阶段详细的费用支出计划,并控制其执行;
③定期提供投资控制报表,以反映投资计划值和投资实际值的比较结果、投资计划值和已发生的资金支出值(实际值)的比较结果。
(4)技术措施(D-Ⅱ)。
①进行技术经济比较,通过比较寻求设计挖潜(节约投资)的可能;
②必要时组织专家论证,进行科学试验。
3)工程发包与设备材料采购阶段投资控制纠偏措施
(1)组织措施(A-Ⅲ)。
落实从投资控制角度参加招标工作、评标工作、合同谈判工作的人员、具体任务及管理职能分工。
(2)管理(合同)措施(B-Ⅲ)。
①在合同谈判时,把住合同价计算、合同价调整、付款方式等;
②分析合同条款的内容,着重分析和投资相关的合同条款。
(3)经济措施(C-Ⅲ)。
审核招标文件中与投资有关的内容,包括工程量清单等。
(4)技术措施(D-Ⅲ)。
对各投标文件中的主要施工技术方案作必要的技术经济比较论证。
4)施工阶段投资控制纠偏措施
(1)组织措施(A-Ⅳ)。
在项目管理班子中落实从投资控制角度进行施工跟踪的人员,具体任务(包括工程计量、付款复核、设计挖潜、索赔管理、计划值与实际值比较及投资控制报表数据处理、资金使用计划的编制及执行管理等)及管理职能分工。
(2)管理(合同)措施(B-Ⅳ)。
①进行索赔管理;

②视需要,及时进行合同修改和补充工作,着重考虑它对投资控制的影响。

(3)经济措施(C-Ⅳ)。

①进行工程计量(已完成的实物工程量)复核;

②复核工程付款账单;

③编制施工阶段详细的费用支出计划,并控制其执行。

(4)技术措施(D-Ⅳ)。

①对设计变更进行技术经济比较;

②继续寻求通过设计挖潜节约投资的可能。

3. 质量目标控制中的纠偏措施

1)影响质量目标的因素

相比一般产品,工程项目的质量较难控制,出现质量问题进行纠偏也更加复杂。综合起来,影响工程项目质量目标的因素主要包括以下几个方面:

(1)人的质量意识和质量能力。

人是质量活动的主体。对建设工程项目而言,人是泛指与工程有关的单位、组织及个人,包括建设单位、勘察设计单位、施工单位、工程监理及咨询服务单位和政府主管及工程质量监督、监测单位等。由于某些单位和个体的质量意识不强,违背建设程序所导致的质量问题层出不穷,甚至房屋倒塌事故也常有发生。

(2)建设工程项目的决策因素。

没有经过资源论证、市场需求预测,盲目建设、重复建设、建成后不能投入生产或使用、所形成的合格而无用途的建筑产品,从根本上是对社会资源的极大浪费,不具备质量的适用性特征。同样,盲目追求高标准、缺乏质量经济性考虑的决策,也将对工程质量产生不利的影响。

(3)建设工程项目勘察因素。

勘察因素包括工程项目技术经济条件勘察和工程岩土、地质条件勘察,前者直接影响项目决策,后者直接关系工程设计的依据和基础资料。

(4)建设工程项目的总体规划和设计因素。

总体规划关系土地的合理利用、功能组织和平面布局、竖向设计、总体运输及交通组织的合理性;工程设计具体确定建筑产品或工程目的物的质量目标值,直接将建设意图变成工程蓝图,将适用、经济、美观融为一体,为建设施工提供质量标准和依据。建筑构造与结构的设计合理性、可靠性以及可施工性都直接影响工程质量。

(5)建筑材料、构配件及相关工程用品的质量因素。

建筑材料、构配件及相关工程用品等是建筑生产的劳动对象。建筑质量的水平在很大程度上取决于材料工业的发展,原材料及建筑装饰装潢材料及其制品的开发,导致人们对建筑消费需求产生日新月异的变化。因此,正确合理地选择材料,保证材料、构配件及工程用品的质量规格、性能特性符合设计规定标准,直接关系工程项目的质量高低。

(6)建设工程项目的施工方案。

工程项目的施工方案分为施工技术方案和施工组织方案。

施工技术方案指施工的技术、工艺、方法和机械、设备、模具等施工手段的配置。显然,施工技术落后、方法不当、机具有缺陷,都将对工程质量的形成产生影响。施工组织方案指施工程序、工艺顺序、施工流向、劳动组织方面的决定和安排。通常的施工程序是先准备后施工，先场外后场内，先地下后地上，先深后浅，先主体后装修，先土建后安装等，都应在施工方案中明确，并编制相应的施工组织设计，这些都是能对工程项目质量产生影响的重要因素。

（7）工程项目的施工环境。

施工环境包括地质、水文、气候等自然环境及施工现场的通风、照明、安全卫生防护设施等劳动作业环境，以及由工程承发包合同结构所派生的多单位多专业共同施工的关系。组织协调方式及现场施工质量控制系统等构成的管理环境也会对工程质量产生一定影响。

2）质量控制中的纠偏措施

由于影响质量目标的因素有多种，也很复杂，因此质量纠偏措施也有多种，从总体上可分为组织措施、管理措施（包括合同措施）、经济措施和技术措施等。

（1）组织措施。

组织是进行质量问题纠偏首要考虑的因素，主要采取以下措施。

①建立合理的组织结构模式，设置质量管理和质量控制部门，构建完善的质量保证组织体系，形成质量控制的网络系统架构。

②明确和质量控制相关的部门和人员的任务分工和管理职能分工，如质量的实施、检查和监督由哪些部门负责，并将责任落实到人；研究并确定控制系统内部质量职能交叉衔接的界面划分和管理方式。

③选择符合质量控制工作岗位标准的管理人员和技术人员，根据需要加强质量管理和质量控制部门的力量。

④制定质量控制工作流程和工作制度，审查工作流程和工作制度是否有效并得到严格执行，包括：

a. 确定质量控制系统组织的领导关系、报告审批及信息流转程序；

b. 制定质量控制工作制度，包括质量控制例会制度、协调制度、验收制度和质量责任制度等。

（2）管理措施（包括合同措施）。

在理顺组织的前提下，质量控制中的纠偏措施还应着重采取相应的管理措施，主要包括质量贯标、多单位控制、采用相关管理技术方法、采取必要合同措施、加强项目文化建设以及利用信息技术辅助质量控制和纠偏等。

①进行质量贯标，建立质量保证体系。质量体系认证是质量控制的有效方法，也是进行质量问题纠偏的系统性方法，因此必须严格按照《质量管理体系 基础和术语》（GB/T 19000—2016）或 ISO 9000 系列标准建立质量体系，进行质量管理和质量控制。

②多单位控制。多单位控制包括操作者自控、项目经理部控制、企业控制、工程监理单位控制、业主和设计单位控制以及质量监督单位控制和政府控制，尤其要强调操作者自控。

③采用相关管理技术方法进行质量问题分析。这些技术方法包括分层法、因果分析图法、排列图法和直方图法等。

④采取必要的合同措施，选择有利于质量控制的合同结构模式，减少分包数量，认真分析施工质量保证体系，并检查执行情况。

⑤加强项目文化建设。没有约束机制的控制系统是无法使工程质量处于受控状态的，约束机制取决于自我约束能力和外部监控效力。前者指质量责任主体和质量活动主体，即组织

及个人的经营理念、质量意识、职业道德及技术能力的发挥;后者指来自实施主体外部的推动和检查监督。因此,加强项目管理文化建设对于增强工程项目质量控制系统运行机制的作用是不可忽视的。

⑥利用信息技术辅助质量控制和纠偏。这些技术包括质量数据库的建立,探测技术的应用,远程监控系统的应用,质量数据的采集、分析和管理等。

(3)经济措施。

工程项目质量控制系统的活力在于它的运行机制,而运行机制的核心是动力机制,动力机制来源于利益机制。因此,在进行质量控制和质量纠偏时,除了采取一定的组织、管理(合同)措施外,还应该采取一定的经济措施。例如,对出现质量问题的单位和个人进行经济处罚,对达到质量计划目标的单位或个人采取一定的经济激励措施;进行质量保险,通过保险进行质量风险转移等。

(4)技术措施。

质量问题纠偏的技术措施有很多,在实施过程中,可以结合工程实际情况,主要采用以下列两种措施处理质量问题。

①整修与返工。

整修主要是针对局部性的、轻微的且不会给整体工程质量带来严重影响的质量缺陷,如对钢筋混凝土结构的局部蜂窝、麻面、道路结构层实度不足等问题的处理。这类质量问题一般通过整修即可得到处理,不是影响工程总体的关键性问题。

作出是否返工的决定应建立在认真调查研究的基础上。是否返工,应视缺陷经过补救后能否达到规范标准而定,补救并不意味着规范标准的降低,补救后仍不能满足标准的工程必须返工。例如,某承包人为赶工期曾在雨中铺筑沥青混凝土,监理工程师只得责令承包人将已经铺完的沥青面层全部推除重铺;一些无法补救的低质涵洞也被炸掉重建;温度过低或过高的沥青混合料在现场被监理工程师责令报废等。

②综合处理方法。

综合处理方法主要是针对较大的质量事故而言。这种处理办法不像返工和整修那样简单具体,它是一种综合的缺陷(事故)补救措施,能够使得工程缺陷(事故)以最小的经济代价和工期损失重新满足规范要求。处理的办法因工程缺陷(事故)的性质而异,性质的确定则以大量的调查及丰富的施工经验和技术理论为基础。其做法有组织联合调查组、召开专家论证会等方式。实践证明,这是一条合理解决这类问题的有效途径。

尽管有很多纠偏措施,但仍有很多质量问题是难以纠偏的,可能造成永久性质量缺陷。因此,质量控制应强调事前预控,通过事前预控消除质量隐患,实现预期的项目质量目标。

四、风险管理在项目目标控制中的应用

风险管理作为一门独立的学科,产生于20世纪50年代,其在工程项目管理中的应用则开始于20世纪80年代。美国项目管理协会编写的《项目管理知识体系指南》中指出,风险管理是项目管理九大知识体系之一。

1. 风险与风险管理基本理论

1)风险的含义

风险指的是损失的不确定性。建设工程项目的风险是指可能出现的影响项目目标实现的

不确定因素。

(1)风险的内涵。

对风险内涵的理解主要包括以下3个方面：

①风险与不确定性。

不确定性是某一事件的预期结果与实际结果间的变动。由于不确定因素的影响，对于一个特定的事件或活动，人们不能确知最终会产生什么样的结果或者事先辨识各种可能结果，并且难以确定或估计它们发生的概率，这就是不确定性。风险是有条件的不确定性，只是不确定未来是何种状态，而对每种状态发生的概率以及每种状态可能造成的后果是知道的，或者是可以估计的。

②风险与损失。

不确定性的结果是多样的。风险是一种必然会导致不良后果的不确定性，即损失的不确定性。不会产生不良后果的不确定性一般不称为风险。

③风险的可度量性。

不确定性的可能结果是多样的，难以度量，而风险是可以度量的。个别的风险事件是很难预测的，但可以对其发生的概率进行分析，并可以评估其发生的影响，同时利用分析预测的结果为人们的决策服务，预防风险事件的发生，减小风险发生造成的损失。风险的可度量性是风险管理学科建立和发展的基础。

(2)风险的特性。

风险具有以下特性：

①客观性。

风险的存在是不以人的意志为转移的。决定风险的因素是客观存在的，一旦条件成熟，风险事件就会发生。

②随机性。

风险是客观存在的，但风险事件的发生是随机的、偶然的。从总体上说，风险事件的发生是必然的，带有普遍性，但具体风险事件的发生带有偶然性。

③相对性。

不同主体对风险的承受能力是不一样的，风险承受能力受主体的地位和所拥有的资源等因素的影响。如：业主方和保险公司对工程风险的承受能力是不一样的，保险公司甚至可以从风险管理中获利。

④可变性。

风险的性质和后果随着活动或事件的发展而变化。一是风险性质的变化，随着时间的推进，某些风险事件或因素可能不再成为风险；二是随着人们对风险的认识、预测和防范水平的提高，风险量会降低；三是随着管理水平的提高、技术的进步以及采取的风险管理措施不断加强，原有的风险因素将会发生变化，某些风险因素可能会消除，也可能会导致新的风险因素产生。

2)风险管理的概念

风险管理是为了达到一个组织的既定目标，而对组织所承担的各种风险进行管理的系统过程，即一个组织通过风险识别、风险分析和风险评估去认识风险，并在此基础上合理地使用回避、抑制、自留或转移等方法和技术对活动或事件所涉及的风险实行有效的控制，妥善地处理风险事件造成的后果，以合理的成本保证实现预定的目标。

3）风险管理的程序

风险管理是一个连续不断的过程。工程项目风险管理可以面向建设全过程，也可以面向某个阶段或某项任务，如施工阶段的投资控制。风险管理一般包括以下几个步骤：

（1）风险识别。

对影响工程项目的各种因素进行分析，确定项目存在的风险。

（2）风险分析与评估。

对存在的单个风险进行量化分析，估算风险事件的损失程度和发生的概率，确认风险出现的时间和影响范围，衡量其风险量，在此基础上形成风险清单；综合考虑各种风险对项目目标的影响，确定不同风险的严重程度顺序，确定风险应对措施及各种措施的成本，论证风险成本效益。

（3）风险应对策略开发。

制订风险管理方案，采取措施避免风险的发生或减少风险造成的损失，即降低风险量。

（4）风险应对的控制。

在项目实施过程中，评估风险应对工作的效果，及时发现和评估新的风险，监视残留风险的变化情况，在此基础上对风险管理方案进行调整。

五、工程项目的风险与风险管理

1. 工程项目的风险因素

工程项目由于具有建设周期较长这一客观特性，将遇到较多的风险因素，加上自身及所处环境的复杂性，使人们很难全面、系统地识别其风险因素。因此，要从以系统完成工程项目的角度出发，对可能影响项目的风险因素进行识别。

1）政治风险

政治风险是指由于国家政局和政策变化、罢工、国际局势变化、战争、动乱等因素引起社会动荡而造成财产损失以及人员伤亡的风险。政治因素是一种非常重要的风险源，在国际领域中，政治环境就更加复杂。可以说，无论工程项目的建设地点在什么地方，无论是项目参与各方的哪一方，都需要承担政治风险。政治风险包括宏观和微观方面。宏观政治风险是指在一个国家内对所有经营者都存在的风险，一旦发生这类风险，大家都可能受到影响，如全局性的政治事件。出现这类风险，该国的所有企业均受影响，无一例外。而微观政治风险则仅是局部受影响，一部分人受益而另一部分人受害，或仅有一部分行业受害而其他行业不受影响的风险。

2）经济风险

经济风险是指人们在从事经济活动中，由于经营管理不善、市场预测失误、贸易条件变化、价格波动、供求关系转变、通货膨胀、汇率或利率变动等原因所导致的经济损失的风险，是一个国家在经济实力、经济形势及解决经济问题的能力等方面潜在的不确定因素构成的经济领域的可能后果。

3）工程风险

工程风险是指工程在设计、施工及移交运营的各个阶段可能遭受的、影响项目系统目标实现的风险。工程项目实施涉及业主、设计单位、施工单位、供货单位、咨询单位等，工程风险中的有些风险对参与各方来说是共有的，而有些则对某一方是风险，对另一方可能就不是风险。

需要指出的是,前面所述的政治风险、经济风险以及社会风险均带有普遍性,在任何一个国家,只要发生这类风险,各行各业都会受到影响。而工程风险则不然,它仅涉及工程项目,其风险的主体只限于项目参与各方,其他行业并不受其影响。

工程风险主要分为如下类型。

(1) 自然风险。

自然风险是指由于大自然的影响而造成的风险,一般包括3个方面的风险:

①恶劣的天气情况,如严寒、台风、暴雨等都会对工程建设产生影响;

②未曾预料到的工程水文地质条件,如洪水、地震、泥石流等;

③未曾预料到的一些不利地理条件等。

(2) 决策风险。

决策风险主要是指在投资决策、总体方案确定、设计或施工单位的选择等方面的失误。若决策出现偏差,将会对工程产生决定性的影响。

(3) 组织与管理风险。

组织风险是指由于项目有关各方关系不协调以及其他不确定性因素而引起的风险。如项目有关各方参与项目的动机和目标不一致,将会影响合作者之间的关系、项目进展和项目目标的实现。组织风险还包括项目组织内部不同部门对项目的理解、态度和行动不一致而产生的风险,以及因项目内部对不同工程目标的组织安排欠妥、缺乏对项目优先目标的排序、不同项目目标之间发生冲突而造成工程损失的风险。

管理风险是指由于项目管理人员管理能力不强、经验不足、合同条款不清楚、不按照合同履约、工人素质低下、劳动积极性低、管理机构不能充分发挥作用等造成的影响。

(4) 技术风险。

技术风险是指在项目实施过程中遇到各种技术问题(如地基条件复杂,资源供应条件差或发生变化,工程施工技术专业度高、难度高等)所要承担的风险。一般表现为在方案选择、工程设计及施工过程中由于技术标准的选择、计算模型的选择、安全系数的确定等方面出现偏差而形成的风险。

(5) 责任风险。

在工程项目的整个开发过程中,所有项目参与主体的行为是基于合同当事人的责任权利和义务的法律行为,任何一方都需要向合同对方承担相应的责任;同时,工程项目涉及社会大众的利益,项目各参与方还对社会负有义务。行为责任风险是指由于项目管理人员的过失、疏忽、侥幸、恶意等不当行为造成财产损失或人员伤亡的风险。

2. 工程项目风险管理的目标

风险管理是一项目的性很强的工作,没有目标,风险管理就无从开展,只有通过目标,才能确定风险管理的方向,并且对风险管理的效果作出评价。风险管理的目标和企业目标一样,具有多样性。总的来说,风险管理的两个主要目标是减缓风险和最小化风险管理成本。

建设工程项目决策、实施、运营的不同阶段,项目风险管理的处境及所追求的目标不一样,面临的风险因素不同,风险管理的重点和方法也会有所不同。由于不同阶段风险管理的目标不一致,因此,对于工程项目来说,风险管理的目标并不是单一不变的,而应该是一个有机的目标系统,在总的风险控制的目标下,不同阶段需要有不同阶段的风险管理目标。当然,风险管理目标必须与项目管理的总目标一致,包括项目的盈利、形象、信誉及影响等;同时,风险管理的目标必须与项目的环境因素和项目的持有属性相一致,包括最终用户、项目投资决策人的需要和期望等。

3. 工程项目风险管理的组织

工程项目风险管理组织主要指为实现风险管理目标而建立的组织结构,没有一个健全、合理和稳定的组织结构,项目风险管理活动就不能有效地进行。

风险管理要求根据团队的智慧以及建设与运营专家的经验作出决策,决不能由一个人来独立决策。要整合一个合适的团队来管理风险,而且需要在经过充分思考的基础上进行慎重的行动。项目风险的管理组织具体如何设立、采取何种方式、需要多大规模,取决于多种因素,其中决定性因素是项目风险的特点。

项目风险存在于项目所有阶段和方面,因此项目风险管理职能必然分散于项目管理的所有方面,管理团队的所有成员都负有一定的风险管理责任。但是,如果因此而导致无专人专职对项目风险管理负起责任,项目风险管理就要落空。

4. 工程项目风险控制的方法

通常情况下,对风险的应对,一是采取措施防患于未然,尽可能地消除或减轻风险,将风险的发生控制在一定的程度下;二是通过适当的风险转移安排,减轻风险事件发生后对项目目标的影响。工程项目风险控制的方法主要包括以下4种。

1) 风险规避

风险规避是指通过风险分析与评估,取消风险量很大并且没有有效措施降低风险量的事件,以避免风险的出现,如放弃一些先进但不成熟、技术难度大、风险高的工艺。风险规避是有效的、普遍采用的方法,但是当规避一项风险时,也失去了潜在的获得效益的机会,因此这种方法在很多时候会阻碍技术的创新和发展。风险管理者必须综合考虑风险成本和效益。

2) 风险抑制

风险抑制是指通过采取措施,降低风险事件发生的概率,减少风险事件造成的损失。风险抑制的方法不能完全消除风险,会存在残余的风险。因此,对风险量大且无法规避和转移风险的事件,通常采用风险抑制。风险管理者要考虑所采取措施的成本。

3) 风险自留

风险自留是指自己承担风险造成的全部损失或部分损失。对风险量小以至于不便采取其他方式控制的风险,或者自己不得不承担的风险(如残余风险等),采取风险自留。采取风险自留,必须对风险作出比较准确的评估,使自身具有相应的承担能力;同时,应制订风险应急计划,包括应急费用和应急措施等。

4) 风险转移

风险转移是指通过某种方式,将某些风险的后果连同应对风险的权利和责任转移给他人,自己不再直接面对风险。对于风险量大、自己又不具备承担能力的事件,通常采用这种方式。工程项目风险转移的方式包括工程保险、担保和合同条件约定等。

通过工程保险,可将工程项目可能会遇到的某些类型的风险转移,由保险公司承担,但并不是工程项目中的任何风险都可以通过保险来转移。能够投保的风险,通常称为可保风险。可保风险一般说来具备以下特点,即风险是偶然的、意外的,往往损失巨大而且损失是可以较准确地计量的。

通过担保,可将工程项目风险转移给拥保公司或银行。在工程项目招投标和合同管理中经常应用担保,如业主方在工程或材料设备招标过程中,要求投标人提供投标担保或投标保证金;投标人中标后,在签订合同时要求投标人提供履约保函;在签订合同时,要求招标人提供付款担保等。

合理地制定合同条件,可以达到风险转移的目的。如针对不同工程项目,采取不同的合同计价方式,包括固定总价合同、单价合同或成本加酬金合同等;在合同中约定业主方指定分包的工程,约定对施工单位自行分包的限制和审查等。

本 章 小 结

本章主要阐述项目管理的内涵、类型、任务等基本概念,组织论的基本理论和主要的组织工具,以及项目目标控制基本方法论、动态控制原理在项目目标控制中的应用、目标控制中的纠偏措施以及风险管理在项目目标控制中的应用,为方便读者学好后续工程项目管理的相关知识打下基础。

复习思考题

1. 请阐述工程项目管理的含义。
2. 请分析项目各参与方项目管理的目标和任务。
3. 请分析项目结构图、组织结构图和合同结构图的区别。
4. 请分析职能组织结构、线性组织结构和矩阵组织结构的特点。
5. 请分析管理任务分工和管理职能分工的意义。
6. 简述工程项目目标动态控制的工作步骤。
7. 简述风险管理的程序。
8. 以下有关项目的说法,正确的是(   )。
   A. 许多制造业的生产活动往往是连续不断和周而复始的活动,可以被称为项目。
   B. 某栋商业大楼是一个项目
   C. 项目是临时性的工作
   D. 可能存在两个完全相同的项目
9. 某业主欲建造一座五星级宾馆,则业主方项目管理的进度目标是指(   )。
   A. 宾馆可以开业   B. 项目竣工结算完成
   C. 宾馆开始盈利   D. 项目通过竣工验收
10. 在建设工程项目各参与单位中,需对总投资或总造价进行目标管理的单位有(   )。
    A. 业主方   B. 建设项目总承包方
    C. 施工方   D. 供货方
    E. 设计方
11. 组织结构模式反映了一个组织系统中各子系统之间或各元素之间的(   )。
    A. 逻辑关系   B. 协作关系
    C. 合同关系   D. 指令关系
12. 能反映项目组织系统中各项工作之间逻辑关系的组织工具是(   )。

A.项目结构图 B.工作流程图
C.工作任务分工表 D.组织结构图

13.以下关于工作流程与工作流程图的说法,正确的是( )。
  A.业主方与项目各参与方的工作流程任务是一致的
  B.工作流程组织的任务就是编制组织结构图
  C.工作流程图可以用来描述工作流程组织
  D.工作流程图中用双向箭线表示工作间的逻辑关系

14.下列项目目标控制工作中,属于主动控制的是( )。
  A.事前分析可能导致目标偏离的各种影响因素
  B.目标出现偏离时采取纠偏措施
  C.进行目标的实际值与计划值的比较
  D.分析目标的实际值与计划值之间存在偏差的原因

部分参考答案
8.C 9.A 10.ABE 11.D 12.B 13.C 14.A

第十三章　工程项目管理的目标控制

工程项目管理的核心任务是进行投资、进度和费用的三大目标控制,没有目标的建设工程不是项目管理的对象。

第一节　工程项目投资控制

投资控制是建设工程管理的一项主要任务,是业主方工程项目管理的核心工作内容之一。进行工程项目的投资控制,需要了解建设工程项目投资的构成基础,深刻理解和掌握工程项目投资控制的含义和基本原理,了解建设工程项目实施过程中各阶段投资控制的任务。

一、工程项目投资控制的含义和目的

建设工程项目的投资是每个投资者所关心的重要问题,投资控制工作的成效直接影响建设工程项目投资的经济效益。工程项目投资及其控制贯穿工程建设的全过程,涉及工程建设参与各方的利益。

1. 工程项目投资控制的含义

工程项目投资控制是指以建设工程项目为对象,为在投资计划值内实现项目而对工程建设活动中的投资所进行的规划、控制和管理。投资控制的目的,就是在工程项目的实施阶段,通过投资规划与动态控制,将实际发生的投资额控制在投资的计划值以内,以使工程项目的投资目标尽可能地实现。

工程项目投资控制主要由两个各有侧重又相互联系的工作过程所构成,即工程项目投资的规划过程与工程项目投资的控制过程。在工程项目的建设前期,以投资的规划为主;在工程项目实施的中后期,投资的控制占主导地位。

1)投资的规划

投资的规划,主要是指确定或计算工程项目的投资费用,以及制订工程项目实施期间投资控制工作方案的工程管理活动,主要包括进行投资目标论证分析、投资目标分解、制定投资控制工作流程、投资目标风险分析、制定投资控制工作制度及有关报表数据的采集、审核与处理等一系列控制工作和措施。

依据建设程序,建设工程项目投资费用的确定与工程建设阶段性的工作深度相适应,如图13-1所示。在工程项目管理的不同阶段,投资的规划工作及主要内容如下:

(1)设计准备阶段。通过对投资目标的风险分析、项目功能与使用要求的分析和确定,编制工程项目的投资规划,用以指导设计阶段的设计工作以及相应的投资控制工作。

(2)工程设计阶段。以投资规划控制方案设计阶段和初步设计阶段的设计工作,编制设计概算。以投资规划和设计概算控制施工图设计阶段的设计工作,编制施工图预算,确定工程承包合同价格等。

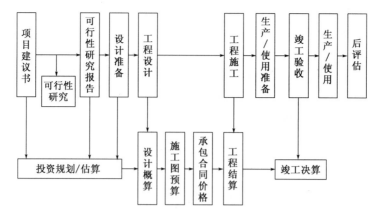

图 13-1　建设程序和各阶段投资费用的确定

(3)工程施工阶段。以投资规划、施工图预算和工程承包合同价格等控制工程施工阶段的工作,编制资金使用计划,以其作为施工过程中进行工程结算和工程价款支付的计划目标。

2)投资的控制

投资的控制,就是指在工程项目的设计准备阶段、设计阶段、施工阶段、动用前准备阶段和保修阶段,以规划的计划投资为目标,通过相应的控制措施将工程项目投资的实际发生值控制在计划值范围以内的工程管理活动。

对工程项目投资进行控制,是运用动态控制原理,在工程项目建设过程中的不同阶段,经常地、定期或不定期地将实际发生的投资额与相应的计划投资目标值进行比较。若发现工程项目实际投资值偏离目标值,则需采取纠偏措施,包括经济措施、技术措施、合同措施和信息措施等,纠正投资偏差,保证建设项目投资总目标尽可能实现。

(1)设计准备阶段。根据拟建工程项目的功能要求和使用要求,作出项目定义(包括项目投资定义),并按工程项目规划的要求和内容以及项目分析和研究的不断深入,逐步地将投资规划值和投资估算的误差率控制在允许范围之内。

(2)工程设计阶段。运用设计标准和标准设计、价值工程和限额设计方法等,以投资规划和批准的投资估算为计划投资的目标值控制初步设计。如果初步设计阶段的设计概算超出投资估算(包括允许的误差范围),则应对初步设计的设计结果进行修改和调整。

进入施工图设计阶段,应以投资规划和批准的设计概算为控制目标,应用价值工程和限额设计等方法,控制施工图设计工作的进行。如果施工图设计阶段的施工图预算超过设计概算,则说明施工图设计的内容突破了初步设计所确定的设计原则,因而应对施工图设计的设计结果进行修改和调整。

在工程施工招标阶段,以工程设计文件(包括设计概算或施工图预算文件)为依据,结合工程施工的具体条件,如现场条件、市场价格和招标方的特殊要求等,编制招标文件,选择合适的合同计价方式,确定工程承包合同价格,通过对工程设计过程中形成的项目投资费用的层层控制,实现建设工程项目设计阶段的投资控制目标。

(3)工程施工阶段。以施工图预算和工程承包合同价格等为控制目标,通过工程计量、工程变更控制和工程索赔管理等方法,按照承包方实际完成的工程量,严格确定施工阶段实际发生的工程费用。以工程承包合同价格为基础,考虑设计中难以预计的而在施工阶段实际发生的工程和费用,合理确定工程结算,控制实际工程费用的支出。

(4)工程竣工验收阶段。全面汇集在工程项目建设过程中实际花费的全部费用,编制竣工决算,如实体现建设工程项目的实际投资,总结分析工程建设管理经验,积累技术经济数据和资料,提高工程项目投资控制的水平。

(5)工程保修阶段。根据工程承包合同,协助处理项目使用期间出现的各种质量问题,选择相关的处理方案和方式,合理确定工程保修费用。

2. 工程项目投资控制的原理

工程项目投资控制的目的和关键,是要保证项目投资目标尽可能好地实现。投资规划为工程项目的建设制订了目标计划和控制的实施方案。可以说,投资规划为工程项目建起了一条通向投资目标的理论轨道。当工程项目进入实质性启动阶段以后,项目的实施就开始进入预定的计划轨道。这时,投资控制的中心活动就变为投资目标的控制。

由于项目规划人员自身的知识和经验有限,特别是在工程项目实施过程中,项目的内部条件和客观环境等都会发生变化,如工程范围的变化、项目资金的限制、未曾预想的恶劣天气的出现、政策法规的调整和物价的大幅度波动等,使得工程项目不会自动地在正常的计划轨道上运行。在工程项目管理实践中,尽管人们在不少项目上进行了良好的投资规划和有效的组织工作,但由于忽视了项目控制,最终未能成功地实现预定的投资目标,因此,工程项目投资控制成功与否,在很大程度上取决于投资规划的科学性和目标控制的有效性。

1)遵循动态控制原理

工程项目投资控制应遵循动态控制原理。在建设工程项目中,投资的控制紧紧围绕投资目标的控制,这种目标控制是动态的,贯穿工程项目实施的始终。

随着工程项目的不断进展,大量的人力、物力和财力投入项目实施之中,此时应不断地对项目进展和投资费用进行监控,以判断工程项目进展中投资的实际值与计划值是否发生了偏离。如发生偏离,必须及时分析偏差产生的原因,采取有效的纠偏措施。必要时,还应对投资规划中的原定目标进行重新论证。从工程进展、收集实际数据、计划值与实际值比较、偏差分析和采取纠偏措施,到新一轮起点的工程进展,整个控制流程应当定期或不定期地循环进行。如根据工程项目的具体情况可以每周或每月循环进行。

按照动态控制原理,在工程项目实施中进行的投资动态控制,应做好以下几项控制工作:

(1)分析和论证计划投资目标值。

由于主观和客观因素的制约,工程项目投资规划中计划的投资目标值有可能难以实现或不尽合理,需要在项目实施的过程中,或合理调整,或细化和精确化。只有在工程项目投资目标合理正确的前提下,投资控制方能有效。

(2)收集投资发生的实际数据。

收集有关投资发生或可能发生的实际数据,及时对工程项目进展作出评估。没有实际数据的收集,就无法了解和掌握工程项目投资的实际情况,更不能判断是否存在投资偏差。因此,投资实际数据是否及时、完整和正确是确定有无投资偏差的基础。

(3)比较投资计划值与实际值。

比较投资计划值与实际值,判断是否存在投资偏差,这种比较也要求在工程项目投资规划时就对比较的数据体系进行统一的设计,从而保证投资比较工作的有效性和效率。

(4)制定各类投资控制报告和报表。

获取有关项目投资数据的信息,制定反映工程项目计划投资、实际投资、计划与实际投资比较等的各类投资控制报告和报表,作为进行投资数值分析和相关控制措施决策的重要依据。

(5)分析投资偏差。

若发现投资计划值与实际值之间存在偏差,则应分析造成偏差的可能原因,制订纠正偏差的多个可行方案。经方案评价后,确定投资纠偏方案。

(6)采取投资偏差纠正实施。

按确定的控制方案,可以从组织、技术、经济、合同等各方面采取措施,纠正投资偏差,保证工程项目投资目标的实现。

2)分阶段设置控制目标

控制是为实现工程项目的目标服务的,一个系统若没有目标,就不需要也无法进行控制。投资控制目标的设置应是严肃的,且有科学的依据。但是,工程项目建设是一个周期长、投资大和综合复杂的过程,投资控制目标并不是一成不变的,在不同的建设阶段投资目标可能不同。因此,投资的控制目标需按建设阶段分阶段设置,且每一阶段的控制目标值是相对而言的。随着工程项目建设的不断深入,投资控制目标也逐步具体和深化,如图13-2所示。

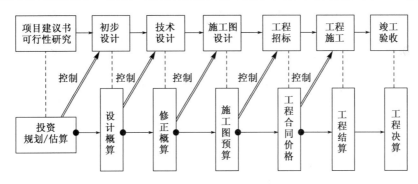

图13-2 分阶段设置的投资控制目标

人们在一定时间内占有的经验和知识是有限的,不但常常受到科学条件和技术条件的限制,而且也受着工程项目建设过程的发展及其表现程度的限制,因而不可能在工程项目伊始,就设置一个非常详细和一成不变的投资控制目标。因为在此时,人们通常只是对拟建的工程项目有一个概括性的描述和了解,因而也就只能据此设置一个大致的比较粗略的投资控制目标,这就是投资估算。随着工程项目建设的不断深化,即从工程项目的建设概念到详细设计等的完成,投资的控制目标也将一步步地不断清晰和准确,这就是与各建设阶段对应的设计概算、施工图预算、工程承包合同价格以及资金使用计划等。

因此,工程项目投资控制目标应随着工程项目建设实施的不断深入而分阶段设置。具体来说,在方案设计和初步设计阶段,投资控制目标是工程项目的投资估算;在技术设计和施工图设计阶段,工程项目投资的控制目标是设计概算;施工图预算或工程承包合同价格则应是工程施工阶段投资控制的目标值。由此可见,这里所谓的投资目标是相对的,某一投资值相对前一阶段而言是实际值,相对后一阶段来说又是目标值,在各建设阶段形成的投资控制目标相互联系、相互补充又相互制约,前者控制后者,即前一阶段目标控制的结果,就成为后一阶段投资控制的目标,每一阶段投资控制的结果就成为更加准确的投资的规划文件,共同构成工程项目投资控制的目标系统。从投资估算、设计概算、施工图预算到工程承包合同价格,投资控制目标系统的形成是一个由粗到细、由浅到深和准确度由低到高的不断完善的过程,目标形成过程中各环节之间相互衔接,前者控制后者,后者补充前者。

3）采取多种有效控制措施

要有效地控制工程项目的投资，应从组织、技术、经济、合同与信息管理等多方面采取措施，尤其要将技术措施与经济措施相结合，这也是控制工程项目投资最有效的手段。

投资控制虽然是与费用打交道，表面上看是单纯的经济问题，其实不然，工程项目的投资与技术有着密切的关系。工程项目的功能和使用要求、土地使用、建设标准、设计方案的优劣、结构体系的选择和材料设备的选用等，无不涉及工程项目的投资问题。因此，工程建设迫切需要解决的问题是以提高项目投资效益为目的的，在工程建设过程中把技术与经济有机结合，要通过技术比较、经济分析和效果评价，正确处理技术先进与经济合理两者之间的关系，力求在技术先进条件下的经济合理，在经济合理基础上的技术先进，把工程项目投资控制的观念渗入各项设计和施工技术措施之中。

工程项目投资控制是一项融合了技术、经济和管理知识的综合性工作，它对投资控制人员素质的要求很高，要求具有经济、管理和技术等几个方面的知识。经济方面的知识包括：要懂得并能够充分占有数据；能够进行工程项目投资费用的划分；能够进行设计概算和施工图预算等的编制与审核；能够对工程付款进行复核；能够进行建设工程项目全寿命经济分析；能够完成技术经济分析、比较和论证等工作。管理方面的知识包括：能够进行投资分解，编制投资规划；具有组织设计方案竞赛的能力；具有组织工程招标发包和材料设备采购的能力；掌握投资动态控制和主动控制等的方法；能够进行合同管理等。技术方面的知识包括：具备土木工程、设施设备和工程施工等的技术知识，如建筑、结构、施工、工艺、材料和设备等方面的知识。当然，这些知识很难集中在一个人身上，投资控制人员首先要了解这些知识，同时还需要与各方面专业人员在一起工作，在相关专业人员的协助下开展投资控制的工作。

4）立足全寿命周期的控制

工程项目投资控制，主要是对建设阶段发生的一次性投资进行控制。但是，投资控制不能只是着眼于建设期间产生的费用，更需要从建设工程项目全寿命周期内产生费用的角度审视投资控制的问题。投资控制，不仅仅是对工程项目建设直接投资的控制，只考虑一次性投资的节约，还需要从项目建成以后使用和运行过程中可能发生的相关费用考虑，进行项目全寿命的经济分析，使建设工程项目在整个寿命周期内的总费用最小。

例如，一些建设工程项目使用过程中的能源费用、清洁费用和维修保养费用等往往是巨大的，如果在建设时，略增加一些投资以提高或改进相关的标准和设计，则可以大大减少这些费用的发生，成为节约型的建设项目。

因此，工程项目投资控制并不是单纯地追求投资越小越好，而是应将工程项目的质量、功能要求和使用要求放在第一位，是在满足工程项目的质量、功能和使用要求的前提下，通过控制措施，使工程项目投资越小越好。也就是说，在工程项目的建设过程中需追求合理投资，使建设工程项目全寿命周期内的使用和管理最为经济和节约。为此，在进行投资控制时，应根据工程项目的特点和业主的要求，对建设的主客观条件进行综合分析和研究，实事求是地确定一套合理的衡量准则。只要投资控制的方案符合这套衡量准则，能取得令人满意的结果，投资控制就达到了预期的目的。

3. 工程项目各阶段投资控制的任务

在工程项目的实施过程中，投资控制的任务是对建设全过程的投资费用负责，严格按照批准的可行性研究报告中规定的建设规模、建设内容、建设标准和相应的工程投资目标值等进行建设,努力把工程项目投资控制在计划的目标值以内。工程项目各阶段均有投资规划与投资控制等工作,但不同阶段投资控制的工作内容与侧重点各不相同。

1)设计准备阶段的主要任务

在工程项目的设计准备阶段,投资控制的主要任务是按项目的构思和要求编制投资规划,深化投资估算,进行投资目标的分析、论证和分解,以其作为工程项目实施阶段投资控制的重要依据。在此阶段的投资控制工作,是要参与对工程项目的建设环境以及各种技术、经济和社会因素的调查、分析、研究、计算和论证,参与工程项目的功能定义和投资定义等。

在作出项目建设的投资决策以后,工程项目就进入实施阶段,此时首先应着手工程设计工作。设计阶段工程项目投资的控制是要用项目决策阶段的投资估算,指导工程设计的进行,控制与工程设计结果相对应的投资费用,使设计阶段形成的工程项目投资数值能够被控制在投资估算允许的浮动范围以内。

投资估算是在工程项目的投资决策阶段,确定拟建项目所需投资数量的费用计算文件。与投资决策过程中的各个工作阶段相对应,投资估算也需按相应阶段进行编制。编制投资估算的主要目的,一是作为拟建项目投资决策的依据;二是作为拟建工程项目实施阶段投资控制的目标值。

2)设计阶段的主要任务

在工程项目的设计阶段,投资控制的主要任务和工作是按批准的项目规模、内容、功能、标准和投资规划等指导和控制设计工作的开展,组织设计方案竞赛,进行方案比选和优化,编制及审查设计概算和施工图预算,采用各种技术方法控制各个设计阶段所形成的拟建项目的投资费用。

工程设计一般分为两个阶段:初步设计阶段和施工图设计阶段。大型和复杂的项目在初步设计之前,要做方案设计,进行设计方案竞赛,优选方案。对技术上复杂又缺乏设计经验的工程,在初步设计完成之后,可增加技术设计阶段。因此,设计的阶段总体上可划分为方案设计、初步设计、技术设计和施工图设计4个阶段。对应工程项目的设计阶段,有确定工程项目投资费用的文件:在初步设计阶段,需要编制设计概算;在技术设计阶段,需要编制修正概算;在施工图设计阶段,需要编制施工图预算。设计概算、修正概算、施工图预算均是工程设计文件的重要组成部分,是确定和反映工程项目建设在各相应设计阶段的内容以及建设所需费用的文件。

在设计阶段,工程项目投资要以投资估算控制初步设计的工作,以设计概算控制施工图设计的工作。如果设计概算超过投资估算,应对初步设计进行调整和修改。同理,如果施工图预算超过设计概算,应对施工图设计进行调整和修改。通过对设计过程中形成的投资费用的层层控制,实现拟建工程项目的投资控制目标。要在设计阶段有效地控制投资,需要从多方面采取措施,随时纠正发生的投资偏差。技术措施和技术方法在设计阶段的投资控制中起着极为重要和积极的作用。

工程项目施工准备阶段的投资控制,是以工程设计文件为依据,结合工程施工的具体情况,选择工程承包单位。此阶段投资控制的具体工作包括参与工程招标文件的制定,编制招标工程的标底,选择合适的合同计价方式,评价承包商的投标报价,参加合同谈判,确定工程承包合同价格,参与材料和设备订货的价格确定等。

3)施工阶段的主要任务

在工程项目的施工阶段,投资控制的任务和工作主要是以施工图预算或工程承包合同价格作为投资控制目标,控制工程实际费用的支出。在施工阶段,需要编制资金使用计划,合理确定实际投资费用的支出;严格控制工程变更,合理确定工程变更价款;以施工图预算或工程合同价格为目标,通过工程计量,合理确定工程结算价款,控制工程进度款的支付。工程结算是在工程施工阶段,施工单位根据工程承包合同的约定而编制的确定应得到的工程价款的文件,其经审核通过后,建设单位就应按此向施工单位支付工程价款。因此,工程结算价款对建设单位而言是真正的实际费用的支出。投资估算、设计概算、施工图预算甚至工程合同价格,在某种程度上均可以理解为是工程项目的计划投资,其作用主要是用于控制而非实际支付,工程的实际费用并不一定按此发生。而工程结算价款则不同,其计算确定为多少,建设单位就需实际支出多少,它是工程项目实际投资的重要部分。

4) 竣工验收及保修阶段的主要任务

在工程项目的竣工验收及保修阶段,投资控制的任务和工作包括按有关规定编制项目竣工决算,计算确定整个建设工程项目从筹建到全部建成竣工为止的实际总投资,即归纳计算实际发生的工程项目投资。整个工程项目的建造完成所需花费支出的实际总投资通过竣工决算最后确定。在此阶段,要以设计概算为目标,对建设全过程中的投资费用及其控制工作进行全面总结,对工程项目的建设与运行进行综合评价。

所有竣工验收的建设工程项目在办理验收手续之前,必须对所有财产和物资进行清理,编制竣工决算。竣工决算是反映建设工程项目实际投资和投资效果的文件,是竣工验收报告的重要组成部分。及时和正确地编制竣工决算,对于总结分析工程项目建设过程中的经验教训,提高工程项目投资控制水平以及积累技术经济资料等,都具有重要意义。

在工程的保修阶段,要参与对发生的工程质量问题进行处理的工作,并对由此产生的工程保修费用进行控制。

二、工程项目投资控制的意义和技术方法

工程项目投资控制应贯穿工程项目从确定建设,到建成竣工验收直至保修期结束为止的整个建设过程。在工程建设的各个阶段和各个方面,均有众多的投资控制工作要做,不管是哪一个阶段或哪一个方面的工作没有做好,都会影响工程项目投资目标的实现。但是,工程项目的建设确实是一个非常复杂和周期较长的过程。由于工程项目具有一次性、独特性、先交易、先定价与后生产等基本特点,每一个工程的建设都是按照项目业主的特定要求而进行的一种定制生产活动,因此就投资控制而言,工程项目的前期和设计阶段的投资控制具有特别重要的意义。

1. 项目前期和设计阶段对投资的影响

项目前期和设计阶段对建设工程项目投资具有决定作用,其影响程度也符合经济学中的"二八定律"。"二八定律"也称帕累托定律,是由意大利经济学家帕累托(1848—1923)提出来的。该定律认为,在任何一组东西中,最重要的只占其中一小部分,约为20%;其余80%尽管是多数,却是次要的。在人们的日常生活中尤其是经济领域中,到处呈现出"二八定律"现象。"二八定律"的重点不在于百分比是否精确,其重心在于"不平衡"上,正因为这些不平衡的客观存在,才能产生强有力的和出乎人们想象的结果。

项目前期和设计阶段投资控制的重要作用,反映在工程项目前期工作和设计对投资费用的巨大影响上,这种影响也可以由两个"二八定律"来说明:工程项目规划和设计阶段已经决

定了建设工程项目生命周期内80%的费用;而设计阶段,尤其是初步设计阶段已经决定了建设工程项目80%的投资。

1)工程项目规划和设计对投资的影响

建设工程项目80%的全寿命周期费用在项目规划和设计阶段就已经被确定,而其他阶段只能影响项目总费用的20%。产生这种情况的主要原因是每一个项目都是根据项目业主自身的特殊要求和考虑进行建设的。在工程项目规划阶段,项目业主就会大致作出拟建项目的项目定义,决定工程项目投资需要的很多内容。例如,会依据各种因素确定拟建项目的功能、规模、标准和生产能力等。对宾馆项目来说,就是拟设多少客房,多少面积,建筑和设施标准的高低,娱乐、会议、商务、商店和餐饮等服务空间的设置、面积大小和标准等;对工业项目来说,就是多少生产能力,技术水平的高低,何种工艺技术路线,多大规模,多少面积,建筑标准和辅助设施设置等;对机场项目来说,就是需要多少跑道,多少候机楼及多少面积,每年能够处理多少架飞机,多少旅客和多少货物等。这些都需要通过项目规划阶段的工作来确定。而这些对拟建项目的项目定义,就大致框定了工程项目的投资额度,给出了工程项目的投资定义。一旦项目规划通过论证准备实施,工程项目的建设内容和运营内容均得到确定,工程建设实施就必然按照认定的规划内容及其投资值来执行,这将直接影响工程项目的设计、施工和运营使用。

由于方案设计或初步设计阶段较为具体地明确了工程项目的建设内容、设计标准和设计的基本原则,以初步设计为基础的详细设计,即施工图设计只是根据初步设计确定的设计原则进行细部设计,是初步设计的深化和细化;而工程项目的采购和施工,通常只是严格按照施工图纸和设计说明来进行,图纸上如何画,施工就如何做;图纸上如何说,施工也就如何实施。因此,拟建项目的初步设计完成之后,建设工程项目投资的80%左右也就被确定下来。

从表面上看,工程项目的投资费用主要是集中在施工阶段发生的,而事实也确实如此,但是,施工阶段发生的费用是被动的,施工阶段所需要投入费用的多少通常都是由设计决定的。在工程项目开始实施之初,实际需要支出的费用很少,主要是一些前期的准备费用、支付给设计单位的设计费用和项目前期可能发生的工程咨询费用等。当工程项目进入施工阶段后,则需要真正的物质投入,大量的人力、物力和财力的消耗会导致工程实际费用支出的迅速增长,包括建筑安装工程费用、设备和材料的采购费用等工程费用主要是在施工阶段发生的。也正因为如此,在工程实践中往往容易造成或导致误解,认为投资控制主要就是进行施工阶段的控制,在设计阶段不花钱就不存在投资控制问题,只要控制住施工阶段的工程费用,整个建设工程项目的投资也就控制住了。而实际上,工程施工阶段需要发生的投资费用主要就是由设计所决定的。

2)项目前期和设计阶段的外在因素对投资的影响

外在因素在建设工程项目全寿命周期内对投资影响程度的变化特点也决定了设计阶段管理和控制的重要性。建设工程项目的建设特别是重大基础设施建设中,周边地区的社会、经济、资源和自然环境等多种因素,对工程项目投资的影响力有着明显的阶段性变化。如果能够对拟建项目进行科学的论证、规划和设计,外在因素的不确定性便会随着时间的推移而逐渐减小。而在工程项目的前期,这类因素对工程项目投资的影响程度最集中,可以占到80%左右。

3)前期工作和设计对使用或运营费用的影响

工程设计不仅影响工程项目建设的一次性投资,而且还影响拟建项目使用或运营阶段的经常性费用,如能源费用、清洁费用、保养费用和维修费用等。在工程项目建设完成投入使用或运营期间,项目的使用或运营费用将持续平稳地发生。虽然使用或运营费用的变化趋势并不十分明显,但由于项目使用或运营期一般都延续很长,这就使得相应的总费用支出量会很大。在通常的情况和条件下,在这个变化过程中,前后各阶段的费用存在一定的关系。或许前期或设计阶段确定的项目投资费用的少量增加反而会使得项目运营和使用费用大量减少;反之,设计阶段确定的项目投资费用略有减少,则有可能导致项目运营和使用费用的大量增加。建设工程项目一次性投资与经常性费用有一定的反比关系,但通过项目前期和设计阶段的工作可以寻求两者尽可能好的结合点,使建设工程项目全寿命周期费用最低。

综上所述,建设工程项目及其投资费用在其全寿命周期内有独特的发展规律,这些规律决定了项目前期和设计阶段在项目全寿命周期中的重要地位。从前面的分析以及工程实践来看,在一般情况下,设计准备阶段节约投资的可能性最大,即其对建设工程项目经济性的影响程度能够达到95%～100%;初步设计为75%～95%;技术设计阶段为35%～75%;施工图设计阶段为25%～35%;至工程的施工阶段,影响力可能只有10%左右了。在施工过程中,由于各种原因经常会发生设计变更,设计变更对项目的经济性也将产生一定的影响。

2. 工程项目投资控制的重点

从前面的分析可见,项目前期和设计阶段对工程项目投资有着重要的影响,其决定了工程项目投资费用的支出。因此,工程项目投资控制就存在控制的重点,这就是工程项目的前期和工程的设计阶段。投资控制的重点放在设计阶段,特别是方案设计和初步设计阶段,并不是说其他阶段不重要,而是相对而言,设计阶段对工程项目投资的影响程度远远大于如采购阶段和工程施工阶段等其他建设阶段。

在设计阶段,节约投资的可能性最大(图13-3)。其中,在方案设计阶段,节约和调节投资的余地最大,这是因为方案设计是确定工程项目的初始内容、形式、规模、功能和标准等的阶段,此时对其某一部分或某一方面的调整或完善将直接引起投资数额的变化。正因为如此,就必须加强方案设计阶段的投资控制工作,通过设计方案竞赛、设计方案的优选和调整、价值工程和其他技术经济方法,选择确定既能满足工程项目的功能要求和使用要求,又可节约投资、经济合理的设计方案。

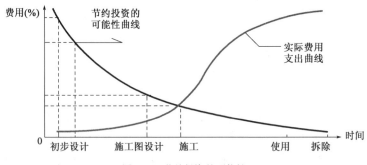

图13-3 节约投资的可能性

在初步设计阶段,相对方案设计来说节约和调节投资的余地会略小些。这是由于初步设计必须在方案设计确定的方案框架范围内进行设计,对投资的调节也在这一框架范围内,因此,节约投资的可能性就会略低于方案设计。但是,初步设计阶段的工作对工程项目投资还是具有重大的影响,这就需要做好各专业工程设计和技术方案的分析和比选,比如房屋建筑的建筑和结构方案选择、建筑材料的选用、建筑方案中的平面布置、进深与开间的确定、立面形式的选择、层高与层数的确定、基础类型选用和结构形式的选择等,需要精心编制并审核设计概算,控制与初步设计结果相对应的工程项目投资。

进入施工图设计阶段以后,工程设计的工作是依据初步设计确定的设计原则对工程项目开展详细设计。在此阶段,节约和调节工程项目投资的余地相对就更小。在此阶段的投资控制,重点是检查施工图设计的工作是否严格按照初步设计来进行,如不是,就必须对施工图设计的结果进行调整和修改,以使施工图预算控制在设计概算的范围以内。

而到设计完成,工程进入施工阶段开始施工以后,从严格按图施工的角度,节约投资的可能性就非常小了。

因此,进行工程项目的投资控制就必须抓住设计阶段这个重点,尤其是方案设计和初步设计,而且越往前期,节约投资的可能性就越大。

如前所述,工程项目的投资估算、设计概算、施工图预算与合同价格等都是在工程施工前需要编制的,这些计算确定投资费用的文件又均主要是在设计阶段形成的,是随着工程项目建设的不断深入,并通过一个又一个阶段的控制获得的。而这些经过层层控制所得来的投资费用文件有时仅仅是作为控制下一阶段投资费用的目标,实际需支出的费用并不一定按其发生。那么,为什么建设工程项目投资费用的确定不能像其他工业产品那样,待产品生产出以后再来计算确定产品的价格呢?这主要是由工程项目及其建设特点所决定的。其中最主要的,就是对工程项目的建设而言,预计的资金投放量主要取决于工程项目规划和设计的结果,项目前期和工程设计阶段的工作决定了施工阶段的费用支出。由于工程项目的投资往往很大,少则几十万,多则百万、千万或上亿,如果不通过项目前期和设计阶段对投资的层层控制,放任自流,设计人员想怎样设计就怎样设计,不讲标准、不讲控制、不讲经济和效益,等到工程竣工以后再来计算核定工程项目的实际投资,则或许没有一位投资者能够承担这样的、可能是巨大的投资风险。这也就是为什么尽管工程项目的投资费用主要是在施工阶段发生和支出的,也要在工程项目前期和设计阶段做那么多"算",即投资估算、设计概算、修正概算、施工图预算与合同价格等的原因。

在较长的一段时期里,我国建设领域普遍忽视工程项目建设前期和设计阶段的投资控制,往往是把控制项目投资的主要精力放在施工阶段,注重算细账,包括审核施工图预算及结算建筑安装工程价款等。这样做尽管也是必需的,但毕竟是"亡羊补牢"。要有效地控制工程项目投资,就要坚决地把工作重点转到项目前期和设计阶段上来。

下面以某国际机场建设总体规划的优化调整为例说明。

某国际机场建设前期,经技术论证确定选址以后,项目建设方开始进行机场的总体规划,确定机场的总体位置及一期工程实施场地。总体规划完成后,项目建设方多次组织各方面专家对工程位置再作深入研究,从社会环境、生态环境、经济因素和可持续发展的角度,对机场的总平面位置及一期工程平面进行了一次次的修改和优化。其间,有专家提出了将整个机场规划范围向长江滩涂平移700m,即将机场位置东移700m的规划修改方案,从而可以避开搬迁量大的望海路,突破人民塘。一期工程平面位置移至沙脚河与新建圩及胜利塘之间。

机场位置东移的关键是要拆除现有防汛大堤——人民塘,这是历史上从未有过的。对这一复杂且关系重大的问题,项目建设方组织水利专家进行进一步的专题研究,充分证实这一设想的正确性和可行性。经过专家的分析和计算论证,提出的防汛、促淤方案包括以下内容:加高加固新建圩围堤工程;加高加固江镇垃圾堆场围堤工程;建造抛石网笼促淤坝工程;建造促淤隔堤坝工程。基于科学的方案,项目建设方最终作出决策:将机场从原有的位置东移700m,加高加固新建圩,在东滩零米线处建造促淤坝来满足防汛要求,实施进一步的堆填造地。

围海造地的科学方案为国际机场可持续发展提供了可能，它使机场远期工程的建设基本上立足在围海所新造成的土地范围以内，为机场的发展提供了 18km² 的充足土地。促淤坝的建设加速了滩地泥沙淤积的速度，根据实地观察测量，从开始建造促淤坝至机场一期工程接近完成的三年内，因促淤坝淤积的土方使原为 1~2m 标高的滩地普遍淤涨，升至 3.5m 高程，淤积土方量约 2700 万 m²，节约了大量的造地资金和时间。

机场东移围海造地工程最大限度地保护了社会环境，避开了人口密集区域，可以减少 5000 多户居民的拆迁，少占用良田 5.6km²，节约了项目投资，并减少了社会不安定因素。围海造地工程，避开陆地，使机场主要噪声影响的区域进入海中和水面，也可缓解噪声污染问题。

根据测算，这一规划方案的优化调整，可节省工程项目建设投资达 20 多亿元。试想如果仍旧按照原规划方案，后续阶段的工作做得再好也不可能会产生这样的成效。

3. 设计阶段投资控制技术方法

工程项目投资控制的重点在设计阶段，做好设计阶段的投资控制工作对实现项目投资目标有着决定性的意义。在工程设计阶段，可以应用价值工程和限额设计等管理技术和方法，对工程项目的投资实施有效的控制。

设计阶段投资控制技术方法包括价值工程方法和限额设计方法，下面主要讲解限额设计方法。

所谓限额设计方法，就是在设计阶段根据拟建项目的建设标准、功能和使用要求等进行投资规划，对工程项目投资目标进行切块分解，将投资分配到各个单项工程、单位工程或分部工程，分配到各个专业设计工种，明确工程项目各组成部分和各个专业设计工种所分配的投资限额。而后，将其提交设计单位，要求各专业设计人员按分配的投资限额进行设计，并在设计的全过程中，严格按照分配的投资限额控制各个阶段的设计工作，采取各种措施，以使投资限额不被突破，从而实现设计阶段投资控制的目标。在工程设计阶段采用限额设计方法控制工程项目投资，是投资控制的有力措施之一。

1）投资目标分解

采用限额设计方法，在工程设计开始之前需要确定限额设计的限额目标，即进行投资目标的分解，确定拟分配至各专业设计工种和项目各组成部分的投资限额。投资目标及其分解准确、合理，是限额设计方法得以应用的前提。投资限额目标若存在问题，则无法用于指导设计和控制设计工作，设计人员也无法按照分配的限额进行设计。因此，在设计准备阶段需要科学、合理地编制投资规划文件，依据批准的可行性研究报告、拟定的工程建设标准、建设项目的功能描述和使用要求等，给出工程项目各专业和各组成部分的投资限额。由于工程设计尚未开始，工程项目的功能要求和使用要求就成为分配投资限额最主要的依据。限额设计的投资目标分解和确定，不能一味考虑节约投资，也不能简单地对投资进行裁剪，而应该是在保证各专业各组成部分达到使用功能和拟定标准的前提下，进行投资的合理分配。

因此，投资目标的分解和限额分配要尊重科学、实事求是，需要掌握和积累丰富的投资数据和资料，采用科学的分析方法，否则，限额设计很难取得好的效果。此外，投资限额目标一旦确定，就必须坚持投资限额的严肃性，不能随意进行变动。

2）限额设计的控制内容

投资目标的分解工作完成以后，就需在设计全过程中按分配的投资限额指导和控制工程设计工作，使各设计阶段形成的投资费用能够被控制在确定的投资限额以内。

(1)建设前期的工作内容。

工程项目从可行性研究开始,便要建立限额设计的观念,充分理解和掌握工程项目的设计原则、建设方针和各项技术经济指标,认真做好项目定义及其描述等工作,合理和准确地确定投资目标。可行性研究报告和投资估算获得批准以后,就应成为下一阶段进行限额设计和控制投资的重要依据。

(2)方案设计阶段的工作内容。

在进入设计阶段以后,首先就应将投资目标及其分配的限额向各专业的设计人员进行说明和解释,使其明确限额设计的基本要求和工作内容,明确各自的投资限额,取得设计人员的理解和支持。在方案设计阶段,以分配的投资限额为目标,通过多方案的分析和比较,合理选定经济指标,严格按照设定的投资限额控制设计工作。如果设计方案的投资费用突破投资限额,则需要对相应专业或工程相应的组成部分或内容进行调整和优化。

(3)初步设计阶段的工作内容。

在初步设计阶段,严格按照限额设计所分配的投资限额,在保证工程项目使用功能的前提下进行设计,按确定的设计方案开展初步设计工作。在设计过程中,要跟踪各专业设计的设计工作,与各专业的设计人员密切配合,对主要工程、关键设备、工艺流程及相应各种费用指标进行分析和比较,研究实现投资限额的可行方案。随着初步设计工作的进行,要经常分析和计算各专业设计和各工程组成部分设计形成的可能的投资费用,并定期或不定期地将可能的投资费用与设定的投资限额进行比较,若两者出现较大差异,需要研究调整方法和措施。工程设计是一项涉及面广和专业性强的技术工作,采用限额设计方法就是要用经济观念来引导和指导设计工作,以经济理念能动地影响工程设计,从而实现在设计阶段对工程项目投资进行有效的控制。

初步设计的设计文件形成以后,要准确编制设计概算,分析比较设计概算与投资估算的关系,以及设计概算中各专业工程费用与投资限额的关系,发现问题及时调整,按投资限额和设计概算对初步设计的各个专业设计文件作出确认。经审核批准后的设计概算,便是下一阶段,即施工图设计阶段控制投资的重要目标。

(4)施工图设计阶段的工作内容。

施工图设计文件是设计的最终产品,施工图设计必须严格按初步设计确定的原则、范围、内容和投资限额进行设计。施工图设计阶段的限额设计工作应在各专业设计的任务书中,附上设定的投资限额和批准的设计概算文件,供设计人员在设计中参考使用。在施工图设计过程中,局部变更和修改是正常的,关键是要进行核算和调整,使施工图预算不会突破设计概算的限额。对于涉及建设规模和设计方案等的重大变更,则必须重新编制或修改初步设计文件和设计概算,并以批准的修改后的设计概算作为施工图设计阶段投资控制的目标值。

施工图设计的设计文件形成以后,要准确编制施工图预算,分析比较施工图预算与设计概算的关系,以及施工图预算中各专业工程费用与投资限额的关系,发现问题及时调整,按施工图预算对施工图设计的各个专业设计文件作出最后确认,实现限额设计确定的投资限额目标。

从限额设计的控制内容可见,采用限额设计方法,就是要按照批准的可行性研究报告及投资估算控制初步设计,按照批准的初步设计和设计概算控制施工图设计,使各专业在保证达到功能要求和使用要求的前提下,按分配的投资限额控制工程设计,严格控制设计的不合理变更。通过层层控制和管理,保证工程项目投资限额不被突破,最终实现设计阶段投资控制的目标。

第二节　工程项目进度控制

网络计划技术是20世纪50年代后期发展起来的一种科学的计划管理和系统分析方法。本节主要介绍网络计划技术的基本概念和国内常用的双代号网络计划。

一、网络计划技术概述

1. 网络计划技术的起源与发展

网络计划技术是一种科学的计划管理方法，它是随着现代科学技术和工业生产的发展而产生的。20世纪50年代，为了适应科学研究和新的生产组织管理的需要，国外陆续出现了一些计划管理的新方法。

1956年，美国杜邦公司的工程技术人员和数学家共同开发了关键线路法（Critical path method, CPM）。它首次运用于化工厂的建造和设备维修，大大缩短了工作时间，节约了费用。1958年，美国海军针对舰载洲际导弹项目进行研究，开发了计划评审技术（Program Evaluation and Review Technique, PERT）。该项目运用网络方法将研制导弹过程中各种合同进行综合权衡，有效地协调了成百上千个承包商的关系，而且提前完成了任务，并在成本控制上取得了显著的效果。20世纪60年代初期，网络计划技术在美国得到了推广，新建工程全面采用这种计划管理新方法，这种方法也开始被引入日本和西欧一些国家。目前该方法已广泛应用于世界各国的工业、国防、建筑、运输和科研等领域，成为发达国家盛行的一种现代生产管理的科学方法。

近年来，由于计算机技术的飞速发展渗透，网络计划技术与决策论、排队论、控制论、仿真技术相结合，应用领域不断拓宽，又相继产生了诸如搭接网络技术（DLN）、决策网络计划法（DN）、图形评审技术（GERT）、风险评审技术（VERT）等一大批现代计划管理方法，广泛应用于工业、农业、建筑业、国防和科学研究领域。随着计算机的应用和普及，研究人员还开发了许多网络计划技术的计算和优化软件。

我国对网络计划技术的研究与应用起步较早。1965年，著名数学家华罗庚教授首先在我国的生产管理中推广和应用这种新的计划管理方法，并根据网络计划统筹兼顾、全面规划的特点，将其称为统筹法。改革开放以来，网络计划技术在我国的工程建设领域也得到迅速推广和应用，尤其是在大、中型工程项目建设的资源合理安排、进度计划编制、优化和控制等方面的应用效果显著。目前，网络计划技术已成为我国工程建设领域推行现代化管理必不可少的方法。

1992年，国家技术监督局和国家建设部先后颁布了国家标准《网络计划技术　第1部分：常用术语》（GB/T 13400.1—2012）、《网络图计划技术　第2部分：网络图画法的一般规定》（GB 13400.2—2009）、《网络计划技术　第3部分：在项目管理中应用的一般程序》（GB 134003—2009）三项标准和行业标准《工程网络计划技术规程》（JGJ/T 121—1999），使工程网络计划技术在计划的编制与控制管理的实际应用中有了一套可遵循的、统一的技术标准，保证了计划的科学性，对提高工程项目的管理水平发挥了巨大作用。

实践证明，网络计划技术的应用已取得了显著成绩，在保证工程项目质量、成本、进度目标实现的同时，也提高了工作效率，节约了项目资源。但网络计划技术与其他科学管理方法一样，也受到一定客观环境和条件的制约。网络计划技术是一种有效的管理手段，可提供定量分析信息,但工程的规划、决策和实施还取决于各级领导和管理人员的水平。另外,网络计划技术需要有一批熟悉和掌握网络计划技术理论、应用方法和计算机软件的管理人员来进行推广应用,以提升工程项目管理的整体水平。

2. 网络计划技术的分类

网络计划技术的基本模型是网络图。网络图是由箭线和节点组成的,是用来表示工作流程的有向、有序的网状图形。所谓网络计划,是用网络图表达任务构成、工作顺序,并加注时间参数的进度计划。网络计划技术可以从不同的角度进行分类。

1)按工作之间逻辑关系和持续时间的确定程度分类

按这种方式分类,网络计划技术可分为肯定型网络计划技术和非肯定型网络计划技术,如图13-4所示。肯定型网络计划技术,即工作、工作之间的逻辑关系以及工作持续时间都肯定的网络计划,如关键线路法(CPM)。非肯定型网络计划技术,即工作、工作之间的逻辑关系和工作持续时间三者中任一项或多项不肯定的网络计划,如计划评审技术(PERT)、图形评审技术(GERT)等。

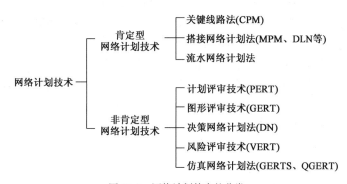

图13-4 网络计划技术的分类

2)按网络计划的基本元素——节点和箭线所表示的含义分类

按网络计划的基本元素——节点和箭线所表示的含义不同,网络计划的基本形式有3种,见表13-1。在欧美发达国家中,网络计划技术有关的标准均定义了这3种形式的网络计划形式,如德国国家工业标准(DIN)。

网络元素表示形式　　　　　　　　　　　　　表13-1

符号	工　作	事　件
箭线	双代号网络(也可称之为工作箭线网络) ○—A→○ 工作表示为箭线,节点表示为工作的开始事件和完成事件,但这些事件不定义为联系,如CPM(关键线路法)	
节点	单代号网络,单代号搭接网络(也可称之为工作节点网络) →□A□→ 工作表示为节点,箭线表示工作之间的逻辑关系,即工作的确定时间点之间的顺序关系,如DLN(搭接网络计划法)	事件节点网络(属单代号网络) ○A→ 事件(状态)表示为节点,箭线表示事件之间的顺序关系(不对应定义的工作),如PERT(计划评审技术)

(1) 双代号网络计划(工作箭线网络计划)。

双代号网络计划的示例,如图 13-5 所示。在这里,箭线及其两端节点的编号表示工作,在箭线上标注工作持续时间。为了正确地反映逻辑关系,在网络图中添加了虚工作。

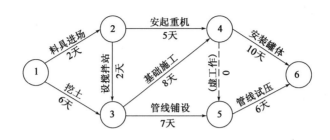

图 13-5　双代号网络计划示例

(2) 单代号搭接网络计划、单代号网络计划(工作节点网络计划)。

在单代号搭接网络计划中,节点表示工作,在节点内标注工作持续时间,箭线及其上面的时距符号表示相邻工作间的逻辑关系,工作间的逻辑关系用前项工作的开始或完成时间与其紧后工作的开始或完成时间之间的间距来表示。

单代号搭接网络计划的示例,如图 13-6 所示。图中,节点的左边代表工作的开始,节点的右边代表工作的完成。这是欧美国家标准所规定的画法,与我国行业标准所规定的单代号搭接网络的画法有所不同。单代号网络计划是单代号搭接网络计划的一个特例,它前后工作之间的逻辑关系是完成到开始关系等于零。

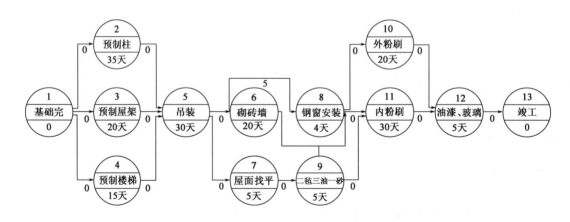

图 13-6　单代号搭接网络计划示例

在实际应用中,由于单代号网络计划和单代号搭接网络计划中工作之间的逻辑关系表示方法简易且没有虚工作,因此该种网络计划运用得越来越普遍,诸多网络计划软件也广泛采用了这种形式的网络计划。

(3) 事件节点网络计划。

事件节点网络计划是一种仅表示工程项目里程碑事件的很有效的网络计划方法。

事件节点网络计划的节点表示事件,事件反映时刻,箭线表示事件之间的顺序关系,在箭线上标注箭头事件和箭尾事件的时距,如图 13-7 所示。事件节点网络计划属单代号网络计划。

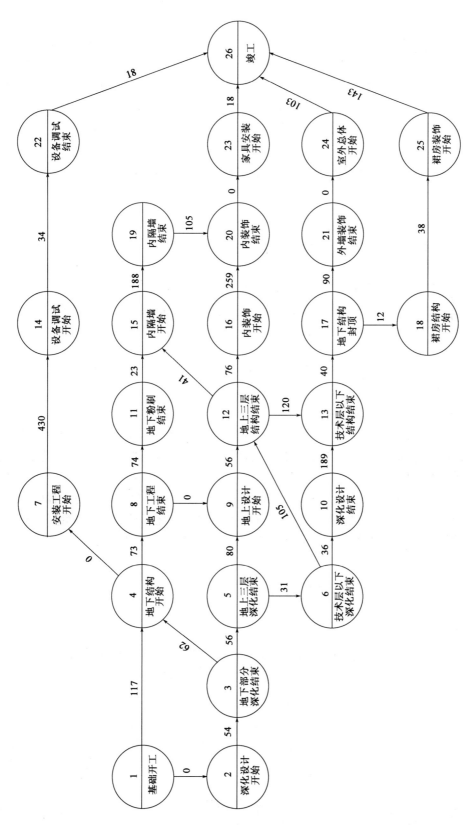

图13-7 事件节点网络计划示例

3）按目标分类

按目标分类，可以将网络计划分为单目标网络计划和多目标网络计划。只有一个终点节点的网络计划是单目标网络计划。终点节点不止一个的网络计划是多目标网络计划。

4）按层次分类

根据不同管理层次的需要而编制的范围大小不同、详略程度不同的网络计划，称为分级网络计划。以整个计划任务为对象编制的网络计划，称为总网络计划。以计划任务的某一部分为对象编制的网络计划，称为局部网络计划。

5）按表达方式分类

以时间坐标为尺度绘制的网络计划，称为时标网络计划；不按时间坐标绘制的网络计划，称为非时标网络计划。

3. 网络计划技术的特点

网络计划技术作为现代管理的方法，与传统的计划管理方法相比较，具有明显优点，主要表现如下：

（1）利用网络图模型，明确表达各项工作的逻辑关系。按照网络计划方法，在制订工程计划时，首先必须理清楚该项目内的全部工作和它们之间的相互关系，然后才能绘制网络图模型。它可以帮助计划编制者理顺那些杂乱无章的、无逻辑关系的想法，形成完整、合理的项目总体思路。

（2）通过网络图时间参数计算，确定关键工作和关键线路。经过网络图时间参数计算，可以知道各项工作的起止时间，知道整个计划的完成时间，还可以确定关键工作和关键线路，便于抓住主要矛盾、集中资源、确保进度。

（3）掌握机动时间，进行资源合理分配。资源在任何工程项目中都是重要因素。网络计划可以反映各项工作的机动时间，制订出最经济的资源使用方案，避免资源冲突，均衡利用资源，达到降低成本的目的。

（4）运用计算机辅助手段，便于网络计划的调整与控制。在项目计划实施过程中，由于各种影响因素的干扰，目标的计划值与实际值之间往往会产生一定的偏差，运用网络图模型和计算机辅助手段，能够比较方便、灵活、迅速地进行跟踪检查和调整项目施工计划，控制目标偏差。

二、双代号网络计划

1. 基本概念

双代号网络图是以箭线及其两端节点的编号表示工作的网络图，如图13-8所示。

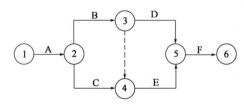

图13-8　双代号网络图

1) 箭线(工作)

工作泛指一个需要消耗人力、物力和时间的具体活动过程,也称工序、活动、作业。在双代号网络图中,每一条箭线表示一项工作。箭线的箭尾节点 i 表示该工作的开始,箭线的箭头节点 j 表示该工作的完成,工作名称标注在箭线的上方,完成该项工作所需要的持续时间标注在箭线的下方,如图 13-9 所示。由于一项工作需用一条箭线和其箭尾和箭头处两个圆圈中的号码来表示,故称为双代号表示法。

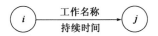

图 13-9　双代号网络图工作的表示方法

在双代号网络图中,任意一条实箭线都要占用时间、消耗资源(有时只占用时间而不消耗资源,如混凝土养护)。在工程项目中,一条箭线表示项目中的一个施工过程,它可以是一道工序、一个分项工程、一个分部工程或一个单位工程,其粗细程度、大小范围的划分根据计划任务的需要来确定。

在双代号网络图中,为了正确地表达图中工作之间的逻辑关系,往往需要应用虚箭线。虚箭线是实际工作中并不存在的一项虚拟工作,故它们既不占用时间,也不消耗资源,一般起着工作之间的联系、区分和断路 3 个作用。其中,联系作用是指应用虚箭线正确表达工作之间相互依存的关系;区分作用是指双代号网络图中每一项工作都必须用一条箭线和两个代号表示,若两项工作的代号相同,应使用虚工作加以区分,如图 13-10 所示;断路作用是用虚箭线断掉多余联系,即当网络图中把无联系的工作连接上时,应加上虚工作将其断开。

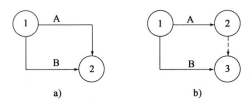

图 13-10　虚箭线的区分作用

在无时间坐标限制的网络图中,箭线的长度原则上可以任意画,其占用的时间以下方标注的时间参数为准;箭线可以为直线、折线或斜线,但其行进方向均应从左向右。在时间坐标限制的网络图中,箭线的长度必须根据完成该工作所需持续时间的长短按比例绘制。

在双代号网络图中,通常将被研究的工作用 i-j 表示。紧排在本工作之前的工作称为紧前工作,紧排在本工作之后的工作称为紧后工作,与之平行进行的工作称为平行工作。

2) 节点(结点、事件)

节点是网络图中箭线之间的连接点,在时间上节点表示指向某节点的工作全部完成后该节点后面的工作才能开始的瞬间,反映前后工作的交接点。网络图中有 3 个类型的节点:

(1) 起点节点。即网络图的第一个节点,它只有外向箭线,一般表示一项任务或一个项目的开始。

(2) 终点节点。即网络图的最后一个节点,它只有内向箭线,一般表示一项任务或一个项目的完成。

(3) 中间节点。即网络图中既有内向箭线,又有外向箭线的节点。

在双代号网络图中,节点应用圆圈表示,并在圆圈内编号。一项工作应当只有唯一的一条箭线和相应的一对节点,且要求箭尾节点的编号小于其箭头节点的编号,即 $i<j$。网络图节点

的编号顺序应从小到大,可不连续,但不允许重复。

3)线路

网络图中从起点节点开始,沿箭头方向顺序通过一系列箭线与节点,最后到达终点节点的通路称为线路。在一个网络图中可能有很多条线路,线路中各项工作持续时间之和就是该线路的长度,即线路所需要的时间。一般网络图有多条线路,可依次用该线路上的节点代号来记述。

例如,图 13-8 中的双代号网络图线路有①→②→③→⑤→⑥、①→②→④→⑤→⑥、①→②→③→④→⑤→⑥。

在各条线路中,有一条或几条线路的总时间最长,这样的线路称为关键线路,一般用双线或粗线标注。其他线路长度均小于关键线路,称为非关键线路。

4)逻辑关系

网络图中工作之间相互制约或相互依赖的关系称为逻辑关系,它包括工艺关系和组织关系,在网络图中均应表现为工作之间的先后顺序。

(1)工艺关系。生产性工作之间由工艺过程决定的、非生产性工作之间由工作程序决定的先后顺序称为工艺关系。

(2)组织关系。工作之间由于组织安排需要或资源(人力、材料、机械设备和资金等)调配需要而规定的先后顺序称为组织关系。

2. 绘图规则

网络图必须正确地表达整个工程或任务的工艺流程和各工作开展的先后顺序及它们之间相互依赖、相互制约的逻辑关系。因此,绘制网络图时必须遵循一定的基本规则和要求。

(1)双代号网络图必须正确表达已定的逻辑关系。网络图中常见的各种工作逻辑关系的表示方法见表 13-2。

网络图中常见的各种工作逻辑关系的表示方法　　　　表 13-2

序号	工作之间的逻辑关系	网络图中的表示方法
1	A 完成后进行 B 和 C	
2	A、B 均完成后进行 C	
3	A、B 均完成后同时进行 C 和 D	
4	A 完成后进行 C; A、B 均完成后进行 D	
5	A、B 均完成后进行 D; A、B、C 均完成后进行 E; D、E 均完成后进行 F	

(2)在双代号网络图中,严禁出现循环回路。所谓循环回路是指从网络图中的某一个节点出发,顺着箭线方向又回到了原来出发点的线路。

(3)在双代号网络图中,节点之间严禁出现带双向箭头或无箭头的连线。

(4)在双代号网络图中,严禁出现没有箭头节点或没有箭尾节点的箭线。

(5)当双代号网络图的某些节点有多条外向箭线或多条内向箭线时,为使图形简洁,可使用母线法绘制(但应满足一项工作用一条箭线和相应的一对节点表示的条件),如图13-11所示。

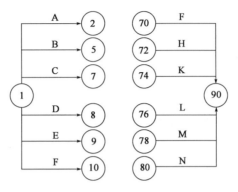

图13-11 母线法绘图

(6)绘制网络图时,箭线不宜交叉。当交叉不可避免时,可用过桥法或指向法绘制,如图13-12所示。

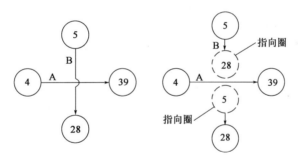

图13-12 箭线交叉的表示方法

(7)在双代号网络图中,应只有一个起点节点和一个终点节点(多目标网络计划除外),除此之外的其他所有节点均应是中间节点。

(8)双代号网络图应条理清楚、布局合理。例如,网络图中的工作箭线不宜画成任意方向或曲线形状,应尽可能用水平线或斜线;关键线路、关键工作应安排在图面中心位置,其他工作分散在两边;避免出现倒回箭头等。

3. 双代号网络计划时间参数的计算

双代号网络计划时间参数计算的目的在于通过计算各项工作的时间参数,确定网络计划的关键工作、关键线路和计算工期,为网络计划的优化、调整和执行提供明确的时间参数。双代号网络计划时间参数的计算方法很多,一般常用的有按工作计算法和按节点计算法。本节只介绍按工作计算法在图上进行计算的方法。

1）时间参数的概念及其符号

（1）工作持续时间（D_{i-j}）。

工作持续时间是指一项工作从开始到完成的时间。

（2）工期（T）。

工期泛指完成任务所需要的时间，一般有以下3种：

①计算工期。计算工期是指根据网络计划时间参数计算出来的工期，用 T_c 表示。

②要求工期。要求工期是指任务委托人所要求的工期，用 T_r 表示。

③计划工期。计划工期是指根据要求工期和计算工期所确定的作为实施目标的工期，用 T_p 表示。

网络计划的计划工期 T_p 应按下列情况分别确定：

当已规定了要求工期 T_r 时，$T_p \leq T_r$；

当未规定要求工期时，可令计划工期等于计算工期，即 $T_p = T_c$。

（3）网络计划中工作的6个时间参数。

①最早开始时间（ES_{i-j}）。最早开始时间是指在各紧前工作全部完成后，工作 i-j 有可能开始的最早时刻。

②最早完成时间（EF_{i-j}）。最早完成时间是指在各紧前工作全部完成后，工作 i-j 有可能完成的最早时刻。

③最迟开始时间（LS_{i-j}）。最迟开始时间是指在不影响整个任务按期完成的前提下，工作 i-j 必须开始的最迟时刻。

④最迟完成时间（LF_{i-j}）。最迟完成时间是指在不影响整个任务按期完成的前提下，工作 i-j 必须完成的最迟时刻。

⑤总时差（TF_{i-j}）。总时差是指在不影响总工期的前提下，工作 i-j 可以利用的机动时间。

⑥自由时差（FF_{i-j}）。自由时差是指在不影响其紧后工作最早开始的前提下，工作 i-j 可以利用的机动时间。

按工作计算法计算网络计划中各时间参数，其计算结果可标注在箭线之上，如图 13-13 所示。

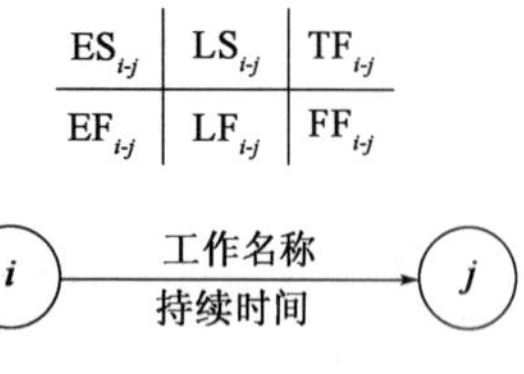

图 13-13 按工作计算法的标注内容

2）双代号网络计划时间参数计算

按工作计算法在网络图上计算6个工作时间参数，必须在清楚计算顺序和计算步骤的基础上，列出必要的公式，以加深对时间参数计算的理解。时间参数的计算步骤如下。

（1）最早开始时间和最早完成时间的计算。

工作最早开始时间参数受到紧前工作的约束，故其计算顺序应从起点节点开始，顺着箭线方向依次逐项计算。

以网络计划的起点节点为开始节点的工作最早开始时间为0。如网络计划起点节点的编号为1，则有 $ES_{i-j} = 0$。

最早完成时间等于其最早开始时间加上其持续时间：

$$EF_{i-j} = ES_{i-j} + D_{i-j} \tag{13-1}$$

最早开始时间等于各紧前工作的最早完成时间 EF_{h-i} 的最大值，即：

$$ES_{i-j} = \max\{EF_{h-i}\} \tag{13-2}$$

或

$$ES_{i\text{-}j} = \max\{ES_{h\text{-}i} + D_{h\text{-}i}\} \tag{13-3}$$

(2)确定计算工期 T_c。

计算工期等于以网络计划的终点节点为箭头节点的各个工作的最早完成时间的最大值。当网络计划终点节点的编号为 n 时,计算工期为 $T_c = \max\{EF_{i\text{-}n}\}$。

当无要求工期的限制时,取计划工期等于计算工期,即取 $T_p = T_c$。

(3)最迟开始时间和最迟完成时间的计算。

工作最迟时间参数受到紧后工作的约束,故其计算顺序应从终点节点起,逆着箭线方向依次逐项计算。

以网络计划的终点节点($j = n$)为箭头节点的工作的最迟完成时间等于计划工期,即 $LF_{i\text{-}n} = T_p$。

最迟开始时间等于最迟完成时间减去其持续时间,即:

$$LS_{i\text{-}j} = LF_{i\text{-}j} - D_{i\text{-}j} \tag{13-4}$$

最迟完成时间等于各紧后工作的最迟开始时间 $LS_{j\text{-}k}$ 的最小值,即:

$$LF_{i\text{-}j} = \min\{LS_{j\text{-}k}\} \tag{13-5}$$

或

$$LF_{i\text{-}j} = \min\{LF_{j\text{-}k} - D_{j\text{-}k}\} \tag{13-6}$$

(4)计算工作总时差。

总时差等于其最迟开始时间减去最早开始时间,或等于最迟完成时间减去最早完成时间,即:

$$TF_{i\text{-}j} = LS_{i\text{-}j} - ES_{i\text{-}j} \tag{13-7}$$

或

$$TF_{i\text{-}j} = LF_{i\text{-}j} - EF_{i\text{-}j} \tag{13-8}$$

(5)计算工作自由时差。

工作 $i\text{-}j$ 有若干个紧后工作 $j\text{-}k$ 时,其自由时差应为:

$$FF_{i\text{-}j} = \min\{ES_{j\text{-}k} - EF_{i\text{-}j}\} \tag{13-9}$$

或

$$FF_{i\text{-}j} = \min\{ES_{j\text{-}k} - EF_{i\text{-}j} - D_{i\text{-}j}\} \tag{13-10}$$

以网络计划的终点节点($j = n$)为箭头节点的工作,其自由时差 $FF_{i\text{-}n}$ 应按网络计划的计划工期 T_p 确定,即 $FF_{i\text{-}n} = T_p - EF_{i\text{-}n}$。

4. 关键工作和关键线路的确定

(1)关键工作。关键工作是指网络计划中总时差最小的工作。

(2)关键线路。关键线路是指自始至终全部由关键工作组成的线路,或线路上总的工作持续时间最长的线路。网络图上的关键线路可用双线或粗线标注。

[**例 13-1**] 已知网络计划的资料见表 13-3,试绘制双代号网络计划。若计划工期等于计算工期,试计算各项工作的 6 个时间参数并确定关键线路,标注在网络计划上。

某网络计划工作逻辑关系及持续时间表　　　　　表 13-3

工作	紧前工作	紧后工作	持续时间	工作	紧前工作	紧后工作	持续时间
A_1	—	A_2、B_1	2	C_3	B_1、C_2	E、F	2
A_2	A_1	A_3、B_2	2	D	B_3	G	2
A_3	A_2	B_3	2	E	C_3	G	1
B_1	A_1	B_2、C_1	3	F	C_3	I	2
B_2	A_2、B_1	B_3、C_2	3	G	D、E	H、I	4
B_3	A_2、B_2	D、C_3	3	H	G	—	3
C_1	B_1	C_2	2	I	F、G	—	3
C_2	B_2、C_1	C_3	4				

解:(1)根据表 13-3 中网络计划的有关资料,按照网络图的绘图规则,绘制双代号网络图,如图 13-14 所示。

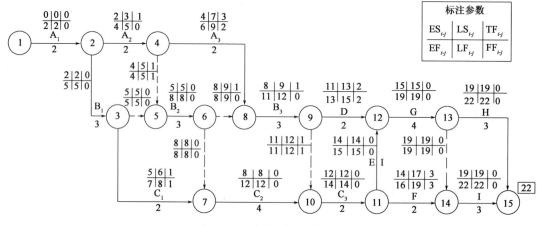

图 13-14　双代号网络图计算实例

(2)计算各项工作的时间参数,并将计算结果标注在箭线上方相应的位置。

①计算各项工作的最早开始时间和最早完成时间。

从起点节点(①节点)开始顺着箭线方向依次逐项计算到终点节点。

a. 以网络计划起点节点为开始节点的各工作的最早开始时间为 0。

工作 1-2 的最早开始时间 $ES_{1\text{-}2}$ 从网络计划的起点节点开始,顺着箭线方向依次逐项计算,因未规定其最早开始时间 $ES_{1\text{-}2}$,故可按 $ES_{1\text{-}2}=0$ 确定。

b. 计算各项工作的最早开始和最早完成时间。

工作的最早开始时间按式(13-2)和式(13-3)计算,即:

$$ES_{2\text{-}3} = ES_{1\text{-}2} + D_{1\text{-}2} = 0 + 2 = 2$$

$$ES_{2\text{-}4} = ES_{1\text{-}2} + D_{1\text{-}2} = 0 + 2 = 2$$

$$ES_{3\text{-}5} = ES_{2\text{-}3} + D_{2\text{-}3} = 2 + 3$$

$$ES_{4\text{-}5} = ES_{2\text{-}4} + D_{2\text{-}4} = 2 + 2 = 4$$

$$\mathrm{ES}_{5\text{-}6} = \max(\mathrm{ES}_{3\text{-}5} + D_{3\text{-}5}, \mathrm{ES}_{4\text{-}5} + D_{4\text{-}5}) = \max\{5+0, 4+0\} = \max\{5, 4\} = 5$$

工作的最早完成时间就是本工作的最早开始时间 $\mathrm{ES}_{i\text{-}j}$ 与本工作的持续时 $D_{i\text{-}j}$ 之和,按式(13-1)计算,得:

$$\mathrm{EF}_{1\text{-}2} = \mathrm{ES}_{1\text{-}2} + D_{1\text{-}2} = 0 + 2 = 2$$
$$\mathrm{EF}_{2\text{-}4} = \mathrm{ES}_{2\text{-}4} + D_{2\text{-}4} = 2 + 2 = 4$$
$$\mathrm{EF}_{5\text{-}6} = \mathrm{ES}_{5\text{-}6} + D_{5\text{-}6} = 5 + 3 = 8$$

②确定计算工期 T_c 及计划工期 T_p。

已知计划工期等于计算工期,即网络计划的计算工期 T 取以终点节点为箭头节点的工作 13-15 和工作 14-15 的最早完成时间的最大值,按下式计算:

$$T_c = \max\{\mathrm{EF}_{13\text{-}15}, \mathrm{EF}_{14\text{-}15}\} = \max\{22, 22\} = 22$$

③计算各项工作的最迟开始时间和最迟完成时间。

从终点节点开始逆着箭线方向依次逐项计算到起点节点(①节点)。

a. 以网络计划终点节点为箭头节点的工作的最迟完成时间等于计划工期。

网络计划结束工作 $i\text{-}j$ 的最迟完成时间按 $\mathrm{LF}_{14\text{-}15} = T_p = 22$。

b. 计算各项工作的最迟开始和最迟完成时间。

依此类推,算出其他工作的最迟完成时间,即:

$$\mathrm{LF}_{13\text{-}14} = \mathrm{LF}_{14\text{-}15} - D_{14\text{-}15} = 22 - 3 = 19$$
$$\mathrm{LF}_{12\text{-}13} = \min\{\mathrm{LF}_{13\text{-}15} - D_{13\text{-}15}, \mathrm{LF}_{13\text{-}14} - D_{13\text{-}14}\} = \min\{22-3, 19-0\} = 19$$
$$\mathrm{LF}_{11-12} = \mathrm{LF}_{12\text{-}13} - D_{12\text{-}13} = 19 - 4 = 15$$

网络计划所有工作 $i\text{-}j$ 的最迟开始时间均按式(13-4)计算,得:

$$\mathrm{LS}_{14\text{-}15} = \mathrm{LF}_{14\text{-}15} - D_{14\text{-}15} = 22 - 3 = 19$$
$$\mathrm{LS}_{13\text{-}15} = \mathrm{LF}_{13\text{-}15} - D_{13\text{-}15} = 22 - 3 = 19$$
$$\mathrm{LS}_{12\text{-}13} = \mathrm{LF}_{12\text{-}13} - D_{12\text{-}13} = 19 - 4 = 15$$

④计算各项工作的总时差。

可以用工作的最迟开始时间减去最早开始时间或用工作的最迟完成时间减去最早完成时间,可得:

$$\mathrm{TF}_{1\text{-}2} = \mathrm{LS}_{1\text{-}2} - \mathrm{ES}_{1\text{-}2} = 0 - 0 = 0$$
$$\mathrm{TF}_{2\text{-}3} = \mathrm{LS}_{2\text{-}3} - \mathrm{ES}_{2\text{-}3} = 2 - 2 = 0$$
$$\mathrm{TF}_{5\text{-}6} = \mathrm{LS}_{5\text{-}6} - \mathrm{ES}_{5\text{-}6} = 5 - 5 = 0$$

⑤计算各项工作的自由时差。

网络计划中工作 $i\text{-}j$ 的自由时差等于紧后工作的最早开始时间减去本工作的最早完成时间,可按式(13-9)计算,即:

$$\mathrm{FF}_{1\text{-}2} = \min\{\mathrm{ES}_{2\text{-}3} - \mathrm{EF}_{1\text{-}2}, \mathrm{ES}_{2\text{-}4} - \mathrm{EF}_{1\text{-}2}\} = \min\{2-2, 2-2\} = 0$$
$$\mathrm{FF}_{2\text{-}3} = \min\{\mathrm{ES}_{3\text{-}5} - \mathrm{EF}_{2\text{-}3}, \mathrm{ES}_{3\text{-}7} - \mathrm{EF}_{2\text{-}3}\} = \min\{5-5, 5-5\} = 0$$
$$\mathrm{FF}_{5\text{-}6} = \min\{\mathrm{ES}_{6\text{-}7} - \mathrm{EF}_{5\text{-}6}, \mathrm{ES}_{6\text{-}8} - \mathrm{EF}_{5\text{-}6}\} = \min\{8-8, 8-8\} = 0$$

网络计划中的结束工作 $i\text{-}j$ 的自由时差按下式计算,即:

$$\mathrm{FF}_{13\text{-}15} = T_p - \mathrm{EF}_{13\text{-}15} = 22 - 22 = 0$$
$$\mathrm{FF}_{14\text{-}15} = T_p - \mathrm{EF}_{14\text{-}15} = 22 - 22 = 0$$

将以上计算结果标注在图 13-11 中的相应位置。

(3) 确定关键工作及关键线路。

在图 13-14 中,最小的总时差是 0,所以,凡是总时差为 0 的工作均为关键工作。该例中的关键工作是：A_1、B_1、B_2、C_2、C_3、E、G、H、I。

在图 13-14 中,自始至终全由关键工作组成的关键线路用粗箭线进行标注。

第三节　工程项目质量控制

本节介绍工程项目质量、工程项目质量管理概念以及我国质量管理制度、项目建设参与各方的质量责任和义务,明确建设单位、施工单位质量控制的内容和措施。

一、工程项目质量管理概述

1. 工程项目质量概述

1) 工程项目质量的概念

工程项目质量是国家现行的有关法律、法规、技术标准和设计文件及工程项目合同中对工程项目的安全、适用、经济、美观等特性的综合要求,它通常体现在适用性、可靠性、经济性、外观质量与环境协调等方面。

工程项目质量是按照工程项目建设程序,经过工程项目可行性研究、项目决策、工程设计、工程施工、工程验收等各个阶段而逐步形成的。

工程项目质量包含工序质量、分项工程质量、分部工程质量和单位工程质量。

工程项目质量不仅包括工程实物质量,还包含工作质量。工作质量是项目建设参与各方为了保证工程项目质量而从事的技术、组织工作的水平和完善程度。

2) 工程项目质量的特点

(1) 影响因素多。

工程项目的决策、设计、材料、机械、环境、施工工艺、施工方案、操作方法、技术措施、管理制度、施工人员素质等均直接或间接地影响工程项目的质量。

(2) 质量波动性大。

工程项目因其具有复杂性、单一性,不像一般工业产品生产那样,有固定的生产流水线、规范化的生产工艺和完善的检测技术、成套的生产设备和稳定的生产环境以及相同系列规格和相同功能的产品,所以,其质量波动性大。

(3) 质量变异大。

影响工程项目质量的因素较多,任一因素出现质量问题,均会引起项目建设中的系统性质量变异,造成工程质量事故。

(4) 质量隐蔽性。

工程项目在施工过程中,工序交接多,中间产品多,隐蔽工程多,若不及时检查并发现其存在的质量问题,容易造成质量隐患,事后只能看表面质量,可能误将不合格的产品认定为合格产品。

(5) 最终检验局限大。

工程项目建成后,不可能像某些工业产品那样,可以拆卸或解体来检查内在的质量,工程项目最终验收时难以发现工程内在的、隐蔽的质量缺陷。

3) 影响工程项目质量的因素

(1) 人的因素。

人是指直接参与项目建设的决策者、组织者、指挥者和操作者。人的品行素质、业务素质和身体素质是影响质量的首要因素。

(2) 材料的因素。

材料(包括原材料、半成品、成品、构配件等)是工程项目施工的物质条件,没有材料就无法施工。材料质量是工程项目质量的基础,材料质量不符合要求,工程项目质量就不可能符合标准。

(3) 方法的因素。

这里所指的方法,包含工程项目整个建设周期内所采取的技术方案、工艺流程、组织措施、检测手段、施工组织设计等。方法是否正确得当,是直接影响工程项目进度、质量、投资控制目标能否顺利实现的关键。

(4) 施工机械设备的因素。

施工机械设备是实现施工机械化的重要物质基础,是现代化工程建设中必不可少的设施。机械设备的选型、主要性能参数和使用操作要求对工程项目的施工进度和质量均有直接影响。

(5) 环境的因素。

影响工程项目质量的环境因素较多,有工程技术环境,如工程地质、水文、气象等;工程项目管理环境,如质量保证体系、质量管理制度等;劳动环境,如劳动组合、劳动工具、工作面等。环境因素对工程项目质量的影响,具有复杂而多变的特点。

2. 工程项目质量管理的原则和基础工作

1) 工程项目质量管理的概念

工程项目质量管理是指为保证和提高工程项目质量而进行的一系列管理工作,其目的是以尽可能低的成本,按既定的工期完成一定数量的、达到质量标准的工程项目。它的任务就在于建立和健全质量管理体系,用企业的工作质量来保证工程项目的实体质量。

从20世纪70年代末起,我国工程建设领域开始引进并推行全面质量管理。全面质量管理是指一个企业以质量为中心,以全员参与为基础,目的在于通过让顾客满意和本企业所有成员及社会受益而达到长期成功的管理途径。根据全面质量管理的概念和要求,工程项目质量管理是对工程项目质量进行全面、全员、全过程的"三全"管理。

2) 工程项目质量管理的原则

(1) "质量第一"是根本出发点。

在质量与进度、质量与成本的关系中,要认真贯彻保证质量的方针,做到好中求快、好中求省,而不能以牺牲工程项目质量为代价,盲目追求速度与效益。

(2) 以预防为主的思想。

工程项目质量是由决策、规划、设计、材料、施工等各个环节所决定的,而不是检查出来的,必须在工程项目质量形成的过程中,事先采取各种措施,消灭种种影响质量的因素。

(3) 为用户服务的思想。

真正好的质量是用户完全满意的质量,要把"一切为了用户"的思想作为所有工作的出发点,贯彻到工程项目质量形成的各项工作中,在内部树立"下道工序就是用户"的思想,要求每道工序和每个岗位都要立足于本职工作的质量管理,不给下道工序留麻烦,以保证工程项目最终质量能使用户满意。

（4）一切用数据说话。

依靠确切的数据和资料，应用数理统计方法，对工作对象和工程项目实体进行科学的分析和整理，研究工程项目质量的波动情况，寻求影响工程项目质量的主次因素，采取有效的改进措施，掌握保证和提高工程项目质量的客观规律。

3）工程项目质量管理的基础工作

（1）质量教育。

为了保证和提高工程项目质量，必须加强对全体职工的质量教育，其主要内容如下：

①质量意识教育。要使全体职工认识到保证和提高质量对国家、企业和个人的重要意义，树立"质量第一"和"为用户服务"的思想。

②质量管理知识的宣传。要使企业全体职工了解质量管理的基本思想、基本内容，掌握常用的质量标准和数理统计方法，懂得质量管理小组的性质、任务和工作方法等。

③技术培训。让工人熟练掌握"应知应会"技术和操作规程等。技术和管理人员要熟悉施工验收规范，质量评定标准，原材料、构配件和设备的技术要求及质量标准，以及质量管理的方法等。专职质量检验人员能正确掌握检验、测量和试验的方法，熟练使用仪器、仪表和设备。

（2）质量管理的标准化。

质量管理的标准化包括技术工作和管理工作的标准化。技术工作标准有产品质量标准、操作标准、各种技术定额等；管理工作标准有各种管理业务标准、工作标准等，即管理工作的内容、方法、程序和职责权限。质量管理标准化工作的要求如下：

①不断提高标准化程度。各种标准要齐全、配套和完整，并在贯彻执行中及时总结修订和改进。

②加强标准化的严肃性，要认真严格执行，使各种标准真正起到法规作用。

（3）质量管理的计量检测工作。

质量管理的计量检测工作包括施工生产时的投料计量检测，施工过程中对在建和已完成分项、分部、单位工程的检测、验收计量，对原材料、构配件和设备的试验、检测、分析计量等。做好质量管理计量检测工作的要求如下：

①合理配备计量检测器具和仪表设备，且妥善保管。

②制定有关测试规程和制度，合理使用计量检测设备。

③改革计量检测器具和测试方法，实现计量检测手段现代化。

（4）质量信息。

质量信息是反映项目实体质量、工作质量的有关信息。其来源一是通过对工程项目使用情况的回访，调查或收集用户的意见；二是企业内部收集到的基本数据、原始记录等信息；三是国内外同行业搜集的反映质量发展的新水平、新技术的有关信息等。

质量信息工作是有效实现"预防为主"方针的重要手段，其基本要求是准确、及时、全面、系统。

（5）建立健全质量责任制。

企业每一个部门、每一个岗位都有明确的责任，从而形成一个严密的质量管理工作体系，包括各级行政领导和技术负责人的责任制、管理部门和管理人员的责任制以及工人岗位责任制。其主要内容如下：

①建立质量管理体系，开展全面质量管理工作。

②建立健全保证质量的管理制度,做好各项基础工作。

③组织各种形式的质量检查,经常开展质量动态分析,针对质量通病和薄弱环节制定措施加以防治。

④认真执行奖惩制度,奖励表彰先进,积极发动和组织各种质量竞赛活动。

⑤组织对重大质量事故的调查、分析和处理。

(6)开展质量管理小组活动。

质量管理小组简称 QC 小组,是质量管理的群众基础,也是职工参加管理和"三结合"攻关解决质量问题、提高企业素质的一种形式。QC 小组的组织形式主要有两种:一是由施工班组的工人或职能科室的管理人员组成;二是由工人、技术(管理)人员、领导干部组成"三结合"小组。

3. 工程项目质量管理体系

1)质量管理体系的建立

质量管理体系是以保证和提高工程项目质量为目标,运用系统的概念和方法,把企业各部门、各环节的质量管理职能和活动合理地组织起来,形成一个有明确任务、职责、权限而互相协调、互相促进的有机整体。一般应做好下列工作:

(1)建立和健全专职质量管理机构,明确各级各部门的职责分工。

一般公司设置质量管理部门;分公司(工程处)和项目部建立质量管理小组或配备专职检查人员;班组要有不脱产的质量管理员。同时,各级各部门都按各自分工明确相应的质量职责,形成一个横向到边、纵向到底的完整质量管理组织系统。

(2)建立灵敏的质量信息反馈系统。

企业内有来自对材料及构配件的检测、工序控制、质量检查、施工工艺、技术革新和合理化建议等方面的信息,企业外有来自材料及构件和设备供应单位、用户、协作单位、上级主管部门以及国内外同行业情况等信息。为此,要抓好信息流转环节,注意和掌握对数据的检测、收集、处理、传递和储存。

(3)实现管理业务标准化、管理流程程序化。

质量管理的许多活动都是重复发生的,具有一定的规律性。应当按照客观要求分类归纳,并将处理办法定成规章制度,使管理业务标准化。把管理业务处理过程所经过的各个环节、各管理岗位、先后工作步骤等,经过分析研究,加以改进,制定管理程序,使之程序化。

2)质量管理体系的运行模式

质量管理体系运转的基本形式是 PDCA 管理循环,通过 4 个阶段把生产经营过程的质量管理活动有机地联系起来。

第一阶段:计划阶段(P)。这个阶段可分为 4 个工作步骤,即:①分析现状,找出存在的质量问题;②分析产生质量问题的原因和各种影响因素,找出影响质量的主要原因;③制定改善质量的措施;④提出行动计划和预计效果。

在这一阶段,要明确回答:为什么要提出这样的计划?为什么要这样改进?改进后要达到什么目的?有什么效果?改进措施在何处?在哪个环节、哪道工序执行?计划和措施在什么时间执行完成?由谁来执行?用什么方法来完成等问题。

第二阶段:实施阶段(D)。主要是根据措施和计划,组织各方面的力量分别去贯彻。

第三阶段:检查阶段(C)。主要是检查实施效果和发现问题。

第四阶段:处理阶段(A)。主要是对检查结果进行总结和处理。通过经验总结,纳入标准、制度或规定,巩固成绩,防止问题再发生。同样,将本次循环遗留的问题提出来,以便转入下一循环去解决。

质量管理活动的全部过程就是反复按照 PDCA 循环不停地、周而复始地运转。每完成一次循环,解决一定质量问题,质量水平就提高一步。管理循环不停地运转,质量水平也就随之不断提高。

4. 建设工程质量管理制度

1)建设工程质量监督管理制度

(1)政府监督管理部门。

①国务院建设行政主管部门对全国的建设工程质量实施统一监督管理。国务院铁路、交通、水利等有关部门按照国务院规定的职责分工,负责对全国有关专业建设工程质量的监督管理。

②县级以上地方人民政府建设行政主管部门对本行政区域内的建设工程质量实施监督管理。县级以上地方人民政府交通、水利等有关部门在各自的职责范围内,负责对本行政区域内的专业建设工程质量的监督管理。

(2)政府监督检查内容。

①国务院建设行政主管部门和国务院铁路、交通、水利等有关部门应当加强对有关建设工程质量的法律、法规和强制性标准执行情况的监督管理。

②国务院发展改革部门按照国务院规定的职责,组织稽查特派员,对国家出资的重大工程项目实施监督检查;国务院经济贸易主管部门按照国务院规定的职责,对国家重大技术改造项目实施监督检查。

③县级以上地方人民政府建设行政主管部门和其他有关部门应当加强对有关建设工程质量的法律、法规和强制性标准执行情况的监督检查。

建设工程质量监督管理,可以由建设行政主管部门或者其他有关部门委托的建设工程质量监督机构具体实施。

2)建设工程施工图设计文件审查制度

建设单位应当将施工图设计文件报县级以上人民政府主管部门或者其他有关部门审查。施工图设计文件未经审查批准,不得使用。

3)建设工程竣工验收备案制度

建设单位应当自建设工程竣工验收合格之日起 15 日内,将建设工程工验收报告和规划、公安消防、环保等部门出具的认可文件或者准许使用文件报建设行政主管部门或者其他有关部门备案。

建设行政主管部门或者其他有关部门发现建设单位在竣工验收过程中有违反国家有关建设工程质量管理规定行为的,责令停止使用,重新组织竣工验收。

4)建设工程质量事故报告制度

建设工程发生质量事故,有关单位应当在 24h 内向当地建设行政主管部门和其他有关部门报告。

对重大质量事故,事故发生地的建设行政主管部门和其他有关部门应当按照事故类别和等级向当地人民政府、上级建设行政主管部门和其他有关部门报告。

特别重大质量事故的调查程序按照国务院有关规定办理。

任何单位和个人对建设工程的质量事故、质量缺陷都有权检举、控告、投诉。

5）建设工程质量检测制度

为保障建设工程的安全，在施工过程中要求对涉及结构安全和重要使用功能的试块、试件以及有关材料、地基、节能分项、分部工程等，应由具有相应资质等级的质量检测单位进行测试、检测。

工程质量检测机构是对工程和建筑构件、制品以及建筑现场所用的有关材料、设备质量进行检测的，具有法定资质的第三方中介服务单位，其所出具的检测报告具有法定效力。工程质量检测机构的检测依据是国家、部门和地区颁发的有关建设工程的法规和技术标准。

6）建设工程质量保修制度

建设工程自办理交工验收手续后，在规定的期限内，因勘察设计、施工、材料等原因造成的工程质量缺陷的，要由施工单位负责维修、更换。

建设工程质量缺陷是指工程不符合国家现行的有关技术标准、设计文件以及合同中对质量的要求。

7）质量认证制度

所谓质量认证，是指由具有一定权威并为社会所公认的、独立于第一方（组织）和第二方（顾客）的第三方机构（认证机构），通过科学、客观的鉴定，用合格证书或合格标志的形式，来表明某一产品或服务、某一组织的质量管理的能力符合特定的标准或技术规范、相应法律法规和顾客要求的活动。

按照质量认证的对象不同，质量认证可分为产品认证和质量体系认证两种。如果把工程项目作为一个整体产品来看待的话，因它具有单体性和通过合同定制的特点，因此不能像一般市场产品那样对它进行认证，而只能对其形成过程的主体单位，即对从事建设工程项目勘察、设计、施工、监理、检测等单位的质量体系进行认证，以确认这些单位是否具有按《质量管理体系　要求》（GB/T 19001—2016）、《工程建设施工企业质量管理规范》（GB/T 50430—2017）等质量管理体系标准要求，提供满足法律法规、标准规范和顾客对工程质量要求的能力。

质量管理体系认证不实行终身制。质量认证证书的有效期一般为3年，其间认证机构对获证的单位还需进行定期和不定期的监督检查，在监督检查中如发现获证单位在质量管理中有较大、较严重的问题，认证机构有权采取暂停认证、撤销认证及注销认证等处理方法，以保证质量认证的严肃性、连续性和有效性。

二、工程项目参与各方的质量责任和义务

1. 建设单位的质量责任和义务

建设单位的质量责任和义务包括如下方面。

（1）应当将工程发包给具有相应资质等级的单位，不得将建设工程肢解发包。

（2）应当依法对工程项目的勘察、设计、施工、监理以及与工程建设有关的重要设备、材料等的采购进行招标。

（3）必须向有关的勘察、设计，工程监理等单位提供与建设工程有关的原始资料。原始资料必须真实、准确、齐全。

（4）不得迫使承包方以低于成本的价格竞标，不得任意压缩合理工期。不得明示或者暗

示设计单位或施工单位违反工程建设强制性标准,降低建设工程质量。

(5)应当将施工图设计文件报县级以上人民政府建设行政主管部门或者其他有关部门审查。施工图设计文件未经审查批准的,不得使用。

(6)实行监理的建设工程,应当委托具有相应资质等级的工程监理单位进行监理,也可以委托具有工程监理相应资质等级并与被监理工程的施工承包单位没有隶属关系或者其他利害关系的该工程的设计单位进行监理。

下列建设工程必须实行监理:

①国家重点建设工程;

②大、中型公用事业工程;

③成片开发建设的住宅小区工程;

④利用国外政府或者国际组织贷款、援助资金的工程;

⑤国家规定必须实行监理的其他工程。

(7)在领取施工许可证或者开工报告前,应当按照国家有关规定办理工程质量监督手续。

(8)按照合同约定,由建设单位采购建筑材料、建筑构配件和设备的,建设单位应当保证建筑材料、建筑构配件和设备符合设计文件和合同要求。不得明示或者暗示施工单位使用不合格的建筑材料、建筑构配件和设备。

(9)涉及建筑主体和承重结构变动的装修工程,建设单位应当在施工前委托原设计单位或者具有相应资质等级的设计单位提出设计方案,没有设计方案的,不得施工。房屋建筑使用者在装修过程中,不得擅自变动房屋建筑主体和承重结构。

(10)收到建设工程竣工报告后,应当组织设计、施工、工程监理等有关单位进行竣工验收。工程项目经验收合格后,方可交付使用。

建设工程竣工验收应当具备下列条件:

①完成建设工程设计和合同约定的各项内容;

②有完整的技术档案和施工管理资料;

③有工程使用的主要建筑材料、建筑构配件和设备的进场试验报告;

④有勘察、设计、施工、工程监理等单位分别签署的质量合格文件;

⑤有施工单位签署的工程保修书。

(11)应当严格按照国家有关档案管理的规定,及时收集、整理工程项目各环节的文件资料,建立、健全工程项目档案,并在工程项目竣工验收后,及时向建设行政主管部门或者其他有关部门移交工程项目档案。

2.勘察、设计单位的质量责任和义务

勘察、设计单位的质量责任和义务包括如下方面。

(1)应当依法取得相应等级的资质证书,并在其资质等级许可的范围内承揽工程。禁止超越其资质等级许可的范围或者以其他勘察、设计单位的名义承揽工程。禁止允许其他单位或者个人以本单位的名义承揽工程,不得转包或者违法分包所承揽的工程。

(2)必须按照工程建设强制性标准进行察、设计,并对其勘察、设计的质量负责。注册建筑师、注册结构工程师等注册执业人员应当在设计文件上签字,对设计文件负责。

(3)勘察单位提供的地质、测量、水文等勘察成果必须真实、准确。

(4)设计单位应当根据勘察成果文件进行建设工程设计。设计文件应当符合国家规定的设计深度要求,注明工程合理使用年限。

(5)设计单位在设计文件中选用的建筑材料、建筑构配件和设备,应当注明规格、型号、性能等技术指标,其质量要求必须符合国家规定的标准。除有特殊要求的建筑材料、专用设备、工艺生产线等外,设计单位不得指定生产厂、供应商。

(6)设计单位应当就审查合格的施工图设计文件向施工单位作出详细说明。

(7)设计单位应当参与建设工程质量事故分析,并对因设计造成的质量事故,提出相应的技术处理方案。

3. 施工单位的质量责任和义务

施工单位的质量责任和义务包括如下方面。

(1)应当依法取得相应等级的资质证书,并在其资质等级许可的范围内承揽工程。禁止超越本单位资质等级许可的业务范围或者以其他施工单位的名义承揽工程,禁止允许其他单位或者个人以本单位的名义承揽工程。不得转包或者违法分包工程。

(2)对建设工程的施工质量负责。应当建立质量责任制,确定工程项目的项目经理、技术负责人和施工管理负责人;建设工程实行总承包的,总承包单位应当对全部建设工程质量负责;建设工程勘察、设计、施工、设备采购的一项或者多项实行总承包的,总承包单位应当对其承包的建设工程或者采购的设备的质量负责。

(3)总承包单位依法将建设工程分包给其他单位的,分包单位应当按照分包合同的约定对其分包工程的质量向总承包单位负责,总承包单位应当对其承包的建设工程的质量承担连带责任。

(4)必须按照工程设计图纸和施工技术标准施工,不得擅自修改工程设计,不得偷工减料。在施工过程中发现设计文件和图纸有差错的,应当及时提出意见和建议。

(5)必须按照工程设计要求、施工技术标准和合同约定,对建筑材料、建筑构配件、设备和预拌混凝土进行检验,检验应当有书面记录和专人签字;未经检验或者检验不合格的,不得使用。

(6)必须建立、健全施工质量的检验制度,严格工序管理,做好隐蔽工程的质量检查和记录。隐蔽工程在隐蔽前,应当通知建设单位和建设工程质量监督机构。

(7)施工人员对涉及结构安全的试块、试件以及有关材料,应当在建设单位或者工程监理单位监督下现场取样,并送具有相应资质等级的质量检测单位进行检测。

(8)对施工中出现质量问题的建设工程或者竣工验收不合格的建设工程,应当负责返修。

(9)应当建立、健全教育培训制度,加强对职工的教育培训;未经教育培训或者考核不合格的人员,不得上岗作业。

4. 工程监理单位的质量责任和义务

工程监理单位的质量责任和义务包括如下方面。

(1)应当依法取得相应等级的资质证书,并在其资质等级许可的范围内承担工程监理业务。禁止超越本单位资质等级许可的范围或者以其他工程监理单位的名义承担工程监理业务。禁止允许其他单位或者个人以本单位的名义承担工程监理业务。不得转让工程监理业务。

(2)与被监理工程的施工承包单位以及建筑材料、建筑构配件和设备供应单位有隶属关系或者其他利害关系的,不得承担该项建设工程的监理业务。

(3) 应当依照法律、法规以及有关技术标准、设计文件和建设工程承包合同,代表建设单位对施工质量实施监理,并对施工质量承担监理责任。

(4) 应当选派具备相应资格的总监理工程师和监理工程师进驻施工现场。未经监理工程师签字,建筑材料、建筑构配件和设备不得在工程上使用或者安装,施工单位不得进行下一道工序的施工。未经总监理工程师签字,建设单位不拨付工程款,不进行竣工验收。

(5) 监理工程师应当按照工程监理规范的要求,采取旁站、巡视和平行检验等形式对建设工程实施监理。

三、工程项目质量控制

工程项目质量控制是指为达到工程项目质量要求所采取的作业技术和活动。在工程项目实施过程中,项目建设参与各方,包括建设单位、设计单位、施工单位和材料设备供应单位,均必须进行工程项目质量控制。

1. 建设单位工程项目质量控制的内容和措施

1) 建设单位工程项目质量控制的含义

建设单位进行工程项目的质量控制,其含义包括如下几点:

(1) 工程项目质量控制的目的是保证工程项目质量符合建设要求、符合有关技术规范和标准。

(2) 工程项目质量控制的关键工作是建立工程项目质量目标系统。

(3) 工程项目质量控制将以动态控制原理为指导,进行质量计划值与实际值的比较。

(4) 工程项目质量控制可采取组织、技术、经济、合同措施。

(5) 有必要进行计算机辅助工程项目质量控制。

2) 建设单位工程项目质量目标

工程项目质量目标应从多方面进行定义。工程项目质量目标系统如图 13-15 所示。

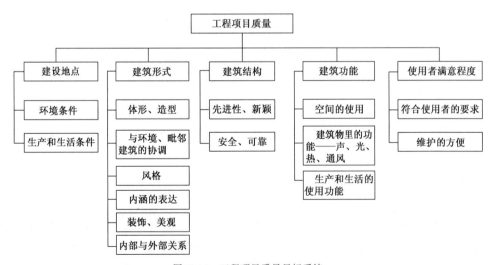

图 13-15 工程项目质量目标系统

工程项目质量目标包括建设要求及有关技术规范和标准等方面,体现在设计、设备、材料、土建施工和设备安装等多个环节。项目质量目标本身构成系统。

3)建设单位工程项目质量控制的主要工作内容

工程项目质量控制的主要工作内容包括如下几个方面：

(1)确定项目质量要求和标准(包括设计、施工、工艺、材料和设备等)。

(2)编制或组织编制设计竞赛文件,确定有关设计质量方面的评选原则。

(3)审核各设计阶段的设计文件(图纸与说明等)的质量要求和标准。

(4)确定或审核招标文件和合同文件中的质量条款。

(5)审核或检测材料、成品、半成品和设备的质量。

(6)检查施工质量,组织或参与分部、分项工程和各隐蔽工程验收及竣工验收。

(7)审查或组织审查施工组织设计和施工安全措施。

(8)处理工程质量、安全事故的有关事宜。

(9)确认施工单位选择的分包单位,并审核施工单位的质量保证体系。

4)设计准备阶段工程项目质量控制工作流程

某工程项目设计准备阶段项目质量控制流程如图 13-16 所示。设计准备阶段工程项目质量控制包括确定项目质量要求和标准,确定设计方案比选原则等工作。

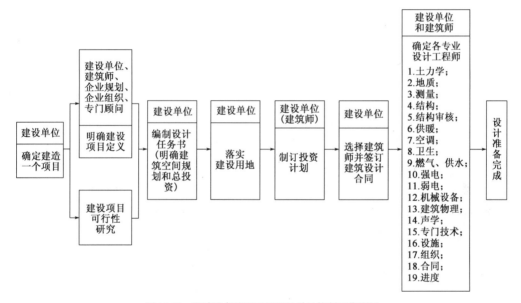

图 13-16 设计准备阶段工程项目质量控制工作流程

房屋建筑工程项目质量要求包括城市规划、建筑外部造型与朝向、建筑内部设计等方面。城市规划方面的要求包括:邻近已有的建筑和道路、本项目在建筑基地的位置、本项目入口朝向及其与环境的关系、本项目在周围环境中的意义、外围场地的要求、本项目各组成部分的造型和今后本项目扩建的可能性。建筑外部造型与朝向方面的要求包括:建筑外部造型与内部空间的协调、建筑体形大小与邻近建筑的协调、考虑市政配套、建筑主要单体各组成部分之间造型协调、材料选择和色彩等。建筑内部设计方面的要求包括:各内部空间的使用面积、走道和楼梯间的空间、内部空间与外部空间之间的关系、特殊空间的材料选择和色彩等。

5)设计阶段工程项目质量控制工作流程

通常,工程项目采用初步设计、技术设计和施工图设计的三阶段设计。某工程项目三阶段设计的质量控制流程如图 13-17~图 13-19 所示。从图中可以看到,整个设计阶段建设单位至少要对设计文件进行6次审核,以达到控制工程项目质量的目的。

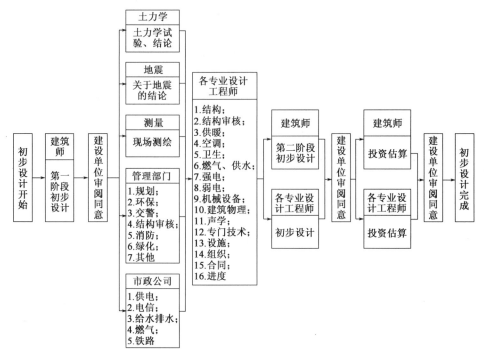

图 13-17 初步设计阶段工程项目质量控制工作流程

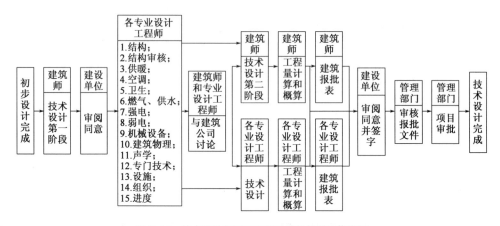

图 13-18 技术设计阶段工程项目质量控制工作流程

6) 施工阶段工程项目质量控制工作流程

施工阶段工程项目质量控制工作主要包括材料、构件、制品和设备质量的检查,施工质量监督,中间验收和竣工验收等工作。某工程项目建设单位委托工程监理单位进行施工阶段的项目质量控制,其施工阶段项目质量控制工作流程如图 13-20 所示。

2. 工程项目施工质量控制的内容和措施

工程施工阶段的工作质量控制是工程质量控制的关键环节,工程施工是一个从对投入的原材料的质量控制开始,直到完成工程质量检验验收和交工后服务的系统过程,分为施工准备、施工、竣工验收和回访保修4个阶段。

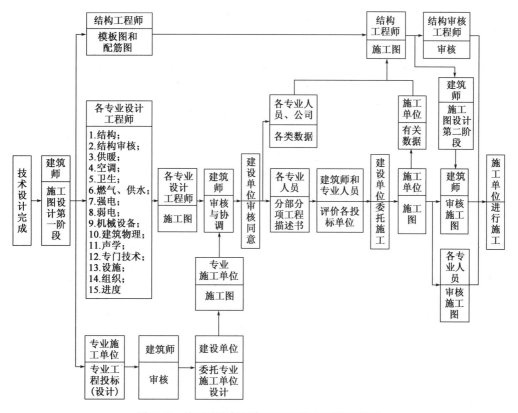

图 13-19 施工图设计阶段工程项目质量控制工作流程

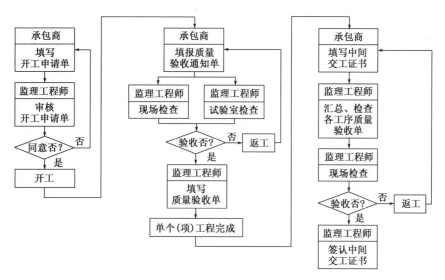

图 13-20 施工阶段项目质量控制工作流程

1) 施工准备阶段工作质量控制

(1) 图纸学习与会审。

对设计文件和图纸的学习是进行质量控制和规划的一种重要而有效的方法。一方面使施工人员熟悉、了解工程特点、设计意图,掌握关键部位的工程质量要求,更好地做到按图施工;另一方面通过图纸审查,及时发现存在的问题和矛盾,提出修改与洽商意见,帮助设计单位减少差错,提高设计质量,避免产生技术事故或产生工程质量问题。

图纸会审由建设单位或监理单位主持,设计单位、施工单位参加,并写出会审纪要。

图纸审查必须抓住关键,特别注意对构造和结构的审查;必须形成图纸审查与修改文件,特别注意对构造和结构的审查;必须形成图纸审查与修改文件,并作为档案保存。

(2)编制施工组织设计。

施工组织设计是对各项活动作出全面的构思和安排,指导施工准备和施工全过程的技术经济文件。其基本任务是使工程施工建立在科学合理的基础上,保证项目取得良好的经济效益和社会效益。

施工组织设计根据设计阶段和编制对象的不同,大致可分为施工组织总设计、单位工程施工组织设计和危险性较大或新技术项目的分部分项工程的专项施工方案设计三大类。

施工组织设计通常应包括工程概况、施工部署和施工方案、施工准备工作计划、施工进度计划、技术质量措施、安全文明施工措施、各项资源需要量计划及施工平面图、技术经济指标等基本内容。

施工组织设计中对质量控制起主要作用的是施工方案,主要包括施工程序的安排、施工段的划分、主要项目的施工方法、施工机械的选择,以及保证质量、安全施工、冬期和雨期施工、污染防治等方面的预控方法和针对性的技术组织措施。

(3)组织技术交底。

技术交底是指单位工程、分部工程、分项工程正式施工前,对参与施工的有关管理人员、技术人员和工人进行不同重点和技术深度的技术性交代和说明。其目的是使参与项目施工的人员对施工对象的设计情况、建筑结构特点、技术要求、施工工艺、质量标准和技术安全措施等方面有一个较详细的了解,做到心中有数,以便科学地组织施工和合理地安排工序,避免发生技术错误或操作错误。

技术交底是一项经常性的技术工作,可分级分阶段进行。技术交底应以设计图纸、施工组织设计、质量验收标准、施工验收规范、操作规程和工艺为依据,编制交底文件,必要时可用图表、实样、小样、现场示范操作等形式进行,并做好书面交底记录。

(4)控制物资采购。

施工中所需的物资包括建筑材料、建筑构配件和设备等。如果生产、供应单位提供的物资不符合质量要求,施工企业在采购前和施工中又没有有效的质量控制手段,往往会埋下工程隐患,甚至酿成质量事故。因此,采购前应按先评价后选择的原则,由熟悉物资技术标准和管理要求的人员,通过对拟选择供方的技术、管理、质量检测、工序质量控制和售后服务等质量保证能力的调查,对其信誉、产品质量的实际检验评价以及各供方之间的综合比较,作出综合评价,最后选择合格的供应方,建立起供求关系。

(5)严格选择分包单位。

工程总承包商或主承包商将总包的工程项目按专业性质或工程范围(区域)分包给若干个分包商来完成,是一种普遍采用的经营方式。为了确保分包工程的质量、工期和现场管理能满足总合同的要求,应由总承包商的相关主管部门和人员,通过审查资格文件,考察已完工程和施工工程质量等方法,对拟选择的分包商,包括建设单位指定的分包商的技术及管理实务,特殊及主体工程人员资格,机械设备能力及施工经验等认真进行综合评价,决定其是否可作为合作伙伴。

2)施工阶段施工质量控制

(1)严格进行材料、构配件试验和施工试验。

对进入现场的物料,包括甲方供应的物料以及施工过程中的半成品,如钢材、水泥、钢筋连接接头、混凝土、砂浆、预制构件等,必须按规范、标准和设计的要求,根据对质量的影响程度和使用部位的重要程度,在使用前采用抽样检查或全数检查等形式,对涉及结构安全的应由建设单位或监理单位现场见证取样,送交有法定资格的单位检测,判断其质量的可靠性。检验和试验的方法有书面检验、外观检验、理化检验和无损检验4种,严禁将未经检验和试验或检验和试验不合格的材料、构配件、设备、半成品等投入使用和安装。

(2)实施工序质量监控。

工程的施工过程,是由一系列相互关联、相互制约的工序所构成的。例如,混凝土工程由搅拌、运输、浇灌、振捣、养护等工序组成。工序质量包含两个相互关联的内容,一是工序活动条件的质量,即每道工序投入的人、材料、机械设备、方法和环境是否符合要求;二是工序活动效果的质量,即每道工序施工完成的工程产品是否达到有关质量标准。

工序质量监控的对象是影响工序质量的因素,特别是对主导因素的监控,其核心是管因素、管过程,而不单纯是管结果,其重点内容包括:①设置工序质量控制点;②严格遵守工艺规程;③控制工序活动条件的质量;④及时检查工序活动效果的质量。

(3)组织过程质量检验。

过程质量检验主要指工序施工中或上道工序完工即将转入下道工序时所进行的质量检验,目的是通过判断工序施工内容是否合乎设计或标准要求,决定该工序是否继续进行(转交)或停止。具体形式有:①质量自检和互检;②专业质量监督;③工序交接检查;④隐蔽工程验收;⑤工程预检(技术复核);⑥基础、主体工程检查验收。

(4)重视设计变更管理。

施工过程中往往会由于发生了没有预料到的新情况(如设计与施工的可行性发生矛盾,建设单位对工程使用目的、功能或质量要求发生变化),而导致设计变更。设计变更必须经建设、设计、监理、施工单位各方同意,共同签署设计变更洽商记录,由设计单位负责修改,并向施工单位签发设计变更通知书。对建设规模、投资方案有较大影响的变更,必须经原批准初步设计的单位同意,方可进行修改。接到设计变更,应立即按要求改动,避免发生重大差错,影响工程质量和使用。

(5)加强成品保护。

在施工过程中,有些分项、分部工程已经完成,而其他部位或工程尚在施工。对已完成的成品,如不采取妥善的措施加以保护,就会造成损伤,影响质量。更为严重的是,有些损伤难以恢复到原样,成为永久性缺陷。产品保护工作主要有合理安排施工顺序和采取有效的防护措施两个主要环节。

(6)积累工程施工技术资料。

工程施工技术资料是施工中的技术、质量和管理活动的记录,是实行质量追溯的主要依据,是评定单位工程质量等级的三大条件之一,也是工程档案的主要组成部分。施工技术资料管理是确保工程质量和完善施工管理的一项重要工作,施工企业必须按各专业质量检验评定标准的规定和各地的实施细则,全面、科学、准确、及时地记录施工及试(检)验资料,按规定积累、评算、整理、归档,手续必须完备,并不得有伪造、涂改、后补等。

3)竣工验收交付阶段的工程质量控制

(1)坚持竣工标准。

由于建设工程项目门类很多,性能、条件和要求各异,因此土建工程、安装工程、人防工程、管道工程、桥梁工程、电气工程及铁路建筑安装工程等都有相应的竣工标准,凡达不到竣工标准的工程,一般不能算竣工,也不能报请竣工质量核定和竣工验收。

(2)做好竣工预检。

竣工预检是承包单位内部的自我检验,目的是为正式验收做好准备。竣工预检可根据工程重要程度和性质,按竣工验收标准,分层次进行。通常先由项目部组织自检,对缺漏或不符合要求的部位和项目,确定整改措施,指定专人负责整改。在项目部整改复查完毕后,报请企业上级单位进行复检,通过复检,解决全部遗留问题,由勘察、设计、施工、监理等单位分别签署质量合格文件,向建设单位发送竣工验收报告,出具工程保修书。

(3)整理工程竣工验收资料。

工程竣工验收资料是使用、维修、扩建和改建的指导文件和重要依据。工程项目交接时,承包单位应将成套的工程技术资料分类整理、编目、建档后,移交给建设单位。

4)回访保修期的工作质量控制

工程项目竣工验收交付使用后,按照有关规定,在保修期限和保修范围内,施工单位应主动对工程进行回访,听取建设单位或用户对工程质量的意见,对属于施工单位施工过程中的质量问题,负责维修,不留隐患。如属设计等原因造成的质量问题,在征得建设单位和设计单位认可后,协助修补施工单位在接到用户来访、来信的质量投诉后,立即组织力量维修,发现影响安全的质量问题应立即处理。

(1)回访的形式。

回访一般有季节性回访、技术性回访和保修期满前回访3种形式。

(2)保修的期限。

①基础设施工程、房屋建筑的地基基础工程和主体结构工程,为设计文件规定的该工程合理使用年限。

②屋面防水工程,有防水要求的卫生间、房间和外墙面的防渗漏,为5年。

③供热与供冷系统,为2个供暖期、供冷期。

④电气管线、给水排水管道、设备安装和装修工程,为2年。

其他项目的保修期限由发包方与承包方约定。

建设工程的保修期,自竣工验收合格之日起计算。

(3)保修的实施。

①保修范围。各类建筑工程及建筑工程的各个部位,都应实行保修,主要是指那些由于施工的责任,特别是由于施工质量不良而造成的问题。

②检查和修理。在保修期内根据回访结果以及建设单位或用户关于施工质量不良而影响使用功能的口头、书面通知。对涉及的问题,施工单位应尽快派人前往检查,并会同建设单位或用户共同作出鉴定,提出修理方案,组织人力、物力进行修理,修理自检合格后,应经建设单位或用户验收签认。在经济责任处理上,必须根据修理项目的性质、内容,结合检查修理诸种原因的实际情况,在分清责任的前提下,由建设单位或用户与施工单位共同协商处理和承担办法。

3. 工程项目施工质量验收

1)工程项目施工质量验收的概念

(1)工程项目施工质量验收的意义。

工程项目施工质量验收是在施工单位自行质量检查评定的基础上,参与建设活动的有关单位共同对工程的施工质量进行抽查复验,根据相关标准以书面形式对工程施工质量合格与否作出确认。

(2)工程项目施工质量验收的依据。

①国家和主管部门颁发的建设工程施工质量验收标准和规范、技术操作规程、工艺;

②设计图纸、设计修改通知单、标准图、施工说明书等设计文件;

③设备制造厂家的产品说明书和有关技术规定;

④原材料、半成品、成品、构配件及设备的质量验收标准等。

(3)建筑工程项目施工质量验收的基本要求。

①工程项目施工质量应符合《建筑工程施工质量验收统一标准》(GB 50300—2013)和相关专业验收规范的规定;

②工程施工应符合工程勘察、设计文件的要求;

③参加工程项目施工质量验收的各方人员应具备规定的资格;

④工程项目施工质量验收均应在施工单位自行检查评定的基础上进行;

⑤隐蔽工程在隐蔽前应由施工单位通知有关单位进行验收,并应形成验收文件;

⑥涉及结构安全的试块、试件以及有关材料,应按规定进行见证取样检测,即在监理单位或建设单位监督下,由施工单位有关人员现场取样,并送至具备相应资质的检测单位进行检测;

⑦检验批的质量应按主控项目和一般项目验收;

⑧对涉及结构安全和使用功能的重要分部工程应进行抽样检测;

⑨承担见证取样检测及有关结构安全检测的单位应具有相应资质;

⑩工程的观感质量应由验收人员现场检查,并共同确认。

2)工程项目施工质量验收的划分

不论是建筑物、构筑物、线路管道及设备安装,还是道路基础设施的建设,项目划分为检验批、分项工程、分部工程或单位工程,分级进行质量检验与评定。由于各种类型工程的内容、形式、大小、形成过程和管理方法的不同,划分的方法也不同,但其目的和要求是基本相同的。下面以建筑工程为例,介绍单位工程、分部工程和检验批的划分原则和方法。

(1)单位工程。

具备独立施工条件并能形成独立使用功能的建筑物及构筑物为一个单位工程。建筑规模较大的单位工程,可将其能形成独立使用功能的部分作为一个子单位工程。

(2)分部工程。

单位工程(子单位工程)按专业性质、建筑部位可分为若干个分部工程,如地基与基础、主体结构、建筑装饰装修、建筑屋面、建筑给水排水及供暖、建筑电气、智能建筑、通风与空调、电梯等分部工程。当分部工程较大或较复杂时,可按材料种类、施工特点、施工程序、专业系统及类别等划分为若干个子分部工程。

(3)分项工程。

分部工程(子分部工程)按主要工种、材料、施工工艺、设备类别等可划分为若干个分项工程,如模板、钢筋、混凝土、给水管道及配件安装、给水设备安装等。

(4)检验批。

根据施工及质量控制和专业验收需要,分项工程按楼层、施工段、变形缝等划分为一个或若干个检验批。

3）工程项目施工质量验收的程序和合格标准

(1) 检验批。

由监理工程师(建设单位项目技术负责人)组织施工单位项目专业质量(技术)负责人等进行验收,其合格标准为:①主控项目和一般项目的质量经抽样检验合格;②具有完整的施工操作依据、质量检查记录。

(2) 分项工程。

由监理工程师(建设单位项目技术负责人)组织施工单位项目专业质量(技术)负责人等进行验收,其合格标准为:①所含检验批均符合合格质量的规定;②所含检验批的质量验收记录应完整。

(3) 分部工程(子分部工程)。

由总监理工程师(建设单位项目负责人)组织施工单位项目负责人和技术、质量负责人等进行验收;地基与基础、主体结构分部工程的勘察、设计单位工程项目负责人和施工单位技术、质量部门负责人也应参加相关分部工程验收。其合格标准为:①所含分项工程的质量均验收合格;②质量控制资料完整;③地基与基础、主体结构和设备安装等分部工程有关安全及功能的检验和抽样检测结果符合有关规定;④观感质量验收符合要求。

(4) 单位工程(子单位工程)。

由施工单位自行组织有关人员进行检查评定,并向建设单位提交工程验收报告;再由建设单位(项目)负责人组织施工(含分包单位)、设计、监理等单位(项目)负责人进行验收;验收合格后,建设单位在规定时间内将工程竣工验收报告和有关文件,报建设行政管理部门备案。其合格标准为:①所含分部工程(子分部工程)的质量均验收合格;②质量控制资料完整;③所含分部工程有关安全和功能的检测资料完整;④主要功能项目的抽查结果符合相关专业质量验收规范的规定;⑤观感质量验收符合要求。

当建筑工程质量不符合要求时,应按规定进行处理,对通过返修或加固处理仍不能满足安全使用要求的分部工程、单位工程(子单位工程),严禁验收。

本 章 小 结

在工程项目管理的七大任务中,投资、进度、质量三大目标的控制是核心任务。本章主要介绍了投资控制的含义和目的,投资控制的意义和技术方法,双代号网络图的绘制和计算,质量管理和控制等内容。通过本章的学习,读者能够对目标控制有更为深刻的认识。

复习思考题

1. 为什么说设计阶段是投资控制的重点?
2. 试述限额设计的应用方法。
3. 双代号网络计划如何绘图?其时间参数如何计算?关键工作和关键线路如何确定?
4. 什么是工程项目质量管理?工程项目质量管理包含哪些基础工作?
5. 简述工程施工质量验收的概念和方法。

6. 建设项目投资控制就存在控制的重点是( )。
   A. 建设项目的前期和工程的设计阶段　　B. 施工阶段
   C. 使用和运营阶段　　　　　　　　　　D. 维护阶段

7. 某工程双代号网络计划如图 13-21 所示,则该计划的关键线路是( )。

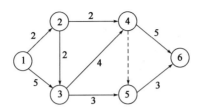

图 13-21　某工程双代号网络计划

   A. ①→②→③→④→⑤→⑥　　　　B. ①→②→③→④→⑥
   C. ①→③→④→⑥　　　　　　　　　D. ①→③→⑤→⑥

8. 在图 13-22 所示网络计划中,工作 E 的最迟开始时间是( )。

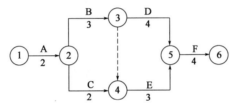

图 13-22　某网络计划示意图

   A. 4　　　　　　　　　　　　　　　　B. 5
   C. 6　　　　　　　　　　　　　　　　D. 7

9. 在工程竣工验收时,施工单位的质量保修书中应明确规定保修期限。基础设施、房屋建筑工程的地基基础和主体结构工程的最低保修期限,在正常使用条件下为( )。
   A. 终身保修　　　　　　　　　　　　　B. 30 年
   C. 70 年　　　　　　　　　　　　　　D. 设计文件规定年限

部分参考答案
6. A　7. C　8. C　9. D

附 录

年金现值系数表

附表 1

期数	1%	2%	3%	4%	5%	6%	7%	8%	9%	10%	11%	12%	13%	14%	15%
1	0.9901	0.9804	0.9709	0.9615	0.9524	0.9434	0.9346	0.9259	0.9174	0.9091	0.9009	0.8929	0.885	0.8772	0.8696
2	1.9704	1.9416	1.9135	1.8861	1.8594	1.8334	1.808	1.7833	1.7591	1.7355	1.7125	1.6901	1.6681	1.6467	1.6257
3	2.941	2.8839	2.8286	2.7751	2.7232	2.673	2.6243	2.5771	2.5313	2.4869	2.4437	2.4018	2.3612	2.3216	2.2832
4	3.902	3.8077	3.7171	3.6299	3.546	3.4651	3.3872	3.3121	3.2397	3.1699	3.1024	3.0373	2.9745	2.9137	2.855
5	4.8534	4.7135	4.5797	4.4518	4.3295	4.2124	4.1002	3.9927	3.8897	3.7908	3.6959	3.6048	3.5172	3.4331	3.3522
6	5.7955	5.6014	5.4172	5.2421	5.0757	4.9173	4.7665	4.6229	4.4859	4.3553	4.2305	4.1114	3.9975	3.8887	3.7845
7	6.7282	6.472	6.2303	6.0021	5.7864	5.5824	5.3893	5.2064	5.033	4.8684	4.7122	4.5638	4.4226	4.2883	4.1604
8	7.6517	7.3255	7.0197	6.7327	6.4632	6.2098	5.9713	5.7466	5.5348	5.3349	5.1461	4.9676	4.7988	4.6389	4.4873
9	8.566	8.1622	7.7861	7.4353	7.1078	6.8017	6.5152	6.2469	5.9952	5.759	5.537	5.3282	5.1317	4.9464	4.7716
10	9.4713	8.9826	8.5302	8.1109	7.7217	7.3601	7.0236	6.7101	6.4177	6.1446	5.8892	5.6502	5.4262	5.2161	5.0188
11	10.3676	9.7868	9.2526	8.7605	8.3064	7.8869	7.4987	7.139	6.8052	6.4951	6.2065	5.9377	5.6869	5.4527	5.2337
12	11.2551	10.5753	9.954	9.3851	8.8633	8.3838	7.9427	7.5361	7.1607	6.8137	6.4924	6.1944	5.9176	5.6603	5.4206
13	12.1337	11.3484	10.635	9.9856	9.3936	8.8527	8.3577	7.9038	7.4869	7.1034	6.7499	6.4235	6.1218	5.8424	5.5831
14	13.0037	12.1062	11.2961	10.5631	9.8986	9.295	8.7455	8.2442	7.7862	7.3667	6.9819	6.6282	6.3025	6.0021	5.7245
15	13.8651	12.8493	11.9379	11.1184	10.3797	9.7122	9.1079	8.5595	8.0607	7.6061	7.1909	6.8109	6.4624	6.1422	5.8474
16	14.7179	13.5777	12.5611	11.6523	10.8378	10.1059	9.4466	8.8514	8.3126	7.8237	7.3792	6.974	6.6039	6.2651	5.9542
17	15.5623	14.2919	13.1661	12.1657	11.2741	10.4773	9.7632	9.1216	8.5436	8.0216	7.5488	7.1196	6.7291	6.3729	6.0472
18	16.3983	14.992	13.7535	12.6593	11.6896	10.8276	10.0591	9.3719	8.7556	8.2014	7.7016	7.2497	6.8399	6.4674	6.128
19	17.226	15.6785	14.3238	13.1339	12.0853	11.1581	10.3356	9.6036	8.9501	8.3649	7.8393	7.3658	6.938	6.5504	6.1982
20	18.0456	16.3514	14.8775	13.5903	12.4622	11.4699	10.594	9.8181	9.1285	8.5136	7.9633	7.4694	7.0248	6.6231	6.2593

附表 2

年 金 终 值 系 数 表

期数	1%	2%	3%	4%	5%	6%	7%	8%	9%	10%	11%	12%	13%	14%	15%
1	1.0000	1.0000	1.0000	1.0000	1.0000	1.0000	1.0000	1.0000	1.0000	1.0000	1.0000	1.0000	1.0000	1.0000	1.0000
2	2.0100	2.0200	2.0300	2.0400	2.0500	2.0600	2.0700	2.0800	2.0900	2.1000	2.1100	2.1200	2.1300	2.1400	2.1500
3	3.0301	3.0604	3.0909	3.1216	3.1525	3.1836	3.2149	3.2464	3.2781	3.3100	3.3421	3.3744	3.4069	3.4396	3.4725
4	4.0604	4.1216	4.1836	4.2465	4.3101	4.3746	4.4399	4.5061	4.5731	4.6410	4.7097	4.7793	4.8498	4.9211	4.9934
5	5.1010	5.2040	5.3091	5.4163	5.5256	5.6371	5.7507	5.8666	5.9847	6.1051	6.2278	6.3528	6.4803	6.6101	6.7424
6	6.1520	6.3081	6.4684	6.6330	6.8019	6.9753	7.1533	7.3359	7.5233	7.7156	7.9129	8.1152	8.3227	8.5355	8.7537
7	7.2135	7.4343	7.6625	7.8983	8.1420	8.3938	8.6540	8.9228	9.2004	9.4872	9.7833	10.0890	10.4047	10.7305	11.0668
8	8.2857	8.5830	8.8923	9.2142	9.5491	9.8975	10.2598	10.6366	11.0285	11.4359	11.8594	12.2997	12.7573	13.2328	13.7268
9	9.3685	9.7546	10.1591	10.5828	11.0266	11.4913	11.9780	12.4876	13.0210	13.5795	14.1640	14.7757	15.4157	16.0853	16.7858
10	10.4622	10.9497	11.4639	12.0061	12.5779	13.1808	13.8164	14.4866	15.1929	15.9374	16.7220	17.5487	18.4197	19.3373	20.3037
11	11.5668	12.1687	12.8078	13.4864	14.2068	14.9716	15.7836	16.6455	17.5603	18.5312	19.5614	20.6546	21.8143	23.0445	24.3493
12	12.6825	13.4121	14.1920	15.0258	15.9171	16.8699	17.8885	18.9771	20.1407	21.3843	22.7132	24.1331	25.6502	27.2707	29.0017
13	13.8093	14.6803	15.6178	16.6268	17.7130	18.8821	20.1406	21.4953	22.9534	24.5227	26.2116	28.0291	29.9847	32.0887	34.3519
14	14.9474	15.9739	17.0863	18.2919	19.5986	21.0151	22.5505	24.2149	26.0192	27.9750	30.0949	32.3926	34.8827	37.5811	40.5047
15	16.0969	17.2934	18.5989	20.0236	21.5786	23.2760	25.1290	27.1521	29.3609	31.7725	34.4054	37.2797	40.4175	43.8424	47.5804
16	17.2579	18.6393	20.1569	21.8245	23.6575	25.6725	27.8881	30.3243	33.0034	35.9497	39.1899	42.7533	46.6717	50.9804	55.7175
17	18.4304	20.0121	21.7616	23.6975	25.8404	28.2129	30.8402	33.7502	36.9737	40.5447	44.5008	48.8837	53.7391	59.1176	65.0751
18	19.6147	21.4123	23.4144	25.6454	28.1324	30.9057	33.9990	37.4502	41.3013	45.5992	50.3959	55.7497	61.7251	68.3941	75.8364
19	20.8109	22.8406	25.1169	27.6712	30.5390	33.7600	37.3790	41.4463	46.0185	51.1591	56.9395	63.4397	70.7494	78.9692	88.2118
20	22.0190	24.2974	26.8704	29.7781	33.0660	36.7856	40.9955	45.7620	51.1601	57.2750	64.2028	72.0524	80.9468	91.0249	102.4436

附表 3

复 利 现 值 系 数 表

期数	1%	2%	3%	4%	5%	6%	7%	8%	9%	10%	11%	12%	13%	14%	15%
1	0.9901	0.9804	0.9709	0.9615	0.9524	0.9434	0.9346	0.9259	0.9174	0.9091	0.9009	0.8929	0.885	0.8772	0.8696
2	0.9803	0.9612	0.9426	0.9246	0.907	0.89	0.8734	0.8573	0.8417	0.8264	0.8116	0.7972	0.7831	0.7695	0.7561
3	0.9706	0.9423	0.9151	0.889	0.8638	0.8396	0.8163	0.7938	0.7722	0.7513	0.7312	0.7118	0.6931	0.675	0.6575
4	0.961	0.9238	0.8885	0.8548	0.8227	0.7921	0.7629	0.735	0.7084	0.683	0.6587	0.6355	0.6133	0.5921	0.5718
5	0.9515	0.9057	0.8626	0.8219	0.7835	0.7473	0.713	0.6806	0.6499	0.6209	0.5935	0.5674	0.5428	0.5194	0.4972
6	0.942	0.888	0.8375	0.7903	0.7462	0.705	0.6663	0.6302	0.5963	0.5645	0.5346	0.5066	0.4803	0.4556	0.4323
7	0.9327	0.8706	0.8131	0.7599	0.7107	0.6651	0.6227	0.5835	0.547	0.5132	0.4817	0.4523	0.4251	0.3996	0.3759
8	0.9235	0.8535	0.7894	0.7307	0.6768	0.6274	0.582	0.5403	0.5019	0.4665	0.4339	0.4039	0.3762	0.3506	0.3269
9	0.9143	0.8368	0.7664	0.7026	0.6446	0.5919	0.5439	0.5002	0.4604	0.4241	0.3909	0.3606	0.3329	0.3075	0.2843
10	0.9053	0.8203	0.7441	0.6756	0.6139	0.5584	0.5083	0.4632	0.4224	0.3855	0.3522	0.322	0.2946	0.2697	0.2472
11	0.8963	0.8043	0.7224	0.6496	0.5847	0.5268	0.4751	0.4289	0.3875	0.3505	0.3173	0.2875	0.2607	0.2366	0.2149
12	0.8874	0.7885	0.7014	0.6246	0.5568	0.497	0.444	0.3971	0.3555	0.3186	0.2858	0.2567	0.2307	0.2076	0.1869
13	0.8787	0.773	0.681	0.6006	0.5303	0.4688	0.415	0.3677	0.3262	0.2897	0.2575	0.2292	0.2042	0.1821	0.1625
14	0.87	0.7579	0.6611	0.5775	0.5051	0.4423	0.3878	0.3405	0.2992	0.2633	0.232	0.2046	0.1807	0.1597	0.1413
15	0.8613	0.743	0.6419	0.5553	0.481	0.4173	0.3624	0.3152	0.2745	0.2394	0.209	0.1827	0.1599	0.1401	0.1229
16	0.8528	0.7284	0.6232	0.5339	0.4581	0.3936	0.3387	0.2919	0.2519	0.2176	0.1883	0.1631	0.1415	0.1229	0.1069
17	0.8444	0.7142	0.605	0.5134	0.4363	0.3714	0.3166	0.2703	0.2311	0.1978	0.1696	0.1456	0.1252	0.1078	0.0929
18	0.836	0.7002	0.5874	0.4936	0.4155	0.3503	0.2959	0.2502	0.212	0.1799	0.1528	0.13	0.1108	0.0946	0.0808
19	0.8277	0.6864	0.5703	0.4746	0.3957	0.3305	0.2765	0.2317	0.1945	0.1635	0.1377	0.1161	0.0981	0.0829	0.0703
20	0.8195	0.673	0.5537	0.4564	0.3769	0.3118	0.2584	0.2145	0.1784	0.1486	0.124	0.1037	0.0868	0.0728	0.0611

附表 4

复利终值系数表

期数	1%	2%	3%	4%	5%	6%	7%	8%	9%	10%	11%	12%	13%	14%	15%
1	1.0100	1.0200	1.0300	1.0400	1.0500	1.0600	1.0700	1.0800	1.0900	1.1000	1.1100	1.1200	1.1300	1.1400	1.1500
2	1.0201	1.0404	1.0609	1.0816	1.1025	1.1236	1.1449	1.1664	1.1881	1.2100	1.2321	1.2544	1.2769	1.2996	1.3225
3	1.0303	1.0612	1.0927	1.1249	1.1576	1.1910	1.2250	1.2597	1.2950	1.3310	1.3676	1.4049	1.4429	1.4815	1.5209
4	1.0406	1.0824	1.1255	1.1699	1.2155	1.2625	1.3108	1.3605	1.4116	1.4641	1.5181	1.5735	1.6305	1.6890	1.7490
5	1.0510	1.1041	1.1593	1.2167	1.2763	1.3382	1.4026	1.4693	1.5386	1.6105	1.6851	1.7623	1.8424	1.9254	2.0114
6	1.0615	1.1262	1.1941	1.2653	1.3401	1.4185	1.5007	1.5869	1.6771	1.7716	1.8704	1.9738	2.0820	2.1950	2.3131
7	1.0721	1.1487	1.2299	1.3159	1.4071	1.5036	1.6058	1.7138	1.8280	1.9487	2.0762	2.2107	2.3526	2.5023	2.6600
8	1.0829	1.1717	1.2668	1.3686	1.4775	1.5938	1.7182	1.8509	1.9926	2.1436	2.3045	2.4760	2.6584	2.8526	3.0590
9	1.0937	1.1951	1.3048	1.4233	1.5513	1.6895	1.8385	1.9990	2.1719	2.3579	2.5580	2.7731	3.0040	3.2519	3.5179
10	1.1046	1.2190	1.3439	1.4802	1.6289	1.7908	1.9672	2.1589	2.3674	2.5937	2.8394	3.1058	3.3946	3.7072	4.0456
11	1.1157	1.2434	1.3842	1.5395	1.7103	1.8983	2.1049	2.3316	2.5804	2.8531	3.1518	3.4786	3.8359	4.2262	4.6524
12	1.1268	1.2682	1.4258	1.6010	1.7959	2.0122	2.2522	2.5182	2.8127	3.1384	3.4985	3.8960	4.3345	4.8179	5.3503
13	1.1381	1.2936	1.4685	1.6651	1.8856	2.1329	2.4098	2.7196	3.0658	3.4523	3.8833	4.3635	4.8980	5.4924	6.1528
14	1.1495	1.3195	1.5126	1.7317	1.9799	2.2609	2.5785	2.9372	3.3417	3.7975	4.3104	4.8871	5.5348	6.2613	7.0757
15	1.1610	1.3459	1.5580	1.8009	2.0789	2.3966	2.7590	3.1722	3.6425	4.1772	4.7846	5.4736	6.2543	7.1379	8.1371
16	1.1726	1.3728	1.6047	1.8730	2.1829	2.5404	2.9522	3.4259	3.9703	4.5950	5.3109	6.1304	7.0673	8.1372	9.3576
17	1.1843	1.4002	1.6528	1.9479	2.2920	2.6928	3.1588	3.7000	4.3276	5.0545	5.8951	6.8660	7.9861	9.2765	10.7613
18	1.1961	1.4282	1.7024	2.0258	2.4066	2.8543	3.3799	3.9960	4.7171	5.5599	6.5436	7.6900	9.0243	10.5752	12.3755
19	1.2081	1.4568	1.7535	2.1068	2.5270	3.0256	3.6165	4.3157	5.1417	6.1159	7.2633	8.6128	10.1974	12.0557	14.2318
20	1.2202	1.4859	1.8061	2.1911	2.6533	3.2071	3.8697	4.6610	5.6044	6.7275	8.0623	9.6463	11.5231	13.7435	16.3665